普通高等教育"十四五"经济与管理类专业核心课程系列教材

西安交通大学"十四五"重点规划教材

市场营销学（第三版）

主　编　郝渊晓　王张明　张　鸿

副主编　邹晓燕　薛　颖　徐德洪

　　　　高　宇　余露露

主　审　贾生鑫

西安交通大学出版社
XI'AN JIAOTONG UNIVERSITY PRESS

国家一级出版社
全国百佳图书出版单位

内容提要

本书是普通高等教育"十四五"经济与管理类专业核心课程系列教材,西安交通大学"十四五"重点规划教材。本书全面系统地介绍了现代市场营销学的主要内容,以营销学的 4P 理论为基本框架,重视企业的战略营销与规划,依据我国进入新时代社会主要矛盾的变化,重新界定了我国市场营销学是以满足人民群众对美好生活需要为学科研究对象,引入了现代数字技术导向的数字化营销等前沿理论与方法。

为了便于读者深刻理解、应用营销理论,提高解决实际问题的能力,每章提供了与内容紧密结合的案例分析,课后附有关键概念、思考题,以便掌握核心内容。

本书是阐述市场营销学原理的教材,适合高等院校经济与管理各个专业教学使用。本书案例以我国企业为主,取材广泛,内容新颖,实践性强,因而本书也可作为各类企业、组织对人员进行营销培训的参考教材。

图书在版编目(CIP)数据

市场营销学 / 郝渊晓,王张明,张鸿主编. — 3 版. — 西安：
西安交通大学出版社,2021.3
普通高等教育"十四五"经济与管理类专业核心课程系列教材
ISBN 978-7-5693-2120-3

Ⅰ.①市… Ⅱ.①郝… ②王… ③张… Ⅲ.①市场营销学-
高等学校-教材 Ⅳ.①F713.50

中国版本图书馆 CIP 数据核字(2021)第 036159 号

书　　名	市场营销学(第三版)	
主　　编	郝渊晓　　王张明　　张　鸿	
责任编辑	魏照民	
责任校对	王建洪	

出版发行	西安交通大学出版社
	(西安市兴庆南路 1 号　邮政编码 710048)
网　　址	http://www.xjtupress.com
电　　话	(029)82668357　82667874(发行中心)
	(029)82668315(总编办)
传　　真	(029)82668280
印　　刷	陕西日报社

开　　本	787mm×1092mm　1/16　印张 22　字数 549 千字
版次印次	2021 年 3 月第 3 版　2021 年 3 月第 1 次印刷　累计第 9 次印刷
书　　号	ISBN 978-7-5693-2120-3
定　　价	59.80 元

发现印装质量问题,请与本社发行中心联系、调换。

订购热线:(029)82665248　(029)82665249
投稿热线:(029)82668133
读者信箱:897899804@qq.com

普通高等教育"十四五"经济与管理类专业核心课程系列教材

编写委员会

总 主 编 汪应洛(中国工程院院士)

编委会委员(按姓氏笔画排序)

马治国	万映红	王文博	王林雪
邓晓兰	孙林岩	冯宗宪	冯宪芬
冯 涛	刘 儒	李 成	李 琪
张俊瑞	武晓玲	郭根龙	郭 鹏
相里六续	郝渊晓	袁治平	魏 玮

策 划 魏照民

目 录

1   第一章   市场营销导论
1   第一节   市场营销学的产生及发展
5   第二节   市场营销理论在中国的研究与应用
8   第三节   市场营销学的研究对象及基本特征
9   第四节   市场营销学的研究方法
11   第五节   从4P到4V市场营销模式的演进
14   第六节   数学营销革命4.0时代

18   第二章   市场营销观念演变
18   第一节   市场概念、功能及结构
22   第二节   市场营销及其功能
28   第三节   市场营销观念的发展演变
32   第四节   数字经济时代全方位营销观念

38   第三章   市场营销环境分析
38   第一节   企业与市场营销环境
43   第二节   微观营销环境分析
47   第三节   宏观营销环境分析

53   第四章   市场消费需求及购买行为
53   第一节   市场消费需求及其形态
60   第二节   市场消费需求的特征
62   第三节   消费者购买动机及购买行为
76   第四节   生产者采购行为分析
78   第五节   政府采购行为分析

83 第五章　市场营销调研与需求预测

　83　第一节　市场营销信息系统

　87　第二节　市场营销调查方法

　91　第三节　市场营销调查技术

　97　第四节　市场需求测定与预测

108 第六章　市场竞争者战略

　108　第一节　市场竞争者分析

　111　第二节　竞争对手选择

　114　第三节　竞争战略选择

121 第七章　企业营销形象战略策划

　121　第一节　企业营销形象战略概述

　123　第二节　企业营销形象策划内容

　127　第三节　企业营销中的形象策划

134 第八章　市场营销战略

　134　第一节　市场营销战略概述

　138　第二节　市场营销战略制定

　145　第三节　大市场营销战略

　148　第四节　市场营销竞争战略

　149　第五节　市场营销战略计划

157 第九章　市场细分及目标市场战略

　157　第一节　市场细分原理

　160　第二节　市场细分程序和标准

　165　第三节　细分市场价值评估

　168　第四节　目标市场营销战略

　172　第五节　产品定位战略

177	**第十章　产品策略**
177	第一节　现代产品与产品组合
181	第二节　新产品开发策略
184	第三节　产品市场生命周期及其策略
191	**第十一章　产品包装和品牌决策**
191	第一节　产品包装策略
193	第二节　产品品牌决策与商标
200	第三节　商品名牌战略
208	**第十二章　价格策略**
208	第一节　营销价格及其定价程序
214	第二节　企业定价方法
218	第三节　定价策略和技巧
222	第四节　企业营销价格调整策略
225	第五节　非价格竞争策略
228	**第十三章　分销渠道策略**
228	第一节　分销渠道的基本内涵
233	第二节　中间商
241	第三节　分销渠道策略选择
245	第四节　分销渠道管理决策
249	第五节　物流与供应链决策
254	第六节　网上分销渠道
261	**第十四章　沟通与促销策略**
261	第一节　促销与促销组合
268	第二节　人员推销策略
277	第三节　广告促销策略
285	第四节　营业推广策略
288	第五节　公共关系促销策略

295 | **第十五章　市场营销计划、组织、执行与控制**

295 | 第一节　市场营销计划

300 | 第二节　市场营销组织

306 | 第三节　市场营销执行

309 | 第四节　市场营销控制

317 | **第十六章　营销理论新发展**

317 | 第一节　服务营销

320 | 第二节　绿色营销

322 | 第三节　关系营销

326 | 第四节　营销道德

329 | 第五节　网络营销策略

334 | 第六节　数字化营销

339 | **参考文献**

341 | **第二版后记**

342 | **第三版后记**

第一章　市场营销导论

市场营销学是一门建立在市场经济条件下的企业经营管理的应用经济学科。它有着自身特殊的研究对象,其原理和方法具有广泛的适用性。党的十八大进一步明确了我国全面改革的目标,是要建立中国特色社会主义市场经济体制,充分发挥市场在资源配置过程中的决定性作用,这为市场营销在我国的广泛应用创造了良好的环境条件。

党的十九大明确了新时代我国社会主要矛盾是人民日益增长的美好生活需要和不平衡不充分的发展之间的矛盾,这为营销学的应用,满足人民对美好生活的需要,提高生活质量,不断创新营销战略及策略开辟了广阔空间。因此,研究应用现代市场营销理论与策略,对于促进我国社会主义市场经济体制的建立与完善,推动企业调整结构、转变发展方式、完善经营机制,全面走向市场,建立具有中国特色的社会主义市场营销学,都具有重大的意义。

第一节　市场营销学的产生及发展

市场营销学是现代市场经济发展的动力和源泉,没有企业成功的市场营销活动,整个社会的再生产过程将会出现一种无序状态,人类的生存和发展将受到严重威胁。因此,资本主义国家的企业家都将市场营销看作"既是老师,又是魔鬼","它一夜之间可以使你笑逐颜开,也可以使你绝望跳楼"。马克思也将产品从"W—G"的实现过程比喻为惊险的跳跃。因此,企业要在激烈的市场竞争中求生存、谋发展,就应重视学习研究企业营销活动的"市场营销学"。

市场营销学是一门建立在经济学、心理学、行为科学、现代管理学、统计学、会计学、军事学等多种学科基础上的一门经济应用学科。市场营销学于20世纪初最早产生于美国,第二次世界大战后,随着资本主义经济的发展,市场营销学与实践紧密结合得到了迅速发展。许多国家企业的高级管理人员都须经过市场营销学知识的专业培训,在发达国家的高等院校中,都普遍开设了市场营销学课程,特别是市场营销学成为工商管理硕士(MBA)的必修学位课程,足以说明其价值。目前,大多数发展中国家和社会主义国家的大学里都设有市场营销专业,并讲授市场营销学课程,企业界也将应用营销学原理、方法和策略,指导企业的营销实践,以提高企业的竞争能力和经济效益,因此,有必要了解市场营销学的产生及发展。

一、市场营销学的来源

市场营销学是在资本主义市场经济条件下发展起来的一门新兴的经营管理应用学科。市场营销学的英文是"marketing",作为一门学科的"marketing"不同于作为一种营销活动过程的市场营销。"marketing"的含义非常广泛,在我国(包括台湾、香港在内)对它的翻译多达十几种。有代表性的主要有以下几5种:①市场学。其特点是简单明了,译出较早,目前已被大多数学者接受,缺点是只反映静态,好像仅研究市场制度、市场结构、市场供求。②行销学。其优点是反映了动态,但市场之意没有译出。③市场经营学。其优点是从卖方角度研究整个经营管理活动,但没有突出"销"的意思。④销售学。其突出了"销"的动态之意,但研究的范围太窄,仅限于流通过程。⑤市场营销学。既有经营管理之意,又有行销动态之意。此外,还有译为"市场管理""市务学""市场营运学""营销学""市场推销""营销管理"等。我们认为,译为"市场营销学"或"市场营销管理学"比较确切。在我国习惯用"市场学",但它容易误认为仅研究流通过程,是从"静态"的角度进行研究。市场营销学的译名,"营"就具有管理之意,包括计划、组织、协调、控制与决策;"销"是指产品通过促销活动销售给顾客。所以,市场营销学作为这门学科的名称,是比较合乎现代企业市场营销活动的。

引导案例

市场营销创造需求

美国一鞋业公司的老板派他的财务主管到非洲国家去了解公司的鞋能否在那里找到销路。一星期后,这位主管打电报回来说:"这里的人不穿鞋,因而这里一点市场都没有。"

接着该鞋业公司的总经理决定派最好的推销员到这个国家进行仔细调查。一星期后,推销员打电报回来说:"这里的人不穿鞋,是一个巨大的市场。"

鞋业公司总经理为弄清情况,再派他的市场营销副总经理去解决这个问题。两星期后,市场营销副总理打回电报说:"这里的人不穿鞋,但是他们有脚疾,穿鞋对脚会有好处的。他们的脚比较小,所以我们必须再行设计我们的鞋子,而且我们必须在教育懂得穿鞋有益方面花一大笔钱,在开始之前还必须得到部落首领的同意。这里的人没有什么钱,但是他们有我未曾尝过的最甜的菠萝。我估计鞋的潜在销售量在3年以上,因而我们的一切费用包括推销菠萝给一家欧洲连锁超级市场的费用都将得到补偿。总算起来,我们还可以赚得垫付款30%的利润。我认为,我们应该毫不迟疑地去干。"

——资料来源:赖丹声.谁能把鞋子卖到非洲[M].深圳:海天出版社,2002.

二、市场营销学的产生和发展

市场营销学是人类长期的市场营销活动实践经验的科学总结,于20世纪初期最早产生于美国。它的产生,一方面,由于当时世界主要资本主义国家完成了工业革命,由自由资本主义向垄断资本主义过渡;另一方面,随着现代科学技术的发展,企业可以利用现代化的市场研究方法,预测市场变化趋势,制订营销战略计划,控制调节市场销售量。在这种环境下,市场营销学从经济学中分离出来,形成一门新的应用经济学科。

现代市场营销学的产生和发展,大致经历了以下四个阶段。

(一)形成阶段

从19世纪末到20世纪30年代,一般称为市场营销学的形成阶段。当时,由于资本主义经济迅速发展,大量农村人口拥向城市,市场消费需求(包括生产资料)急剧增加,商品供不应求。企业经营的重点是如何增加产量和降低产品成本,泰罗以提高劳动效率为主要目标的"科学管理"理论和方法适应了这种要求,受到了企业家们的重视。许多企业纷纷实施"科学管理",生产效率迅速提高,一些产品生产量急剧增加。这时,有些商品的销路出现困难,一些具有远见的企业家开始重视产品推销和刺激消费者需求,研究推销战术和广告艺术。同时,理论界也根据实践的需要,开始着手研究产品的销售问题。1902年美国的密歇根、加利福尼亚和伊利诺伊三所大学开设销售课程。1912年,哈佛大学的赫杰特齐(J. E. Hegertg)教授在调查研究的基础上,出版了第一本以分销和广告促销为主要内容的《市场营销学》教科书。这本教材的问世,被公认为是市场营销学作为独立学科出现的里程碑。当时的研究有两个特点:一是仍然以传统经济学的需求学说作为理论基础,以流通领域为主;二是研究主要是在大学课堂里讲授,没有引起社会和企业界的足够重视。

(二)发展实践阶段

从20世纪30年代到第二次世界大战结束,是市场营销学应用于社会实践,并得到快速发展的阶段。1929—1933年资本主义经济大危机,震撼了整个资本主义,大批企业倒闭,产品大量积压,产品的销售更加困难,企业的生存受到了严重威胁。市场环境完全变成了"买方市场"。这时,企业的主要任务是千方百计地把产品销售出去。市场营销专家帮助企业家提出了"创造需求"的口号,企业家开始重视市场营销的研究和应用,市场营销学也开始进入流通实践领域。

由于市场营销学进入流通领域,使理论界和企业界广泛接触,共同研究产品的推销问题,于是在美国便相继成立了一系列市场营销研究组织。1937年美国成立了全国市场营销协会(American Marketing Association,AMA),并在全美设立几十个分会。协会不仅有理论界人士参加,而且吸收企业家参加。市场营销学理论与实践的结合促进了市场营销学的发展,但是这时的研究仍然是以商品推销技巧、销售方法及销售渠道为主,还没有超出流通领域的范围。

(三)市场营销学的"革命"阶段

第二次世界大战后,国际经济环境处于相对和平时期,现代科学技术迅速发展,促进了社会生产力的发展和劳动生产率的提高,产品数量急剧增加,花色品种日新月异,买方市场的趋势日益明显,市场供过于求的矛盾进一步激化,传统的市场营销学理论已不能适应这种新的市场要求。美国市场学家奥德尔逊(M. Alderson)和科克斯(R. Cox)合著了《市场学原理》一书,对"市场"赋予了新的含义,把"潜在需求"引进市场概念,把过去对"市场是卖方和买方进行商品交换活动的场所"的认识发展为"市场是生产者和消费者之间实现商品和劳务潜在交换的任何一种活动"。这样使市场营销学的研究范围进一步扩大,使企业经营以消费者的需求为中心,而不是以生产为中心,市场不再是生产的终点,而成为生产的起点。企业的职能首先是进行市场调查、分析和判断消费者的需求和愿望,并将这种信息传达到生产部门,使企业根据这些信息设计、生产适销对路的产品,满足消费者的需求,实现企业的赢利目标。把市场从生产的终点变为生产的起点,并且引入"潜在需求"的概念,这在西方国家称为是市场营销学的一场"革命",有人甚至将它与资本主义工业革命相提并论,称之为企业经营中的哥白尼太阳中心说。

(四)现代市场营销学阶段

20世纪60年代是西方资本主义经济高速发展的年代。许多科学技术从理论研究进入应用领域,实现了生产技术现代化,这在西方被称为是经济的"黄金时代"。20世纪60年代市场营销学与企业管理理论相结合,到了20世纪70年代,市场营销学与经济学、心理学、社会学、运筹学、统计学等学科相融合,拓宽了研究的领域,从而也进入了现代市场营销阶段。

1967年,美国菲利普·科特勒博士《营销管理:分析、计划、执行和控制》进一步发展了市场营销理论,该书成为20世纪60年代以来全球最畅销的营销学教材,被翻译为20多种文字出版,在全球产生了巨大的影响,成为美国、日本等国家国内大学的教科书,被称为营销学的圣经,科特勒教授也被称为"现代营销学之父"。

三、市场营销在 21 世纪的新发展

著名市场营销学者菲利普·科特勒教授在其著作中曾指出:进入 21 世纪市场营销所面临的挑战有非营利性营销的增长、信息技术的迅猛发展、迅速的全球化、不断变化中的世界经济以及更多的道德和社会责任的呼唤。正如菲利普·科特勒所预料的那样,人类进入 21 世纪,全球市场营销环境正发生着巨大的变化,其中主要受到以下两个方面因素的影响。

第一,经济全球化浪潮的影响。自 20 世纪 80 年代末起,全球经济、全球化、全球政治、全球文化和经济全球化等概念在西方开始得到经济学家的广泛认同,并成为人们研究的热门课题。伴随全球范围内新的市场体制的构建与形成和跨国公司的大量出现与发展,促进了经济全球化步伐的进一步加快。

第二,新经济时代到来的影响。自 20 世纪 90 年代中期美国提出"新经济"概念以来,这一概念已经在世界范围内引起了广泛的关注和争论,并得到世界大多数国家的认同和重视。伴随着以计算机信息技术为代表的新经济时代的到来,全球社会生产力水平将大大提高。

正是在此背景下,国与国之间、地区与地区之间、企业与企业之间的市场竞争日趋激烈,且企业的竞争优势已不再仅仅体现于企业生产的产品本身或营销推广手段的策划与运用。市场营销工作的重点将主要转向真正以客户为导向,企业的一切营销活动必须建立在信息化基础上,大量引入包括电子商务、物流管理等在内的最新理论、方法和手段。可以预料,21 世纪,我们将迎来又一次以新经济为主要背景、以互联网电子商务应用为主要特征的"新营销革命"。

营销理论及方法的演进如表 1－1 所示。

表 1－1 营销理论及方法的演进

年　代	营销理论及方法的演进
20 世纪 20 年代	以实证数据为基础的市场分析
20 世纪 30 年代	品牌经理制、市场研究论
20 世纪 40 年代	定性研究方法、消费者测试技术
20 世纪 50 年代	消费者行为研究、市场细分和差异化、市场(营销)观念、产品市场寿命周期、营销审计
20 世纪 60 年代	营销组合(4P)、品牌形象论、价值观与生活形态研究、营销环境研究
20 世纪 70 年代	营销战略、社会市场营销观念、市场定位、服务营销、非营利性组织营销、营销伦理
20 世纪 80 年代	关系营销、全球营销、内部营销、直复营销、品牌资产论、营销组合(10P)
20 世纪 90 年代	4C 理论、整合营销传播、数据库营销、绿色营销、客户关系管理
21 世纪	电子商务营销、定制营销、物流管理与配送、营销信息系统管理、营销智能代理、数字化营销、社交网络营销、新零售、体验营销、场景营销……

第二节　市场营销理论在中国的研究与应用

　　市场营销学是在市场经济高度发达条件下产生,并为市场经济发展服务的一门经济应用科学。新中国成立前,我国虽对市场学有过研究,如 1933 年丁馨伯编译并由复旦大学出版了我国第一本以《市场学》为名的教材,但由于当时商品经济不发达,其范围仅限于几所设有商科或管理专业的高等院校作为教材使用。从新中国成立后到 1978 年以前,我国除台湾和港澳地区对市场营销学有广泛的研究和传播外,在整个中国大陆,市场营销学的研究和应用一度中断。在这长达 30 多年的时间里,国内的学术界和企业界对国外关于市场营销学的发展状况知之甚少。

　　党的十一届三中全会以后,党中央提出了"对外开放,对内搞活"的总方针,全国掀起了改革开放的热潮,经济形势迅速好转,人民生活水平日渐提高,从而为我国重新引进和研究市场营销理论创造了有利的环境。同时,在新的形势下,我国企业经营环境也发生了许多重大变化,比如取消了对企业产品的统购包销政策,使产销矛盾比较突出。面对这种情况,人们迫切需要找到一种理论、原则和方法,解决企业经营困难,填补理论空缺。1978 年,北京、上海、广州的部分学者和专家开始从国外引进市场营销学。在有关领导和全国教育理论界、企业界的共同努力下,经过短短的十余年时间,我国对市场营销理论的研究和应用已取得了可喜的成绩。从整个发展过程来看,大致可以分为以下五个发展时期。

一、引进、认知时期(1978—1982 年)

　　1978 年以后,市场学很快受到国内学术界的重视,并开始着手进行引进和研究。当时,引进的途径和形式主要有以下三种。

　　第一,对国外市场学书刊、杂志和国外学者的讲课内容进行翻译、整理和出版。1978 年,北京、上海等地的有关专家学者开始阅读和研究国外市场营销学原著,并着手将原著翻译和编写成教学资料,如暨南大学编写有关市场营销学的讲义,上海财经大学编写了《国外商业》讲义,陕西财经学院(现西安交通大学)编写了有关教学参考书等。

　　第二,选派学者、专家和学生到国外访问、考察和学习。自 1978 年以来,国家教委、经委派人到北美、西欧、日本以及东南亚各国去学习市场学课程和考察国外企业应用市场营销理论的情况,这些人员在学成归来后为我国市场营销学理论的引进和传播做了大量工作。

　　第三,邀请发达国家和地区的专家、学者来国内讲学。例如,1980 年,大连高级管理培训中心开学,由美方六所大学联合组成的讲师团前来任教,并按美方的教学方案进行教学。在美方的课程设置方案中,市场营销学被作为一门核心课程。再如,1980 年广州邀请香港中文大学教授闵建蜀在广州讲授市场营销学课程。此后,闵建蜀又先后到上海、成都、西安等地多次讲授了市场营销学课程,为我国培养了一批市场营销学教师。

　　从总的情况来看,这一时期我国市场营销学的引进和研究取得了一定的成绩,但仍处于起步阶段。一方面,该学科的研究还局限于部分大专院校和科研机构,从事引进和研究的人员队伍人数都还很少,对西方市场营销理论的认识也比较肤浅;另一方面,大多数企业对市场营销学还比较陌生,应用的兴趣不浓。但是,通过这一时期的努力,为我国市场营销学的进一步发展打下了基础。

二、传播、发展时期(1983—1985 年)

经过前一时期的努力,全国各地从事市场营销学研究、教学的人员开始逐步意识到,要使市场营销学在我国取得进一步的应用和发展,必须首先做好以下几项工作:①成立全国及各地的市场营销学研究团体,以便相互交流和切磋研究成果,并利用团体的力量扩大影响,推进市场营销学研究的进一步发展。②做好市场营销学知识的传播工作,为企业应用市场营销理论,指导企业经营管理实践奠定基础。③要使现代市场营销思想为我国大多数企业所接受,必须将市场营销原理同中国的客观实际相结合,同我国的企业经营管理实践相结合,逐步建立起适合中国国情的社会主义市场营销学。

1983 年 6 月,江苏省在南京成立了中国第一个市场学研究组织——"江苏省市场调查、市场预测和经营决策研究会"。同时,全国部分财经院校、综合大学的教学人员在西安召开会议,酝酿成立全国性的市场学研究机构。1984 年 1 月,"全国高等财经院校、综合大学市场学教学研究会"在湖南长沙宣告成立,首任会长为陕西财经学院(现西安交通大学)贾生鑫教授,1987 年 7 月在黑龙江哈尔滨召开的年会上更名为"中国高等院校市场学研究会"。1991 年 3 月,有政府经济管理部门、企业、科研教学单位参加的"中国市场学会"在北京成立。目前,全国各地的市场营销研究组织已达 100 多个。这些学会、学术团体成立以后,都把推动市场营销学研究和应用作为组织的宗旨。各团体在做好学术研究和交流的同时,还做了大量的传播工作。在这一时期,市场营销学的教学工作也开始受到重视,并取得了较快的发展。首先,从开设市场营销学课程的学校来看,全国各综合大学、财经学院、国家各部委所属院校、中央电大、管理干部学院以及各地的工科院校都陆续开设了市场营销学课程,一些院校还把该课程作为学习经济理论和经营管理专业学生的必修课;其次,从教学的层次来看,不仅有大学本科生,而且有硕士(包括工商管理硕士)、博士研究生;再次,从教学师资队伍和科研人员队伍来看,到目前为止全国已有 5000 人以上的营销管理教学和科研队伍。

这一时期我国市场营销学研究发展的另一个重要成果,是全国各地编著的市场营销学著作、教材、论文在数量和质量上都有很大的提高。随着市场营销学研究的发展,建立我国社会主义市场营销学,逐步成为国内专家和学者在这一时期研究和议论最多的话题,应当说,逐步建立具有中国特色的社会主义市场营销学是大家的共同愿望和要求。

三、推广发展和初步应用时期(1986—1988 年)

1985 年以后,我国经济进入了一个新的发展时期。一方面,政治、经济体制改革在各个领域内逐步展开,各项改革措施相继出台;另一方面,由于许多改革措施还不配套,新的经济运行机制尚未建立,旧的体制又没有完全退出历史舞台,出现了新旧体制相互交错、相互矛盾的局面。而解决这一状况的唯一出路就是继续深化改革。1987 年党的十三大召开,提出了社会主义初级阶段的理论,还提出了建立我国商品经济新秩序和加快我国市场体系建设等一系列改革设想和方案。1988 年初《中华人民共和国工业企业法》颁布,1988 年 6 月党中央又提出加快价格改革,逐步取消"双轨制"。这一系列改革措施和方案使得我国的市场环境得到了逐步改善。

市场环境的改善为企业应用现代市场营销原理和策略,指导企业营销管理实践提供了有利条件。因此,在这一时期出现了许多企业成功应用市场营销原理的例子,如在开拓国际市场方面,外贸部门应用市场细分原理成功地将蜂花牌檀香皂打入了强手如林的欧洲市场;在国内市场方面,广西的"两面针"牙膏、安徽的"芳草"牙膏、西安的"太阳锅巴",都是依靠市场细分和广告促销手段成功地开拓了市场。但是,该时期我国企业应用市场营销原理指导企业经营实践的情况,在各地区、各行业间发展是不平衡的。从总体上看,我国的大多数企业,尤其是大中型国有企业仍然没有很好地应用市场营销思想指导企业经营管理实践活动,其显著特点是多数企业还没有确立以满足消费者和用户需求为中心的市场营销观念。造成这一状况的客观原因是市场环境还不够完善,而主观上的原因之一,是企业推广和普及市场营销思想滞后,缺乏应用营销理论的压力和动力。这一时期,我国市场营销学的发展主要表现在以下几个方面。

第一,全国各地的一些市场营销学研究组织,改变了过去只有学术界、教育界人士参加的状况,开始吸收企业界人士参加,其研究重点也由过去的教学研究转变为结合企业市场营销实践。这些改变使得国内的市场营销学研究人员能更多地同企业界人士接触,共同探讨和推动我国市场营销学的进一步发展。

第二,各地的市场学研究对市场营销知识的推广和普及工作的重点,由过去的师资培训和市场营销原理的一般介绍,转变为同企业界人士共同研讨和向企业提供营销咨询服务为主。目前,全国成立了数百家以营销策划为主的营销管理顾问咨询公司。企业聘请营销管理顾问,进行全方位 CI 策划的热情逐步增强。

第三,针对我国中小型企业、乡镇企业应用市场营销原理积极性较高的特点,把过去市场营销知识普及对象偏重于大中型企业,转变为大、中、小企业各层次兼顾,全民、集体、个体企业兼顾。

第四,致力于将市场营销学研究从消费品市场推广到生产资料市场、金融市场、保险市场、技术市场、劳务市场等各个领域,专业性市场营销教材大量出现。

第五,在发展外向型经济中,必须致力于国际市场营销原理与策略的研究推广应用。近年来,我国国际市场营销活动正在全面地向纵深发展,企业通过应用营销理论,国际市场竞争能力不断增强。

四、扩展时期(1989—1994 年)

在此期间,无论是市场营销教学研究队伍,还是市场营销教学、研究和应用的内容,都有了极大的扩展。全国各地的市场营销学学术团体,改变了过去只有学术界、教育界人士参加的状况,开始吸收企业界人士参加。其研究重点也由过去的单纯教学研究,改为结合企业的市场营销实践进行研究。全国高等综合大学、财经院校市场学教学研究会也于 1987 年 8 月更名为"中国高等院校市场学研究会"。学者们已不满足于仅仅对市场营销一般原理的教学研究,而对其各分支学科的研究日益深入,并取得了一定的研究成果。在此期间,市场营销理论的国际研讨活动进一步发展,这极大地开阔了学者们的眼界。1992 年,党的"十四大"召开,确立了我国经济体制改革的目标是要建立社会主义市场经济,充分发挥市场在资源配置中的基础作用。中华人民共和国第一部公司法也于 1993 年 12 月 29 日通过,并于 1994 年 7 月 1 日起正式实施,建立现代企业制度,将为市场营销学走向实践,指导企业的营销活动创造良好的外部环境。

1992 年春,邓小平同志南方谈话以后,学者们还对市场经济体制下的市场营销管理,中国市场营销的现状与未来,跨世纪中国市场营销面临的挑战、机遇与对策等重大理论课题展开了研究,这也有力地扩展了市场营销学的研究和应用领域。

五、国际化时期(1995 年之后)

1995 年 6 月,由中国人民大学、加拿大麦吉尔大学和康克迪亚大学联合举办的第五届"市场营销与社会发展"国际会议在北京召开。中国高等院校市场学研究会等学术组织作为协办单位,为会议的召开作出了重要的贡献。来自 46 个国家和地区的 135 名外国学者和 142 名国内学者出席了会议。25 名国内学者的论文被收入《第五届市场营销与社会发展国际会议论文集》(英文版),6 名中国学者的论文荣获国际优秀论文奖。从此,中国市场营销学者开始全方位、大团队登上国际舞台,与国际学术界、企业界的合作进一步加强。

2001 年我国加入 WTO 后,随着全球经济一体化的发展,企业将进一步加快国际化步伐,一方面表现为国外跨国公司在我国的营销本土化,另一方面我国企业逐步跨出国门,走向全球市场。因此,市场营销理论也真正逐步实现了国际化。实践证明,市场营销的国际化是一种发展的大趋势。

总之,我国市场营销学的研究已取得可喜的成绩,一些工商企业对应用市场营销原理和策略指导经营管理实践有了深刻的认识,并取得了一些经验和成绩。如海尔集团成功的营销案例已进入美国哈佛大学的管理案例库。今后在继续引进西方市场营销学原理的同时,应把重点放在联系我国企业实际,总结我国企业成功的营销案例,结合社会主义市场经济的特点开展市场营销学的研究,逐步建立和发展具有中国特色的社会主义市场营销学。

第三节　市场营销学的研究对象及基本特征

一、市场营销学的研究对象

市场营销学是对企业营销实践经验的科学总结,同时又对企业的市场营销活动具有指导作用。市场营销学的研究对象是:以满足和实现消费者对美好生活需要为中心的企业营销活动过程及其规律性,即研究企业在特定的环境中和在调查研究的基础上,如何从满足消费者和用户现实及潜在需求、愿望出发,有计划地组织企业的整体营销活动,通过交换把产品从生产者手中转向消费者手中,以实现企业赢利目标的营销活动的全过程及其规律性。

市场营销学的研究对象表明:

第一,满足顾客需求和欲望是企业营销活动的出发点和中心。它包括以下四个方面的含义:①顾客购买的,不是物品和劳务本身,而是欲望的满足;②消费者的需求不仅包括现实需求,而且还包括潜在需求,并着眼于未来的潜在需求;③从消费者需求出发,是指通过市场细分,选择目标市场,从目标市场的顾客需求出发;④满足顾客的需求,是根据不同的目标市场的顾客,采取不同的市场营销策略组合来实现的。

第二,满足消费者需求及实现企业盈利目标的手段,是有计划地组织企业的整体营销活动。企业的整体营销包括以下几层含义:①销售活动是企业市场营销的出发点和归宿点,只有采取有效的销售策略,才能满足顾客的需求和欲望,实现企业的盈利目标。②市场营销四大因素即产品、定价、分销及促销的相互配合,才能形成最佳的市场营销策略组合,以保证企业从总体上满足消费者的需求。③市场营销部门在企业中起着指挥与协调企业内部各职能部门的作用,即以市场营销部门为中心,使各职能部门(如生产、计划、供应、财务、人事等)相互配合与协调,以保证企业营销活动顺利进行。

二、现代市场营销学的基本特征

现代市场营销学同早期的市场营销学比较,具有以下基本特征。

第一,现代市场营销学强调"以消费者需求为中心"的指导思想,从消费者的利益出发,把研究满足消费者的需求作为一条红线贯穿于现代市场营销学的教学研究和企业实践。

第二,现代市场营销学突出动态研究,重视供需之间的信息沟通。现代市场营销面临的是一个复杂多变的动态市场,因此,决定了其研究方法必然是动态过程研究法。必须重视企业与市场之间的信息、数据的交流与沟通,它成为企业进行市场营销的基本条件。企业市场营销的动态模型如图1-1所示。

第三,现代市场营销学,强调营销活动的系统整体协调。它运用系统论原理,把企业的市场营销活动看作一个系统加以研究。

图1-1　企业与市场的动态模型

第四,现代市场营销学把研究企业营销的战略和策略放在了重要地位。

第五,现代市场营销学高度重视现代技术在营销中的应用,互联网、大数据、云计算、人工智能、区块链等普遍应用,创新出许多营销的新业态,场景体验、直播网红、抖音、直播带货、社区营销、内容营销等不断出现,未来营销空间不断扩展。

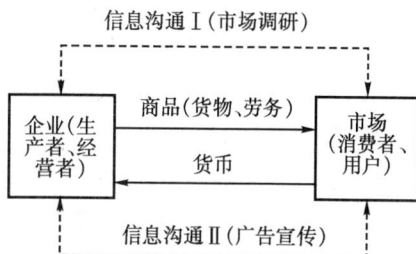

第四节　市场营销学的研究方法

市场营销学作为一门建立在经济学、行为科学、现代管理理论基础之上的应用经济科学,它的研究对象是企业的市场营销活动过程及其规律性,在现代市场经济条件下,市场环境复杂多变,竞争态势日趋激烈,科学技术发展迅速,新功能、高质量的产品不断出现,产品更新换代周期日益缩短,所以,市场营销学主要研究市场营销活动,这就决定了它的研究途径和方法的多样性、系统性。同时,市场营销学的研究途径和方法也是随着市场营销活动的实践而变化的。20世纪50年代以前,传统市场营销学的研究途径主要是商品途径、机构途径、功能途径。50年代以后,特别是进入70年代以来,市场营销学日益吸收心理学、行为科学、社会科学等学科的研究成果,而形成一门综合性的经营管理科学。因此,必须采用正确的研究途径和方法,才能取得良好的经济效益。

一、研究途径

(一)商品途径

这是一种以物为中心的研究途径,即以商品为主体,对某类商品如农产品、工业品、矿产品、消费品与劳务等,分别加以研究,研究这些产品的设计、包装、品牌、商标、定价、分销、广告等,以及每种产品如何开拓市场。这种研究方法的优点是能够分析各类商品在营销中出现的具体问题,并且寻找有效的途径加以解决。

(二)机构途径

这种途径以研究市场营销组织制度为出发点,体现了"以人为中心"的研究方法,主要从市场体制、市场结构、流通渠道等来研究市场。市场营销组织结构,按有无处理商品的所有权分为经销商和代理商,按照在分配渠道中的地位可分为批发商和零售商,形成了批发市场营销、零售营销和网上营销。

(三)功能途径

这种途径是研究产品从生产者到达消费者手中所进行的各种营销活动过程中,市场营销组织所发挥的功能(或作用)。市场营销的基本功能一般可分为:①交换功能,包括购买和销售;②供给功能,包括运输和储存;③便利功能,包括资金融通、风险、提供市场信息等。发挥这些功能的目的是保证顾客需求的满足和实现企业的利润目标。

(四)管理途径

这是一种从管理的观点,综合商品途径、机构途径和功能途径来研究市场营销活动的规律性方法。企业面对目标市场的需要,应全面分析与研究其外部环境的变化,同时研究本身的资源条件,以选择最佳的市场营销组合,提高企业的经济效益。

以上研究途径从不同的角度研究企业的市场营销活动,但目的都是为了通过不同的途径,达到满足消费者的需求,占领市场,增加销量,实现企业的盈利目标。

二、研究方法

任何一门科学都有自己的研究方法,市场营销学作为一门研究企业市场营销活动的应用经济科学,它的最基本的研究方法仍然是马克思主义唯物辩证法,因为它是人们认识、分析事物的基本方法论,能够帮助人们揭示市场营销活动的本质及其发展规律。但是市场营销学有特定的研究对象,因而也就有特定的研究方法。

(一)系统分析法

它是把研究对象(市场)看作一个系统,分析其内部各因素的组合方式及相互关系。市场是一个由多要素、多层次组合的复杂系统。既要研究企业内部各子系统如何协调、配合地进行市场营销活动,又要研究企业的营销活动与外部各种组织系统的关系与协调。运用系统分析的方法研究市场营销,便于经营者从整体上考虑企业的营销战略,从而做出正确的决策。

(二)案例分析法

它是以典型企业营销成功或失败作为例证,从而找出规律性的东西,以指导企业的营销实践。运用案例分析法,一方面可以加深对营销理论的理解,总结实践经验,发展营销理论;另一方面又能指导企业的市场营销实践活动,提高企业的营销管理水平。

(三)定性分析与定量分析相结合的方法

企业的市场营销活动,是质与量的统一。研究市场,一方面要进行市场分析,以确定问题的性质;另一方面要进行定量分析,以确定市场活动中的各种数量关系。定性和定量分析的有机结合,不仅能做到对问题性质看得准,而且又能使市场营销活动数量化,提高其精确度,使其具体化。

(四)宏观分析与微观分析相结合的方法

市场营销是从企业的角度研究市场营销的一般规律,属于微观的范围,但是企业属于国民经济宏观系统的一个组成部分,宏观经济环境的变化(如经济发展重点、投资方向等),对企业营销会产生一定的影响,这就要求我们把宏观分析和微观分析结合起来,促进市场营销理论的发展、繁荣,在指导企业的市场营销活动中发挥更大的作用。

第五节　从 4P 到 4V 市场营销模式的演进

一、市场营销模式的演进过程

在市场营销学的发展过程中,营销模式经历了 4P、4C、4R 和 4V 四代,顾客价值的研究意义也日渐凸显。

(一)第一代营销模式:短缺经济时代的"4P"营销组合论

"4P"是指以产品(product)、价格(price)、地点(place)、促销手段(promotion)为代表的以生产为中心的营销四要素组合的总称。从全球来看,这一营销观产生于 19 世纪后期,盛行于 20 世纪初叶。这一期间,世界处于短缺经济时代,而且是严重的以数量为核心的包含数量、质量与结构的三重性短缺,由于数量上供不应求,因而是一种典型的卖方市场。企业只要增加产量和降低成本就能获得丰厚的利润。由于是适应短缺经济时代而形成的,因此其营销在微观企业中只作为非常一般的功能,人们不会也不可能对营销给予更多的关注。人们更多的是关心产品的生产、产品的价格、产品的渠道及产品促销。

(二)第二代营销模式:饱和经济时代的"4C"营销组合论

第二次世界大战后,随着工业的飞速发展和工业黄金时代的到来,世界开始由短缺经济时代进入过剩经济时代。尤其是发达的资本主义国家,市场出现供过于求,买方市场取代卖方市场。企业开始把顾客的需要作为企业活动的轴心和企业计划的出发点,世界进入"需求中心论"时代。企业营销的目标和重点定位于消费者所需要又能发挥自己优势的产品。在此背景下,以舒尔茨教授为首的营销学者从顾客的角度提出了新的营销观念与理论,即"4C"组合理论,包括 customer(顾客的需求和期望)、cost(顾客的费用)、convenience(顾客购买的方便性)以及 communication(顾客与企业的沟通)。"4C"包括以下具体内涵。

第一,忘掉产品,记住顾客的需求与期望。首先要了解、研究、分析消费者的需要与欲求,而不是先考虑企业能生产什么产品。

第二,忘掉价格,记住成本与顾客的费用。首先了解消费者满足需要与欲求愿意付出多少钱(成本),而不是先给产品定价,即向消费者要多少钱。

第三,忘掉地点,记住方便顾客。首先考虑顾客购物等交易过程如何给顾客方便,而不是先考虑销售渠道的选择和策略。

第四,忘掉促销,记住顾客沟通。以消费者为中心实施营销沟通是十分重要的,通过互动、沟通等方式将企业内外营销不断进行整合,把顾客和企业双方的利益无形地整合在一起。

总的来看,"4C"营销理论注重以消费者需求为导向,与市场导向的"4P"相比,有了很大的进步和发展。"4C"营销现象从其出现的那一天起就普遍受到企业的关注,此后整个 20 世纪 50—70 年代,许多企业运用"4C"营销理论创造了一个又一个奇迹。

(三)第三代营销模式:客户经济时代的"4R"营销组合论

美国 D. E. Schultz 提出了"4R"模式,即关联(relativity)、反应(reaction)、关系(relationship)、回报(retribution)营销新理论,阐述了一个全新的营销四要素组合理论。

第一,与顾客建立关联。在竞争性市场中,顾客具有动态性。顾客忠诚度是变化的,他们会转移到其他企业。要提高顾客的忠诚度,赢得长期而稳定的市场,重要的营销策略是通过某些有效的方式在业务、需求等方面与顾客建立关联,形成一种互助、互求、互需的关系,把顾客与企业联系在一起,这样就大大减少了顾客流失的可能性。

第二,提高市场反应速度。当代先进企业已从过去推测性商业模式,转变成高度回应需求的商业模式。面对迅速变化的市场,要满足顾客的需求,建立关联关系,企业必须建立快速反应机制,提高反应速度和回应力。这样可最大限度地减少抱怨,稳定客户群,减少客户转移的概率。

第三,关系营销越来越重要。在企业与客户的关系发生了本质性变化的市场环境中,抢占市场的关键已转变为与顾客建立长期而稳固的关系,从交易变成责任,从顾客变成拥护,从管理营销组合变成管理和顾客的互动关系。

第四,回报是营销的源泉。对企业来说,市场营销的真正价值在于其为企业带来短期或长期的收入和利润的能力。一方面,追求回报是营销发展的动力;另一方面,回报是维持市场关系的必要条件。企业要满足客户的需求,为客户提供价值,但不能做“仆人”。因此,营销目标必须注重产出,注重企业在营销活动中的回报。一切营销活动都必须以为顾客及股东创造价值为目的。

(四)第四代营销模式:新经济时代的“4V”营销组合论

进入 20 世纪 80 年代之后,随着高科技产业的迅速崛起,高科技企业、高技术产品与服务不断涌现,营销观念、方式也不断丰富与发展,并形成独具风格的新型理念,营销进入第四代营销模式,即“4V”营销组合。所谓“4V”是指差异化(variation)、功能化(versatility)、附加价值(value)、共鸣(vibration)的营销组合理论。

第一,差异显著化。顾客需求千差万别,在个性化时代,这种差异更加显著。从某种意义上说,创造顾客就是创造差异。有差异才能有市场,才能在强手如林的同行业竞争中立于不败之地。差异化营销一般分为产品差异化、市场差异化和形象差异化三个方面。

第二,功能弹性化。功能弹性化是指根据消费者消费要求的不同,提供不同功能的系列化产品供给,增加一些功能就变成豪华奢侈品(或高档品),减掉一些功能就变成中、低档消费品。消费者根据自己的习惯与承受能力选择其具有相应功能的产品。20 世纪八九十年代,日本许多企业盲目追求多功能或全功能,造成功能虚靡使功能缺乏弹性,而导致营销失败就是典型。

第三,附加价值化。目前,在世界顶尖企业之间的产品竞争已不仅仅局限于核心产品与形式产品,竞争优势已明显地保持在产品的第三个层次——附加产品,即更强调产品的高附加价值。因而,当代营销新理论的重心在“附加价值化”。

第四,共鸣。共鸣是企业持续占领市场并保持竞争力的价值创新给消费者或顾客所带来的“价值最大化”,以及由此所带来的企业“利润极大化”,强调的是将企业的创新能力与消费者所珍视的价值联系起来,通过为消费者提供价值创新使其获得最大程度的满足。

二、四种营销组合模式之比较

上文叙述了营销理论的演变,表 1-2 是四种营销组合的比较分析。

表 1-2　4P、4C、4R、4V 营销组合比较分析表

类别	项目			
	4P 组合	4C 组合	4R 组合	4V 组合
营销理念	生产者导向	消费者导向	竞争者导向	持续竞争导向
营销模式	推动型	拉动型	供应型	伙伴型
满足需求	相同或相近需求	个性化需求	感觉需求	效用需求
营销方式	规模营销	差异化营销	整合营销	体验营销
营销目标	满足现实的,具有相同或相近的顾客需求,并获得目标利润最大化	满足现实的潜在个性化需求,培养忠诚度	适应需求变化,并创造需求,追求各方互惠关系最大化	满足顾客追求个人体验和价值最大化需求
营销工具	4P	4C	4R	4V
顾客沟通	"一对多"单向沟通	"一对一"双向沟通	"一对一"双向或多向沟通或合作	"一对一"外部合作
投资成本和时间	短期低、长期高	短期较低、长期较高	短期高、长期低	短期高、长期极低

由上述分析我们可以得出营销模式的演进模式,如图 1-2 所示。

自 20 世纪 70 年代以来,理论界和企业界不断地探求顺应形势变化的市场营销新方法,从最初"以产品为中心"单纯注重产品质量,到"以顾客为导向"争取顾客的满意与忠诚,直至 90 年代顾客价值概念的提出,将市场营销理念推向了一个全新的高度。综观国际市场竞争,在现代产品价格构成中,由"价值提供"所构成的价格愈来愈占有相当大的比重,而"价值提供"从更深层次上提高了企业的竞争能力。价值创新的着眼点就是将企业的经营理念直接定位于消费者

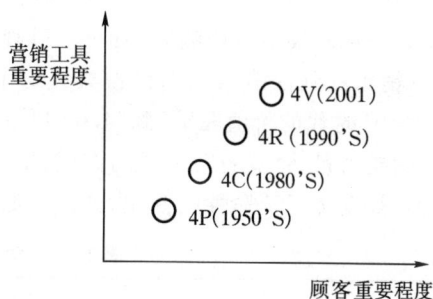

图 1-2　营销模式的演进模型

的"价值最大化",通过强调"尊重顾客"和建立"顾客导向",为目标市场上的消费者提供高附加值的产品和效用组合,以此实现向顾客让渡价值。

从关注顾客满意到顾客价值的过程,企业的经营侧重点存在差异。企业最初做顾客满意度评价,只是想了解顾客对于公司绩效的绝对性评价,后来逐渐演变为要求顾客对于公司绩效在整个业界的竞争地位的相对性评估,也就是顾客价值的研究。

注重顾客满意的企业关注是如何使购买自己产品和服务的顾客感到满意,而较少关注竞争对手与其顾客的情况,这类企业与顾客之间的关系往往是静态的,单方的"取悦",并通过这种"取悦"来获取现有顾客对自己产品的忠诚;而注重顾客价值与竞争力相匹配的企业是基于自己的价值定位,向目标顾客提供超越竞争对手的价值,而顾客为了使自己获得的感知价值最

大,也更加乐于和企业维持互动的关系。因此,争取顾客满意仅仅是企业营销中的战术问题,而创造顾客价值则是企业获取持久竞争优势的战略问题。应该指出的是,顾客价值并不是对顾客满意、顾客忠诚的否定,而是在新的市场竞争形势下对顾客满意、顾客忠诚的扩充与发展,它为企业进行战略选择,提升自身的竞争力提供了一个全新的理念与方法,是企业获取竞争优势的新来源。

第六节　数字营销革命 4.0 时代

一、数字营销革命 4.0——从传统营销到数字营销

2018 年菲利普·科特勒教授推出了新书《营销革命 4.0——从传统到数字》,这是继营销3.0 时代之后,营销学理论及实践的新发展,提出了一个全新的营销时代——营销 4.0。

所谓营销 4.0 是指结合企业和线上线下交互的一种营销手法,通过结合形式和实体建立品牌,通过最终用人人交互补足机对机交互来增加用户参与度。它帮助营销人员适应数字经济时代,重新定义营销活动的关键概念。数字营销和传统营销将在营销 4.0 时代共存,最终实现共同赢得用户拥护的最终目标。

营销 4.0 时代,主要表现出如下特征:①权力向客户群转移。用户之间实现从独享到包容,企业之间的竞争实现从垂直到水平,用户的购买选择更加社群化。②高度的连通性。消费者通过各种设备终端实现和购物、消费场景的连接,其购买行为和媒介的互动方式发生了新的变化,通过新零售无缝连接的线上线下体验,实现线上线下"同货同质同价"的目标。③亚文化群体的崛起。在营销 4.0 时代,新媒体沟通成为主要信息传递渠道,年轻人、女性和网民三种亚文化群体,是数字化时代最具影响力的群体,口碑传播成为消费者购买决策的决定性影响因素。

从营销 1.0 到营销 4.0,营销模式经历了"1.0 时代的以产品为中心""2.0 时代的以顾客为导向""3.0 时代的价值驱动"到"4.0 时代的数字导向"的演变。在四个不同的阶段,从营销的目标、赋能力量、企业看待市场的方式、主要营销概念、企业营销方针、价值主张、与消费者互动等方面,都发生了革命性的变化,其比较如表 1-3 所示。

表 1-3　营销 1.0 到 4.0 对比

类别	1.0 时代以产品为中心	2.0 时代以顾客为导向	3.0 时代的价值驱动	4.0 时代的数字导向
目标	销售产品	满足和留存顾客	让世界变得更好	个性化服务
赋能力量	工业革命	信息技术	互联网	社交化、大数据、智能化
企业看待市场方式	生理需要的大众	有思维和心灵的聪明消费者	具有思维、心灵和精神的完整个体	社交需要的、数字化、透明的顾客
主要营销概念	产品开发	差异化	价值	清晰品牌特点和编码,连接顾客,建立品牌密切关系
企业营销方针	产品规格和技术规范	企业和产品定位	企业使命、愿景和价值观	线上线下融合,全渠道销售连接顾客

续表

类别	1.0 时代以产品为中心	2.0 时代以顾客为导向	3.0 时代的价值驱动	4.0 时代的数字导向
价值主张	功能的	功能和情感的	功能、情感和精神的	突出解决顾客痛点，让不知情的访客变得有兴趣
与消费者互动	一对多	一对一	多对多	协作、顾客确认的服务

二、营销 4.0 时代的顾客体验路径：5A

顾客体验路径指顾客对品牌从陌生到忠诚拥护的转变过程，实质是信息的传播演变，其演变主要经历了三个阶段。

(1)广告＋销售员模式(AIDI)。即顾客购买行为的发生经历了注意(awareness)、兴趣(interest)、欲望(desire)、行动(action)四个阶段。

(2)广告＋销售员＋客户服务中心(4A)。即顾客购买行为的发生经历了认知(aware)、态度(attitude)、行动(action)、再次行动(act again)四个阶段。

(3)广告＋客服＋社群倡导模式(5A)。在互联网数字化时代，顾客随时接受社群各种信息，能够快速获取各种知识和经验，最终影响其购买行为。客户体验路径进入"5A 时代"，即认知(aware)、诉求(appeal)、询问(ask)、行动(action)、倡导(advocate)五个阶段。在 5A 阶段，主要是社群顾客对第三顾客体验路径的影响。其影响顾客购买过程如表 1-4 所示。

表 1-4　5A 模型

阶段	认知	诉求	询问	行动	倡导
行为	客户被动地接触一系列来自过去的经验，营销传播和/或他人的倡导的品牌	客户处理他们所接触到的信息，创造短期记忆或放大长期记忆，最终只被一小部分品牌所吸引	好奇心的驱使下，客户积极地研究来自朋友和家人、媒体和/或直接来自品牌的更多信息	通过更多的信息，客户决定购买一个特定的品牌，并通过购买、使用和/或服务流程进行更深层次的交互	随着时间的推移，客户可能会对品牌产生强烈的忠诚感，这反映在保留、回购和最终对他人的宣传上
可能的接触点	• 从别人那里了解 • 无意中接触品牌广告 • 回忆过去的经历	• 被品牌所吸引 • 形成心仪的品牌清单	• 打电话给朋友咨询 • 看在线产品测评 • 联系呼叫中心 • 比较价格 • 在商店里接触产品	• 在店内或网上购买 • 第一次体验产品 • 抱怨问题 • 得到服务	• 继续使用该品牌 • 复购该品牌 • 向其他人推荐该品牌
关键效果	我知道	我喜欢	我确信	我要买	我推荐

本章小结

市场营销学作为一门经济应用学科,产生于市场经济高度发达的西方国家,它大致经历了形成阶段、发展实践阶段、市场营销学的"革命阶段"和现代市场营销学阶段。该学科20世纪70年代末进入我国并得到传播和发展,在借鉴、吸收发达国家先进科学的市场营销理论和方法的基础上,结合我国的实际,积极地探索和发展具有中国特色的社会主义市场营销学。

市场营销学的研究对象是以满足和实现消费者对美好生活需要为中心的企业营销活动过程及其规律性。由其研究对象决定了市场营销学具有以下特征:满足消费者的需求贯穿于现代市场营销整个过程、重视供需之间的信息沟通、强调营销活动的系统整体协调和将营销战略和策略放在突出的重要地位。

市场营销学吸收了心理学、行为科学、社会科学等多门学科的研究成果,研究方法呈现多样化、系统化的特点,主要的研究方法有:系统分析法、案例分析法、定性分析和定量分析相结合的方法及宏观分析与微观分析相结合的方法。市场营销学的研究内容的体系结构是根据企业经营活动的内在规律和人们的认识逻辑顺序来确定的,主要包括市场营销基本理论、企业营销环境与战略、消费者需求与目标市场决策、企业营销组合策略、营销调研与评估、国际市场营销和市场营销发展新趋势。

营销模式的演变经历了从4P到4C的演变过程,第一代营销模式主要以4P组合为主,即4P——产品(product)、价格(price)、地点(place)、促销手段(promotion);第二代营销模式主要以4C组合为主,即customer(顾客的需求和期望)、cost(顾客的费用)、convenience(顾客购买的方便性)以及communication(顾客与企业的沟通);第三代营销模式主要以4R因素组合为主,即关联(relativity)、反应(reaction)、关系(relationship)、回报(retribution);第四代营销模式主要以4V组合为主,即差异化(variation)、功能化(versatility)、附加价值(value)、共鸣(vibration)。

营销4.0是数字时代营销理论的新发展。其特征表现为权力向客户群转移、高度的连通性及亚文化群体的崛起;营销4.0客户体验路径进入"5A时代",即经历认知(aware)、诉求(appeal)、询问(ask)、行动(action)、倡导(advocate)五个阶段。

关键概念

市场营销学 市场营销学的研究对象 系统分析法 案例分析法 营销4.0
顾客体验路径

复习思考题

1.简要分析市场营销学的产生发展过程。
2.简述市场营销学在中国的传播过程。
3.怎样理解市场营销学的研究对象?
4.市场营销学的研究途径有哪几种?
5.研究市场营销学的方法有哪几种?
6.简述市场营销模式的演进过程。
7.分析营销4.0的主要特征。
8.简述营销4.0顾客体验的5A过程。

案例分析

"老干妈"为何能够畅销全球？

不打广告的"老干妈"畅销海内外。《网易财经综合》栏目一篇报道《老干妈从不打广告，为什么火遍世界？》，让我对"老干妈"陶华碧肃然起敬。文中提到"农村妇女，目不识丁，女性创业，不融资，不上市，大企业……这些关键词融合在了一个人身上"，这些关键词是如此的对立，却又在"老干妈"陶华碧及她的企业上统一了起来。

她是怎么做到的呢？她的辣椒调料都是100％的真料，每一个辣椒，每一块牛肉都是指定供货商提供的，绝对没有一丝杂质。她从不偷工减料，以次充好，用料、配料、工艺拿捏精准，让她的"老干妈"有了自己的特质，有了自己的味道，让顾客买起来放心，吃起来放心，这才是产品的良心和根本，她用良心做新产品给社会，社会也会回馈给她和她的企业。

不打广告，对于现代企业来讲，哪种"酒香不怕巷子深"的观念是不适宜的。陶华碧的"老干妈"是怎样走进老百姓生活的，走上大家餐桌的，远销海外的，是怎样做到"有华人的地方，就有'老干妈'香辣酱"的呢？

1994年，刚起步"老干妈"还不为人知，贵阳修建环城公路，昔日偏僻的龙洞堡成为贵阳南环线的主干道，途经此处的货车司机日渐增多，他们成了陶华碧"实惠饭店"的主要客源。陶华碧向司机免费赠送自家制作的豆豉辣酱、香辣菜等小吃和调味品，大受欢迎。货车司机们的口头传播显然是最直接、最真实的广告形式。短短时间，"龙洞堡老干妈辣椒"的名号在贵阳不胫而走，很多人甚至就是为了尝一尝她的辣椒酱，专程从市区开车来购买陶华碧的辣椒酱，然后好的东西、好的味道在亲朋好友的推荐、传播中走出贵阳，走向全国，迈向全世界。她也把做广告节省下来的资金用于保持新产品质量以及打假上。她甚至连产品包装都被外界称"土"，对于这个"土"，陶华碧有自己的看法：包装便宜，那就意味着消费者花钱买到的实惠更多，省下来的可都是真材实料的辣酱，寻常百姓居家过日子，就是图个实惠，又不拿辣酱去送礼，自家吃只要质量好、味道好就行了。即使利润不高，陶华碧的企业却从不偷税漏税，文中描述"1998年产值5014万元，2013年产值37.2亿元，15年间产值增长了74倍。1998年上缴税收329万，2013年上缴税收5.1亿元，15年间增长155倍"。她就是这样用良心做产品、用良心做企业，踏踏实实做企业，免去了烦心的事情，专心做老百姓喜欢和熟悉的味道，这是她秉承的信念和企业文化。不打广告，不偷税漏税，只踏踏实实地做质量和口味，让人放心和顺心的一瓶小小的香辣酱，陶华碧也做得那么出色。"老干妈"的成功其实很简单，但其实也很不简单！

问题讨论：

1."老干妈"是如何发现市场机会的？

2."老干妈"的成功主要运用了营销学的哪些策略？

第二章　市场营销观念演变

第一节　市场概念、功能及结构

市场是企业营销活动的舞台，是企业营销活动的出发点和归宿点。只有准确理解市场的概念，才能做好企业的营销工作，因此就必须分析市场、研究市场。

一、市场的概念

市场是商品经济的范畴，是商品生产和商品交换发展的必然产物。在人类社会经过了原始社会蒙昧时代，社会生产力得到进一步发展，出现了第一次、第二次、第三次社会大分工后，市场也就逐渐地由原始市场发展为完善的市场。

对于市场概念的研究，目前主要有以下几种观点。

第一种：场所论。市场是指在一定时间、一定地点条件下进行商品买卖的场所，它反映了商品交换活动的内容及其表现的时间、空间含义，这只表现出市场的一个侧面。因而，也称为狭义的市场概念。

第二种：关系论。市场是指进行商品交换所反映的各种经济关系和经济活动现象的总和，即把市场看作实现商品相互转让的交换活动的总体，被称为广义的市场概念。

第三种：机制学说论。这一学说认为市场是存在商品生产和商品交换的社会，通过市场信息的反馈，择优生产和等价交换，从而促进社会生产关系和生产力再生产活动顺利进行，也就是发挥市场机制在资源配置中的决定作用。

第四种：需求论。国外学者认为：市场即需求，也就是研究人的需求（不仅包括现实需求，而且包括潜在需求）以及企业如何满足消费者需求，并且赚取满意利润。

上述观点从不同角度对市场进行了研究，反映了市场在某一侧面的研究重点，但却存在着一定的片面性。从现代市场营销的角度来看：市场是在一定时间、地点条件下，通过商品的交换过程以实现其满足消费者现实和潜在需求过程中所反映的交换关系的总和。它主要是从买方的角度研究市场，如菲利普·科特勒认为："市场是所有现实和潜在购买者的结合。"因此，市场规模的大小主要取决于三个因素：一是顾客的多少；二是购买力的大小；三是购买欲望的强弱。分析市场未来趋势，也必须研究这些影响市场的因素。

市场要素是构成市场的基本因素，它构成了市场的矛盾运动，决定着市场的现状及其发展趋势。构成市场的基本要素主要有：①能够满足消费者某种需要的一定量的商品或劳务。它构成市场的物质基础，是市场总体的客体，是营销活动的交易对象。如果没有可供交换的商品和劳务，也就不存在市场了。②一定量的货币购买力所形成的有支付能力的需求。它构成市场总体的主体，其代表是买者（消费者、用户），要实现商品的价值，市场上必须存在这种需求，否则交易活动也难以实现，市场也将名存实亡。③由购买者需求所激发的购买动机。市场上一定数量的商品和劳务,一定的货币购买力,只是为交易活动提供了可能性。如果货不对路,不能激发消费者的购买动机,交易活动仍然不可能进行,对卖者来说,也就失去了市场的作用。

国外对市场有一个流行的看法,并形象地用公式表示为:市场＝人口＋购买力＋购买动机。对市场来说,这三个因素互相制约、缺一不可。同时,从市场的总体来看,还必须有一定量的商品供应,否则交易活动便失去了物质基础,最终不能形成市场。

二、市场的功能

市场功能是指市场的各种要素组成的有机整体所具有的职能,是通过市场机体的各环节以及参加交换的当事人来实现的。在我国社会主义市场经济条件下,市场最根本的功能是要发挥其在社会资源配置中的基础性、决定性作用。从营销角度来看,市场主要有以下三种基本功能。

(一)交换功能

在市场经济社会中,商品的价值和使用价值是通过市场交换来实现的。商品生产者,为了实现商品的价值,必须通过市场让渡自己的商品使用价值,以把商品卖出去;商品的使用者欲使其需求得到满足,必须从市场购买所需商品,实现对商品使用价值的占有。这种活动在市场上经过多次交换,不断转手,通过多种渠道,实现商品在时间和空间上的转移,使商品从生产领域流向消费领域。由此可见,在市场经济条件下,任何组织、团体和个人,都和市场发生着密切的联系,都要通过市场出售商品和购买商品,这些行为构成市场的主体行为。商品的买卖行为是通过相互交换进行的。商品的交换活动成为市场的中心内容,这种买卖双方互相联系的运动,形成了市场的交换功能。正是这种交换功能,使所有市场主体形成了一个有机整体。

(二)供给功能

市场买卖活动顺利进行的基本前提条件是市场上存在可供交换的商品。市场如同一个大磁场,把众多商品生产者吸引来,形成了一个强大的商品供给源,然后通过市场交易活动,完成向消费者供应商品的任务。离开市场的供给功能,消费者无法购买到所需的消费品;生产者也无法买到所需的生产资料;整个社会经济发展就会受到严重影响,就不能保证市场的有效运行。

(三)反馈功能

市场不仅是消费者获取商品的场所,而且也是生产企业获取营销信息的重要途径。企业产品最终要接受市场的检验,得到市场的承认,才能实现企业生产的个别劳动向社会必要劳动的转化,形成商品的社会价值。市场上供求变化的各种信息,通过信息反馈传达到企业,企业依此进行生产结构和产品结构的调整,降低成本,提高质量,增加花色品种、规格和型号,以便做到适销对路,加速商品流通和资金周转,提高效益。市场信息反馈功能是通过对原始信息资料的收集、储存、检索、传递给需要部门来实现的。

市场除以上三种基本功能外,还具有调节的功能、分配的功能、约束的功能、组合的功能等。因此,市场功能是一个多种功能的综合体,市场是社会资源配置的重要场所和最有效方式。

三、市场的结构

市场结构是指市场经济活动中相互联系、相互制约的各个组成部分之间的组合比例及其相互关系,它是社会经济结构在市场流通中的反映,最终是由一定时期的社会生产力结构与社会生产关系结构所决定的。市场结构既包括市场主体结构,也包括市场客体结构,同时还包括市场的空间网络结构、运行机制结构、经营形式结构等。

(一)四种市场形态分析

在市场经济条件下,决定市场结构的因素或特征主要有:①参加市场交易的买者和卖者的数量,特别是卖者的数量;②产品是否具有同质性;③市场进入的难易程度;④买者和卖者对价格的影响程度。

因此,按照上述特征,市场可以划分为完全竞争市场和不完全竞争市场两大类;而不完全竞争市场还可进一步细分为垄断竞争市场、寡头垄断市场、完全垄断市场。这样就可以把市场结构分为如表 2-1 所示的几种情况。

表 2-1　市场结构

特征	市场结构			
	完全竞争	不完全竞争		
		垄断竞争	寡头垄断	完全垄断
1.交易者数量	许多	许多	很少	一个
2.产品差别程度	完全相同	有很多差别	差别很少	产品独特
3.影响价格能力	没有	有限的	有一些	很大
4.进入限制	没有	没有	有一些	不可进入
5.典型行业	农业	医药	汽车、钢铁	公用事业

(二)市场类型分析

西方市场营销学理论对市场结构的分析,通常是根据顾客(即市场购买主体)进行分类,一个国家的国内市场,可划分为消费者市场、生产者市场、转卖者市场和政府市场四种类型。

1.消费者市场

消费者市场是指为了满足家庭及其消费者个人生活需要购买商品或劳务的顾客群,它是最终实现商品价值和使用价值的过程,是整个市场研究(主体)的基础。市场营销学研究消费者市场,核心是研究消费者的购买行为,也就是消费者购买商品的活动及与这种活动有关的决策过程。研究消费者的购买行为是在市场营销观念指导下的企业营销管理基本任务之一,关于消费者市场的消费者心理动机、购买行为等内容,将在第四章详细论述。

2.生产者市场

生产者市场也叫产业市场或企业市场,它是指为了满足生产需要,并以获得利润为目的而发生购买者活动的组织和个人,即我国所指的购买生产资料的直接用户,包括研究生产者市场的特点、影响生产者购买的主要因素以及生产者的购买行为等内容。

3.转卖者市场

转卖者市场也称为中间商市场,它是由以盈利为目的,购买产品后再转卖或出租给他人的所有组织和个人所构成。转卖者市场可以分为两大类:批发商市场和零售商市场。在市场经济条件下,由于社会分工的进一步发展,生产者生产的产品除少部分自己直接卖给生产企业或最终消费者外,大多数产品(特别是消费品)都需要通过转卖市场卖给生产企业或最终消费者。因此,转卖者市场对生产企业产品销售有着重要的作用。

转卖者在购买产品时,需要做出以下决策。

（1）购买什么产品的决策。转卖者经营何种产品，主要取决于其经营方向和范围，通常有四种情况：第一，独家产品购买销售，即转卖者只购进经营某一家企业的产品，如某一零售商只销售"波司登"牌羽绒服装，因此这个零售商只需从一家生产企业购买产品。第二，单品种多家产品购买销售，即转卖者只销售多家企业生产的某一种产品，如某家电经销商同时销售"三星""苹果""华为""OPPO""VIVO"等多家企业生产的手机，形成　个"手机"的世界。这时，转卖者须同时向多家生产企业或批发商购买手机。第三，多种产品购买销售，即转卖者同时销售相同类型的多种产品，如某家电零售商，不单销售电冰箱，而且还销售电视机、空调、洗衣机、手机等产品。这时，零售商就须向相关企业或批发商同时购买各种产品。第四，混合购买销售，即转卖者购买销售互不相关的多种产品，如某零售商，既经营家电、小五金，同时还销售服装、食品、饮料、化妆品等产品。这时，零售商就向上述各行业的生产企业或批发商购买产品。

（2）购买谁家产品决策，即转卖者选择最佳供货商的决策。最佳供货商必须具备下列条件：①产品质量好，是消费者所喜爱的；②价格合适，是消费者容易接受的；③货源稳定，交易及时准确；④能够承担转卖者广告及其他促销费用的；⑤能够为转卖者提供与产品销售相关服务的；⑥付款条件优惠的。

（3）组织进货决策。进货决策一般有两种情况：一种是进货次数少，每次进货数量大。这种方法的优点是进货费用低，并享受数量折扣；缺点是库存量大，不利于资金周转。第二种是进货次数多，每次进货数量少。这种方法的主要优点是库存小，资金周转快；缺点是进货费用大，不利于享受折扣优惠。以上两种进货方式的决策，主要受不同的转卖者、不同地区的供货单位和不同市场三种因素影响。不同的转卖市场，由于其大小和职能的不同，购买活动的决策者和参与者也不同。如"夫妻店"的购进和经营集中一身，大型百货商店、购物中心等设有专门机构从事商品采购工作。

4.政府市场

政府市场是由那些为执行政府职能而采购或租用货物的各级政府机构组成，其购买者是这个国家政府机构的采购部门。其资金来源主要是通过国家税收而获得的财政收入，这部分资金形成一个巨大的购买市场。政府机构的购买行为，主要是为了保证国家这台机器的运行。因此，其购买对象从军需品到民用品，从工业品到消费品，从有形商品到无形商品（服务），无所不包，形成一个引人注目的大市场。随着市场经济的建立，我国政府机构所需的各种商品，也须通过市场来采购，因此政府市场的采购行为，对企业的营销活动和整个市场的供需状况产生着重大影响。

我国政府市场的采购组织，主要是各级政府机构的后勤管理部门（如行政司、供应司）、原总后勤部等。他们分别承担着本系统或本部门各种供应物资的采购任务，我国对有些商品的政府采购实行控制政策，即控制社会集团购买。

（1）政府市场采购方式。第一种，公开招标采购。所谓公开招标，就是政府采购机构在报纸上刊登广告或发出信息，说明要采购的商品的品种、规格、数量等具体要求，供应商在规定的期限内报价投标。供应商想做这笔交易，必须在规定的期限内填写标书，填写清楚可供商品的名称、品种、规格、数量、交货日期、价格等，密封后送交政府采购机构。政府采购机构在规定日期开标，选择价格最便宜且符合要求的供应商成交。采用此种方式，政府采购机构处于有利地位，但投标者之间竞争激烈。为了夺标，投标者必须注意三个问题：一是产品是否符合招标者的要求；二是标价是否最低；三是是否符合采购机构的特殊要求。第二种，合同采购。所谓合同采购,是指政府采购机构和一个或几个厂商接触,最后选择一个符合条件的厂商签订采购合同,进行交易。第三种,现金采购。对于需求量小、花钱不多的产品或者消耗大的低价产品,常常用现金在商店购买,如办公用品、卫生用品等。

(2)影响政府机构采购决策的主要因素。①受大众团体及公民监督;②受政治、政策变化的影响;③受政府追求其他非经济性目标的影响。

第二节　市场营销及其功能

一、市场营销的概念

市场营销,英文为"marketing"。它是现代市场营销学的一个非常重要的概念。正确地理解市场营销的含义,对于企业的营销活动有重大意义。"marketing"一词有时指社会的某些经济活动或企业的营销活动,有时也指以市场营销活动为研究对象的市场营销学。所以,对于市场营销在不同场合的含义不能混淆。

国外对市场营销的定义多达50多种,有代表性的主要有以下几种。

(1)美国市场营销协会(AMA)20世纪60年代的定义:"市场营销是引导产品与劳务从生产者流向消费者或使用者的企业活动。"

(2)麦卡锡(E.J.Mccarthy)认为:"市场营销是引导货物及劳务从生产者至消费者或使用者的企业活动,以满足顾客需求并实现企业的目标。"

(3)史坦顿(W.J.Stanton)认为:"市场营销是一个完整的企业活动,即以计划、产品、定价、推广和分销来满足现实和潜在的顾客需求。"

(4)菲利普·科特勒(Philip Kotler)在《市场营销管理》(新千年版·第10版,并且在《营销管理》第14版·全球版再次确认)中认为:"市场营销是个人或集团通过创造、提供和他人交换产品和价值,以获得其满足需要和欲望的社会和管理过程。"同时,菲利普·科特勒(Philip Kotler)在《市场营销原理》(亚洲版·第3版)中提出,营销是公司创造价值,建立牢固的客户关系来从客户身上获得价值的过程。总之,创造价值、传播价值、满足顾客价值需求成为一条主线。

(5)2004年8月,美国市场营销协会(AMA)的教学者研讨会上更新了市场营销的定义:"市场营销是一种企业管理职能,是为顾客创造、沟通和传递价值及管理客户关系的一系列活动的总称,营销活动的受益者是组织和利益相关者。"新的营销概念涉及了四个核心的概念或观点:①顾客价值概念;②营销就是管理顾客关系;③营销是一种组织职能;④产品或服务的传递过程。

(6)2008年,美国市场营销协会(AMA)再次对市场营销进行定义:"市场营销既是一种行为、一套制度,也是创造、传播、传递和交换对消费者、代理商、合作伙伴和全社会有价值的物品的过程。"该定义超越了个人和企业之间的交易,是一种社会活动,是一种文化营销。

以上几种主要定义,各有优点,但又存在不足。国外较多采用科特勒的定义。

综合以上各种观点,我们认为市场营销较为完整的定义可表达为:市场营销是指通过市场交易满足顾客现实或潜在需要的综合性的价值创造、价值沟通和传递的客户关系管理活动过程。依据这一定义,市场营销的目的是满足消费者现实和潜在需求;市场营销的中心是促成价值交易活动的实现;实现交易的手段是开展综合性的整体营销战略和策略。企业的现代市场营销活动,既包括流通领域活动,而且还包括"产前活动"(市场调研、产品开发等)和"售后活动"(售后服务、信息反馈等),如图2-1所示。顾客是企业营销活动的终点和起点。

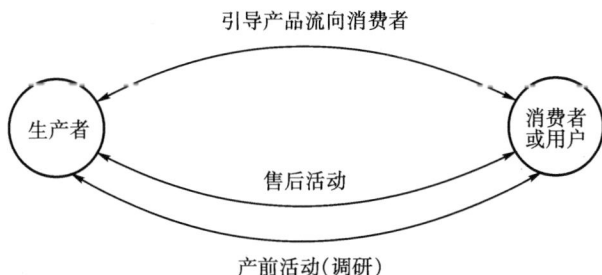

图2-1　现代市场营销示意图

二、市场营销的核心概念

现代市场营销活动不仅涉及商业活动,也涉及非商业活动;不仅涉及个人,也涉及团体;不仅涉及实物产品,也涉及无形服务及思想观念。市场营销的这一定义是建立在一系列的核心概念之上的,那么,市场营销的核心概念到底包括些什么呢? 总的来说,市场营销的核心概念主要包括:需要、欲望和需求;产品、服务及体验;顾客价值与满意;交换、交易和关系营销;市场营销与市场营销者;付费、自有与免费媒体;等等。

(一)需要、欲望和需求

1.需要(needs)

人类的需要和欲望是市场营销活动的前提和出发点。需要是指人类没有得到某些基本满足的感受状态。如人们需要食物、衣服、住房、安全、受尊重,同样需要创新、接受教育和娱乐。这些需要存在于人类自身生理和社会之中,而非社会或营销者所能创造的。

2.欲望(wants)

欲望是指人类希望得到更深层次需要的满足,是明确表达的满足需要的指向物。当市场上存在具体的商品能满足人们需要时,需要就转变为欲望了。如某日本人要吃寿司和米酒,上班时间穿漂亮套装,社交时穿和服,休闲时打高尔夫球,等等,这便是欲望。比起需要来,人类的欲望要多得多。欲望的形成受到社会形态的制约和各种社会力量诸如宗教团体、学校、家庭和企业的市场营销因素的影响。

3.需求(demands)

需求是指人们有能力购买并愿意购买某个具体商品得到满足的欲望。当具有购买能力时,欲望便转化为需求。很多人都想有一套乡间别墅,但只有极少数人能够买得起。对于企业来说,有支付能力的欲望才能形成现实的购买需求。

(二)产品、服务及体验

产品是指能够满足人类需要和欲望的任何东西。一个产品最重要的是必须与购买者的欲望相吻合。一个企业的产品与消费者的欲望越吻合,在市场竞争中成功的可能性越大。美国通用公司在20世纪60年代将其在欧美非常畅销的家用面包烤箱推向日本市场,并大做促销广告,结果日本消费者反应非常冷淡。这是因为,虽然日本人与美国人一样饥饿了需要吃东西,可日本人饥饿时的欲望是吃米饭而不是面包,而面包烤箱是不能烤大米的。

有些产品的重要性并不在于拥有它们,而在于得到它们所提供的服务和体验。一个妇女购买口红是为了得到美的享受;一个人购买小汽车是为了得到它所提供的交通便捷。产品实际上只是获得服务的载体。这种载体可以是物,也可以是"服务",如人员、地点、活动、组织和观念。当人们心情烦闷时,为了满足轻松解脱的需要,可以去参加音乐会,听歌手唱歌(人员);可以到风景区旅游(地点);可以参加希望工程百万行(活动);可以参加消费者假日俱乐部(组织);也可以参加研讨会,接受一种不同的价值观(观念)。市场营销人员的工作不仅是描述其产品的物理特征,而且是销售产品深层的利益和所能提供的服务,企业需要通过提出某种"价值主张"(value proposition)来满足顾客的需要,即满足顾客需要的一组利益。顾客利益的满足可通过具体的提供物(offering)来实现,如产品、服务、信息和体验的某种组合。

(三)顾客价值与满意

消费者面对繁多的产品和服务,做出购买选择的依据是他们对各种产品和服务所提供的价值的理解。顾客是在不同的产品和服务之间做出选择的,选择的基础就是那一种可以给他们带来最大的价值。价值是顾客所感知到的有形利益、无形利益与成本的综合反映,可以看作是质量、服务和价格的某种组合,一般而言,价值感会随着质量和服务的提高而提升,随着价格的下降而增加。满意反映的是顾客对产品的实际表现与自己的期望所进行的比较。

1. 顾客价值

顾客价值是指顾客从拥有和使用某产品中所获得的价值与为取得该产品所付出的成本之差。顾客让渡价值是指顾客总价值与顾客总成本之差。

顾客总价值包括产品价值、服务价值、人员价值、形象价值。①产品价值是产品实体为顾客带来的价值,如产品的品质、性能、特色、式样等。②服务价值是围绕产品实体向顾客提供的各种服务所产生的价值,如送货、安装、维修、保证等。③人员价值是企业内部员工的思想水平、业务水平、知识水平、工作作风、应变能力等产生的价值。④形象价值是企业产品在社会公众中的总体形象所产生的价值。

顾客总成本包括货币成本、时间成本、精力成本、体力成本。①货币成本是构成顾客总成本的主要因素。②时间成本是顾客购买产品所花费的时间的多少,时间成本越低,顾客购买的总成本越小。③精神和体力成本是顾客购买产品时所耗费的精神和体力。因此,企业应尽可能采取措施,降低顾客购买的总成本,增加顾客购买的总价值。如美国联邦运通公司的顾客所获得的众多利益中,最显著的一个就是快速和可靠的包裹递送,其次顾客可以取得一些地位和形象价值。顾客在决定是否采用联邦运通公司时,会将这些价值与使用这些服务所付出的成本进行权衡比较。同时,顾客还会对使用联邦运通公司与使用联合邮政系统(UPS)、空运公司(Airborne)、实用邮政管理局(U. S. Postal Service)等其他承运公司的价值进行比较,从而选择能给他们最大价值的形象公司。

企业为战胜竞争对手,吸引更多的潜在顾客,就必须向顾客提供比竞争对手具有更多顾客让渡价值的产品,这样才能使自己的产品为消费者所注意,进而让顾客购买本企业的产品。为此,企业可考虑从两方面改进自己的工作:一是通过改进产品、服务、人员与形象,提高产品的总价值;二是通过降低生产成本,减少顾客购买产品的时间、精力、体力的耗费,从而降低货币与非货币成本。

2.顾客满意

顾客满意是指顾客对一个产品的可感知的效果与他的期望值相比较后,所形成的愉悦或失望的感觉状态。如果产品的效能低于顾客的期望,顾客会感到不满意;如果效能符合期望,顾客便会感到满意;如果效能超过期望,顾客就会感到十分惊喜。满意的顾客会再次购买并告诉别人他们愉快的体验,不满意的顾客则会转向竞争者并向其他的顾客抱怨该产品。

顾客期望来自以往的购买经验、朋友的意见以及营销者和竞争者的信息与承诺,企业必须慎重地设定期望标准。

在大多数成功的企业中,有些企业把期望和可感知的效果相对应,以追求全面顾客满意。如"戴尔"公司在个人电脑业的快速增长,其中一部分原因就是该公司达到并宣传了它的第一流的顾客满意;日本本田公司的广告宣称"我们顾客之所以这样满意的理由之一是我们不满意";施乐公司保证"全面满意"。

尽管企业在千方百计寻求比竞争对手高的顾客满意度,但不一定能使顾客的满意度最高。首先,企业可通过降低价格和增加服务来提高顾客满意度,但这可能会导致利润率的降低。其次,企业可通过其他途径来增加利润,如增加设备投入和新产品研究开发投入等。再次,企业有许多利益攸关者(如雇员、供应商、股东等),增加了顾客满意度方面的投入,就是转移了部分及未用于提高其他"合伙人"满意度的资金。最后,企业必须遵循:在总资源一定的限度内,在保证其他利益攸关者至少能接受的满意水准下,尽力提供一个高水平的顾客满意度。

(四)交换、交易和关系营销

1.交换

交换是指通过提供某物作为回报,从别人那里取得所需物的行为。人们对满足需求或欲望的东西的取得,可以通过各种方式,如自产自用、强取豪夺、乞讨和交换等方式。其中,只有交换方式才存在市场营销。交换的发生,必须符合以下条件:第一,至少要有两方;第二,每一方都有对方需要的有价值的东西;第三,每一方都有沟通和运送货物的能力;第四,每一方都可以自由接受或拒绝对方;第五,每一方都认为与对方交易是合适和满意的。

2.交易

交易是交换的基本组成单位,一旦交换达成协议,交易也就产生了。如果双方正在协商并逐步达成一项协议,则称双方将要进行交换。如果达成了一项协议,就称发生了交易。

交易是双方之间的价值交换,若要发生交易,我们必须能够说"A把X给B同时获取了Y"。一次交易包括三个可度量的内容:第一,至少有两个有价值的事物;第二,买卖双方所同意的条件;第三,协议时间和地点。交易通常有两种方式:货币交易和非货币交易。

3.关系营销

一些专家将建立在交易基础上的营销称为交易营销。为了使企业比交易营销获得更多的顾客,就需要实施关系营销。关系营销是市场营销者与顾客、分销商、经销商、供应商等建立、保持并加强合作关系,通过互利交换及共同履行诺言,使各方实现各自目的的营销方式。关系营销的核心内容是与顾客建立长期合作互利互惠关系。与各方保持良好的关系要靠长期承诺和提供优质产品,良好服务和公平价格,以及加强经济、技术和社会各方面联系等来实现。关系营销可以节约交易的时间和成本,使市场营销宗旨从追求每一笔交易利润最大化转向追求各方利益关系的最大化。

(五)市场营销与市场营销者

市场营销意味着管理市场可带来有利可图的客户关系。在这里,卖主必须寻找购买者,识别他们的需要,设计卓越的营销供给,为产品定价、促销、仓储并运输。核心的营销活动包括产品开发、调研、沟通、物流配送和服务。

在市场交换活动中,如果一方比另一方更主动,更积极地寻求交换,那么,我们将前者称为市场营销者,后者称为潜在顾客。所谓市场营销者,是指希望从别人那里取得资源并愿意以某种有价值的东西作为交换的人。市场营销者可以是卖方,也可以是买方。当买卖双方都表现积极时,我们把双方都称为市场营销者,并将这种情况称为相互市场营销。

(六)付费媒体、自有媒体与免费媒体

数字媒体是随着数字技术发展出现的一种新的传播媒体,带来了营销人员与顾客互动沟通的新方式。数字媒体可以分为:①付费媒体,即以付费的方式发布广告或宣传品牌,如数字电视、数字报纸、付费搜索等;②自有媒体,即企业营销者自己掌握的信息传播渠道,如供水的网站、品牌手册、博客、电子邮箱、Facebook 主页等;③免费媒体,指人们以口碑传播为主,以病毒式营销的方式传播品牌的信息,从而促成交易。

三、准确理解市场营销概念

(一)要识别"宏观市场营销"和"微观市场营销"

宏观市场营销是指这样一种社会活动过程,通过某种整个社会的市场营销系统,引导某种经济的货物和劳务从生产者流向消费者或用户,在某种程度上有效地使市场供给与需求相适应,以实现社会经济系统的短期和长期目标。微观市场营销主要指企业为了实现营销目标而进行的一系列活动,以满足目标顾客的需求。现代市场营销主要从企业的微观角度研究市场营销活动,但它又受宏观市场营销的影响,二者构成社会市场营销系统。

(二)"市场营销"不等同于"推销"和"销售"

"marketing"是从"market"引申而来的。"market"作为名词是"市场",而作为动词是"销售",但"marketing"不能理解为推销(selling)或销售(sale),因为市场营销的含义要更广泛。现代企业的市场营销活动包括:市场研究、产品开发、定价、分销、广告宣传、促进销售、售后服务等。而推销仅仅是市场营销活动的一部分,而且还不是最重要的部分,它只是"市场营销冰山的尖端"。因为推销或销售,只是产品生产出来的一种活动,如果产品不是目标顾客所需要的,那么产品的推销就比较困难。如果企业的市场营销人员搞好市场营销调研,了解消费者需求,按照消费者需求设计产品,同时合理定价,该产品的推销就比较容易。

(三)"市场营销"的含义是不断发展的

市场营销的含义并不是固定不变的,它随着工商企业市场营销活动和实践的发展而发展。早在 20 世纪初,美国一些大公司内部就设置了市场营销研究(当时称"商业研究")部门,主要任务是为销售部门提供市场信息,便于销售部门把产品推销出去,其途径主要是通过广告宣传、推销和销售活动。此时的"市场营销"与"推销或销售"为同义语。二次大战后,在西方由于"买方市场"出现,以及工商企业推行"市场营销观念"新的营销哲学,所以市场营销的含义不断深化。应该看到,现代企业的市场营销活动,不仅包括企业产品的流通过程,而且还包括企业的"产前活动"和"售后服务"。"产前活动—流通过程—售后服务",构成了现代市场营销的全部过程。

(四)市场营销活动的核心观念是"交换"

企业的一切营销活动,都是围绕市场和产品的实现而展开的,都是与商品生产和交换紧密联系的,都是为了实现潜在交换,与其顾客达成交易。当人们决定通过交换来满足自己的需求时,市场营销才产生了。交换是人们获取所需商品的方式之一,是以提供某物回报而与他人换取所需产品的一种行为。因此,市场营销的核心观念是"交换"。

四、市场营销的功能

市场营销在社会经济生活中的基本作用就是为了解决产品的生产与消费的矛盾,以满足生活消费与生产消费的需要。生产与消费的矛盾主要表现为:一是时间上的分离;二是空间上的分离;三是产品品种、花色、规格、型号上的矛盾;四是价格上的矛盾;五是数量上的矛盾,即供求矛盾;六是信息上的分离;七是所有权的矛盾。这些矛盾对企业来说都是必须解决的,但生产过程是无法解决这些矛盾的,而市场营销的基本任务就是通过交易努力解决生产与消费的分离,使商品的供求关系基本适应,实现生产与消费的统一,促进社会再生产的顺利进行。

市场营销是通过执行其功能,创造经济效用的。一般来说,市场营销的功能主要表现在三个方面:交换功能、物流功能和便利功能。

(一)交换功能

交换功能是市场营销的基本功能,它包含两方面的含义,即购买和销售,二者都将发生商品所有权的转移。消费者的购买活动包括购买什么、向谁购买、购买多少、何时购买和在什么地方购买的决策;销售的功能主要包括寻找目标市场、开展销售促进、提供何种售后服务等决策。购买和销售都与价格有着密切的关系,价格成为交换的核心。

(二)物流功能

物流功能,又称供给功能或实体分配功能,主要包括商品的运输和储存。运输是通过实现产品在空间位置的转移,以解决产品的生产和消费在空间上不一致的矛盾;储存是通过保护商品的使用价值,调节产品的生产和消费在时间上不一致的矛盾。因此,物流功能是实现交换功能的必要前提条件。

(三)便利功能

便利功能是指便利交换,便利物流,促使交换、物流顺利进行的功能,主要包括资金融通、风险承担、信息沟通、产品分级和标准化等。

1.资金融通

通过资金融通和商业信用能够控制或改变产品的流向和流量,在一定条件下给买卖双方带来交易上的方便和利益。

2.风险承担

这是指在商品交易和储运中必然要承担的部分市场风险,如因积压而降价,商品霉烂变质、丢失、碰撞破坏,运输中的意外事故等。

3.信息沟通

市场营销信息的收集、加工与传递,对于生产企业、市场经营者、消费者或用户,都是非常重要的。没有信息的沟通,交换功能和物流功能都无法实现。

4．产品分级和标准化

分级和标准化可以简化和加快交换过程,既方便运输和储存,又方便顾客购买。发挥市场营销功能,能够创造出产品的时间效用、地点效用和所有权效用,并能实现产品能够满足消费者某种需要的使用价值的形态效用。

第三节　市场营销观念的发展演变

一、市场营销观念的含义

市场营销观念是指企业的决策者在组织和规划企业的营销实践时所依据的指导思想和行为准则。它是企业决策者对市场营销的基本看法或态度,即以什么为中心开展营销活动,是一种商业哲学和思想。企业的一切营销活动都受市场营销观念的支配和影响,它决定着企业营销行为的方向和经济效益。所以,一个企业要在竞争中获胜,首先必须有正确的营销观念做指导,同时采取有效的营销策略,才能实现企业的盈利目标。

观念是现实在人头脑中的反映。市场营销观念是人们在营销活动实践中形成的,在市场经济发展的不同时期,企业的市场营销观念也是不同的。市场营销观念的产生是企业的决策者在特定的环境条件下为了实现企业的营销目标,在实践中逐渐产生和形成的。而营销观念一旦形成,反过来对企业的营销活动产生积极的促进作用,指导和推动企业的营销活动。

引导案例

"小天鹅"的营销理念

小天鹅集团在实践中形成了自己的经营数学,凝聚成"小天鹅"的营销理念。"小天鹅"用自己的经营观念,指导营销,一步步走向成功。"0+0+1＝100"就是典型一例。

这个公式的含义:"0"的观念,一切从"0"开始。"0"缺陷,即要生产科技含量高、高质量、满足市场需求的没有缺陷的产品,才有竞争力;"0"库存,即不能积压产品,如果3天卖不掉,"小天鹅"宁可停产。在一般概念中,"0"意味着没有。但是,没有了"0",就不可能产生数学上的无穷变化。"小天鹅"将"0"概念吸收运用到生产经营活动中,开展"0"工程,并作为一项重大的市场驱动工程来抓。"小天鹅"认为,做到这两个"0"还不够,而服务这个"0"不能有,用户第"1"是"小天鹅"一贯的方针,用户满意了,企业的销量自然会增长,就能赢得一个圆满的结果,所以"0+0+1＝100"。

二、市场营销观念的演变

市场营销观念的演变,反映了社会生产力的进步,生产力与生产关系矛盾的发展,以及市场趋势从卖方市场为主向买方市场为主的转变。随着市场经济的发展以及营销环境的变化,以美国为代表的西方发达国家市场营销观念的演变,大致经历了四个阶段。

(一)生产观念

生产观念,又称生产导向,它是在市场营销学初创时期企业营销的指导思想。20 世纪 20年代以前,资本主义经济和技术的发展都集中于制造业,市场需求过旺,多数商品处于供不应求的"卖方市场"环境下,企业只要有较好的产品、合适的价格,就不愁产品没有销路。企业的主要任务是致力于扩大生产,寻找资源,降低成本,生产更多物美价廉的商品。赚取更大的利润,便成为企业追求的目标。在这种条件下,就形成了企业"以生产为中心"的营销观念。生产观念认为:消费者总喜欢用途广、价格便宜、性能良好的商品,企业只要付出一定的努力,就能取得满意的销售量和利润。所以,企业管理的重点是提高生产效率和扩大分销范围。生产观念的格言是:"我能生产什么,就卖什么。"如美国皮尔斯堡面粉公司在当时的口号是"本公司旨在制造面粉";美国福特汽车公司创办人老福特曾说:"不管顾客需要什么颜色,我的汽车就是黑色的。"生产观念是典型的"以产定销"观念。

生产观念指导下的企业市场营销活动,具有以下几个特点:①企业的重点放在产品的生产上,途径是追求高效率、大批量,产品几十年"一贯制",产品生命周期很长。②企业面临的主要问题是市场上产品的有无以及多少的问题,而不是消费者的需求是否能够得到满足。③企业经营管理中以生产部门为主体,仅设立一个销售部门,由销售经理直接管理,主要任务是管理销售人员。

(二)销售观念

第一次世界大战结束后,从 20 世纪 20 年代末到 50 年代前,西方资本主义市场发生了巨大变化,市场商品供应量急剧增加,而消费者具有货币支付能力的需求下降,许多商品出现供过于求的"买方市场",市场竞争加剧,特别是 1929—1933 年资本主义经济大危机,使产品的实现变得十分困难。所以,产品的销售问题成为企业生存、发展的关键问题。在这种背景下,许多企业把主要的精力转向了产品的推销,致力于销售技术和广告宣传,以便大量销售产品,压倒竞争对手。企业经营活动的中心由生产转向了推销,即以销售为中心的企业营销指导思想。于是,便产生了市场营销中的销售观念。

销售观念认为:在市场商品供过于求的情况下,企业如果不采取一定的推销策略,说服和诱导顾客,他们是不会购买本企业产品的。因此,企业必须采取进取型的推销策略和促销努力,在这种观念下,企业所关心的是产品的销售问题。销售观念的格言是:"我们卖什么,人们就买什么。"皮尔斯堡面粉公司的口号也改变为:"本公司旨在推销面粉。"销售观念仍然把立足点放在产品生产出来以后,如何尽快地卖出去,所以,销售观念在本质上仍然是"以产定销"。

销售观念在市场营销中具有以下特点:①产品不变,加强了推销工作。②开始关心消费者,但其出发点是如何诱导顾客购买,而不是满足其需求。同时,售后信息反馈较差。③企业设置独立的销售部门,但仍处于从属地位。

(三)市场营销观念

第二次世界大战以后,随着第三次科技革命的出现,资本主义生产力迅速发展,产品数量剧增,产品花色品种日益多样化,市场变为名副其实的供过于求,卖主之间竞争激烈,买方处于优势地位的"买方市场"。同时,随着经济的发展,销售者的收入水平和文化、生活水平迅速提高,他们对商品和劳务的要求越来越高,喜欢赶时髦,尚新奇,求便利,顾客对产品的挑剔性也越来越强。在这种市场形势下,便产生了市场营销观念,即以消费者需求为中心的市场营销的指导思想。

市场营销观念认为:消费者的需求已经成为市场营销活动的核心问题,企业要实现自身的发展目标,关键在于开发目标市场的需求与欲望,能比竞争对手更有效地满足消费者的欲望和需要。市场营销观念的格言是:"顾客需要什么,我们就生产什么。"在这种观念指导下,企业的一切活动都以消费者的需求为中心,企业的主要任务不再是单纯追求销售量的短期增长,而是要通过调查研究,了解消费者的现实需求,预测其潜在需求,发现市场机会,以求长期占领市场,获取更大利润。因此,许多企业家喊出了"顾客至上""顾客就是上帝"的口号,正是市场营销观念的应用。

从销售观念到市场营销观念,使企业市场经营活动发生了质的变化,即从"以产定销"转向"以销定产"。

总之,在市场营销观念指导下,企业从以生产者为主转向以消费者为主,市场从企业市场活动的终点转变为企业市场活动的始点,从而使市场营销学发生了一次革命。它标志着传统市场营销学向现代市场营销学的转变。这种观念在市场营销中具有如下特点:①以消费者需求为中心与出发点,强调细分市场,满足目标市场顾客的需求与欲望。②运用市场营销组合手段,即产品、价格、分销及促进销售的综合运用,追求全面满足消费者需求。③刺激新产品开发,以多种多样的产品满足消费者的需求,同时,强调市场信息沟通、分销渠道、促销策略的作用,从整体策略上进行有效经营。④通过满足消费者需求,实现企业的盈利目标。⑤在企业中建立营销决策中心,市场营销部门成为指挥和协调整个企业经营活动的中心。

任何企业要真正树立市场营销观念,这是一项十分艰巨的工作。因为这种观念的推行是人们思维方式、经营哲学的一次大飞跃,同时引起企业的组织机构等一系列新变化。实行市场营销观念的企业,必须具备以下三个基本条件:①企业各部门的管理人员都要树立"顾客就是上帝"的观念,克服"官商"作风。②改革企业的组织结构,使市场营销部门在企业中处于中心协调地位。③改变企业的经营程序和方法。

(四)社会市场营销观念

20世纪70年代以来,市场营销活动进一步发展,市场营销观念在西方企业得到普遍实行,满足了顾客需求,增加了企业的利润,促进了社会经济的发展。但是,在实践的过程中也出现了一些问题:①在西方资本主义制度下,资本家只是把"满足消费者需求"作为其实现最大利润的手段,所以,消费者为维护自身利益,开展了"维护消费者利益运动"。②推行市场营销观念导致了物资资源浪费、环境污染日益严重、加剧了产品的更新换代等一系列社会问题。因此,到了20世纪70年代,西方市场营销学家提出了一些新的观念,如"人性观念"(the human concept)、"明智的消费观念"(the intelligent consumption concept)、"生态强制观念"(ecological imperative concept)等,从不同方面对市场营销观念提出修正,但实质内容都是一致的,我们称之为"社会市场营销观念"或"现代市场营销观念"。

社会市场营销观念认为:企业提供的产品和服务,不仅要满足消费者一时的需要与欲望,而且要符合消费者和社会的最大长期利益,实现企业利益、消费者的需求和欲望、社会利益三者的有机统一。

社会市场营销观念要求企业在营销活动中处理好社会与道德、平衡公司利润、消费者需求满足和公共利益三者之间的关系。企业推行社会营销观念,从宏观上可以保护消费者和企业生存与发展的良好营销环境,符合社会合理、有序发展的要求;从微观上可以提高企业在消费者心中的形象,为企业的持续发展创造一个稳定的营商环境。

我国许多企业在营销观念上存在认识上的误区,短期行为严重,侵害消费者利益,最终被市场淘汰出局,如南京"冠生园"事件,最终导致企业破产。

三、新旧营销观念的区别

西方发达国家企业营销观念的形成与发展,经历了以上四个阶段。20 世纪 50 年代以前的生产观念和销售观念的实质都是"以产定销",我们称为市场营销的旧观念;20 世纪 50 年代以后的市场营销观念和社会市场营销观念,其实质都是"以销定产",我们称为市场营销的新观念。新旧营销观念由于产生的历史条件不同,因而也有着不同的特点,主要表现在以下几个方面。

(一)营销活动的出发点不同

实行旧观念的企业,以产品为出发点,即先开发生产适当产品,再采取一定的推销手段,实现产品从生产领域转向流通领域,最后转向消费领域。实行新观念的企业,从市场出发,也就是从消费者的需要出发,首先进行市场调研,了解消费者需求;其次组织产品设计,使生产既满足顾客需求,又能使产品适销对路获取利润,把企业的规划程序整个颠倒过来。新观念的理论基础认为,实现企业营销目标,必须满足消费者的某种需求,而不是事先确定提供某一特定的商品或服务。

(二)营销活动的重点不同

旧观念以产品为主,企业一切工作的出发点是产品,重点是产品的生产和效率的提高。新观念以顾客需求为重点,企业计划的出发点是顾客的需求,发现需求以及满足需求成为新观念指导下企业市场营销的主要任务。

(三)营销活动的手段不同

旧观念把销售只作为一般的推销手段,认为销售仅是一种业务活动,所以企业重生产轻流通,商业部门重收购轻销售。新观念指导的企业市场营销认为,为了实现企业的目标,必须加强市场调查和预测,运用整体营销手段,发挥市场机制的作用,满足顾客的需求。总之,旧观念以产品为中心加强推销,新观念以消费者需求为中心实施整体营销手段。

(四)营销活动的目标不同

旧观念指导下的企业营销,着眼于每次交易活动,急功近利,缺乏长远打算。新观念指导下的企业市场营销活动,从市场整体出发,不仅考虑顾客的现实需求,更加注重顾客的潜在需求,不仅要占领已有市场,更加重视开拓新市场。新观念指导下的企业市场营销活动,从战略高度出发,寻找真正满足顾客需求的有效途径,追求利润的长期最大化。

总之,企业实施不同的市场营销观念,使市场营销的出发点、重点、手段和目标都有不同的特点,新旧观念的区别如表 2－2 所示。

表 2－2　新旧营销观念对照表

	营销观念	营销顺序	重点	手段	目标
旧观念	生产观念	产品—市场	产品	生产作业效率	销售量、利润
	销售观念	产品—市场	产品	销售与推广	销售量、利润
新观念	市场营销观念	市场—产品	顾客需求	整体市场营销	通过满足需求获取利润
	社会市场营销观念	市场—产品	顾客需求、社会福利	整体市场营销	通过满足需求,增进社会福利,企业获得效益

第四节 数字经济时代全方位营销观念

一、数字经济时代企业塑造市场的三大要素

人类进入数字经济时代后,企业要获得竞争优势,取得营销的成功,就必须在业务发展和营销思维上实现重大的转变,即:从信息的不对称性转变为信息的民主化;从替少数人制造商品转变为替每个人制造商品;从先产后销转变为"先感应后回应";从本土经济转变为全球经济;从报酬递减的经济转变为报酬递增的经济;从拥有资产转变为有渠道取得即可;从公司治理转变为由市场控制一切;从大众市场转变为专属个人的市场;从"及时生产"转变为"即时生产"。

在数字经济的环境下,一方面,消费者的购买能力出现了新的变化,如购买方购买能力的大幅增加;网上可以为消费者提供更多的可供选择的商品和服务;消费者可以随时随处获得所需的信息;买方可以和销售方进行互动沟通;买方之间可以通过网络进行沟通交流。另一方面,网络给企业的营销也带来了新的能力,如网络成为企业不受时空限制的重要信息传播渠道;企业与客户及潜在客户的双向沟通更加便捷,提高了交易的效益;企业可以利用网络客户数据库,为客户进行量身打造、定制产品和服务;网络能够改善企业内外部沟通的流程和方式。

数字经济改变了市场的结构,实体市场及虚拟市场成为企业营销的主要平台。塑造数字经济时代的市场并获得企业营销的成功,需要借助三大推动要素:客户价值、核心能力、合作网络(见表2-3)。

表2-3 数字经济背景中塑造价值流的推动要素

价值的推动要素	企业要务
客户价值	经营一家"以客户为中心"的公司 把重心放在客户价值和客户满意度之上 发展出能回应客户偏好的通道 以营销记分卡来发展并管理企业 以客户的终生价值来获取利润
核心能力	将他人能做得更好、更快或成本更低的活动外包出去 以全世界的最佳实务作为标杆学习的对象
合作网络	不断创造出新的竞争优势 以管理各种流程的跨部门团队来经营企业 同时跨足"市集"和"市场空间" 把重心放在力求各种利害关系人利益的平衡之上 慷慨地酬谢企业的合作伙伴 只与较少数的供应商往来,并把他们转变为合作伙伴

资料来源:科特勒.科特勒营销新论[M].北京:中信出版社,2002.

二、数字经济环境下企业全新的营销范式

在客户价值、核心能力及合作网络的推动下,带来了企业营销范式质的变革,它已经超越了销售观念和市场营销观念,进入了全方位营销观念。新营销范式的三个阶段如表2-4所示。

表 2-4　新营销范式的三个阶段

名称	起点	重心	手段	结果
销售观念	工厂	产品	推销和推广	通过销售量而取得利润
营销观念	客户不同的需求	适当的产品服务和营销组合	市场区隔、选择目标市场和定位	通过客户满意度而取得利润
全方位营销观念	个别客户的需求	客户价值、企业的核心能力和合作网络	资料库管理可联结协作厂商的价值链整合	通过掌握客户占有率、客户忠诚度和客户终生价值来达到获利性的成长

资料来源:科特勒.科特勒营销新论[M].北京:中信出版社,2002.

全方位的营销观念是指由于企业和客户、协作厂商之间通过网络进行沟通和互动而形成的一种动态营销观念。全方位的营销观念是数字革命的结果,代表了新经济环境下企业的一种全新的营销观念,将给企业的营销架构带来新的变化。全方位的营销观念通过整合企业的价值探索、价值创造和价值传递,实现在关键利益关系人之间双赢战略的长期关系,实现利益共享的目标。

在新的网络环境下,成功的营销者深感必须超越并突破传统的营销观念,实施一种更富有整体性、关联性的全面营销观念。表 2-5 列出了企业应该反对的十大营销原则及应该支持的十大营销原则,以推动企业在新环境下能够有效地开展营销活动。

表 2-5　营销谬误与科学

应该反对的十大营销原则	应该支持的十大营销原则
1.企业没有充分以市场为焦点,也没有做到完全的顾客驱动	1.企业进行市场细分,选择最合适的细分市场并强化自己在所选择的每个细分市场上的地位
2.企业并不十分了解他的目标顾客	2.企业关注顾客的需要、感知、偏好和行为,并激励利益相关者关注为顾客提供服务并满足顾客需要
3.企业需要更好地界定并监视它的竞争对手	3.企业知道谁是自己的主要竞争对手,并知道其优势和劣势
4.企业并没有管理好与利益相关者的关系	4.企业与利益相关者建立起伙伴关系,并给他们丰厚的回报
5.企业不善于发现新的机会	5.企业建立起识别机会、分析机会并选择最佳机会的制度或系统
6.企业的营销计划和计划过程存在缺陷	6.企业拥有相对完善的营销计划系统,并能够制订出富有见地的长期计划和短期计划
7.企业需要实施从紧的产品和服务政策	7.企业对自己的产品和服务组合有很强的控制力
8.企业的品牌塑造和沟通力很弱	8.企业通过经济有效的沟通与促销工具来塑造强大的品牌
9.企业不能有效并高效地组织营销活动	9.企业树立起营销领导地位并在各个部门形成了团队精神
10.企业不能充分利用科技	10.企业不断增强自己的技术实力并借此强化自己在市场中的竞争地位

资料来源:科特勒.营销管理[M].13 版.上海:格致出版社,2009.

　　全方位的营销观念重视个别客户需求的开发与管理,其营销的主要任务是满足个别客户的需求,它超越了"客户关系管理"的业务营销观念,走向企业营销的"全面关系管理"的营销观念,即重视建立和客户、协作厂商、员工和相关组织的关系,并维护这种关系的长期性。

　　全方位营销的目标是要进一步协调市场营销活动的范围和复杂性。科特勒构建的全方位营销的框架包括四个关键要素:关系营销、整合营销、内部营销和绩效营销。

本章小结

　　市场是企业营销活动的出发点和归宿点。从现代市场营销的角度来看:市场是在一定时间、地点条件下,通过商品的交换过程以实现其满足消费者现实和潜在需求过程中所反映的交换关系的总和;市场具有交换、供给和反馈功能;市场一般可划分为消费者市场、生产者市场、转卖者市场和政府市场四种类型。

　　市场营销作为现代市场营销学的一个非常重要概念,是指通过市场交易满足顾客现实或潜在需要的综合性的管理活动过程。市场营销的概念是建立在需要、欲望和需求,产品、服务,价值、满意,交换、交易和关系,市场营销与市场营销者等一系列核心概念的基础上。一般来说,市场营销的功能主要表现为交换功能、物流功能和便利功能。

　　作为企业经营指导思想的营销观念先后经历了生产观念、销售观念、市场营销观念和社会市场营销观念四个阶段。

　　在数字经济时代,企业需要树立全方位的营销观念。塑造数字经济时代的市场并获得营销成功,需要借助三大推动要素:客户价值、核心能力、合作网络。新营销范式经历了销售观念、营销观念到全方位营销观念三个阶段。

关键概念

市场结构　市场营销　市场营销观念　全方位营销观念

复习思考题

1. 简述市场的概念。
2. 市场的构成要素有哪些?
3. 简述市场的功能。
4. 市场有哪几种形态?
5. 何谓市场营销? 如何正确理解这一概念?
6. 如何理解市场营销观念?
7. 分析市场营销观念的发展过程。
8. 分析全方位营销的三大要素。
9. 简述新营销范式的三个阶段。

案例分析

"总是做正确的事"——"好市多"在上海逆势进入中国

　　2019 年 8 月 27 日,"好市多"(Costco Wholesale,又翻译为"开市客")在中国开设的第一家门店开业,争抢打折产品的顾客很快就导致店内爆满,不惜在收银台前排队数小时。

在上海好市多门店吸引人潮汹涌之际，中美的贸易摩擦丝毫没有减退的迹象，结果是美国公司对在亚洲最大的经济体中国投资持谨慎态度。好市多进军中国的另一个背景则是许多全球竞争对手在进入中国以后都陷入困境，并最终决定放弃。2019年6月，家乐福刚刚折价出售了中国子公司的80%股份，而德国批发商麦德龙也正在寻求出售中国业务。

好市多首家中国门店开业当天，大量人群涌入导致店内爆满，迫使当地警方介入。

1. 发展历程

走进西雅图田园诗般的郊区小镇伊萨夸，你绝对猜想不到，眼前这栋静得出奇，看上去毫无特色，用米色砖和红砖砌成的办公楼，竟然是美国一家巨兽级企业的神经中枢。

全球第三大零售商，2016财年销售额高达1160亿美元的好市多公司（Costco Wholesale），正在同时经历三件大事：来自世界各地的经理们飞赴这里参加月度预算会议；董事会会议；还有周末的年度股东大会。就在这个大家族汇聚一堂之际，好市多正在面临一些逆风。在一个以薄利润闻名的行业中，竞争加剧的威胁总是挥之不去，最大的竞争对手当然是以亚马逊为代表的电商零售巨头。此外，还有吸引千禧一代的挑战。汇率波动等原因导致好市多海外店铺的零售额持续疲软。好市多即将放弃合作多年的美国运通卡，转而使用维萨卡。对于后勤系统来说，这种过渡往往是一场噩梦。

2. 超级文化

很多公司都在吹嘘自身的文化，但很少有公司像好市多这样，对企业文化如此骄傲。摩根士丹利零售业分析师西米恩·古特曼称之为"超级文化"，并将其描述为，"如果我们继续服务于顾客，让他们心满意足，这些顾客就会持续返回"。

好市多是一个零售巨人。其全球销售额仅次于沃尔玛，以及刚刚坐上第二把交椅的亚马逊。需要指出的是，沃尔玛拥有1.1528万家店面，而好市多仅有715家。好市多是全球最大的精选牛肉、有机食品、烤鸡肉和葡萄酒买主。它的坚果销量甚至连著名坚果品牌Planters也望尘莫及。从包装商品到饮料，再到服装，其自有品牌科克兰（Kirkland Signature）几乎无所不售，它创造的销售收入比可口可乐公司还要多。

"人们会争先恐后地为好市多工作。"质量保证和食品安全业务副总裁，为好市多效力18年的克莱格·威尔逊自豪地说道。一旦加入，就从一而终。就工作一年以上的员工而言，好市多的员工保留率高达94%。负责会员制、营销和好市多服务的高级副总裁保罗·莱瑟姆表示，"就算你扔给我一袋子钱，你也别想诱惑我离开这家公司"。他已在好市多干了37年。"我爱这里。"如果没有人离开，也几乎没有人会被解雇。当经济衰退和裁员潮袭来时，好市多的智囊团没有让一个人离职。杰利尼克说，"我们压根就没动过这个念头"。恰恰相反，这家公司反而给员工涨薪，以帮助他们共度时艰。

此外，还有好市多对待员工的方式。这家零售巨头乐意为员工支付高薪（其平均时薪为22美元，远高于沃尔玛的13.38美元），并提供慷慨的福利——就连兼职员工也能享受充分的健康和牙科保险。就职一年后，新员工的退休储蓄账户就可获得股票期权奖励。自由休假和探亲假等传统福利更是自不待言。MIT斯隆管理学院副教授泽伊内普·托恩说，好市多员工也被给予了更大的责任，由此造就了一支快乐和进取的员工队伍。"他们不断创新，不断改进，这就是为什么好市多能够给他们支付高薪。"托恩说。

3. 总是做正确的事

好市多的每个人都会告诉你，这家公司的文化直接来自吉姆·辛内加尔——一位身材矮小,留着一撮小胡子,慈爱可亲的老人。现年 80 岁的辛内加尔是好市多联合创始人,曾经长期担任 CEO(1983 年到 2012 年)。时至今日,你每天仍然可以在伊萨夸总部看到他的身影。辛内加尔反过来将他的经营管理理念归功于索尔·普莱斯。1954 年,这位脾气暴躁的律师在圣地亚哥创办了堪称仓储式卖场鼻祖,奉行低价批量销售原则,主要服务于小企业的 Fed Mart 公司。最初在 Fed Mart 工作时,辛内加尔还是一位年仅 18 岁的大学生。他很快成为普莱斯的门徒,特别认同后者在大萧条期间目睹人们漫天要价之后领悟到的黄金准则:总是做正确的事。

1983 年,西雅图律师杰弗里·布罗特曼主动联系辛内加尔,并提议两人携手创办一家自己的仓储式卖场。在他们的构想中,它不仅仅是一家公司,更是一项使命;它不仅仅是一门生意,更是一种营商方式。"做正确的事"过去是,现在仍是该公司的口头禅。它可能听起来很陈腐,像一个空口号,但好市多员工们真的在努力践行。

它意味着永远不要欺骗供应商、客户或员工。它意味着直面错误,主动矫正,而不是被迫这样做或找借口。(当好市多发现一件他们此前宣称 100％丝绸质地的衬衫其实并非丝绸的时候,他们主动联系每一位购买者,并退还价款。)它甚至意味着坚持一项无条件退货政策,尽管他们知道它会被一些客户滥用。"我过去总是认为自己很优秀,诚实,很有信誉,我现在也这样认为。但当你遇到吉姆时,你会由衷地发出惊叹,'哇!'"首席财务官加兰蒂说。正如辛内加尔所说,"文化不是最重要的事情。它是唯一重要的事情"。

好市多"激光般地专注于为客户创造价值",其运营系统致力于惠及客户,而不是投资者。"一个传统的零售商会说,'我买进这件商品花了 29 美元,我想以 35 美元的价格卖出。'"辛内加尔说。"但我们会说,'这件商品我是 90 美元买进的,我想降价,以 18 或 17 美元将其卖出。'这已经成为我们的营商之道。你必须不断思考,如何以更低的价格将商品和服务推向市场?"

好市多是一家追求高效率的公司。比如,其基本费用(包括销售费用、一般费用和行政费用)只占总收入的 10％,而沃尔玛则为 20％左右。体现好市多效率的事实包括,它不做广告;它的商品选择有限——好市多只有 3700 种商品,远低于沃尔玛和亚马逊,后者的商品类别分别为 14 万和 5 亿。这使得好市多能够与供货商讨价还价。加兰蒂表示,好市多的分销系统能够填充其 95％的货运能力,这是一个闻所未闻的数字。

好市多不得不一切从简,因为布罗特曼和辛内加尔早早就立下一条规矩:任何一件品牌商品的价格上调幅度不得超过 14％;自有品牌科克兰的零售价不得超过其成本的 15％。这是一条不可侵犯的红线,它是好市多的价值主张(低售价在一定程度上被每年 55 美元的会员费所抵消,会员可享受在那里购物的特权。会员费收入占好市多利润总额的 3％)。正如该公司的计算结果所示,鉴于汽油和碎牛肉等商品的利润率极低,好市多的平均价格上调幅度是 11％,远低于沃尔玛(24％)、普通超市(30％)、家得宝和劳氏公司(35％)。

好市多的利润率只有 2％。这个微不足道的数字一度让华尔街抱怨连连。无须赘言,大多数零售商都在竭力扩大利润率。"我们的文化是违反直觉的。"从 Price Club 跳槽至好市多,现担任该公司董事的理查德·莱本森这样说道。"向员工支付尽可能高的薪酬和最好的福利,同时坚持低利润率原则,以尽可能低的价格销售商品。"但这样做是因为,辛内加尔总是觉得,如果你满足了客户和员工,你最终也会让投资者心满意足。

——资料来源:依据 2019 年 8 月 28 日财富中文网《探秘好市多:仓储式卖场中的魔法世界》;2019 年 9 月 1 日财富中文网《开市客首家中国门店开业,引发购物狂潮》等文章编写。

问题讨论：

1. 好市多逆势进入中国市场，应如何适应零售市场环境？
2. 分析理解"仓储式"零售模式。
3. 好市多的核心营销观念是什么？它为什么能够成功逆袭中国上海零售市场？

第三章　市场营销环境分析

从系统论的观点来看,企业像任何其他系统一样,都是一个处于更大系统之中的开放系统,企业要生存,就要与外部环境发生三大要素(物质、能量与信息)的交换。这样,企业的任何市场行为都既受自身条件的制约,又受外部环境的限制。关注企业内外环境的变化,把握其发展变化的规律及趋势,识别由于环境变化而给企业带来的机会与威胁,是企业营销决策及营销人员的主要职责之一。对于企业来说,外部环境多处于不可控状态。企业能做的就是识别和利用环境变化带来的机会、规避环境变化带来的威胁,扬长避短、发挥优势,才能在激烈的市场竞争中立于不败之地。

第一节　企业与市场营销环境

市场消费者需求是企业营销活动的起点,而环境是消费需求变化的一个重要影响因素。企业要进行市场营销活动,首先需要了解和认识企业所面临的市场营销环境,并能不断地提高适应环境变化的能力。

一、市场营销环境的含义

企业的市场营销环境由企业和影响企业营销管理能力的外部因素组成。企业的营销管理能力主要指构建和维护与目标客户关系的能力。一般把影响企业市场营销活动的环境因素分为可控因素与不可控因素两大类(见图3-1)。可控因素是企业在市场营销活动过程中可以控制的各种市场活动手段和因素,主要包括产品、定价、促销和渠道四个方面的因素,即企业市场营销组合。企业可以综合地运用这些活动手段,形成市场营销组合策略,以达到企业的营销目标。

不可控因素是企业在市场营销活动过程中不能控制,但可以识别和了解的外部环境。一般地将其分为宏观环境和微观环境两个层次。宏观环境因素是指对企业的营销活动有间接影响的环境因素,它是由一些大范围的社会约束因素构成的,主要包括政治、经济、竞争、社会文化及科技环境,因此宏观环境也叫间接环境。微观环境因素是对企业的营销活动有直接影响的环境因素(也叫直接环境),影响企业服务客户的能力,主要包括供应商、营销中间机构、顾客、竞争者、公众等。营销环境按其对企业营销活动影响时间的长短,可分为企业的长期环境与短期环境,前者持续时间较长或相当长,后者对企业市场营销活动的影响则比较短暂。

二、市场营销环境的特征

(一)客观性

环境作为营销部门外在的、不以营销者意志为转移的因素,对企业营销活动的影响具有强制性和不可控性的特点。一般说来,营销部门无法摆脱和控制营销环境,尤其是宏观环境。但

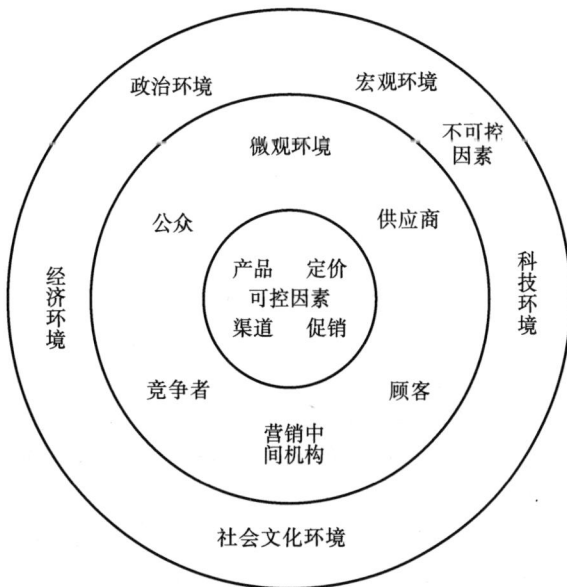

图 3-1　市场营销活动影响因素

企业可以主动适应环境的变化和要求,制定并不断调整市场营销策略。事物发展与环境变化的关系——适者生存,不适者淘汰,就企业与环境的关系而言也完全适用。环境的变化是绝对的,正所谓:"唯一不变的就是变。"有的企业善于适应环境就能生存和发展,有的企业不能适应环境的变化就难免被淘汰。20 世纪 90 年代,名噪一时的许多企业及产品,如"孔府家宴""步步高"的央视广告标王等,最后都被淘汰的重要原因,就是那些企业未能了解环境,更没能适应环境变化。

(二)差异性

不同的国家和地区之间,宏观环境存在着广泛的差异。不同的企业,微观环境也千差万别。正因为营销环境的差异,企业为适应不同的环境及其变化,必须采用各有特色且有针对性的营销策略。环境的差异性还体现在同一营销环境对不同企业的影响不同,尤其是宏观环境的变化,对一些行业的企业来说是机遇,而对另一些行业的企业来说则是挑战和威胁。即使在同一行业内的企业也存在很大的差异,这主要取决于企业各自把控环境的能力。

(三)多变性与相对稳定性

市场营销环境中的任何一个要素都不是固定不变的,而是在不断变化,只有变化的快慢强弱之分,例如,市场营销环境因素中的人口、社会与自然因素的变化相对较弱和较慢,对企业营销活动的影响则相对长而稳定;而科技与经济环境因素则变化较快和较强,对企业营销活动的影响则相对短且跳跃性大,尤其科技环境因素变化尤为快速。

然而,同任何事物一样,市场环境中诸因素在一定的时期内总是有某种相对稳定性,即使是变化最快的科技因素也有一定的强度和时限。这种相对稳定性给企业的营销活动产生良好或不良影响的同时,也为企业预测其变化并采取相应对策提供了可能性。

(四)关联性与相对分离性

构成企业营销环境的各要素之间存在着一定的关联性,即营销环境因素是相互影响的。一个环境因素的变化会导致其他因素的相应变化,尤其是宏观环境的变化会对身处其中的任何企业产生影响,包括企业营销环境的直接环境,这样就使企业的营销环境变得异常复杂。例如,国家宏观经济政策的变化,会给相关的所有企业产生影响。企业不仅要分析这种变化会给企业本身带来什么样的影响,还要分析对供应商、中间商、顾客、竞争者及财务机构等直接环境中的每个相关企业会产生什么影响,进而影响企业自身。

但在某个特定时期内,单从某些特定因素的特殊变化去考察,环境中某些因素又彼此相对分离。环境因素的这种相对分离性使企业在分析营销环境因素时,能够分析主次因素,并把更多的资源和能力投入对企业营销活动影响重大的方面,"集中力量办大事"。

(五)环境的不可控性与企业的能动性

营销环境因素是企业无法控制和改变的营销因素。如企业不可能控制国家的政策法令及社会风俗,更不能控制和改变人口的规模、结构及变化趋势,也不能控制竞争对手的营销活动等。但这并不代表企业在面对营销环境时,只有被动地适应环境变化,而无力改变其变化。比如,企业可以通过游说来给政府政策制定施加影响,更可以通过自己的营销策略的制定和实施来影响竞争对手的营销行为。从博弈论的角度来看,市场竞争是不同企业之间的博弈行为,任何一个行为者开始展开行动之前,不能不了解和分析竞争对手的行为及其对自身的影响。企业要善于利用一切可以控制的手段,如战略联盟、行业协会、公共关系等影响自身的营销环境中的一些因素朝着有利于企业的方向发展,这就是企业营销活动的能动性。

三、企业市场营销环境机会与威胁

(一)企业市场营销的环境机会分析

市场机会一般有两种情况:一种是环境机会,一种是企业营销机会。环境机会是指外部环境的变化,给企业扩大销售额、提高市场占有率、增加盈利带来有利的影响。而企业的营销机会是指对企业的营销活动有促进作用的那部分营销机会(如图 3-2 所示),确切地讲,就是对企业的市场营销活动具有吸引力,企业采取有关措施后可获得竞争优势的特定市场环境。

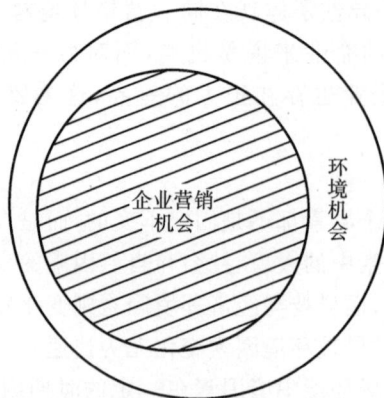

图 3-2　企业营销机会

市场机会具有公开性、时效性和不间断性的特点,企业市场营销的环境机会总是客观存在的,它只是在总体环境与相关环境变化时,才可能出现。因此,企业要能够抓住时机,打开企业营销的战略之窗,求得不断发展壮大。

环境机会一般用"市场机会矩阵图"表示,如图3-3所示。

"市场机会矩阵图"中,纵轴表示潜在的吸引力,即企业只要利用这一机会,就能带来经济效益,它可用货币数额表示。横轴代表成功的可能性(概率),一般用0~1之间的概率值表示,数值越大,成功的可能性越大;反之则小。在纵轴中以中等收入为分界线,在横轴中以0.5概率值为分界线,将矩阵分为四个区域。Ⅰ是最好的市场营销

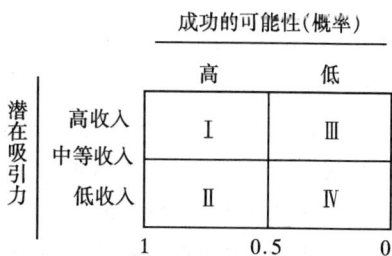

图3-3　市场机会矩阵图

机会,其"潜在吸引力"和"成功的可能性"都大,企业应制订营销战略和计划,以便抓住和利用这一机会;Ⅱ区域的"潜在吸引力"小,但其"成功的可能性"大;Ⅲ区域的"潜在吸引力"大,但其"成功的可能性"小;Ⅳ区域的"潜在吸引力"和"成功的可能性"都小,所以无机会可言。所以,对于Ⅱ、Ⅲ区域,企业在进行营销决策时,要进行具体分析,权衡利弊,使其向着有利于企业营销的方向发展。

(二)企业市场营销的环境威胁分析

企业市场营销的环境威胁是指外部环境的变化影响到企业市场营销的销售量、市场占有率、盈利水平,给企业正常的营销活动带来严重的后果,甚至影响到企业的生存和发展。威胁对企业来讲是客观存在的。这些威胁对于企业营销活动的影响程度是不同的,有的大一些,有的则小一些。威胁分析的目的就是要分析环境威胁对企业的影响程度,以便决定企业应该采取的相应对策。

环境威胁一般采用"环境威胁矩阵图"表示,如图3-4所示。

"环境威胁矩阵图"的纵轴代表"潜在的严重性",即威胁出现给企业带来的损失(盈利减少)。横轴代表出现威胁的概率,一般用0~1之间的数值表示,数值越大,表示出现威胁的可能性越大;数字越小,表示出现威胁的可能性越小。纵轴以中等损失为分界线,横轴以0.5概率为分界线,形成四个区域。Ⅰ区域给企业带来的威胁最严重,

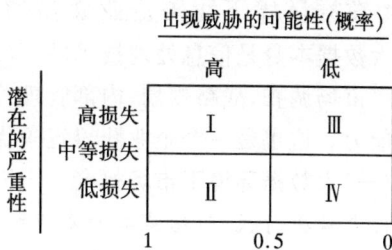

图3-4　环境威胁矩阵图

其"潜在的严重性"和"出现威胁的可能性"均高,是企业实现盈利目标的主要障碍,应给予特别重视。Ⅳ区域的"潜在严重性"和"出现威胁的可能性"都低,不构成企业的威胁;Ⅱ区域"潜在的严重性"低,但其"出现威胁的可能性"高,构成企业的主要威胁;Ⅲ区域"潜在严重性"高,但其"出现威胁的可能性"低,不构成威胁。因此,企业应重点分析Ⅰ、Ⅱ区域,防止威胁给企业带来风险,对于Ⅱ、Ⅲ应严格监视,以防止其向不利于企业经营的方向发展。

(三)综合分析

综合分析是指将环境机会分析与环境威胁分析综合起来,用于确定在环境条件一定的前

提下,企业的业务性质,亦即企业的类型。因为在现实中,当某一环境因素变化时,对某一企业的影响是两方面的,既存在机会,也可能产生威胁。综合分析矩阵如图3-5所示。

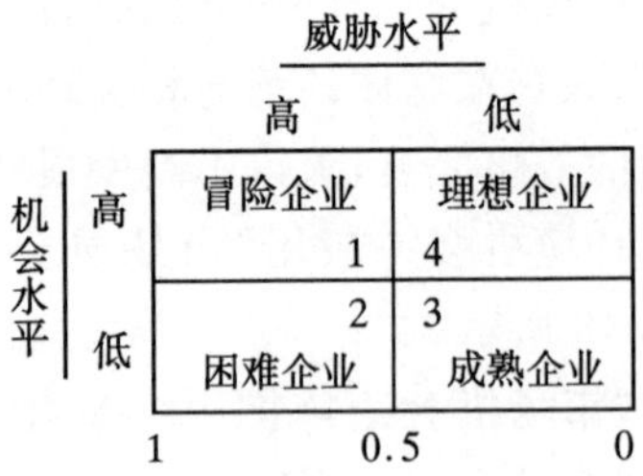

图3-5中,纵轴代表机会水平,横轴代表威胁水平,这两指标在机会矩阵分析和威胁矩阵分析中得到。因此,企业可分为如下四种类型:①冒险的企业,即高机会水平和高威胁水平的企业;②困难的企业,即低机会水平和高威胁水平的企业;③成熟的企业,即低机会水平和低威胁水平的企业;④理想的企业,即高机会水平和低威胁水平的企业。

	威胁水平	
	高	低
机会水平 高	冒险企业 1	理想企业 4
低	困难企业 2	成熟企业 3
	1　　0.5	0

图3-5　机会—威胁分析矩阵

在企业的营销活动中,对环境机会与威胁的分析一定要有超前性,因为当环境发生重大变化之后,企业再分析已为时太晚,威胁已成为现实,机会已经损失。企业要取得营销的成功,关键在于要善于抓住机会,着力避免威胁。

(四)企业对环境威胁应采取的对策

企业的市场营销活动,既面临着有利的市场营销机会,又面临着严重的环境威胁。对于市场环境机会,必须客观、认真、谨慎地评价机会的质量,然后做出决策。而面对环境的威胁,企业应正视现实,研究对策。可供企业选择的对策主要有以下三种:

(1)反抗策略,即试图限制或扭转企业所面临的环境威胁,如通过各种方式促使政府制定某些经济政策和法令等。

(2)减轻策略,即通过调整"市场营销组合"来改善"环境适应",以减轻威胁给企业营销带来的不利影响。

(3)转移策略,即企业决策将业务转移到赢利水平更高的行业或市场,实现多元化经营。

四、大数据环境下我国企业面临的市场机会与挑战

大数据本身是信息处理技术的一次飞跃性的发展,而信息处理是一个企业立足于市场的根本。市场调查、战略规划、内部管理等方面都需要信息技术的处理,包括信息搜集和信息处理等能力。这也是一个企业获得竞争优势最重要的资源之一。

(一)大数据环境下市场机会

1.大数据时代,市场需求的发现和满足都更加精准

在过去,抽样调查是数据搜集比较可靠的方法。大数据时代,样本可以扩大很多倍,而且还可以尝试复杂的数据处理。理论上来说,我们甚至可以做到对所有目标对象进行全面调查,而且把所有数据进行分析。因为互联网的便利性,以及数据储存能力和处理能力爆炸式增长,过去难以克服的难题都有了处理的可能性。比如说全国范围内有百万家小型便利店,在以往,想要统计分析分散在各个角落的小店分别有什么需求,他们服务的人群有什么消费偏好是很难的。而现在,通过大数据分析,通过他们在进货渠道的进货行为,可以比较准确地判断出每一个店的经营状况和服务人群的消费偏好。在这种环境下,店主和供货方都可以根据实际情况做出更合理的安排。而传统的经销商批发模式,是做不到这一点的。没有强大的数据处理能力,就算搜集到了很多数据,也很难让数据发挥作用。

2.大数据技术与制造技术融合,将给制造企业带来深刻变革

大数据技术将重构制造业技术体系,如 3D 打印将新材料、数字技术和智能技术植入产品,使产品的功能极大丰富,性能发生质的变化;在互联网、物联网、云计算、大数据等信息的强力支持下,制造商、生产服务商、用户在开放、共用的网络平台上互动,单件小批量定制化生产将逐步取代大批量流水线生产;基于信息物理系统(cyber-physics system,CPS)的智能工厂将成为未来制造的主要形式,重复和一般技能劳动将不断被智能装备和生产方式所替代。随着产业价值链重心由生产端向研发设计、营销服务等的转移,产业形态将从生产型制造向服务型制造转变。网络众包、异地协同设计、大规模个性化订制、精准供应链管理等正在构建企业新的竞争优势,全生命周期管理、总集成总承包、互联网金融、电子商务等将加速重构产业价值链新体系。

3.大数据可降低工业企业新产品研发成本

将传统工业与大数据产业相结合,采用大数据处理方法进行新需求的探索和新材料的研发,既可降低研发成本,又能提高新产品研发的准确性。如对于一些企业来说,为了迎合顾客需求,增加市场占有率,经常会在产品线上增加许多新的功能,但有可能一些功能不会真正地被顾客所使用,而有些真正需要的功能却容易被忽视。针对这种状况,大数据可通过各种移动设备和其他基于无线射频识别输入捕捉到数据,并根据这些数据进行有效分析,为产品企业提供更有价值的分析报告,从而更有针对性地研发新产品,提高市场占用率,增强企业竞争力。

(二)大数据环境下市场挑战

1.大数据环境下企业技术秘密面临安全挑战

随着信息社会不断深化演进,移动互联网、物联网和社交网络把所有人、机构和物连接在一起,在广泛互联化的 IT 环境中,大到国家和社会、小到机构和个人都面临着如何保障自身信息安全的问题。比如,把数据外包给云服务商如何保证数据隐私与安全?如何确定云服务商反馈的服务是可信的?资源集中后如何保证不被破译密码?如何管控虚拟资源和多租户?

2.海量数据的收集、分析及转化给企业带来了前所未有的挑战

在数字化转型过程中,挑战和机遇并存。一方面,数字化转型给各个行业带来机遇,给企业带来更强的竞争力;另一方面,如何通过对 IT 基础架构的变革帮助企业利用数据来更好地支撑起业务,并将数据转化成可以提供指导行为的商业洞察力,对于企业来说是不小的挑战。数字化转型过程中,企业 IT 基础设施变革面临的挑战主要有两点:一是海量数据。数据的产生呈几何级数增长,总量巨大。这对企业的 IT 系统在处理数据存储和管理方面的扩展能力提出新的要求。二是数据多样化。多年前企业面对的主要是结构化数据,仅需要依托数据库来查找、分类、检索,做一些非常传统的数据处理,而现在 80% 的数据都是非结构化数据或者半结构化的,如图片、视频、导航路线、轨迹等。

第二节　微观营销环境分析

从更广泛的意义上讲,企业的微观市场营销环境包括企业内部环境和企业外部的直接环境。

一、企业内部环境

企业的市场营销职能不是一个孤立的职能,它必须与企业的其他职能部门,包括企业高层管理者、财务部门、研究与开发部门、人力资源部门、原材料供应部门、生产部门、销售部门相互配合。各职能部门的合理分工、密切配合和相互协作是企业市场营销活动成功的关键。

(一)人力

人力是企业的劳动力资源,包括企业的职工与管理者。人是企业营销活动、市场竞争中的主体因素,因而企业各个层次的人员对企业市场营销活动所持的态度,企业职员的各方面素质以及企业高层的营销哲学、管理水平与能力等,对企业正确制定各种战略决策及营销策略,有着十分重要的影响。

(二)物力

物力指各种劳动资料、劳动工具和劳动条件,也就是企业从事营销活动的物质基础。一般来说,企业拥有物质基础的数量越多,质量越好,就能生产更多更好的产品,并可使产品的物质消耗降低,从而有利于营销竞争的开展。从一般意义上讲,在其他条件相同的情况下,谁的设备先进、原料充足、能源供应有保障,谁的成本低,谁的营销竞争能力就强。

(三)财力

财力指企业内部各种生产经营资金,包括固定资金、流动资金、专用基金、研发资金等。不言而喻,资金力量雄厚者,营销实力就更强。

(四)研发能力

研发能力是指企业所掌握和开发的产品技术、生产技术以及劳动者运用先进技术的能力。越来越多的企业认识到技术是企业生存和发展的重要条件之一。对科学技术的掌握,以及对其发展趋势的认识是企业研发能力的重要体现。"研发一代、储备一代、生产一代"的技术梯队战略越来越成为众多企业的技术战略的重要选择。在21世纪竞争的年代,研发能力将决定企业竞争的成效。

(五)管理能力

企业的竞争力不仅表现在企业内部的一系列的"硬"性条件,如资金、人力资源和各种物质资源等方面,还表现在企业的"软"实力,如品牌、文化、信誉、管理能力等方面。管理能力是企业有效地组织、控制和协调企业内外各种经营资源,进行低耗高效生产经营的能力。管理能力的强弱越来越成为企业在市场竞争中胜出的关键。尤其是在企业高速成长过程中,企业的管理能力能不能跟上企业的快速发展,不仅成为竞争胜出的关键要素,甚至是许多企业能否生存的关键因素。中国许多"流星式企业"的失败案例已经充分说明了这一点。

总之,不论是市场营销活动,还是其他经营活动,企业不仅要"向外看",还要"向内看",重视"内功"的训练和提升,只有这样才能更好地利用市场提供的机会和规避市场的风险。

二、企业外部的直接环境

越来越多的企业认识到,一个企业不仅是股东的企业,而且还是企业所有相关群体的企业。企业的直接环境成员包括供应商、营销中间机构、财务机构、顾客、竞争者、工会、特殊利益团体、社区、员工与股东。所有这些企业个体环境的成员都是企业的利益相关群体。他们的行为都决定着企业的生存和发展。

(一)供应商

供应商系指供给生产厂商及其竞争对手所需的原材料与零组件等资源的上游厂商。供应商对公司营运有相当大的影响,如主要原料与零组件的价格涨跌,会迫使生产厂商的产品价格跟着涨跌,间接影响企业的竞争力。另外,供应商来源的可靠性、供应来源短缺、罢工或其他事故,都可能影响主要原料与零组件的供应和交货,也间接影响产品的生产与交货。这不但使销售在短期内受到直接的影响,长期而言,也会使公司丧失信誉和顾客的忠诚度。因此许多公司都同时保持数个同种原料供应来源,以免过度依赖某一家供应商,而造成缺货所引起的供应商的任意抬价或减少供应量,所以供应商选择与评估是企业直接环境中一个重要影响因素。

(二)营销中间商

营销中间商是指通过促销、销售以及配送等活动,帮助企业把产品送到最终顾客手中的机构和个人。它们为企业融通资金、牵线搭桥、推销或代理产品并提供从运输、储存、信息到咨询、保险、广告等种种便利营销活动的服务。这些中间营销机构主要包括:中间商、实体配送机构以及营销服务机构等。中间商是指帮助组织寻找顾客或销售商品的公司,大致可分为批发商和零售商两种。它们最终构成了企业营销渠道的主要成员,帮助企业实现产品的流转。实体配送机构是指协助制造商储存与运送产品的机构,可分为仓储机构与运输机构。这些机构的效率会直接影响到企业产品的质量、安全以及销售与成本,并进而影响企业的整体绩效。营销服务机构是指协助企业更有效率地来执行其他营销活动的机构,典型的营销服务机构包括广告公司、营销研究机构和产品研发或设计公司等。

(三)顾客

顾客是企业微观环境中最重要的影响因素,是价值传递的目的和服务的目标顾客。企业最重要的市场营销活动就是研究顾客以及满足他们的需要,这是企业存在的根本,也是企业所有市场营销活动的出发点和归宿点。顾客是否喜欢企业的产品、顾客是否对企业忠诚以及是否对企业的满意,都决定着企业市场营销活动的结果,乃至企业的生存。研究发现,保留一位老顾客的成本要远远低于开发一个新顾客的成本。现代营销学通常按顾客及其购买目的把顾客分成:消费者市场、生产者市场、转卖者市场、政府市场和国际市场五种。

(四)竞争者

每个公司都会面临着形形色色的竞争者。由于竞争者往往是和企业竞争同样的顾客,因此竞争者的一举一动无不影响着企业的营销活动。所以,从个体环境的分析来看,我们不能疏忽对竞争者这一角色的分析。从竞争者竞争的层次来看,竞争者一般可分为四种类型。

1.愿望竞争者

愿望竞争者是指提供不同产品满足不同需求的竞争者。由于每个人的收入都是有限的,而人的欲望却是无限的,因此无限的欲望会彼此竞争有限的购买力。比如,生产彩电、洗衣机、冰箱的家电企业之间就是愿望竞争者。对于生产彩电企业来说,如何说服顾客首先购买彩电而不是其他家电,就是它的竞争力的来源之一。

2.本质竞争者

本质竞争者也叫平行竞争者,是指能满足同一种需要的各种产品提供者。比如,对代步工具的需求,则可以选择自行车、摩托车、小轿车等方式,它们的提供者之间就是本质竞争者。

3. 形式竞争者

形式竞争者是指满足同一需要的产品的不同形式的竞争者,如同一产品的不同型号、式样和功能之间的竞争。

4. 品牌竞争者

品牌竞争者是满足同一需要的同种形式的产品的不同品牌的竞争者。如电脑有联想、方正、海尔、IBM、惠普以及戴尔等品牌,它们之间就是品牌竞争者。

(五)公众

企业营销环境的另一个重要力量就是公众。公众是指所有实际上或潜在地关注、影响一个企业达到其营销目标能力的群体。一般地,企业的公众有以下几种类型。

1. 金融公众

金融公众指关心并可能影响企业获得资金能力的团体,如银行、投资公司、证券公司、证券交易所、基金公司和保险公司等。

2. 媒体公众

媒体公众指报社、杂志社、电台、电视台和网络媒体等大众传媒。企业对这些媒体公众的利用和控制是企业市场营销活动的重要内容之一。

3. 政府公众

政府公众指影响企业经营的政府部门。营销人员在开展市场营销活动时要特别重视对有关政府政策的关注,比如产品安全、卫生、环境保护、网络安全广告真实性等方面的政策。

4. 特殊利益公众

如消费者保护组织、绿色组织及其他群众团体,这些特殊利益公众都直接或间接地影响着企业的市场营销活动的开展。

5. 社区公众

社区公众指企业所在地邻近的居民和社区组织。任何一个企业都是在一定范围内的地区开展生产和市场营销活动的,所以在经营过程中要注意与社区的居民和组织搞好公共关系,并尽力参与社区的公益事业,为社区公众提供相应的公益服务,以获得理解与支撑。

6. 一般公众

一般公众指上述各种关系之外的社会公众。一般公众虽然不会有组织地对企业采取行动,但企业形象会影响他们的惠顾。

现代企业不再是股东或老板的企业,而是更大范围内的"利益相关群体"的企业。所以,企业在经营管理过程中,必须处理好与各方面的关系,这是现代企业经营中的一个重要职能。

企业营销的微观环境因素如图 3-6 所示。

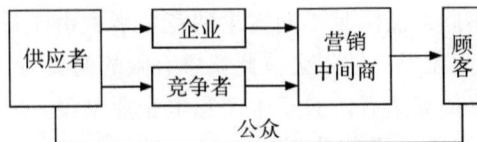

图 3-6　企业营销的微观环境因素

第三节　宏观营销环境分析

企业所处的宏观环境不仅直接为企业的市场营销活动带来机会与威胁,还通过影响企业的微观环境,而间接地影响企业的经营活动。所以,企业在市场营销活动中要密切关注企业的宏观环境,判断其发展变化的趋势,努力做到适应宏观环境的变化,并且善于利用其中的机会和规避其中的威胁。影响企业市场营销的宏观环境因素主要有政治法律环境、经济环境、社会文化与人口环境以及科技环境等。宏观环境因素如图 3-7 所示。

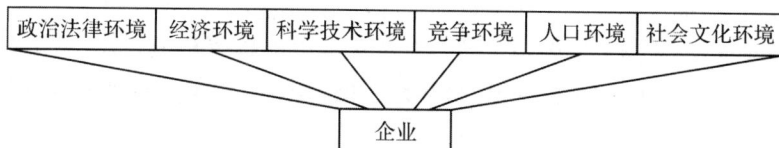

图 3-7　宏观环境因素结构

一、政治法律环境

政治法律环境是指一个国家从本国的社会制度出发,为发展本国经济而制定的一系列经济政策及立法,它构成企业在国内市场上从事营销活动的基本行为准则。企业的营销行为如果和这些政策、立法撞车,将会受到一定的警示或惩罚,造成一定的经济损失。政治法律环境包括的主要内容如下。

(一)党和国家的方针政策及其变化

党和国家的方针政策直接影响社会购买力及其投资方向。例如,通货膨胀期间,压缩基本建设投资规模,则市场对生产资料的需求明显下降;国家提高或降低利率,会直接影响居民的购买力,对企业的营销产生一定的影响。

(1)人口政策。我国由实行严格的控制人口增长的政策,到目前鼓励“两孩”政策,带来人口结构的变化,如人口快速老龄化问题,老年人用品需求增加,因而老年人市场在我国是一个有待开发的黄金市场。

(2)产业政策。国家决定重点发展的产业,企业进入这些产业从事生产与经营就有利可图。近期或较长时间内,新能源、新材料、交通、通信、电子、生物医药、新基建等将是我国重点发展的产业,同时,现代服务业也将得到迅速发展,这些产业是未来重要的发展方向。

(3)能源政策。我国能源结构不合理,国家限制某些耗能高的产业的发展,鼓励新能源(如太阳能)产品、核能产品的开发生产,如新能源汽车,这些产品存在广阔的市场空间。

(4)物价政策。国家的价格政策,如实行管制或放开物价,都将影响企业的营销活动。随着社会主义市场经济的发展,国家的物价政策也应遵循价值规律,反映市场供求关系,以促进企业转型升级,面向市场,面向用户。

(5)财政、金融与货币政策。它是政府用来干预经济的最重要、最有效的手段。国家可以通过降低利率促使消费增长,也可以通过个人收入所得税调节消费者的收入差异,影响消费者的购买行为。

(二)党和国家重大的政治、经济措施

这主要是指如深化改革、扩大开放、发展社会主义市场经济、外贸体制改革、税制改革、建立现代企业制度、发展混合经济、供给体制改革、鼓励民营企业发展、国内国际"双循环"等。

(三)政府的法令、法规

法规、法令对市场营销有较强的保护、限制和调节作用。对企业营销活动有直接影响的法律,主要有广告法、商标法、专利法、食品卫生法、环境保护法、药品管理法、反不正当竞争法、维护消费者权益法等。

任何企业都必须重视政治与法律环境的变化,并根据这些变化,及时调整自己的营销目标和营销措施,只有这样,才能争取营销主动。对于从事进出口贸易的企业,还应重视分析研究国际政治、法律环境的变化,如英国脱欧、世界贸易保护抬头、中美贸易摩擦等,同时,世界政治格局的重新调整,也会对企业的国际营销造成重大的影响。

(四)经济体制转型

2003年以后推行的科学发展观,要求我国的经济体制必须转型,即要大力发展循环经济,强调经济社会的可持续发展。循环经济主要有四个特征:①全面综合利用资源;②尽量减少"三废"(废水、废弃、废渣)排放;③重视资源的回收利用;④加强无害化处理。

党的十八大后,我国经济社会发展进入新常态,国家实施"四个全面"总体发展战略,推行"创新、协调、绿色、开放、共享"的五大发展理念,以供给侧改革为主线,实施构建"双循环"新发展格局,实现由高速增长向高质量发展转变。企业必须适应新环境,转变发展思路,实施创新驱动的营销战略。

二、经济环境

经济环境是影响企业市场营销活动最重要的因素,一般包括消费者的收入水平和消费结构、居民的实际收入增长率、人口总量、人口增长率、性别与年龄结构等。这些因素对消费品市场营销活动有一定的决定意义。

(一)消费者收入水平

消费者收入水平的高低,直接影响着其购买力的大小,从而决定了市场容量和消费者的支出规模。党的十一届三中全会以来,由于实行改革开放,我国经济得到了迅速发展,人民群众的收入水平也呈上升趋势。同时,个人收入的结构也发生了变化,由过去主要依靠固定工资转变为包括工资、奖金、津贴、福利、补贴等内容的新的收入形式,第二职业收入所占比重也呈上升趋势。这就要求企业的营销人员在分析消费者收入时,必须区分"货币收入"和"实际收入"。货币收入是消费者在某一时期以货币表示的收入量;实际收入是扣除物价变动因素后实际购买力的反映。所以,货币收入一定,实际收入和物价变动成反比。此外,还应考虑社会各阶层收入的差异性,不同地区、不同年龄、不同职业以及失业率的高低等都影响消费者的收入水平,进而影响消费者的消费水平。

(二)消费结构的变化

消费结构是指在生活资料的消费中,人们所消耗的各种生活消费品(包括劳务)的构成,或者说是各种消费支出占总支出的比例关系。优化消费结构是优化产业结构及产品结构的前提,也是企业开展营销活动的基本立足点。消费者衣、食、住、行支出比例的变化,会直接影响

到企业的营销活动。研究消费结构,有助于企业分析目标市场的需求特点,把握市场机会,确定营销策略。

（三）消费者储蓄的变化

对于一个消费者来说,其收入通常分为两部分:一部分立即作为支付手段使用,形成现实的社会购买力;另一部分暂不支出作为储蓄。当收入一定时,储蓄增大,现实支出数量就减少,从而影响企业的销售量;反之,储蓄数量越小,现实支出数量就越大,社会购买力就旺盛,就能为企业销售提供有利的销售机会。因此,国家通过利率来调整储蓄、信贷,也就调节了市场供求。提高利率,储蓄增加,市场现实需求下降;利率降低,储蓄减少,现实购买力增大,有利于企业营销。一般来说,影响居民储蓄水平的因素主要有:①收入水平;②通货膨胀因素;③市场商品供求状况;④对当前消费和未来消费的偏好程度。同时,企业的营销人员还必须研究消费者的储蓄目的及其差异,储蓄目的不同,常常会影响到潜在的需求量、消费模式、消费内容和消费的发展趋势。只有明确消费者的储蓄动机,才能准确地预测消费的发展趋势及发展水平,以利于企业营销。

（四）价格的变化

价格因素的变化,对市场需求总量及需求结构发生着重大影响。对于价格的上涨或下跌,企业营销人员必须能够做出科学的预测,以便及时调整企业的产品品种构成,进行购进决策,减少经营风险。价格的变动,必然引起需求量的变化,从而影响到企业营销。

三、社会文化与人口环境

社会文化环境包括社会环境与文化环境。社会环境是指人们在社会交往中形成的联系,文化是人们在社会行动的规范和信仰,是一种历史现象。社会环境一般包括社会阶层、相关群体、家庭等;文化主要指教育水平、语言文字、生活习惯、社会风俗、宗教信仰与价值观念(指人们对事物的评价标准和崇尚风气)等。上述各因素,对企业的营销活动均发生重大的影响。

现代市场营销学认为,市场是由那些想购买商品、又具有货币支付能力的人员构成的。这种消费者(人口)越多,市场容量也就越大。因此,人口便成为决定市场潜在容量的关键性因素。而人口的年龄结构、地理分布、婚姻状况、出生率、死亡率、人口密度、流动性、文化、教育等特性,都会对市场需求格局产生深刻影响。

任何一个企业,无论是面向国内市场,还是开拓国际市场,都必须对上面的人口特性及其发展动向进行分析预测,以调整企业营销战略,适应"人口环境"的变化。

我国目前人口环境的主要特点表现为:①城镇人口持续增加,2017年末,我国城镇常住人口81347万人,比上年末增加2049万人;城镇人口占总人口比重(城镇化率)为58.52%,根据联合国预测,到2030年中国城市化率将达约70%,对应城镇人口为10.2亿,比2017年增加2亿;到2047年城镇人口达峰值时,将增加2.76亿。城镇化热潮的出现,都会带来需求的巨大变化。②老龄化趋势明显。60周岁及以上人口24090万人,占总人口的17.3%,其中65周岁及以上人口15831万人,占总人口的11.4%。可见,将来"老年人"市场需求潜力很大。③人口流动整体放缓,但向一、二线城市和大都市圈集聚更为明显。从改革开放前的向东北集聚,到改革开放后的"孔雀东南飞",再到2010年以来部分回流中西部。2013年开始,东北三省人口先后陷入负增长。在全域层面,一线、二线城市人口持续流入,三线城市流入流出基本平衡,四线城市持续流出。人口净流出地区主要集中在东北地区、中西部的大部分地区以及东南沿海的非核心城市等,人口净流入地区主要在全国主要大城市及周边地区。上述这些特点,都会从不同的方面影响企业的营销活动,企业必须适应这种变化。

四、科技环境

科学技术的发展极大地影响着企业的市场营销活动,因为任何一种新科学技术应用于实践,会给一些企业提供新的营销机会,或者产生新的行业,同时也会给一些企业造成环境威胁,带来经营困难,甚至破产倒闭,所以,西方有市场学专家认为:新技术是一种"创造性的毁灭力量"。明智的营销者对此必须引起足够的重视。据统计,1920 年以前新产品从试销到成熟平均为 34 年;1939—1959 年,平均为 8 年;20 世纪 60 年代以来,平均只有 3~5 年;20 世纪 90 年代以来,电子计算机技术的发展为一年或更短。这说明,随着新技术的出现,新产品在加速发展。

利用智能制造与物联网技术成为产品创新的新趋势。例如,仿真技术的应用已经延展到了产品的全生命周期,借助应用仿真分析软件从概念、设计、制造、运维直至产品生命终止,涵盖所有工程阶段。产品 80%的成本在产品整个生命周期的早期概念设计阶段已经决定,在概念设计阶段就开始应用仿真,可以协助设计工程师或产品工程师进行早期设计决策,对整个产品的成本优化更有好处,带来更大的价值。在设计阶段,工程仿真可以让设计得到优化、确认及验证;在制造阶段,通过拓扑优化技术找到最优的结构,结合增材制造技术,可以造出质量轻,性能满足要求的晶格结构。在产品投放到市场使用运营阶段,很多企业对于产品在不同地点的运行状况和性能都一无所知,无法对产品性能进行不断地改进。如今,结合物联网技术,可以将仿真技术覆盖到产品生命周期的运营阶段,让企业能够基于实际的操作、环境条件、产品运行数据进行仿真,从而监控、维护和持续不断地优化产品性能。

科学技术环境研究包括:①国家的科学技术水平和技术政策;②部门间、地区间技术结构的变化;③资源综合利用的技术水平;④科学技术的发展演变趋势。

新科学技术革命的出现,会给企业的市场营销活动带来巨大的变化,主要表现在:①产品策略上要求产品更新换代速度加快,产品的市场寿命缩短。今天,科学技术突飞猛进,新原理、新工艺、新材料等不断涌现,使得刚刚炙手可热的技术和产品转瞬间被市场淘汰。这种情况,要求企业不断地进行技术革新,赶上技术进步的浪潮。②从分销策略上,表现在对种种市场壁垒的冲击,网络的穿透力将冲破地区封锁和渠道控制,网上信息、网上商店、网上路演、网站的吸引将打开一切进击市场的路线,同时将对分销商手中的渠道进行整合。③从价格策略上,网络环境将有力地冲击传统营销中的企业定价的原则和办法,使企业利用市场的封闭性进行高价销售的优势将不复存在。价格对比网站的出现,将使企业主导的定价优势发生重大的倾斜,顾客将成为价格确定的主体。④从促销策略上,可使促销措施更有效。例如,广播、电视、传真技术等现代信息传媒的发展,可使企业的商品信息及时准确地传送到全国乃至世界各地,这将大大有利于本国和世界各国消费者了解这方面的信息,并起到刺激消费、促进销售的作用。

市场营销的实践证明,"科学技术是第一生产力",是促进国家经济发展和企业营销成功的有力武器,谁认识到了技术进步的重要性,并且能够不断地向市场推出新产品、注重技术革新,谁就能取得营销的成功。所以,无论是生产企业还是流通企业,都应关心相关技术的发展动态,不断开发、研制新产品,并且对原有产品采用新技术进行分析,寻找改进的途径。但是,新技术的应用,新产品的开发,必须建立在符合市场需求的前提下,才具有真实的价值。

总之,科学技术的进步和发展,必将给社会经济、政治、军事以及社会生活等各个方面带来深刻的变化,这些变化也必将深刻地影响企业的营销活动,给企业造成有利或不利的影响,甚至关系到企业的生存和发展。因此,企业应特别重视科学技术这一重要的环境因素对企业营销活动的影响,以使企业能够抓住机会,避免风险,求得生存和发展。

关键概念

营销环境　微观环境　宏观环境　经济环境　环境机会　环境威胁

复习思考题

1. 企业市场营销环境有哪些特征?

2. 什么叫环境机会? 企业怎样分析环境机会?

3. 什么叫环境威胁? 企业怎样分析环境威胁?

4. 企业营销宏观环境分析包括哪些内容?

5. 企业营销微观环境分析包括哪些内容?

案例分析

沃尔玛连关郑州 2 家门店,转型中难免会阵痛

沃尔玛于 2017 年 5 月 17 日起停止郑州金水路店、大学路店两家门店的营业。沃尔玛在郑州将仅剩中原万达广场一家门店。从 2009 年正式布局到 2013 年在郑州关闭首家门店(民主路印象城购物中心),再到如今连续关闭两家门店,着实令人唏嘘不已。自 2009 年开始,沃尔玛便开始其在中国地区的大力扩展计划。除了发力猛开新店外,在选址上,沃尔玛也放弃了早期的郊区化模式,向市区繁华地区发展。据不完全统计,2009 年沃尔玛的新增门店数量飙升至 51 家,随后的 2010 年、2011 年,更是"上了瘾"地继续大规模开店圈地,两年累计新开近 90 家新店。

不过,疯狂开店的后遗症很快就显露出来。随后,沃尔玛在中国推出了一个"9％瘦身计划",将关闭一些业绩不好的门店,近期这些被关闭的门店都在沃尔玛"9％瘦身计划"之内。这些被关闭的门店虽然占沃尔玛中国门店数量的近 9％,但预计这些门店的销售额贡献值仅占不到 3％。本次沃尔玛关闭的郑州两家门店,均为该品牌布局之初的标杆门店。其中,金水路店为沃尔玛布局整个河南市场的首家门店,而大学路店则是其在河南省会郑州开设的距今时间最近的一家门店。

对于沃尔玛的关店,基于宏观因素来看:外资零售企业在国内遭遇本土化问题,尤其是近几年伴随着国内零售企业,特别是以区域零售企业为代表的如华润万家、永辉、大润发、丹尼斯、胖东来等迅速扩张布局,以及如盒马鲜生、永辉 Bravo、华润 Ole、绿地 G-Super 等精品超市的迅速崛起,都给外资零售企业在华的经营带来了极大的压力。外资零售企业由最初的"香饽饽"到逐渐"失宠",不仅失去了先前的市场优势,甚至在与国内零售商的这场竞争中逐步处于劣势。

那么,本次撤店的原因何在?通过一系列数据及对其过往三年年终财报的研究发现,主要基于以下几点:

(1)2015 年 10 月,沃尔玛中国的第一大股东华润深国投便通过上海联合产权交易所挂牌出售了其在中国的 21 家沃尔玛股权、债权,所有挂牌资产的总转让价为 33.35 亿元。在这一批被打包出售的资产中,就包含了 2017 年 5 月 17 日关闭的郑州金水路店。根据挂牌资产的公开审计信息显示,郑州金水路店年销售规模为 1 亿元人民币,该店 2013 年、2014 年以及截至 2015 年 5 月末的利润分别是 -564 万元、-771 万元、-370 万元。与此同时,该店净资产总额为 -4148.48 万元。也就是说,它其实早已资不抵债。由此可见,近期关闭的两家门店均为沃尔玛中国区战略转型的一部分。在传统超市大卖场受电商冲击、租金及人力成本不断上调从而导致利润下滑的情况之下,为了保住集团本身在这一地区的更多利益免遭流失,最直接的措施便是关闭不盈利的门店。

(2)沃尔玛逐步启动了对于战略转型方面的积极探索。放缓开新店的步伐,将更多的资本投向电商,是近几年每场财报发布会中其 CEO 都要重点强调的。在中国地区,从 2012 年控股 1 号店,到 2016 年 6 月与京东的深度战略合作,再到 2017 年 10 月份、12 月份先后两次增持京东股份。成功布局电商领域后,沃尔玛山姆会员店和沃尔玛国际官方旗舰店已经先后在京东商城上线,而沃尔玛的部分门店也在京东到家上线,双方将在物流、会员等领域实现资源共享。沃尔玛的这次转型对于其本身及合作方京东而言,堪称"双赢"。强化价格优势及供应链优势的同时,也将进一步推进沃尔玛的电商战略。

——资料来源:郑州商业观察,http://www.sohu.com/a/207655672_99966714,2017 年 11 月 30 日.

问题讨论:

1. 你认为沃尔玛关门店的真正原因何在?
2. 沃尔玛为什么要战略转型?
3. 沃尔玛中国撤店对中国大陆零售业发展有何启示?

第四章 市场消费需求及购买行为

第一节 市场消费需求及其形态

一、市场消费需求的概念及特点

(一)市场消费需求的概念

所谓消费需求,是指人们对生产资料和生活资料的需求欲望,它一般包括生产消费和生活消费。任何经济活动,首先要受欲望的支配。对生产资料的需求,来自投资和扩大再生产的欲望;对生活资料的需求,来自消费和满足生活需要的欲望。没有欲望,就没有生产、没有交换、没有消费,社会再生产过程就无法正常进行。

消费者的欲望是多种多样的,并不是所有的欲望都能够得到满足。因此,从欲望满足的程度来划分,消费需求可以分为潜在的需求和有支付能力的需求。潜在需求是指人们对现存的产品和劳务还不能满足其需求,或者由于某种条件暂时不能构成现实的、有支付能力的、潜在愿望的要求。马克思指出:"说商品有使用价值,无非就是说它能满足某种社会需要。"人们的这种需要,受社会生产能力和消费者支付能力的制约,不一定能得到充分的满足。人们的消费需求最后都必须通过市场进入商品交换,才能最终得以实现。

这种市场交换活动,对消费者来说,不仅具有对商品使用价值的欲望,而且必须具有货币支付能力。马克思指出:"这种出售……同它有关的,只是支付的需求,只是把商品转化为货币的绝对必要。"马克思在这里表明与市场营销活动有直接关系的是有货币支付能力的要求和欲望。因此,所谓市场消费需求,就是指购买者在市场上获得所需要的生产资料和生活资料(包括劳务)的具有货币支付能力的要求与欲望。这种需求不仅从商品的使用价值出发,而且还必须考虑到商品价值的因素,所以它有别于人们的潜在需求。但是,市场消费需求与人们的潜在需求又是紧密联系的。人们的潜在需求是在有支付能力需求的基础上,一旦条件成熟,它就转化为有支付能力的需求。

建立社会主义市场经济新体制,是我国经济体制改革的总目标。然而,目前我国的生产力水平还不高,为保证国民经济稳定、快速、协调发展,必须加强宏观调控,保持社会总供给与总需求的基本平衡,要防止通货膨胀;从消费者个人来讲,大多数人们的购买力还有限。人民群众日益增长的需求有很多是属于潜在需求,在目前还暂时得不到满足。但是随着经济改革的不断深化,大力发展社会主义市场经济,人民群众的购买能力将会逐步提高,这种消费需求的满足程度将会不断增强。因此,企业在市场营销活动中研究消费需求时,更应重视消费者潜在需求的研究,不断开发新产品,以满足消费者不断增强的需求,更好地实现社会主义生产目的。

(二)中国消费市场的新特点

习近平主席指出:"中国不断拓展的内需和消费市场,将释放巨大需求和消费动力。"2019年11月5日,习近平主席在第二届中国国际进口博览会开幕式上的主旨演讲中指出:"中国市场规模巨大、潜力巨大,前景不可限量。"

就宏观经济而言,长期以来,中国经济发展"三驾马车"当中的投资和出口对经济的拉动起着重要的作用。消费成为国民经济增长当中的第一支柱。2018 年,社会消费品零售总额持续保持两位数的增长,最终消费对经济增长的贡献率达到 64.6%,比 2017 年提升了 4.9 个百分点,消费动力还在不断增强。

中国消费市场在新时代呈现出新的特点,具体表现为:

(1)消费需求由满足日常需求向追求品质转变。消费升级明显,文化精神消费等消费持续增长。

(2)消费方式线上和线下融合。2017 年网络商业零售额增长 25.6%,占社会消费品零售总额的比重达到 12.6%。电商成为中国消费支出的重要渠道,也成为中国消费市场引人注目的特点。

(3)服务性消费快速增长。消费品类从商品为主向商品和服务并重转变。近年来,餐饮、家政、健康、文化、养老等服务消费快速发展。

(4)消费市场开始分化。一般性商品产能过剩,个性化消费持续增长,城镇居民的消费行为差异化越来越明显,个性化、多品种、定制式消费越来越多。都市化的时尚和设计元素越来越多地走进家庭。中产阶层将成为消费升级的主力军,他们重视生活品质和品牌意识,文化艺术品消费是消费升级的重要组成部分,具有很大的发展潜质。

二、消费需求层次理论

满足消费者需求是现代企业市场营销的中心任务。因此,要研究消费现有需求、发现消费者新的需求,并予以满足贯穿企业营销活动的全过程。

马斯洛(A. H. Maslow)是美国著名的心理学家,他在 20 世纪 50 年代初创立了"需求层次论"。其理论的要点为:①每个人同时都有许多需求;②这些需求的重要性不同,可按阶梯排列;③人总是先满足最重要的需求;④人的需求从低级到高级具有不同的层次,只有当低一级的需求得到基本满足时,才会产生高一级的需求。一般说来,需求强度的大小和需求层次的高低成反比,即需求的层次越低,其强度越大。

马斯洛依据需求强度的次序,将人类的需求分为五个层次:生理的需求、安全的需求、社会的需求、尊重的需求和自我实现的需求,这五个层次的排列如图 4-1 所示。

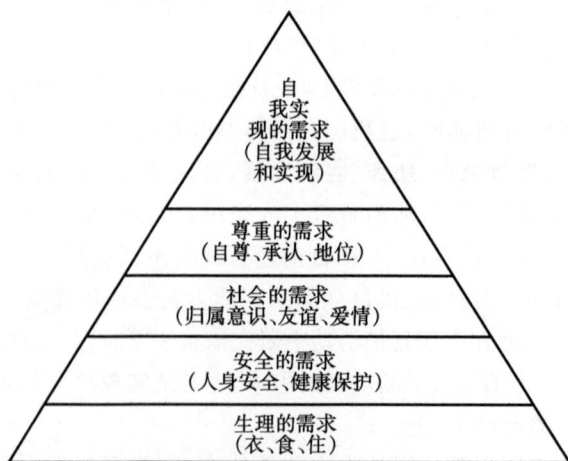

图 4-1 马斯洛的需求层次

1.生理需求

这是人类为了生存、维持生命而产生的最低限度的基本需求,如满足饥饿、防寒、睡眠等方面产生的对食品、饮用水、服装等的需求。

2.安全需求

这是指人们为了保障身体安全与健康,以免遭受危险和威胁而产生的需求,如对人身、财产保险的需求,对保健品、医药品、安全防盗产品、监视产品等的需求。

3.社会需求

人们在社会中生活,非常重视人与人之间的交往,希望成为某个集团或组织的成员,得到同志的尊重和友情,如对鲜花、礼品等的需求。

4.自尊需求

人类所具有的自尊心和荣誉感,对名誉、地位的欲望及个人能力和成就能得到表现,并能为社会所承认的需求,包括威望、成就、自尊、被人尊重、显示身份等需求,如有的人购买别墅、高级轿车、品牌产品及奢侈品,以显示自己的地位和富有。

5.自我实现需求

这是人类高级需求,包括对获得成就的欲望,对个人行使自主权,对理想、哲学观念的需求。自我实现的需求往往与受表扬的需求、追求地位的需求密不可分,人们都希望以不同的方式显示自己的成就。

人的需求在同一时间不可能得到满足,马斯洛通过研究发现,一般人只要在生理需求方面能获得80%的需求,便感到满足。安全需求得到70%、社会需求得到50%、自尊需求得到40%、自我实现的需求得到30%,便感到满足。马斯洛认为:一种没有得到满足的需求,便成为消费者购买行为的推动力。需求未得到满足前,人们都有一种紧张、恐惧、不安的表现,需求满足后,也就减少了对行为的刺激作用。

"需求层次论"的各层次与企业市场营销活动的关系,如表4-1所示。

表4-1 消费者的需求层次与企业市场营销活动的关系

需求层次	主要需求商品	主要的权利	企业的义务	主要的满足	推销活动
生理需求	·要求摆脱饥饿(食品、餐厅) ·充足的睡眠(被褥、住所) ·方便生活(日常用品)	·生存权利 ·要求获得维持生活的各种商品	·保证维持供应符合顾客需求的商品	·商品使用价值的满足 ·方便、好用的商品	·以个人生活的基础衣、食、住为中心; ·说服
安全需求	·要求逃脱痛苦、恐怖(医药、医院) ·要求免受风雨袭击(衣服、房屋) ·生活防卫品(防盗锁、防盗门)	·安全的权利 ·禁止危害健康、生命的商品销售	·按照公害对策,提供有安全保障的产品	·能信赖,有安全保障 ·售后服务好 ·对索赔处理很满意	·威吓说服

续表

需求层次	主要需求商品	主要的权利	企业的义务	主要的满足	推销活动
社会需求	·追求爱情(礼物、纪念品) ·认识、要求参加(流行商品集会) ·生活多样化商品	·被告知的权利 ·反对虚假广告 ·接受正确情报	·开展正当的竞争 ·开展正当的促销	·被社会所认识的活动	·同类意识的活动 ·理论说服 ·计数说服
自尊需求	·需求发迹、名誉、权力 ·经济能力(社会地位) ·生活情绪商品(选购品、专品)	·选择权利 ·选择自己喜欢的商品和商店 ·反映意见的权利	·商品差别化 ·市场的扩大	·第一流商品的名牌形象	·效用说服 ·幻想
自我实现需求	·要求幸福和满足(学校) ·创造生活的商品(教养、教育人才)	·满足的权利 ·理解、追求真实,诚心诚意	·永远发展 ·满足地提供 ·追求效率	·创造有价值的商品 ·创造性和自我实现的发展	·社会性劝导

三、消费者体验与体验营销

随着科技、信息产业日新月异的发展,消费者的消费形态也相应地受到了影响。适应互联网时代、体验经济时代消费需求的新变化,体验营销应运而生。

(一)体验与体验经济

认知"体验"是研究体验经济、体验营销问题的前提。

1.体验的概念

体验是个人的心理感受,是人们受个体事件的某些刺激作出的响应。体验会涉及人们的感官、情感、情绪等感性因素,也会涉及知识、智力、思考等理性因素,同时也包括身体的某些活动。体验是人们的一种客观的心理需求,如消费者在星巴克咖啡厅的体验。

2.体验的基本性质

(1)产出间接性。企业是无法直接生产体验并提供给顾客的,他们只能提供体验产生的载体或平台,体验只能是顾客自己产生并被自己消费。

(2)消费主动性。无论是在体验的生产过程中,还是在体验的消费阶段,顾客都具有较大的主动性,体验正是这种主动参与所形成的。

(3)消费即景性。体验强调的是顾客心理所发生的变化,不同的情景有不同的感受、不同的体验、不同的价值。

(4)感受差异性。由于体验是情感性的提供物,而每个人的心智模式都不一样,所以即使是同样的情景也会产生不同的体验。

3.体验与服务的区别

体验与服务都强调生产与消费的不可分割、生产者与消费者的互动。但是,体验与服务并不相同。服务以生产者为价值创造主体,消费者的消费属于"被服务";而体验则以消费者作为价值创造主体。可以说,体验作为产品才使营销成为真正意义的"以消费者为中心"的互动过程。

4.体验经济是人类社会发展的必然结果

在人均 GDP 较低的时代,人们疲于追求满足温饱,无暇体会感觉,因此体验不可能成为商品价值的重要组成部分,只有当物质生活水平达到一定程度以后,才可能出现所谓的体验经济。

5.体验经济时代的消费需求

(1)在消费结构上,情感需求的比重增加。在体验经济时代,人们购买商品的目的不再是出于生活必需的要求,而是出于满足一种情感上的渴求,或是追求某种特定产品与理想的自我概念的吻合,人们更偏好那些能与自我心理需求产生共鸣的感性商品。

(2)在消费内容上,大众化的标准产品日渐失势,对个性化产品和服务的需求越来越高。在体验经济时代,人们越来越追求那些能够促成自己个性化形象形成、彰显自己与众不同的产品或服务,消费者出现个性化回归的趋势。

(3)在价值目标上,消费者从注重产品本身转移到接受产品时的感受。在体验经济时代,人们似乎不仅仅关注得到怎样的产品,而是更加关注在哪里、如何得到这一产品。或者说,人们不再重视结果,而是重视过程。

(4)在接受产品的方式上,人们已经不再满足与被动地接受企业的诱导和操纵,而是主动参与产品的设计与制造。主要表现在消费者从被动接受厂商的诱导、拉动,发展到对产品外观要求的个性化,再发展到不再只满足于产品外观的个性化,而是对产品功能提出个性化的要求。

(二)体验营销战略

1.体验营销的定义

体验营销是企业以服务为舞台,以商品为道具,以消费者为中心,创造能够使消费者参与、值得消费者回忆联想的营销活动过程。如图 4-2 所示。

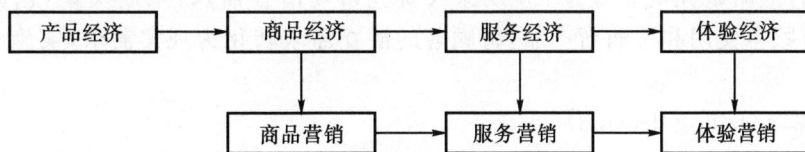

产品经济	→	商品经济	→	服务经济	→	体验经济
		↓		↓		↓
		商品营销	→	服务营销	→	体验营销

图 4-2　营销模式的演进过程

从图 4-2 清晰可见,体验营销是适应体验经济时代需求变化的必然选择。

2.体验营销的层面

(1)感官层面,即通过视觉、触觉、味觉和嗅觉为顾客创造审美上的愉悦、兴奋和满足。

(2)感情层面,即通过诉诸顾客的内在感情来创造美好的消费体验。

(3)思想层面,即通过诉诸顾客的心智来创造解决问题的体验。这一营销方式特别适用于技术产品、创意产品。

(4)行动层面,此层面的营销试图影响顾客的有形体验和生活方式。

(5)观念层面,此层面的营销诉诸顾客自我提高和寻找归属的愿望。

3.体验营销战略

(1)营销理念以"增加客户体验"为主。努力贴近顾客,体会顾客的要求与感受,进行"情感营销",以满足顾客的心理需求。

(2)营销重点以满足、创造顾客的个性化需求为主。努力建立"柔性生产"和"柔性营销"模式,迎合顾客个性化心理回归的趋势。

(3)营销手段应当突出顾客参与,加强企业与客户的互动。企业可以通过让顾客体验产品、确认价值,形成信赖后自动贴近产品,成为忠诚客户。在强调企业和客户互动的同时,更要强调客户与客户的互动。塑造品牌内涵,强化顾客对产品的情感诉求。

案例分析

日本六甲山农场的"微笑羊"让顾客络绎不绝

六甲山农场位于日本神户市滩区,是一家私立农场。农场里居住着一只会微笑的小羊,它弯弯的眼睛看上去正在微笑,故名"微笑君"。这只会微笑的小羊一下吸引了众多游客慕名而来。"物以稀为贵",稀有的东西总是能勾起"一睹为快"的好奇心。这家农场很好地利用了稀有物体验营销,为农场带来大量客流的同时也获得了丰厚的收益。

四、市场消费需求的基本形态

市场营销管理即对顾客的需求管理,市场消费需求形态可分为正需求、负需求和零需求三种形态。

(一)正需求

1.潜在需求(latent demand)

潜在需求指市场上消费者对某种商品有了明确的需求欲望,而这种商品目前还暂时没有研制出来。随着社会经济的发展和人们收入的增加,潜在需求的内容和层次也将更加多种多样。具有战略眼光的企业家,应该深入研究市场潜在需求,果断决策,创新开发新产品,积极引导顾客使用和选购新产品,将顾客的潜在需求转化为现实需求,实施开发性营销策略。

2.下降需求(falling demand)

下降需求指市场上某种商品的需求逐渐减少,出现了动摇或退却的现象,因此,也称动摇性需求。其主要原因是由于新商品投入市场,使现有商品需求下降,如彩电投放市场后使黑白电视机需求动摇、智能手机进入市场后功能手机需求下降。解决这一问题的重要途径是进行"重复营销",其目的是开发潜在市场,刺激顾客需求。

3.不规则需求(irregular demand)

不规则需求指市场上需求量和供应能力之间在时间上不均衡,表现为有时供过于求,有时又供不应求。企业应采取"同步性市场营销",采取适当措施来调节某种商品或劳务的市场需求,使这种商品或服务的供求在时间上相适应。

4.充分需求(full demand)

充分需求指市场上需求水平和需求时间与企业预期的需求和时间基本一致,供需基本平衡。企业应采取"维持性营销",主动进取,以保持销售稳定,扩大市场需求。

5. 超饱需求（overfull demand）

超饱需求指市场需求超过了企业的供应能力，呈现供不应求的现象。此时企业应采取"减少性市场营销"策略，如提高价格、减少促销，使顾客需求规模暂时降低。

（二）负需求

1. 否定需求（no demand）

否定需求指顾客对本企业产品不但没有需求，反而采取拒绝使用的态度，如有的客户对保险产品、保健产品的厌恶。针对这种情况，企业应采取"刺激性营销"，采取措施创造顾客需求。

2. 有害需求（unwholesome demand）

有害需求指对消费者、社会利益和企业利益带有危害的需求。如"不安全的家电""含量不够的药品""含有色素、添加剂的食品、饮料""香烟"等，对于这些产品及其需求，企业应采用"反击性营销"策略，指出其危害，促使顾客放弃需求，如保护消费者利益的宣传等。

（三）零需求

零需求又称无需求，它是指由于消费者对商品缺乏了解或不具备使用条件，而对商品无消费需求。其原因主要有：①对熟悉的商品认为无价值；②有价值的商品在特殊条件下无价值；③缺乏对商品性能的了解。因此，企业应采取"刺激性营销"策略，促使无需求转变成需求。

五、研究市场消费需求的作用

在我国，所有生产的商品或提供的服务，都是为了满足人们生产和对美好生活的需要。认真研究市场消费需求及其变化趋势，对于企业营销活动有非常重要的作用。

第一，对生产企业来讲，研究市场消费需求，是实现社会主义生产目的和发展社会生产力的需要。恩格斯在论述社会主义生产时曾经指出：这个社会应生产出人们所需要的"生活资料、享受资料、发展和表现一切体力和智力所需的资料"（《马克思恩格斯全集》第22卷，人民出版社1965年版，第243页）。保证最大限度地满足整个社会经济增长的物质和文化需要，就是社会主义生产目的和发展社会生产力的需要。所以，只有全面研究市场消费需求的现状及变化，才能使企业做到"按需定产"，使社会主义生产目的得到很好实现，推动社会生产力的发展。

第二，从商品流通企业来讲，研究市场消费需求，能够更好地促进商品的流通，有利于发展大流通，建设国内统一大市场，畅通国内大循环统一，更好地满足人民群众对美好生活的需求。

第三，研究市场消费需求，从中找出消费者需求变化的规律，是企业科学地制订生产经营计划，确定生产经营方向和规模，实现产品适销对路的重要依据，也是企业开拓市场、改善经营管理、提高经济效益的关键。

第四，研究市场消费需求，有利于企业的营销活动真正建立在"以消费者需求为中心"的现代市场营销观念基础上，促使企业的生产和销售协调发展。

第二节　市场消费需求的特征

一、消费品市场需求的特征

消费品市场需求,是指消费者在市场获得消费类商品的有货币支付能力的欲望和要求。从这一定义中可见,构成消费者需求的因素有:消费者因素、购买力因素和购买欲望因素。这三种因素相互作用,就构成了消费者需求。在数字化互联网时代下,我国消费品市场的消费需求特征,主要表现在如下几方面。

(一)消费需求的多样性

这是指消费者需求具有复杂多变的特性。由于各个消费者的收入水平、文化程度、职业、性格、年龄、民族和生活习惯的不同,自然会有各式各样的爱好和兴趣,对商品和服务的需求更是千差万别。消费者这种需求差异性,表现在购买上就是消费需求的多样性。

(二)消费需求的发展性

这是指随着经济的发展和消费者收入水平的不断提高,消费者对商品和服务的数量、质量、品种、档次等的需求都在提高。一种需求满足后,另一种新的需求又会产生。总的趋势是由低级向高级,从简单到复杂,由追求数量上满足向追求质量上的充实发展。热门畅销货变滞销,潜在需求变成现实需求,都表明消费者需求是不断发展的。

(三)消费需求的伸缩性

消费者购买商品,在数量、品质等方面往往随购买力水平的变化而变化,即需求受价格的制约和影响。一般来说,需求随价格的变化而变动,就称为有伸缩性(即弹性)。生活必需品的消费需求伸缩性较小,而高中档商品和耐用消费品,由于选择性强,因而消费需求的伸缩性比较大。在通常情况下,当货币收入增多,购买力提高,或者降低销售价格,推出换代新产品,消费者需求就会明显增多;反之,则减少。

(四)消费需求的层次性

消费者的需求存在着一个由低级向高级的排列顺序,在低层次的最基本的生存需求满足的基础上,才会产生较高层次的社会交往需求、享受需求等。恩格斯将人的需求也曾分为生存需求、享受需求和发展需求。随着经济的发展和消费水平的提高,人们的消费需求也必将逐步由低层向高层发展,这是一种必然的趋势。

(五)消费需求的可诱导性

消费需求是可以引导、可以调节的。也就是说,消费者需求在企业营销诱导下,可以发生变化和转移,潜在需求可以变为现实的消费。因此,工商企业不仅要适应和满足人们的需求,而且可以启发、诱导人们的消费需求。

此外,消费者需求还有时代性、季节性;相关商品之间消费需求的联系性和代替性;商品销售区域之间的流动性等特点。企业的营销活动,一定要认真分析研究消费者需求的特点,将其作为企业新产品开发的依据,使产品能真正满足消费者需求。

二、生产资料市场需求的特征

生产资料市场需求,包括农业生产资料市场需求及工业生产资料市场需求,它们与消费品市场需求有明显不同。

（一）工业生产资料市场需求的主要特征

工业生产资料市场需求，是指工业、基建、交通运输、邮电通信等部门在市场上获得生产资料的有货币支付能力的欲望和要求。其主要特征如下。

1. 派生性需求

工业企业购买生产资料的最终目的，是为了生产生活资料，所以生产资料消费需求是由生活资料消费需求派生而来的。列宁指出："生产消费（生产资料消费），归根到底总是同个人消费联系着，总是以个人消费为转移。"（《列宁全集》第 4 卷，人民出版社 1958 年版，第 44 页）例如，食品加工厂对面粉与食品加工机械的需求是消费者对面包之类食品的需求所引发的；建筑公司购买建筑材料（钢材、木材、水泥等），是由于人们收入增加、消费水平提高后对改善居住条件的需求而引起的。

2. 弹性较小

"弹性"是指价格的变动对需求（或供给）变动的影响程度。工业企业购买者对生产资料的需求受价格变动的影响不大。这主要是因为生产资料消费需求主要受国民经济增长速度、投资方向及重点、能源政策等的直接影响，企业采购具有较强的计划性等，而且对所需生产资料的数量、规格、质量等都有严格的要求，因而需求的价格弹性较小。

3. 波动性需求

生产资料与生活资料消费需求波动较大。这是因为，生产资料的消费需求是由生活资料消费需求派生出来的，因而生活资料消费需求的变化会直接导致生产资料消费需求的变化。由于经济学上"加速原理"的作用，生活资料需求量的微小变动，可以引发一系列生产资料需求量的较大变动，因而波动性较强，如人们对住房需求的增加，导致对建筑材料需求量的大幅度增加，建筑材料价格因此大幅上涨。

4. 选择性小

工业生产资料消费专业性强，通用性和替代性都不如生活资料显著，可选择性较小。因此，购买者在市场上的选择就有一定程度的限制性。

5. 结构比例性强

工业企业在生产过程中所需的各种生产资料之间的配套性强、替代性差，所以其需求结构具有很强的比例性。同时，工业生产资料的消费需求主要取决于国民经济结构的比例与发展速度，受国家宏观政策的影响大，这也要求购买者按比例购进生产资料。

6. 专家购买

生产资料的购买以营利为目的，是一种理性购买行为，通常由技术专家和高级管理人员领导采购工作，由受过专门训练的购买专家具体组织采购。

除上述主要特点外，工业生产资料还有：直挂——供需双方直接挂钩成交，不经过中间商；互惠——购买者和供应者互相购买对方产品，互相给予优惠；租赁——用户通过租赁可获得某些设备的使用权等特点。

（二）农业生产资料市场需求的主要特征

农业生产资料市场需求，是指各种农业生产单位（包括国有农场、农村乡镇集体、个体户等）通过市场获得生产资料的有货币支付能力的要求和欲望，其主要特征，除上述工业生产资料市场需求的特征外，还有如下主要特征。

1. 地域性强

由于我国幅员辽阔,各地的自然条件不同、农业机械化程度不同、生产经营的项目不同,所以对农业生产资料的需求,在品种、规格、性能等方面存在着明显的差异。

2. 季节性强

由于农业生产具有季节性,所以对农业生产资料的需求就带有明显的季节性,如化肥在播种时需求量大,农药在田间管理期间需求量大,收割机械在农作物收获季节需求量较大。

3. 要求的服务性强

一般来说,农村的文化技术水平相对较低,所以,在购买生产资料时,都要求提供使用技术和维护修理技术,这就要求从事农业生产资料供应的企业做好服务工作。

4. 需求分散性

随着我国农村经济体制的变革,家庭联产承包责任制的建立、发展和巩固,个体户、乡镇企业为农业生产资料主要购买者。与城市工业企业采购相比,这类购买者规模小、数量多而且分布在广大农村,这就决定了农业生产资料的需求较为分散。

第三节　消费者购买动机及购买行为

一、消费者市场购买对象

消费者市场的购买对象主要是各种消费品。消费品是指个人或家庭为生活需要而购买的商品和服务。市场营销学常常按照购买习惯和耐用程度对消费品进行分类。

(一)便利品、选购品、特殊品和非渴求品

按照消费者的购买习惯,消费品可分为便利品、选购品、特殊品和非渴求品四种类型。

1. 便利品

便利品也称日用品,是指消费者需要经常购买的商品,不必花费较多的时间和精力选择购买的生活必需品,具有周期性重复购买的特点,如毛巾、牙膏、香皂、洗衣粉等。便利品价值低,消费者有丰富的购买经验,具有较强的替代性。因此企业应建立广泛的销售网点,以满足消费者随时随地购买的需求。

2. 选购品

选购品是指消费者购买时需花较多时间进行比较和选择的消费品,如家具、服装、化妆品等。选购品具有价值大、品牌差异大、价格较高等特点。由于消费者缺乏购买经验,对于选购品,会重点选择知名度高、信誉好的零售商。选购品一般分为同质性选购品(如冰箱、电视、手机等)和异质性选购品(如家具、住宅等)。随着数字技术和个性化定制服务的发展,消费者购买选购品的途径和方式发生了重大变化。

3. 特殊品

特殊品是指消费者购买时以商品的品牌、企业信誉以及本身的偏好为依据而购买的消费品,如宝马汽车、路易威登、华为智能手机等。特殊品一般价格昂贵,技术性能指标较多,使用时间较长,在销售中应有使用保修期。品牌名称、服务质量及购物环境等对消费者购买影响较大。

4. 非渴求品

非渴求品指某种产品消费者不了解或者虽然了解,但不愿意给予关注或无购买的积极意愿。新产品有市场知名度之前是非渴求品,不吉祥的一些产品永远是非渴求品,如伤残保险、

丧葬用品等。这样的产品市场是客观存在的,企业应利用数字技术和互联网平台集聚顾客,以形成利基市场。

(二)耐用品、非耐用品

按消费品的耐用程度,消费品可分为耐用品和非耐用品两种类型。

1.耐用品

耐用品是指那些可以多次长期使用的消费品,如家用电器、摩托车、汽车、家具、手机等。耐用品具有使用周期长、售后服务要求高和购买慎重的特点,目前消费者一般采用线上和线下相结合的方式购买。

2.非耐用品

非耐用品是指使用时间短、次数少的消费品,如大多数的日用工业品、食品及各种饮料。消费者购买此类商品比较简单,因此电子商务平台成为主要的销售渠道,各种新的网络直播平台,如抖音、快手、网红等成为主要的促销推广工具。

二、消费者购买的心理活动过程

消费者在消费需求的基础上产生购买动机,在购买动机的支配下,便发生购买行为。正如恩格斯所指出的:"推动人去从事活动的一切,都要通过人的头脑,甚至吃喝也是由于通过头脑感觉到的饥渴引起的,并且是由于同样头脑感觉到的饱胀而停止。"(《马克思恩格斯选集》第4卷,人民出版社1972年版,第228页)消费者在为满足需求而采取购买行为之前,有一系列心理活动过程,如图4-3所示。

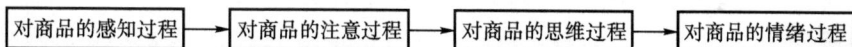

対商品的感知过程　→　対商品的注意过程　→　対商品的思维过程　→　対商品的情绪过程

图4-3　消费者购买前的心理活动过程

(一)对商品的感知过程

消费者对商品的认识,首先从感觉开始。所谓感觉,是人脑对直接作用于感觉器官的客观事物个别属性的反映。商品的形状、大小、色彩、气味等刺激了消费者的感觉器官,使消费者感觉到商品的个别属性。感觉是最基本、最简单的心理现象。

消费者在对商品感觉的基础上,把感觉到的个别商品的特性有机地联系起来,形成对这种商品整体的反映,这就是对商品的知觉过程。消费者对商品的感觉和知觉,都是商品作用于消费者感官的反映,但消费者的感觉反映的是商品的个性,而知觉则反映商品的整体。消费者感觉到的商品个别特性越丰富,对商品的知觉也就越丰富、越完整。感觉和知觉之间既有区别又紧密联系,不可分割,因此,称为消费者对商品的感知过程。

(二)对商品的注意过程

对商品的注意是指消费者购买商品心理活动中的指向性和集中性。消费者在同一时间内不可能感知许多商品,只能感知其中少数商品。消费者对商品的指向性,显示了其对商品的选择。消费者对商品的集中性,是指他们的心理活动较长久地保持在选择的商品上。消费者对商品的注意,强化了消费者对商品的认识过程。

(三)对商品的思维过程

消费者对商品的感知过程,是对商品的直接反映。在此基础上,消费者根据自己的知识经验和其他媒介，进一步来认识这种商品，并做出分析、判断和概括，就是消费者对商品的思维过程。消费者通过思维过程，将对商品的认识从感性阶段上升到理性阶段。

（四）对商品的情绪过程

消费者购买商品，有一个从感性到理性的认识过程。当然，在现实生活中，并非所有的购买行为都是理智思维的结果。在许多购买中，是感情在起作用。这是因为伴随着认识过程消费者产生了情绪和情感，这是人们心理活动的一个重要方面，是对商品的一定态度。消费者对商品可能采取肯定或否定的态度，当采取肯定的态度时，会产生满意、喜欢、愉快的情绪；当采取否定态度时，就会产生不满意、不喜欢、不愉快甚至厌烦的情绪。消费者对商品的情绪，直接影响到他们的购买行为。

三、消费者购买动机

动机是指推动人们进行各种活动的愿望和理想。动机是行为的直接原因，它推动和诱发人们发生某种行为，并规定了行为的方向。动机是由需要产生的，人们的需要复杂多样，动机也就多种多样。在一定时期内，人们在众多的动机中只有一个最强烈的动机，这一动机最能引起人们的购买行为。

需要、动机、行为三者之间相互联系，相互影响，构成了一个循环过程，如图4-4、图4-5所示。

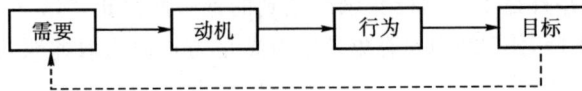

图4-4　需要、动机、行为、目标关系图

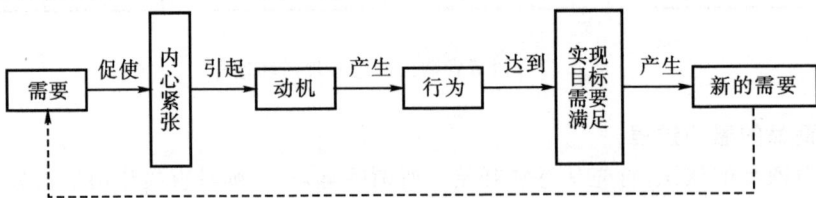

图4-5　购买过程循环图

消费者的购买动机是指消费者为了满足某种需要，产生的对某种商品的购买欲望和意向。动机是人们的一种心理状态，它由需求所激发，并促使人们产生购买行为。

一般来讲，购买动机产生的原因，可分为两类：一类是由于内在需要而引起的购买动机；另一类是由于外在诱因而激发的购买动机。消费者的购买动机由认识、感情等心理活动过程而引起，因此可分为感情动机、理智动机和惠顾动机三类。

（一）感情动机

感情动机包括情绪动机和情感动机两种。由于好奇、高兴、快乐等情绪引起的购买动机，都叫情绪动机，如节日购买礼品、食品，儿童因欢乐购买玩具等。这类购买的特点，一般具有冲动性、即景性和不稳定性。

情感动机是由人的道德感、集体感、荣誉感、美感等高级情感而引起的购买动机，如人们为了美好的欣赏购买艺术品、工艺品，为了友谊而购买礼品等。这类购买具有较大的稳定性，往往可以从购买中反映出消费者的精神面貌。

感情动机表现在购买行为上,有以下几种:①求新购买,即注重商品的新颖,追求时尚、流行;②求美购买,即注重商品的造型,讲究格调,追求商品的艺术欣赏价值;③求奇购买,即追求商品的奇特,充分表现出购买的与众不同,并充分表现其个性。

(二)理智动机

理智动机是建立在消费者对商品的品牌、外形、性能、质量等特征认知的基础上,经过理性思维分析后产生的购买动机。在理智动机驱使下的消费者购买行为主要有:①求实购买,即注重商品的质量,追求商品的实用价值;②求廉购买,即追求商品的物美价廉,对商品价格的变动反应非常灵敏;③求安全购买,即追求商品的使用操作灵便、安全性高,有可靠的服务保障。

适宜于感情动机和理智动机购买的商品或服务如表4-2、表4-3所示。

表 4-2　感情购买动机

感情购买动机	购买的产品或服务
安全需求	报警器、空气清新器、化妆品
娱乐刺激	鲜花、音乐、卡拉 OK、假日旅行、体育用品、赛车
自尊感、显赫感	豪华轿车、珠宝首饰、手机、奢侈品
自我表现	独特的装饰品、个性化的 T 恤衫、流行商品、名人字画

表 4-3　理智购买动机

理智购买动机	购买的产品或服务
经济及成本	冰箱、空调、家具
质量与可靠性	高档手表、淋浴器、电饭煲、智能手机
便利品	快餐店、干洗店、智能电视机

(三)惠顾动机

这是一种基于某种感情和理智的判断,购买者对某商品的品牌、服务、质量等产生特殊的信任和偏好,驱使其重复地、习惯地购买消费的一种行为动机。之所以产生惠顾动机,原因主要有:

(1)产品质量可靠。即对某企业生产的质量高且稳定的名牌商品,信得过,用了放心。

(2)品种齐全。企业经营的商品品种多、花色全,包装精致,便于购买者选择。

(3)服务周到细致。销售人员能够提供全面优质服务,产生良好的形象,如送货上门、免费维修、全天 24 小时服务等。

(4)物美价廉。在同等质量、数量的商品或服务中,其价格适中,购买者乐于接受。

(5)高度的便利性。销售地点交通便利,营业时间合理。

以上各种因素综合作用的结果,能够促使顾客产生惠顾动机,重复购买某产品。企业应做好以上工作,培育忠诚惠顾的消费者群体,这是企业持续发展的根本所在。

　　研究消费者的购买动机是一件比较复杂的工作,这不仅因为动机多种多样,有时可能会多种动机错综交织在一起,而且有的消费者不愿将自己的真实动机告诉别人,有时消费者本人也说不清自己的购买动机。同时,购买动机还要受到社会、经济、生理、科技、文化思想等因素的影响。但是,消费者的购买动机对企业的营销决策有着重要的作用。例如,在产品设计中应力求质量好、式样新、美观大方,广告的主题应能与商品的品质一致,抓住消费者的心理等。

四、消费者的行为模式

　　消费者的"行为是在其动机支配下发生的,动机的形成是消费者一系列复杂心理活动过程的结果"。按照心理学上的"刺激—反应"学派的理论,人们行为的动机是一种内心活动过程,是看不见摸不着的,像一个"黑箱"。外部的刺激,经过黑箱(心理活动过程)产生反应,引起行为,如图4-6所示。

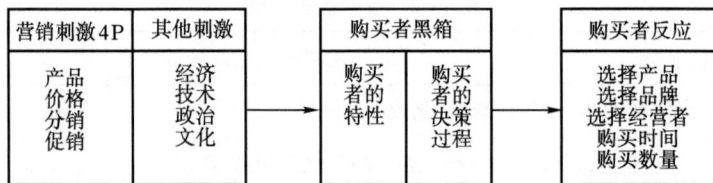

营销刺激4P	其他刺激	购买者黑箱		购买者反应
产品 价格 分销 促销	经济 技术 政治 文化	购买者的特性	购买者的决策过程	选择产品 选择品牌 选择经营者 购买时间 购买数量

图4-6　购买者购买行为模式

　　营销刺激有两种:一种为企业营销的可控因素,即4P因素;另一种为环境因素(政治、经济、法律、文化等)。这些刺激通过购买者"黑箱"产生以后,形成消费者的购买行为。

　　运用这一模式分析消费者购买行为的关键:一是揭示形成购买者行为特征的各种主要因素及其相互之间的关系;二是揭示消费者的购买决策过程。前者影响购买者对外界刺激的反应;后者导致购买者的各种选择。

五、影响消费者购买行为的因素

　　消费者购买行为是在多种因素综合影响下发生的,这些因素归纳起来可以分为:文化因素、社会因素、个性因素和心理因素。

(一)文化因素

1.文化及亚文化

　　文化因素是影响消费者购买行为的最基本因素,它属于宏观环境范畴,每个人都处在一定的文化环境之中,接受着共同的价值观念、道德规范、风俗习惯等。因此,文化因素对消费者的购买行为有着强烈的影响。

　　文化还可分为若干较小的亚文化群,其主要有:①民族亚文化群。不同的民族有其独特的嗜好、风俗人情及文化倾向。②宗教亚文化群。不同的宗教信仰,也有不同的文化习惯、戒律和禁忌。③人种亚文化群。不同的人种(白种人、黄种人……),其文化特点及价值观念差异性也很大。④地理亚文化群。不同地理位置的人有不同的生活习惯、爱好等。

2.社会阶层

　　社会阶层是指由具有相同或类似收入及社会地位的成员组成的、相对稳定持续的群体。依据消费者的职业、收入、价值倾向等因素,可以将一个国家或一定区域的消费者划归为不同的阶层。社会阶层具有同质性、多维性和动态性的性质。美国社会学家华纳(W. L. Warner)把社会阶层划分为六个层次,如表4-4所示。

表4-4 华纳的美国社会六个主要阶层表

阶层	所占比例/%	特征
上流阶层的上层 (upper upper)	1.44	持续几代的名门望族,拥有世袭的财产,子女进入有名的学校,重视家庭声誉,追求优雅的生活,其消费倾向是其他阶层所仿效的对象
上流阶层的下层 (lower upper)	1.56	是从中流阶层中脱颖出来的暴发户,是在职业上或工商界获得巨大成功的人。他们在收入、职业、住宅方面都不亚于上上层,但缺乏显赫的祖先,他们追求能象征其名望、地位和财产的商品
中流阶层的上层 (upper middle)	10.22	民众的领袖、中小企业家、律师、教授、科学家等,这一阶层主要的生活目标是追求事业的成功、喜好参加社交活动、重视家庭陈设
中流阶层的下层 (lower middle)	28.92	一般的知识阶层,少数高度熟练的技术工人,其特征是工作踏实、卖力、追求体面,因此要求住好的房子、陈设干净的家具、穿体面的衣服、设法使子女接受高等教育
下流阶层的上层 (upper lower)	32.64	一般的体力劳动者、小商人、服务行业非熟练的工作人员,为生存而忙碌,很少参加社会活动,很少进行冲动性购买
下流阶层的下层 (lower lower)	25.22	由新移民、非熟练工人、从事较低贱职业的人、失业者组成,购买力相当低,常依赖救济金生活,对人生看法是典型的宿命论

2001年中国社会科学院中国社会阶层研究课题组经过三年的调查研究,公布了当代中国的五大社会等级和十大社会阶层的研究报告。该报告说明,中国改革开放以后,经过20多年的发展,其经济结构和社会结构已经发生了重大的变化,如表4-5所示。

表4-5 中国社会阶层表

阶层	阶层人员	比重/%
1	国家与社会管理者阶层	2.1
2	经理人员阶层	1.5
3	私营企业主阶层	0.6
4	专业技术人员阶层	5.1
5	办事人员阶层	4.8
6	个体工商户阶层	4.2
7	商业服务员工阶层	12
8	产业工人阶层	22.6
9	农业劳动者阶层	44
10	城乡无业、失业、半失业者阶层	3.1

(二)社会因素

社会因素主要包括家庭、相关群体、社会角色和地位。

1. 家庭

家庭是构成社会的细胞,也是消费品市场的主要购买者。一个家庭是由两个以上具有婚姻关系、血缘关系和收养关系的成员所构成,同一家庭成员往往有相同的行为规范。家庭对消费者购买行为影响最大。按照家庭权威中心的不同,家庭可以分为:①丈夫决定型;②妻子决定型;③共同决定型;④各自做主型。不同的家庭购买商品的决策重心也不相同,如对丈夫有较大影响力的商品有汽车、摩托车、自行车、计算机、电视机等;对妻子有较大影响力的商品有衣服、洗衣机、餐具、吸尘器、化妆品等;对夫妻共同关心的商品,有住房、家具、旅游等。

2. 相关群体

相关群体是指在形成一个人的思想、态度、信仰和行为时,对其具有重要影响的一些团体。每一相关群体都有其自己的价值观和行为规范,群体内的成员都必须遵守这些共同的观念和规范。

相关群体可以分为三类:①对个人影响最大的群体,如网络群、家庭、亲朋好友、邻居和同事等;②对个人影响次一级的群体,如各种社会团体、学会、协会、研究会等;③崇拜性群体,不直接参加,但对其行为有重大影响,如社会名流、影视明星、体育明星等。这种崇拜性群体的一举一动,都会成为一部分追随者的样板,如时装、化妆品可利用这种示范效应进行推销。

相关群体对消费者行为的影响表现在三个方面:首先,相关群体向人们展示新的行为和生活方式;其次,相关群体可能影响一个人的态度和自我观念;再次,相关群体能产生某种令人遵从的压力,影响消费者对商品及品牌的选择。

3. 社会角色和地位

社会角色是指某人在社会上处于一定地位的权利和义务。一个人在不同的场合扮演不同的角色,并享有不同的社会地位,会产生不同的影响力,因而有不同的需求,会购买不同的商品。如某人在家里是儿子,结婚后是丈夫和父亲,在公司是总经理等,作为总经理,他会坐豪华小轿车,穿高档服装,因为他要代表企业形象;作为父亲,他需要为儿女购买学习用具等。

资料链接

营销新视角——角色营销

角色营销就是一种把人们想体验某种社会和心理角色形象的欲望和意识,作为一种市场动力来塑造品牌形象,并以此引导和创造市场消费行为的营销方式,头部网红的成功就是角色营销的成功案例。

角色营销对商家而言,是一种营销方式;而对消费者而言,角色营销是一种内心的体验。角色营销就是顺应了体验经济潮流。如今消费者的每一次消费,都是对他感兴趣的产品和服务的一次"角色体验"。"角色体验"是消费者在内心层面对产品或服务获得的一种认同感、满足感和享受。

角色营销有两种策略,即人物角色营销和场景角色营销。人物角色营销是把人们想体验某种人物来塑造品牌形象,场景角色营销是把人们想体验某种场景来塑造品牌形象,其实质都是打造品牌形象的新战略。

——资料来源:依据"采纳品牌营销"网站资料改编。

(三)个性因素

消费者本身的个人因素,如购买者的年龄与家庭生命周期、职业、收入、个性及生活方式等会对其购买行为产生重大的影响。

1.年龄和家庭生命周期

消费者年龄不同,对商品的需求有很大的差异,食品、衣服、家具、娱乐品等的购买都与年龄有很大关系。我国进入新时代,不同时代消费者需求差异很大,如90后(生于1990—1999年)消费特征主要表现为娱乐型数字化消费、高科技产品消费及追求刺激型消费。年龄不仅影响人们的购买决策,而且关系到他们的婚姻家庭。西方学者将家庭生命周期划分为:

(1)单身期。离开父母独居的青年。

(2)新婚期。新婚年轻夫妻,无子女。

(3)"满巢"Ⅰ期。子女在六岁以下。

(4)"满巢"Ⅱ期。子女大于六岁,已入学读书。

(5)"满巢"Ⅲ期。结婚已久,子女已长大,但仍需供养。

(6)"空巢"Ⅰ期。结婚已久,子女长大分居,夫妻仍有劳动能力。

(7)"空巢"Ⅱ期。已退休的老年夫妻,子女离家分居。

(8)鳏寡就业期。独居老人,尚有劳动能力。

(9)鳏寡退休期。独居老人,退休养老。

不同阶段的家庭有不同的需求,营销者只有明确目标市场上的顾客处在生命周期的某一阶段,并根据其需求生产适销产品,才能获得成功。同时,还应重视消费者心理上的生命周期阶段,如美国福特汽车公司为年轻人设计了一种"野马"牌汽车,投放市场后,一部分中老年人也非常喜欢,说明这种汽车能够满足心理上年轻的消费者的需求。随着我国快速进入"老龄化"社会,"空巢"及"鳏寡"人数急剧增加,以养老、休闲、保健等为主的"银发市场"潜力巨大,具有开发的巨大空间。

2.生活方式

生活方式是指一个人或集团对消费、工作和娱乐的特定习惯和态度。人们追求的生活方式不同,对商品的爱好和需求也就不同。市场营销是向消费者提供所有生活方式的一个过程,它使消费者有可能按照自己的爱好,选择适当的生活方式,如有的人喜欢登山,有的人喜欢旅游,有的人喜欢体育,有的人喜欢听音乐、看电影等。

3.职业

不同职业也决定着人们的不同需求和兴趣。营销者应该分析哪些职业的人对本公司的产品和劳务有兴趣,同时也可生产或经营供某一种职业使用的产品与劳务,如生产职业服装。

4.经济状况

经济状况决定着个人和家庭的购买能力,因此,营销者必须研究个人可支配收入的变化情况,以及消费者对储蓄和支出的态度。这些对消费者的购买行为都发生着影响。

从社会财富分配状况来看,我国城市居民基本形成了三个财富阶层,一是占城镇居民10%左右的富裕阶层;二是占城镇居民80%的小康阶层;三是占总人口10%的城镇居民的温饱阶层。当然,在极少数的富裕阶层里差别也很大,既有个别世界级巨贾,也有达到发达国家高收入水平的富人,但这部分所占的比例较小,估计在富裕阶层中所占比重仅及万分之一。另据有关资料分析,目前我国居民家庭资产逾百万的有百万户左右,这些家庭的生活水平基本接近于发达国家居民平均生活水平。当然,随着市场经济推进,有更多的人步入世界级巨贾、高收入水平及发达国家居民的平均收入水平。如表4-6所示。

表4-6　个人收入与消费取向的关系

收入阶层	消费类型	家庭年均收入	恩格尔系数	占人口比重		组成人员
				城市	农村	
高收入	先导型	56520元	15%以下	10%	10%	企业家、公司经理、高级职员、高科技人才、演艺界知名人士等
中等收入	升级型	21000元	35%左右	80%	10%	政府公职人员、国有企业职工、科教文卫人员、个体经营者
低收入	培育型	7000~8000元	60%	10%	80%	城市部分下岗职工、退休职工、进城务工人员、大部分农民

资料来源:国家统计局,严先傅:《城乡居民消费行为分化加剧》,2003年2月《中国证券报》。

我国目前年收入超过5万元(1995年价格)的家庭多达530万户,占全国2650亿户家庭的2%多。按每户5人计算,全国近3000万人年均收入超过1万元约合1200美元(按美元兑换8.28元人民币计算),已经进入小康型富裕生活,这些人口在全国总人口中所占比例不超过3%,但私人存款却占全国居民储蓄存款的40%。人均存款近5万元,户均存款25万元左右。这一阶层所拥有的市场购买力相当于新加坡及马来西亚的市场购买力或者韩国的国家大部分居民的市场购买力,因此,我国居民的购买潜力是巨大的,这也是外国公司将其目标市场的重点定位在中国的重要依据。

(四)心理因素

消费者自身的心理因素也支配着其购买行为,如动机、知觉、学习和态度等。

1.动机

动机主要解决人们为什么要购买某产品的问题,是消费者产生购买行为的主要推动力。

2.知觉

知觉是人们对感觉到的事物的整体反映。感觉只是对事物个别属性的认识,知觉包括感觉、记忆、判断和思考。了解消费者的知觉现象应遵循如下四条原则:

(1)知觉是有选择的,即每个人都会有选择地接受各种刺激,一般为有选择的注意、有选择的知觉、有选择的记忆。

(2)知觉是有组织的,至于如何组织则受个人特性的影响,即人们受刺激后,会将刺激组织起来,并赋予意义。

(3)知觉是受刺激因素影响的,如广告的大小、色彩、明暗对比,出现的频度,都会影响到这一广告的知觉。

(4)知觉受个人因素影响。个人因素包括感觉能力、信念、经历、态度、动机等。

3.学习

人类的行为有些是本能的,与生俱来的,但大多数行为(包括购买行为)是从后天的经验中得来的,即通过学习、实践得来的。学习是指由消费者的经验而引起的个人行为上的改变。人类的学习过程是包含驱使力、刺激物、诱因、反应和强化等因素的一连串相互作用的过程。

学习模式的五种因素之间的关系如图4-7所示。

例如：一个人在旅游时感到饥饿，这就产生了购买食品的"驱使力"；看到了面包、方便面等食品，这就是"刺激物"；经过考虑决定购买，边走边吃，既省钱又节约时间，这里的"金钱"和"时间"就是做出反应的"诱因"；"反应"则是对刺激物和诱因做出的反射行为；"强化"是指反应得到满足后所产生的效应。强化提高了某种特定反应再次发生的可能性，这种反应是特定刺激物与诱因的结果。强化又分为正强化和负强化，正强化通过呈现刺激增强反应概率，如吃了某品牌面包感觉味道好，下次会继续买，通过这种强化，学习就发生了。负强化通过中止不愉快刺激来增强反应概率，比如一个人吃了某品牌的药病好了，再次发生类似情况会继续购买该品牌，负强化同样会增强反应发生的概率。

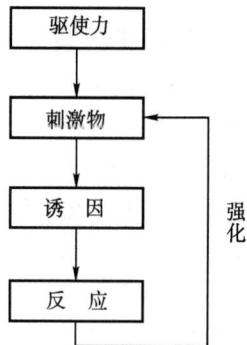

图4-7　学习模式五种因素关联图

4. 信念和态度

所谓信念和态度，是指一个人对某一事物的解释方法，即所持的见解和倾向，它是通过后天的学习逐步形成的。

信念作为人们对事物的认识和倾向，它可以建立在不同的基础上。有的建立在个人的"知识和经验"基础上，如"矿泉水"比"汽水"在炎热时更解渴的信念；有的是建立在个人的"见解"基础上，如认为听古典音乐可以陶冶人的情操；有的则是建立在"信任"的基础上，如购买名牌产品等。不同的信念常常导致消费者对产品的态度不同。态度对购买行为的发生起着重大的影响，企业应重视态度的研究并适应消费者态度的改变。企业要改变消费者的态度是要付出较高代价的。

影响消费者购买行为的心理因素，即动机、需求、知觉、学习、态度、结果之间的关系如图4-8所示。

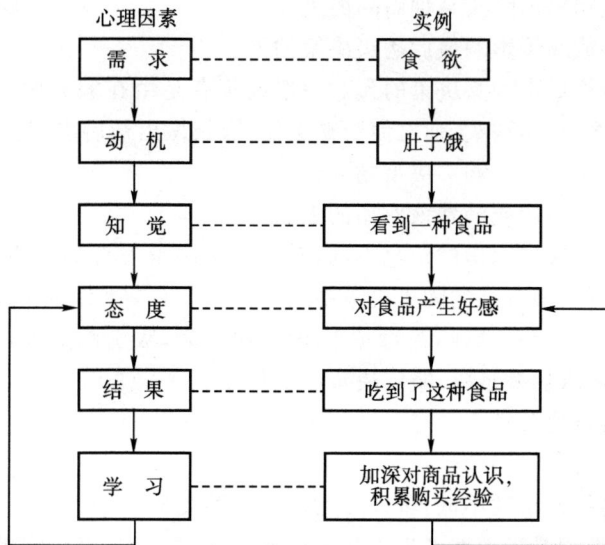

图4-8　影响购买行为的心理因素

六、消费者购买决策的参与者及购买者类型

(一)消费者购买决策的参与者

消费者购买决策是消费者对购买什么、怎样购买、何时购买以及在何处购买等问题的选择和评价。消费品购买决策的主体是个人和家庭。有的购买决策是由消费者个人做出的,如男士购买香烟,女士购买化妆品;有的购买则是由家庭成员或相关群体的参与者共同决策,如对电冰箱、汽车、空调等耐用品的购买决策。因此,营销者应该了解参与者在群体决策中所扮演的角色。

在一个家庭(相关群体)的购买活动中,各人充当不同的角色,发挥不同的作用。一般可分为五种角色,如图4-9所示。

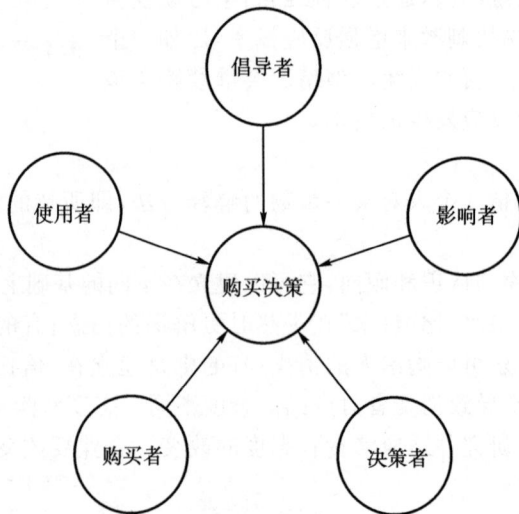

图4-9　参与购买决策的角色

(1)倡导者,即最初提出购买某种商品的人。

(2)影响者,直接或间接影响最后购买决策的人。

(3)决策者,即最终做出购买决策的人。一般决策者是由在家庭中享有威信的人构成,他对是否购买、购买什么、如何购买、何时何处购买等,有权做出最后决定。

(4)购买者,是指实际执行购买决策的人。

(5)使用者,指实际使用或消费该商品的人。

消费者在购买决策者中承担的角色不同,对其购买决策发挥的作用也就不同。对企业的营销者来说,必须分析某消费品的购买决策中的不同参与者,针对参与者的不同角色,制定相应的营销策略,以调动倡导者、影响者的兴趣,说服决策者,吸引购买者,并最终使使用者在商品的消费中,享受到需求的满足感,坚定决策者的信念。

(二)消费者购买行为分类

1.按个性不同分类

消费者购买行为按照个性不同,可以分为以下六种类型。

(1)习惯型。习惯型是指消费者忠于某一种或某几种品牌,有固定的消费习惯和偏好,购买时心中有数,目标明确。这类顾客常常重复过去的购买行为,企业应尽可能地争取更多的习惯型顾客。

（2）理智型。这类消费者的特点是，在购买活动中对商品的效用、特性、价格、式样等经过仔细比较和考虑，并且广泛收集市场信息，权衡利弊，精心挑选，务求满意。理智型购买者经验丰富，决策胸有成竹，不易受外界影响。

（3）冲动型。这类消费者购买时，易受外界因素的影响，为外界影响所冲动。如新产品、新款式、新包装等有较大的吸引力，使消费者为之而动。

（4）经济型。这类消费者对价格反应灵敏，以追求"经济实惠，物美价廉"为主。因此，优惠商品、降低商品价格对消费者有较强的吸引力。

（5）随意型。也称不定型，这类消费者的购买心理活动不稳定，缺乏购买经验，没有固定偏爱，一般抱着试一试的态度购买。

（6）情感型。这类顾客对商品的象征意义特别重视，联想力极丰富。

企业的营销人员，应该了解目标市场上的消费者属于哪种类型，然后有针对性地开展营销活动，以利于实现企业的营销目标。

2.按介入程度和品牌差异分类

按照消费者购买介入程度和品牌差异，可将购买行为分为四种类型，如表4-7所示。

表4-7　消费者购买行为类型

品牌差异	介入程度	
	高度介入	低度介入
品牌差异大	复杂购买行为	寻求多样化购买行为
品牌差异小	化解不协调购买行为	习惯性购买行为

（1）习惯性购买行为。对于价格低廉、经常购买、品牌差异小的产品，消费者不需要花时间进行选择，也不需要经过搜集信息、评价产品特点等复杂过程。因而，其购买行为最简单。消费者只是被动地接受信息，出于熟悉而购买，也不一定进行购后评价。这类产品的市场营销者可以用价格优惠、电视广告、独特包装、销售促进等方式鼓励消费者试用、购买和续购其产品。

（2）寻求多样化购买行为。有些产品品牌差异明显，但消费者并不愿花长时间来选择和评估，而是不断变换所购产品的品牌。这样做并不是因为对产品不满意，而是为了寻求多样化。针对这种购买行为类型，市场营销者可采用销售促进和占据有利货架位置等办法，保障供应，鼓励消费者购买。

（3）化解不协调购买行为。有些产品品牌差异不大，消费者不经常购买，而购买时又有一定的风险，所以，消费者一般要比较、看货，只要价格公道、购买方便、机会合适，消费者就会决定购买。购买以后，消费者也许会感到有些不协调或不够满意，在使用过程中，会了解更多情况，并寻求种种理由来减轻、化解这种不协调，以证明自己的购买决定是正确的。经过由不协调到协调的过程，消费者会有一系列的心理变化。针对这种购买行为类型，市场营销者应注意运用价格策略、人员推销策略，选择最佳销售地点，并向消费者提供有关产品评价的信息，使其在购买后相信自己做了正确的决定。

（4）复杂购买行为。当消费者购买一件贵重的、不常买的、有风险的而且又非常有意义的产品时，由于产品品牌差异大，消费者对产品缺乏了解，因而需要有一个学习过程，以广泛了解产品性能、特点,从而对产品产生某种看法,最后决定购买。对于这种复杂购买行为,市场营销者应采取有效措施帮助消费者了解产品的性能及其相对重要性,并介绍产品优势及其给购买者带来的利益,从而影响购买者的最终选择。

七、消费者购买决策的过程

购买决策过程是由一系列相关联的活动构成的。分析这一过程,市场营销者可以针对每一步骤中消费者的心理与行为,采取相应的营销策略。

消费者购买决策过程的基本模式如图4-10所示。

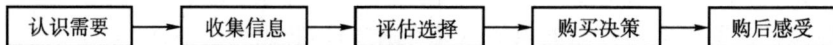

认识需要 → 收集信息 → 评估选择 → 购买决策 → 购后感受

图4-10 消费者购买决策过程模式

(一)认识需求

消费者购买是为了满足其需求而产生的,正确识别自身需求是购买决策过程的起点。消费者需求一般由内在刺激和外在刺激所引起。内在刺激来自人体内部,如饥、渴等刺激;外在刺激指人体外部客观存在的触发其需求的因素,如广告宣传、朋友介绍等。企业营销者应抓住时机,唤起和强化消费者需求,促使消费者采取购买行动。

(二)收集信息

收集信息是购买决策过程的调研阶段。当消费者需求被内外刺激激发后,消费者就处于高度敏感状态,对于满足其需求的产品的有关事物特别关注,极力收集信息,为判定决策方案做准备。消费者信息主要来源于四个方面:①个人来源,如亲友、同事、邻居等相关群体;②公众来源,如从报纸、广播、电视、消费者协会等;③商业来源,如广告、推销员、经销商、展销会等;④经验来源,如亲自去商店、柜台观察,接触各类商品,通过从对商品的使用、操作中体验、认识商品。

消费者需求信息的多少,视购买对象不同而不同。对于日用品购买,需要信息较少,对于选购品、特销品,需要的信息较多。对于企业的营销人员,主要任务就是要确定目标市场中的消费者对所需要考虑的产品,是通过什么途径收集信息,然后采取相应的营销策略。

(三)评估选择

消费者通过信息收集,初步了解到市场上销售的各种品牌产品的基本性能,形成了购买决策的选择范围和初步方案,然后对各种方案进行分析评估,最后做出选择。消费者在选择评估时要注意以下几方面:①产品性能是消费者所考虑的首要问题;②消费者对各种性能的重视程度不同;③消费者心目中的品牌信念与实际商品有差距;④消费者对某产品的每一属性都有一个效用函数;⑤多数购买者评估是将实际商品与自己心目中的"理想商品"进行比较。

依据上述消费者评估的特点,企业的营销人员应千方百计调查了解大多数消费者心目中的理想产品所具有的各种属性,实施营销组合,设计生产最接近理想产品的实际产品,并采取促销策略,获得消费者的认同感。

(四)购买决策

这是消费者是否购买的决策阶段。在评估阶段,消费者选择了最接近理想产品的产品品牌,形成了"购买意向",在采取购买行为时,还必须做出多项决策,包括购买何种商品、何种品牌、何种款式、数量多少、何处购买、何时购买、以何价格购买、以何方式付款等。

消费者对以上问题决策时,受两个方面因素的影响:一是他人的态度,如某人准备买摩托车,但其妻子持反对意见,则影响其购买意图;二是预期的外部环境因素的影响,如收入变化、失业等。这两个因素对购买决策的影响如图 4-11 所示。

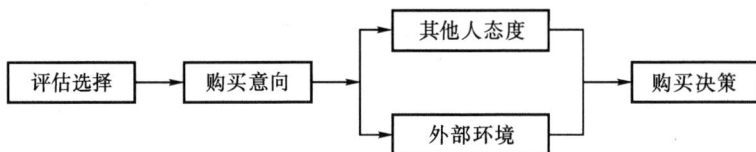

图 4-11 影响购买决策的因素

因此,在消费者的购买决策阶段,企业一方面要向消费者提供更多的有关商品的宣传情报信息,便于消费者比较商品的优缺点;另一方面应通过各种优质的服务,提供消费者购买使用的便利条件,加深消费者对企业及商品的良好印象,减少消费者的购买风险,促使消费者做出购买本企业商品的决策并付诸行动。

(五)购后感受

消费者购买商品后,往往会通过使用,或者通过家庭成员与亲友评价,对自己的购买选择进行检验和评比,重新考虑购买这种商品是否明智、是否合算、是否理想等,这就形成购后的感受。有时由于消费者过高地估计了商品的质量,购买后易产生疑虑,怀疑自己做出的购买决策是否适当,这样就会产生购买认识的不和谐。这种不和谐的强度,随着使用中预期效果的实现程度和需求的满足程度而发生变化。

购后感受是一种重要的反馈功能。通过评比和使用实践,必然会影响购买者对商品的态度,又影响以后的购买行为。如果已购买的商品不能给消费者以预期的满足,使其产生失望或使用中遇到困难,消费者就会改变对商品的态度,并在今后的购买行为中予以否定,不仅自己不会重复购买,还会做出反面宣传,影响到他人购买。如果所购买的商品使消费者需求得到满足,以利于形成购买者的特殊偏好,重复购买,并为企业及商品进行义务宣传,吸引更多的顾客购买。

购后感受对产品营销影响颇大。营销人员应重视售后信息的收集,广泛征求消费者的意见,及时处理顾客投诉,提供全面的售后服务,增强消费者购后的满意感,减少不满意感。同时,致力于更好地满足消费者需求,使之成为企业决策的中心。日本有一句名言:"满足了的顾客是企业最好的推销员。"

八、*AIDA 模型*

企业的市场营销人员,在了解消费者购买决策过程的基础上,应采用各种灵活的营销技巧,诱导说服消费者购买本企业的商品。AIDA 模式(attention,注意;interest,兴趣;desire,要求;action,行动)提供了一种有效的方法,如图 4-12 所示。

企业的营销人员,首先,应展示商品,引起购买者"注意";其次,采取各种营销刺激促使购买者发生"兴趣";再次,宣传商品的优点,以引起购买者使用的"要求";最后,维持要求直至购买行为发生。

第四阶段	ACTION 行动（购买）
第三阶段	DESIRE 要求
第二阶段	INTEREST 兴趣
第一阶段	ATTENTION 注意

图 4 - 12　AIDA 模型图

第四节　生产者采购行为分析

生产者市场是指采购产品和劳务以生产其他产品和提供其他服务的营利性组织，也称为产业市场或企业市场，在我国特指生产资料市场。这个市场的采购者的采购目的，不是为了消费，而是为了盈利。因此，生产者采购行为和消费者购买行为有着重大的区别。

一、生产者采购行为类型

生产者采购决策比消费者购买决策要复杂得多，主要是由于其采购活动具有不同的类型、不同的采购活动，因而其决策的项目有所不同。生产者采购活动类型主要有以下三种。

(一)直接采购

直接采购亦称简单采购，即用户按照过去一贯的需求和供应关系进行的重复性采购。这是最简单的采购活动，供应商、采购对象、采购方式都不变。它适用于原材料、零部件、标准件的采购。它是一种定期定量采购。对于这种采购者，营销者的主要任务是提高服务水平，简化采购手续，稳定供需关系。

(二)修正采购

修正采购即修正过去已采购过的产品规格、型号、价格等条件，寻找更理想的供应者的一种采购活动。这种采购较复杂，参与采购决策的人数也较多。因此，这种采购对新供应者提供了机会，对原供应者带来了威胁。新供应者可通过产品价格、服务、付款方式等条件参与竞争，争取新客户；原供应商可通过改进产品、提高质量、降低成本等策略，以保住现有客户，维护现有市场。

(三)新任务采购

新任务采购指采购者为增加新的项目或更新设备第一次采购某种产品或服务。这是一种最复杂的采购活动。新购的金额和风险愈大，参与决策的人愈多，所需了解的信息也越多。从产品的规格、价格幅度、交货条件及时间、服务条件，到付款方式、定购数量、包装条件、选定供应者，都需做出决策。这种情况对于生产资料的营销人员既是最好的推销机会，又是对其营销能力和水平的一次挑战。供应商应组织强有力的推销班子，向采购者提供各种信息，增强对自己的了解，研究采购集团中不同成员的作用，采取相应对策，促成交易实现，并期望建立比较稳定的供需关系。

生产资料采购者行为的上述三种类型在信息收集程度、先前经验水平、采购频率，以及觉察风险数量等方面都有不同的特点，如表 4 - 8 所示。

表4－8　生产者采购行为比较

采购行为	比较项目			
	信息收集程度	先前经验水平	采购频率	觉察风险数量
直接采购	很低	很高	很高	很低
修正采购	中等	中等	中等	中等
新任务采购	很高	很低	很低	很高

二、生产者采购决策的参与者

生产资料采购组织大小,依企业规模大小和采购人员权力大小不同而设立。一般由采购中心做出采购决策。采购中心的人员在采购决策中所担任的角色是不同的,一般可分为以下五种类型。

1.使用者

使用者即直接使用产品或服务的组织成员,他们常首先提出采购建议,并在采购规格、型号等决策中起重要作用。

2.影响者

影响者即直接或间接通过提供决策所需信息,而影响采购决策的组织成员,其中技术人员、生产财务主管是主要影响者。

3.决策者

决策者指最终有权做出采购决定的组织成员。在非例行采购中,采购者也就是决策者;在非例行采购中,决策者通常为企业高级主管。

4.采购者

采购者指具有执行采购决策的组织人员,他们负责选择供应商并与之谈判签约,完成采购任务。

5.把门者

把门者指有权控制和传递信息的组织内外成员,如采购代理商有权阻止供应商的推销人员与决策者或使用者见面。

生产资料的经营者,应了解:谁参与主要决策? 他们对哪些决策有影响? 其影响程度如何? 决策参与者的评价标准是什么? 搞清采购者的这些情况后,然后针对性地开展促销活动,促使决策者做出采购决策。

三、影响生产者采购决策的主要因素

大多数生产资料的采购行为属于理性采购,但也受采购者个人感情和个人交际关系等的影响。因此,影响生产者采购决策的主要因素可归纳为四大类:环境因素、组织因素、人际关系和个人因素,如图4－13所示。

四、生产者采购决策过程

生产资料的营销人员不但要了解采购者的决策过程,并且还应采取相应的营销措施,以适应采购者在各个阶段的需要,使用户变为现实的采购者。生产者的采购决策过程一般分为八个阶段,主要适应于新任务采购,其余两种采购类别可依照参考,如表4－9所示。

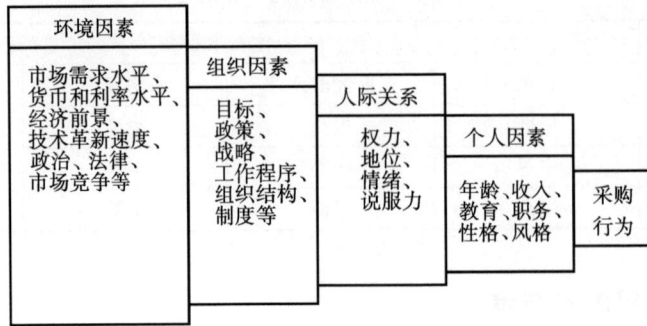

图 4-13 影响生产者采购决策的因素

表 4-9 生产者采购行为与决策

采购行为类型采购决策阶段	新任务采购	修正再采购	简单再采购
1.需要的确认	需要	可能需要	不必
2.确定所需产品特性数量	需要	可能需要	不必
3.拟定采购详细规格	需要	需要	需要
4.调查、鉴别供货者	需要	可能需要	不必
5.提出建议和分析意见	需要	可能需要	不必
6.评价建议和选择供货者	需要	可能需要	不必
7.安排订货程序	需要	可能需要	不必
8.工作绩效反馈与评估	需要	需要	需要

　　由表 4-9 可知,新任务的采购决策过程最复杂,要经过八个阶段;简单再采购经过的决策阶段最少;在修正再采购情况下,采购的决策阶段介于新采购和直接采购之间。因此,生产资料市场的营销是一个富有挑战性的领域。营销者应分析研究用户的需求及其采购决策过程各阶段的特点,拟定有效的营销计划,获得营销成功。

第五节　政府采购行为分析

一、政府采购

　　政府采购(government buying)是指各级政府为了开展日常政务活动或为公众提供服务,在财政监督下,以法定的方式、方法和程序,通过公开招标、公平竞争,由财政部门以直接向供应商付款的方式,从国内外市场上为政府部门或所属团体购买货物、工程和劳务的行为。其实质是市场竞争机制与财政支出管理的有机结合,其主要特点是对政府采购行为进行法制化的管理。政府采购主要以招标采购、有限竞争性采购和竞争性谈判为主。我国目前政府采购必须在"公共资源交易中心"平台统一进行。

　　在很多国家,政府是组织购买品的主要购买者。据专家估计,中国政府各级采购的总量约占 GDP 的 10%。根据美国总资源管理促进数据中心的统计,每年都有超过 2000 万个人同政府签订的合同在实施,虽然大多数项目购买在 2500 和 25000 美元之间。2018 年我国政府采购规模为 35861.4 亿元,较 2017 年增长 11.7%,占全国财政支出和 GDP 的比重分别为10.5% 和 4%(财政部《2018 年全国政府采购简要情况》)。

随着信息技术和政府采购的不断发展,产生了政府采购电子化。欧美各国政府电子化采购的发展较早,英国早在 1994 年就开始了政府采购电子化建设,1999 年启动了一个名为"S-cat"的政府部门网络采购系统。德国从 2006 年起,要求联邦一级政府的所有通用货物和服务都通过政府统一开发的电子平台完成采购,并陆续扩展到国家各部及各级地方政府采购。西班牙中央政府每年全部采购额的四分之一是通过电子化采购。从 2009 年起,葡萄牙所有的政府采购都必须(强制性)要通过电子商务的平台进行购买,40 亿欧元的费用都是在网上电子商务上产生的。

在我国,从中央到地方政府采购电商化渐成为主流,国家发展改革委会同 13 个部门联合颁布的《公共资源交易平台管理暂行办法》已经从 2016 年 8 月 1 日起实施。各省市纷纷出台细则,以电子化为支撑,建立起"一网三平台",实现了市县互通、省市互通、区域互通。

一般说来,政府需要其他组织顾客所需要的任何产品和服务,除此之外,政府还有其他组织不具备的需要,包括对社会服务及一切与防务有关的产品和服务的需要。

政府市场对于很多企业来说充满了吸引力,企业一旦进入了政府市场,意味着稳定的、具有保障性的、较高收益的回报。而且,进入政府市场往往也有助于企业良好形象的树立,为企业进入其他市场进行有力的宣传。其原因就在于能够为政府提供产品的企业都是经过严格竞标产生的,具有较强的竞争力。

二、政府采购的方式及特征

(一)政府采购方式

依据《中华人民共和国政府采购法》,政府采购方式主要有六种:①公开招标;②邀请招标;③竞争性谈判;④单一来源谈判;⑤询价;⑥国务院政府采购监督管理部门认定的其他采购方式。

(二)政府采购的特点

政府市场是一个巨大的、充满诱惑力的市场,对于任何一个有意进入政府市场的组织来说,都必须首先了解政府采购的特点。与其他组织类顾客相比,政府类顾客具有以下几方面特点。

(1)政府采购一般是按照年度预算进行的,年度预算具有法律效应,不会轻易变动,也就是说,政府在一个财政年度内的采购规模基本上是固定不变的,这是政府市场相对稳定的一个重要原因。政府的有关部门对于有意进入政府采购市场的供应商要求提供规定的资料,用以说明其能够提供的产品类别、规格、企业的实力、资信等情况。只有经审定被列入政府采购准供应商名单中的企业,才有可能参加有关政府采购的竞标活动。

(2)政府采购往往通过竞争性的招标采购、有限竞争性采购和竞争性谈判等方式来选择合适的供应商。对于很多产品,政府有关部门会制定出详细的标准和细则,包括技术规范、运送货物的时间要求、包装要求、保证书要求及其他采购要求。

(3)已经被列入政府采购准供应商名单的企业必须能够提供完全符合这些标准和细则的

产品和服务才有资格进入竞标阶段。在竞标阶段,价格基本上是唯一的竞争因素,政府一般会选择竞标价最低的企业作为供应商,除非竞标价次低的企业能拿出有力的证据来说明竞标价最低的企业所提供的产品和服务不符合要求。

(4)政府采购出于保护本国产业的目的,更倾向于采购本国供应商而非外国供应商的产品。

《中华人民共和国政府采购法》被列入《第九届全国人大常委会立法规划》的第一类立法项目。《中华人民共和国政府采购法》起草工作总体安排是:1999年,在搜集资料、调查研究的基础上起草出政府采购法草案的基本框架和基本草案大纲;2000年,提出草案初稿并广泛征求意见;2001年修改完善草案,2002年6月29日全国人大常委会审议通过了《中华人民共和国政府采购法》,并于2003年1月1日起正式实施。

《中华人民共和国政府采购法》实施以来,对规范政府采购行为、提高政府采购资金的使用效益、促进廉政建设发挥了重要作用。实施十多年来,政府采购的实践日益充分,政府采购改革深入推进,政府采购总规模从2002年的1009亿元上升到2016年的31089.8亿元。2015年1月30日,国务院总理李克强签署国务院令公布的《中华人民共和国政府采购法实施条例》(以下简称《条例》),自2015年3月1日起施行。制定出台《条例》,是更好地实施《中华人民共和国政府采购法》,将进一步促进政府采购的规范化、法制化,构建规范透明、公平竞争、监督到位、严格问责的政府采购工作机制。目前,在中国有些省市已经开始了有关政府采购的尝试,政府采购制度自身的特点,使其在中国一经实行,就显示出极大的优越性。由于它的公平、公正、公开性,被人们称为"阳光工程"和"阳光下的交易",规范政府采购的法律和法规被称为"阳光法案"。

关键概念

消费需求　体验营销　购买动机　购买决策　社会阶层　购后感受　政府采购

复习思考题

1.什么叫消费需求?
2.如何正确理解消费需求层次理论?
3.请分析对比市场消费需求的三种基本形态。
4.消费品市场消费需求有哪些特征?
5.工业、农业生产资料消费需求各有什么特征?
6.怎样对消费品进行分类?
7.消费者采购的心理活动过程分为哪几个阶段?
8.什么叫采购动机? 如何进行分类?
9.如何理解采购者的行为模式?
10.请分析影响消费者采购行为的因素。
11.消费者采购行为怎样进行分类?
12.请分析消费者的采购决策过程。
13.生产者采购行为分为哪几种类型?
14.影响生产者采购决策的主要因素有哪些?
15.简述政府采购及其方式、特征。

案例分析

2017 年轻人消费生活报告:90 后占据半壁江山

《2017 年轻人消费生活报告》以 1985—1999 年出生的用户为样本,通过消费数据及行为分析,向人们展现了当下年轻人消费多元又务实的真实生活形态。

1.90 后占据半壁江山,西藏地区年轻人消费异军突起

花呗数据显示(花呗,推出于 2014 年 12 月份,是蚂蚁微贷在支付宝中上线的信用消费服务,支持用户在淘宝、天猫消费,确认收货后次月 10 日前还款),在目前超过 1 亿的用户中,90 后占据半壁江山,占比为 47.25%。

在全国 31 个省市、自治区及港澳台地区中,上海、北京、浙江、西藏、江苏、海南、天津、福建、辽宁、湖北地区的年轻人的花呗每月人均消费金额排名前十。其中,西藏地区的年轻人购买力可谓"异军突起",以最近一个月的花呗消费数据为例,该地区的年轻人人均消费金额 963 元,仅次于上海、北京、浙江。

2.年轻人消费路线,战略上开放,战术上"保守"

相较于走"储蓄型路线"的父辈们,如今的年轻人更习惯信用消费,提前享受,花明天的钱让今天的自己活得更好。报告显示,近四成(37.4%)的 90 后把花呗设为支付宝首选支付方式,比 1985 年前出生的群体高出 11.9 个百分比。

花呗分期也受到了年轻人的喜爱。以花呗上最受欢迎的商品类目"手机"为例,76.5% 的年轻用户都会选择使用分期。另外一个有趣的发现是,在分期这件事儿上居然"男女有别",女性年纪越大越爱分期,男性年纪越小越爱分期。

提前消费、分期消费在年轻人群中接纳程度高,这会让他们"肆意挥霍"吗?其实未必。根据花呗数据显示,69.4% 的用户每月消费都能控制在授信额度的 2/3 以内,多数年轻人能做到"剁手"的同时保持理性。

3.运动健身和二次元消费　年轻人求潮不求贵

随着 AB 站、弹幕、鬼畜越来越多地进入大众视野,二次元消费也开始突破"次元壁"。花呗报告分析了漫画、手办、Cosplay 三种典型二次元消费数据发现:漫画已经是 20 世纪 80 年代生人的专属,它在 90 后眼中已被淘汰,Cosplay 和手办才是主流。在使用花呗购买过这两样商品的用户中,90 后分别占比 62.81%、63.01%。但从购买力上讲,还是 85 后实力雄厚,他们购买手办月均花销 791.2 元,是 90 后的 1.8 倍。

90 后消费数量多但金额少的情况也体现在运动消费上。90 后对运动装备的需求,已从基本的运动鞋"升级"到了健身器材和智能手环。但在运动产品上,人均花费最多的还是 85 后用户。

除了二次元和运动健身,年轻人内容消费涨势明显。2017 年初,苹果 iTunes 支持花呗付款,据统计,通过花呗充值 iTunes 用户,85 后年轻用户占比达到 91.6%。

往人们的认知中,爱追星、爱追剧是女生的专利,然而从花呗数据上看,舍得花钱还是男生。在优酷和 iTunes 上付费购买的用户和花钱较多的用户中,男性居多。而且,年纪越小的男生,越爱消费内容产品。

4.年轻人不只会买买买,还是有责任心的好青年

花呗报告参考引用来自飞猪、支付宝公益的数据,更全面展示当下年轻消费群体画像。

《飞猪1985后年轻群体旅行消费特征报告》显示,1985年后出生的年轻人是"带老人一起旅行的用户"中,占比最高的(44.57%)。

此外,来自蚂蚁金服公益的数据显示,过去一年中,在支付宝爱心捐赠平台上参与捐赠的90后人数(占比48%)已经超过80后(占比45%),占据了半壁江山。

——资料来源:年轻人消费趋势数据报告中商情报网,http://www.askci.com/news/finance/20170115/08491587924_5.shtml,2017年1月15日.

问题讨论:

1.结合案例讨论年轻人的消费心理特征。

2.结合案例讨论年轻人的消费行为特征。

3.结合案例讨论年轻人购物的相关群体是哪一部分人,为什么?

第五章　市场营销调研与需求预测

第一节　市场营销信息系统

一、市场营销信息的概念

现代企业营销十分重视市场营销信息,把它看作与企业资金、原料、设备和人力同等重要的第五资源,是企业营销管理的重要组成部分。

信息是客观存在的。信息、物质和能量是构成客观世界的三大要素。"信息"英文为"information",是指反映客观事物的消息、数据、资料等。信息并不是客观事物的本身,而是客观事物所发出地表现其本身特征的信号。市场营销信息是指有关市场营销活动实况及特征的客观描述和真实反映,是从事市场营销管理所必需的消息、情报、数据、知识、报告等的总称。

现代市场营销信息,是应用信息论和信息科学的原理、原则、方法和手段来取得的各种与市场营销有关的信息。市场营销信息属于经济信息的范畴,是经济信息的重要组成部分。市场营销信息具有社会性、系统性、流动性、有效性、准确性以及与信息载体的不可分割性等基本特征。所以,市场营销信息必须是通过反映客观事物特征的信息形态,运用一定的信息传递载体,传导给接受信息者以进行接收、储存和处理,使其了解有关的市场营销信息,为企业营销活动服务。

市场营销信息是商品交换的媒介物,市场营销信息是连接生产和消费的中心环节。企业要有效地开展市场营销活动,分析现状、预测未来,必须掌握和利用市场营销信息。随着社会的进步和市场经济的建立,市场营销信息的作用日渐重要。首先,它是发展市场经济,扩大商品流通的重要手段;其次,它是企业营销决策和编制计划的基础;再次,它是企业监督、控制和调节营销活动的依据;最后,它还是发展外向型经济,开拓国际市场的重要武器。

二、市场营销信息的分类

市场营销信息非常复杂,根据市场营销信息的内容与特征,可以分为以下几个大类。

(一)原始市场营销信息和加工后的市场营销信息

按信息加工的程度,可分为原始市场营销信息和加工后的市场营销信息。原始市场营销信息是指从信息源发出的最初的直接反映市场营销活动现象及特征的信息。这是最广泛、最基本、产生频率最高、数量最多的信息资料,是经过实地收集或实验所得的原始资料。对原始市场营销信息进行科学的加工、分类、整理、汇总等,就成为加工后的市场营销信息,这是企业营销决策的直接依据。

(二)静态信息、动态信息和预测信息

按市场营销信息存在的状态,可分为静态信息、动态信息和预测信息。静态市场营销信息

是反映历史情况的,即用数字、文字资料描述和反映已经发生的市场营销活动过程,以便进行分析和评价。动态市场营销信息是反映现实情况的,即反映市场营销活动变动的信息,它具有较强的时效性。预测市场营销信息是运用科学的方法对上述两种市场信息进行综合分析而得来的,反映市场营销活动发展趋势的信息。

(三)常规性信息和偶然性信息

按市场营销信息的性质,可分为常规性信息和偶然性信息。常规性市场营销信息是反映正常市场经济活动的信息。它按照一定程序,用一定格式,定期地、经常不断地进行收集和处理。偶然性市场营销信息,是指反映市场经济活动中突然发生的偶然事件的信息。对偶然性市场营销信息通常要进行特殊紧急处理,不能按常规办事,否则就会贻误时机。

(四)正式渠道传递和非正式渠道传递的市场营销信息

按信息传递的渠道,可分为正式渠道传递的市场营销信息和非正式渠道传递的市场营销信息。正式渠道信息是指按制度和规定渠道获得的市场营销信息。例如,正式文件、定期报告、统计报表等正式取得的信息。非正式渠道信息是指通过个别调查、报刊资料、社交活动、网上等渠道获得的市场营销信息,它以特有的灵活性和时效性成为正式渠道信息的补充。

(五)企业内部信息和企业外部信息

按市场营销信息来源的不同,可分为企业内部信息和企业外部信息。

企业内部信息是指反映企业内部生产经营活动的市场营销信息。企业外部信息是指反映企业外部环境变化的市场营销信息。企业市场经营目标的确定和实现,不仅取决于企业内部的人、财、物等可控因素,而且涉及市场供求变化和竞争等外部不可控因素。因此,一个企业不能只了解本身的情况,还必须取得企业外部市场环境变化的信息。

三、市场营销信息工作的基本程序

企业获取信息并非轻而易举,它通常要经过一系列复杂的工作程序,包括信息的收集、整理、存储、使用和反馈等基本环节。这些环节之间的相互关系,如图5-1所示。

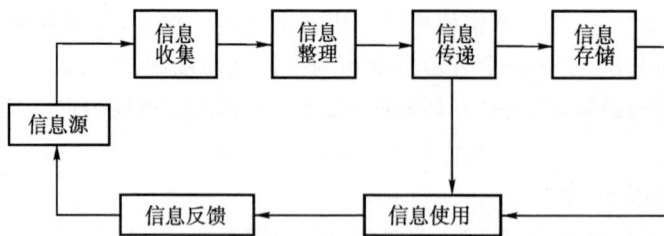

图5-1　企业信息工作程序图

(一)信息收集

在信息工作过程中,首先遇到的是信息的收集。它是信息处理的第一步,也是最基本的一步。为了收集企业内部生产经营活动的市场营销信息,必须建立健全各种原始记录、台账和统计资料。为了保证统计数据的统一性和时效性,企业内部应建立统计报表制度,使用统一表格,规定统一的报送时间,自下而上地逐级上报。企业除了收集内部生产经营活动的信息外,还要收集企业外部的信息,为经营决策提供可靠依据。

（二）信息整理

信息整理是对收集到的各种数据和资料进行审查、筛选、分组、归纳、运算、汇总等工作，使市场营销信息真正能反映经济活动的本质特征。信息审查，主要是检查信息的真实性、完整性和时效性，以便发现问题，及时纠正。信息筛选，是对信息进行鉴别，去伪存真。信息分组，是按照一定的标准，将信息分成若干类别，便于加工处理。信息归纳、运算和汇总，是对某种类型的信息，按一定的方式和方法进行计算和归总。

（三）信息传递

信息传递是信息的共有特性。它是将经过整理的市场营销信息，按其适用范围，采用不同的传递方法，或报送上级主管部门，下达基层单位，或在同级机关中做横向交流，或采用公布的方式，传送到需用信息的单位或个人。

（四）信息存储

经过整理的各种市场营销信息，有的并非立即就用，有的虽然立即使用，但使用后还需保留作为将来的参考，这就产生了信息的存储。信息存储的作用主要是保证信息在时间上的传递，并积累大量信息，便于对经济活动进行动态的、系统的、全面的研究。其基本要求是便于存取、保证安全，以及节省存储空间。

（五）信息使用

收集、整理、存储信息的目的是为了使用信息。企业经营活动过程是错综复杂的，是各种因素相互依存、相互制约的统一过程。因此，在使用信息时，必须实事求是，全面综合地运用所得到的信息。使用信息的目的，是及时发现企业经营活动中新情况、新问题，从中掌握经济活动的内在联系及规律性，促使企业不断提高管理水平和经济效益。

（六）信息反馈

所谓反馈，是指一个系统把信息传送出去，又将其作用结果的信号返送回来，并对信息的输出起到控制作用。市场营销信息反馈，是指市场营销决策的信息输出以后，将其结果返送回来，从而为控制和调整市场经营活动服务。利用信息反馈，建立灵敏高效的信息反馈系统，可以不断提高经营决策和编制计划的水平，同时在执行中采取强有力的调控措施，推动企业经营活动向既定的目标发展。

四、企业市场营销信息系统

市场营销信息系统是一个由人员、设备和程序组成的连续的互为影响的机构，它收集、挑选、分析、评估和分配恰当的、及时的和准确的信息，以供市场营销决策者作为决策的依据，改进其市场营销计划、执行和控制工作。市场营销信息系统包含三层意思：①它是人员、机器和计算机程序的复合体；②它提供恰当、及时和准确的信息；③它主要为市场营销决策者服务。市场营销信息系统是现代企业的中枢神经，使企业与外界保持紧密的联系，输入有关信息，为企业决策提供依据。

企业市场营销信息系统的含义和构成如图5－2所示。

图5－2中左边的方框，表示市场营销经理必须注意观察市场营销环境的变化情况。中间方框表示市场营销信息系统的组成要素。右边的方框表示从信息系统获得的信息流向市场营销经理，以帮助其对市场营销活动进行分析、计划、执行和控制。然后，市场营销经理的决策再反馈到外部环境中去。

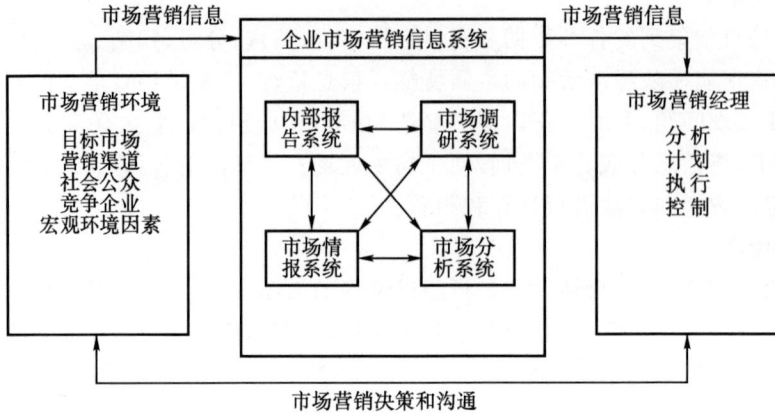

图 5-2　企业市场营销信息系统

企业市场营销信息系统由内部报告系统、市场情报系统、市场调研系统、市场分析系统组成。

（一）内部报告系统

内部报告系统是企业营销管理人员最初使用的信息系统，也是最基本的信息系统，以内部会计系统为主，也包括销售信息系统。它通常提供有关订货、销售成本、价格、成本、库存水平、现金流量、应收和应付账款等最新数据资料。企业营销管理人员通过分析这些信息资料，比较各项指标的计划和实施情况，就可发现市场机会和存在的问题。内部报告系统包括的核心要素有三个：①订单-收款系统；②销售信息系统；③数据库、数据仓库和数据挖掘。

（二）市场情报系统

市场情报系统是企业营销管理人获取市场环境变化的各种信息所采用的整体程序和过程。它为企业提供外部市场营销环境发展变化的最新信息、数据。获取市场情报的途径主要有：阅读书报和商业杂志；与企业外部顾客、生产者、供应商和其他社会公众交谈；进行专门的市场调研工作；观察竞争对手或分析市场现象；浏览各种商业网站；专访有关企业的管理和业务人员等。

（三）市场调研系统

市场调研系统是指企业重点收集、记录和分析有关商品和劳务的市场营销状况的数据资料，它主要调查收集与企业有关的特定市场的营销问题的信息，是一种专题调查并提出调研结论，以便解决特定问题的系统。这种调研，可以由独立的机构承担，也可以由企业或其代理人承担，以解决企业面临的实际问题。

（四）市场分析系统

市场分析系统是由一组用来分析市场营销资料与市场营销问题的高新技术所组成。这些技术与依靠直觉来处理资料的方法相比较，能够有更多的发现和更翔实的结论。市场营销分析系统的两个重要组成部分是统计库和模型库。前者为企业收集情报资料、分析资料；后者在研究分析的基础上，帮助企业决策者进行营销决策。市场分析系统如图 5-3 所示。

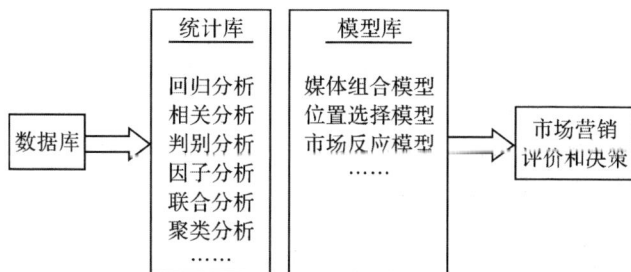

图 5-3　市场分析系统

第二节　市场营销调查方法

一、市场营销调查及作用

市场营销调查是指运用科学的方法,有系统有目的地搜集市场营销信息,记录、整理和分析市场情况,了解市场的现状及其发展趋势,为市场预测提供客观的、正确的资料。它是市场预测的基础和依据。

市场营销调查在企业经营管理中具有十分重要的作用,主要表现在以下几个方面。

(一)了解和认识市场的重要手段

市场营销调查是认识市场的历史、现状及其发展变化的重要手段。市场供求规律是受供应量和商品购买力两方面因素影响的。通过市场营销调查,一方面,可以了解工农业生产、商品库存、进出口及商品货源状况,掌握商品供应总量;另一方面,可以了解购买力、消费水平、消费结构及各种影响因素,掌握商品需求总量与需求结构。据此,制订企业的生产经营计划,并组织、实施生产过程。

(二)进行营销管理决策的基础

现代企业管理的重心在经营,经营的重点在决策。信息是企业经营管理决策的前提,也是经营管理的组成部分。只有通过市场营销调查收集准确、及时的市场营销信息,并进行科学的加工处理,才能做出正确的决策,减少经营失误,把风险降低至最小限度。

(三)调整和矫正计划执行情况的重要依据

通过市场营销调查收集市场营销信息,了解市场供求状况变化,可以检查企业的战略计划是否正确,在哪些方面还存在不足甚至失误,认识客观环境是否发生了变化,出现了哪些新问题和新情况,从而为企业管理人员提供修改或矫正计划的依据。

(四)改善营销管理的重要工具

在市场经济条件下,企业经营的好坏和经济效益的高低要通过市场来检验。市场营销调查是企业经营管理活动的出发点,也是了解和认识市场的一种有效方法。通过对市场供求、市场环境和消费者的调查,取得企业市场营销活动所需要的信息资料,就可以制定正确的市场营销策略,取得较好的经济效益。因此,搞好市场营销调查,对改善经营管理、提高经济效益具有重要的意义。

二、市场营销调查的内容

市场营销调查的内容是十分广泛的,它要取得的是过去和现在有关市场经济活动的各种数据资料和信息。其主要内容有以下几个方面。

(一)市场需求调查

满足市场需求是企业从事生产经营活动的根本目的,因此市场营销调查的首要内容,就是对市场需求进行调查。所谓市场需求调查,是指调查一定时期在企业负责经营或服务的范围内,有关人口的各种变化情况,居民生活水平的提高状况,社会经济发展状况和购买力的投向,购买者的爱好、习惯、需求构成的变化,对各类商品数量、质量、品种、规格、式样、价格等方面的要求及其发展趋势;调查配套商品和连带性商品以及其他商品之间,在客观上存在的需求比例关系或函数关系;调查消费者对产品售后服务方面的各种需求,了解社会集团购买力的需要、经济建设需要和外贸出口的需要;特别是要重视农村市场的需求及其发展变化的调查。

案例阅读

20世纪90年代初期,中国大陆有400多条方便面生产线,企业之间的竞争十分激烈。当时生产康师傅方便面的公司在台湾只是一家很不起眼的小企业。他们通过对公开媒体广告调查发现,大陆的方便面市场存在一个"需求空档",这就是大陆厂家大多生产的是低档方便面,而中高档方便面却无人生产,他们认为随着大陆经济的发展,人们生活水平的提高,对中高档方便面的需求必将越来越大。他们在调查中还发现,大陆厂家生产的方便面,不太注重品位与营养,也未能达到真正的"方便"。基于这次调查,他们决定以中高档产品为拳头产品打入大陆市场。目前,康师傅方便面已形成红烧牛肉面、翡翠鲜虾面、香菇炖鸡面、上汤排骨面、炸酱面、辣酱面等十几个品种,在中国方便面市场上占有主要地位。

　　　　　　　　　　——资料来源:21世纪经济报道,2000-11-11.

(二)生产情况调查

所谓生产情况调查,是指调查了解社会商品资源及其构成情况,如生产规模、生产结构、技术水平、新产品试制投产、生产力布局、生产成本、自然条件和自然资源等生产条件的现状和未来规划,并据此测算产品数量、产品结构及其发展变化趋势。与此同时,要特别重视农业生产情况的调查。农业生产状况如何直接影响到市场状况,农业发展了,市场就繁荣兴旺。许多农副产品既是城乡人民的生活资料,又是工业企业的生产资料。搞好这方面的调查,对于全面安排好城乡市场具有重要意义。因此,必须通过调查,掌握工农业生产状况及其发展变化,以及对市场的影响程度等。

(三)市场行情调查

所谓市场行情调查,是指具体调查各种商品在市场上的供求状况、库存结构、价格水平和市场竞争程度。也就是说,要考虑价值规律的作用,调查有关地区、有关企业、有关商品之间的差别和具体的供求关系。也就是调查对比有关地区、企业同类商品的生产、经营、成本、价格、利润以及资金周转等重要经济指标,以及它们的流转、销售情况和发展趋势等。

(四)营销环境调查

所谓营销环境调查,是指对影响企业营销活动的外部环境因素所进行的调查。

(1)政治法律环境因素的调查。该调查主要是了解党和国家的方针政策,政府有关经济的法令、条例,特别是有关经济立法对市场需求的影响。

(2)社会环境因素的调查。该调查主要是了解人口因素和收入因素两个方面。

(3)文化环境因素的调查。该调查主要是了解消费者的教育水平、宗教信仰、价值观、审美观等方面。

(4)竞争环境因素的调查。该调查主要是了解同类产品的生产能力、生产成本、销售渠道和营销策略等方面。

(五)营销组合策略调查

所谓营销组合策略调查,是指对企业营销可控因素包括产品策略、价格策略、分销渠道策略和促销策略所进行的调查。这些策略制定后,执行的效果怎样,也是市场营销调查中的一个重要内容。

(1)产品策略调查。该调查主要了解不同时期、不同地区的消费者对产品的特殊要求,了解产品所处的生命周期、产品的销售状况、用户对本企业产品的评价和态度,以便采取相应的产品策略。

(2)价格策略调查。该调查主要了解消费者对价格变动的反应,以及产品最适宜的销售价格,以便使企业制定最佳的价格策略。

(3)分销渠道策略调查。该调查主要了解销售网点的数量、规模、分布情况,商品的储存状况、批发和零售渠道、运输能力等,以便选择适当的分销渠道,扩大产品销售。

(4)促销策略调查。该调查主要了解人员和广告促销对消费者的影响程度、广告媒体的效果等,为企业制定和调整促销策略提供依据。

三、市场营销调查的基本程序

市场营销调查是一项复杂而又细致的工作,要有目的、有计划、有步骤地进行。其一般的程序如下。

(一)确定市场营销调查的目标

市场营销调查的目标,是指调查的主题,也就是指为什么要做调查,通过市场营销调查要了解哪些问题,调查的结果有什么用途。确定调查的主题,这是市场营销调查的第一步。如果调查主题不明确,或者目标不准,将使一切调查工作徒劳无益,造成浪费与损失。

(二)制订调查计划

调查计划是市场营销调查的行动纲领。调查计划的内容为调查目的、调查项目、调查方法、调查时间和费用等。

(三)现场实地调查

有了调查计划,就要根据计划,进行现场实地调查,这是市场营销调查中最重要的一环。在市场营销调查中,按调查范围的大小,可以分为典型调查、普遍调查和抽样调查三种形式。

(四)整理分析调查资料

通过市场营销调查得到的资料,一般都比较零乱、分散,还不能系统而集中地说明问题,因此要采用科学的方法,将搜集到的各种资料进行整理、分类、编辑、列表,加以分析研究。

(五)编写调查报告

在综合分析的基础上,要做出结论,提出建议,写成详细报告,供决策者参考。调查报告的内容包括:调查目的、调查对象和调查方法的说明;调查结果的描述和解决;调查分析的结论和建议;附上必要的调查统计图表。

四、市场营销调查的方法

市场营销调查的方法,是指市场营销调查人员在实施调查过程中搜集各种信息资料所采用的具体方式及工具。合理地选择市场营销调查方法,是市场营销调查中的重要环节。调查方法选得是否合适对调查结果有一定的影响。市场营销调查的常用方法有询问法、观察法、实验法及网络调研法。

(一)询问法

询问法是指调查者用被调查者愿意接受的方式向其提出问题,得到回答,获得所需要的信息资料。询问法是市场营销调查中最常用的一种方法,其中又可分为问卷调查法、面谈调查法、电话调查法。

1.问卷调查法

这种调查方式的基本做法是:根据调查目的,在制定好调查提纲的基础上,制定出简明易填的调查问卷,然后将设计好的问卷交给或邮寄给被调查者,请其自行填答后交回或寄回。这种方法的主要优点:①允许样本有广泛的分配地区;②答复者有较充裕的时间考虑;③成本比较低;④可避免调查人员在实际调查时所发生的偏差。其缺点有:①回收率通常偏低;②各地区的反应者比例不一,误差无法估计;③因无调查人员在场,被调查者可能误解问卷中问题的意义;④不适宜做问题较多的征询;⑤调查时间需要较长;⑥无法获得观察资料。

2.面谈调查法

这种调查方式的基本做法是:走出去或请进来,由调查人员直接与调查对象包括消费者个人或社会集团见面,当面询问,或举行座谈会,互相启发,从而了解历史与现状,搜集信息,取得信息数据。这种方法的主要优点:①可问较多的问题;②能得到邮寄或电话调查所无法得到的资料;③能在预期工作日程内完成访问;④能获得现场观察资料;⑤可以更精确地控制样本。其缺点是:①调查询问人员可能带有个人偏见;②大地区样本分布广,成本较高;③在选择样本时可能发生错误;④由于感到调查人员的调查方式欠佳,有些回答不够真实。

3.电话调查法

这种调查方式的基本做法是:调查人员根据抽样规定或样本范围用电话询问对方意见。其有两种基本方式:固定电话调查和移动电话调查。这种方法的主要优点:①可以迅速取得事件发生当时的情报;②经济、迅速;③不受调查人员在场的心里"压迫",被调查者可以畅所欲言。其主要缺点是:①无法利用照片图表;②观察资料无法获得;③样本仅限于电话用户;④调查深度无法做到;⑤无法控制不合作的对象,某些被调查者有时根本不回答问题就挂断电话。

(二)观察法

观察法是指调查人员在现场对调查对象进行直接观察记录,取得第一手资料的一种调查方法。这种调查方式的基本做法是:调查人员直接到市场,对被调查的现实情况和数量进行观察与记录,并辅之以照相、摄像、录音等手段,往往使被调查者并不感觉到正被调查。这种调查法的主要优点:①调查的结果比较真实可靠;②用仪器进行观察,比较客观。其主要缺点是:①只能观察被调查者的表面活动,不能了解其内在因素;②与询问法相比较,耗费的费用和时间较多;③调查结果是否正确,受调查人员的业务技术水平所制约。

(三)实验法

实验法是把调查对象置于一定的条件下,进行小规模的实验,通过观察分析,了解其发展趋势的一种调查方法。这种调查方法是从自然科学的实验室试验法借鉴来的。它用于在给定的试验条件下,在一定范围内观察经济现象中自变量与因变量之间的变动关系,并做出相应的分析判断,为企业预测和经营决策提供依据。这种调查方法的主要优点:①方法科学,可以有控制地分析观察某些市场变量之间是否存在着因果关系以及自变量的变动对因变量的影响程度;②可获得比较正确的情况和数据,作为预测和决策的可靠基础。其主要缺点是:①相同的实验条件不易选择;②变动因素不易掌握,实验结果不易比较;③实验时间较长,取得资料的速度慢,费用较高。

(四)网络调研法

互联网的发展为企业进行网络调研揩供了技术支持。网络调研突破了传统的调研方法在调研时间、地点、成本控制等方面的约束。企业的调研人员可以利用互联网调研平台开展市场调研活动。网络调研的主要方法有:①电子邮件问卷调研法,主要是通过电子邮件发放调查问卷,调研对象完成问卷返回。②专业调研网站,如"问卷星"平台被广泛地应用于各种营销调研及学术调研活动。③网络论坛调研,如小米的小米社区等。④即时通信工具调研,如可以通过QQ、微信进行问卷及访问调研。⑤大数据技术调研,利用大数据技术可以调研消费者现场购买的信息、购买率及行为观察等信息资料。

第三节　市场营销调查技术

一、问卷调查技术

(一)问卷设计

问卷是系统地记载需要调查问题和调查项目的表格。它是用来反映调查的具体内容,为调查人员询问和被调查人员回答提供依据,完成调查任务的一种重要的调查工具。

1. 问卷的构成

市场营销调查问卷通常由以下几个部分组成:①被调查者的基本情况,包括被调查者的姓名、性别、年龄、家庭人数、职业、工作单位等。列入这些项目,是便于对调查资料进行分类和整理。②调查内容,它是问卷中最主要的组成部分,是指所需要调查的具体问题项目。③问卷填写说明,包括填写目的、要求、调查项目的含义、调查时间以及注意事项等说明。④编号,有些问卷还必须编号,以便分类归档,或用电子计算机处理。

2. 问卷设计的步骤

问卷设计需要进行一系列深入细致的工作。其步骤为四步:①根据调查目的要求,拟定调查提纲。调查提纲是调查人员事先准备好的、要向被调查者提出的问题。这些问题的类型有是非题、选择题、问答题、顺位题和评定题等。②根据调查提纲的要求,确定问卷的形式,开列调查项目清单,编写提问的命题。③按照问卷各个构成部分的要求,设计问卷表格。④将初步设计的问卷,进行试验性调查,然后做必要的修改,以确定最终的问卷。

3. 问卷设计应注意的事项

(1)确定调查的问题与项目,把调查需要和是否可能结合起来考虑。

(2)调查提纲的拟定要根据调查内容和调查对象的不同特点,灵活运用。

(3)调查中使用的命题用语,要通俗易懂,简明扼要。

(4)问卷的排列格式,要清晰明朗,顺理成章,有助于被调查者回答问题。

(5)在问卷的设计过程中,要反复检查、修改,发现问题,及时纠正。

(二)询问调查技术

在市场营销调查中,不论是面谈或者问卷调查,都要求调查人员能够把调查询问的问题准确地传达给被调查对象,得到对方充分的合作,使其能如实地、明确无误地针对问题进行回答。因此,调查人员应根据不同的环境、不同的调查对象采用不同的询问方法。

市场营销调查中常用的一些询问技术有以下几种。

1.自由回答法

自由回答法,即由调查人员围绕调查主题提出问题,由被调查者自由回答,而不规定任何标准答案。例如:你对我公司的技术服务有什么意见吗? 您认为××牌智能手机的质量如何?

采用这种询问方式的优点是拟定问题不受拘束,回答问题不受限制,可以获得较为重要而真实的答复;缺点是获得的答案不够规范,五花八门,给资料的分析整理带来不便。

2.二项选择法

二项选择法,即提出的问题只允许在两个答案中选择其一,也称是非法、真伪法。例如:

您家中有淋浴器吗?　　　　　□有　　　□无

您用的牙膏是××牌吗?　　　□是　　　□否

这种方法的优点是回答简便,可以得到明确答案,使意见中立者明显地偏向一边;缺点是不能表示意见程度的差别。

3.多项选择法

多项选择法,即在问卷上列出多个可供选择的答案,供被调查者从中选择一项或数项。例如,您在选择智能手机时所考虑的主要因素是:

□(1)名牌产品; □(2)质量可靠; □(3)价格适宜; □(4)外形美观; □(5)维修方便。

这种方法可以避免是非题强制选择的缺点,统计也较方便。但备选的答案不宜过多,最好不要超过10个。

4.顺位法

顺位法,即在多项选择的基础上,由被调查者根据自己的认知程度,对所列答案排出先后顺序。例如,您在购买电视机时,对下列各条件的选择顺序如何,请编上顺序号。

□(1)图像清晰; □(2)音质好; □(3)外形美观; □(4)价格适当; □(5)知名品牌。

采用这种方法,答案不宜过多,顺位确定要依调查目的而定。

5.程度评定法

程度评定法又叫评判题法,要求被调查者表示自己对某个问题的认识程度。例如,您认为汽车是现代家庭生活的必要品吗?

□(1)很赞成; □(2)赞成; □(3)没意见; □(4)不赞成; □(5)很不赞成。

6.配对比较法

配对比较法又叫对比题法,是测量同类产品的各种不同牌子在被调查者心目中的地位的询问技术。例如:在下列 A、B、C 三种牌子的手机中,请比较左边或右边的哪个牌子的手机好,并在您认为好的□中打√。

□A 与□B　　　□B 与□C　　　□C 与□A

如果需要测量更细一些,还可以在两者之间,增加一些有关程度的评定标准。

下面是一份刊登在《人民日报》的全国空调器市场调查表的实例。

掌握信息　制定对策　开拓市场

近些年来,随着改革开放的进一步扩大,高新技术的广泛应用,我国空调器工业有了很大的发展。众多的空调器生产厂家,众多牌号的空调器,在激烈的市场竞争中大显风姿、各领风骚。但也应看到,我国空调器在质量、性能和售后服务方面,还存在一些需要正视的问题;在空调器的使用方面,还受到电力、资金等制约。

那么,我国空调器市场现状怎样? 消费者对不同牌子空调器的质量、性能、售后服务等方面评价如何? 不同地区、不同类型消费者对空调器有哪些消费倾向、偏好? 影响消费者购买行为的因素有哪些? 制约空调器迅速普及的原因又是什么？空调器市场的前景如何？为了帮助有志于开拓市场的空调器生产厂家了解和掌握上述市场信息,我们从今年开始进行全国空调器市场及消费者意见调查。

　　由于空调器使用者除了各行各业的一些工作单位以外,不少家庭也已使用。为了科学地收集数据,此次调查活动采用问卷普遍调查与人户专项产品调查相结合的方法进行。现将调查问卷及填答案要求、奖励办法刊登如下,欢迎广大读者填答。

全国空调市场调查二十问

　　1. A. 你单位有空调器吗？

　　①有　　②无

　　B. 你家有空调器吗？

　　①有　　②无

　　(A、B两问只能选答一题:无空调器者从第13题答起)

　　2. 若有空调器,牌子是:_____。

　　3. 空调器的结构形式是:_____。

　　①窗式　　②分体挂壁式　　③柜式

　　④"一带二"分体挂壁式　　⑤其他(填具体)

　　4. 购买日期是_____年_____月_____日。

　　5. 选购依据是什么(可选多项)？

　　①牌子名声　　②产品质量　　③别人介绍　　④价格适宜

　　⑤商场推荐　　⑥外观新颖　　⑦维修方便　　⑧功能完备

　　⑨其他_____

　　6. 空调器使用频率为:平均一年使用_____个月;约_____天;平均每天用约_____小时。

　　7. 空调器额定制冷量是_____瓦。

　　8. 空调器的制冷效果如何？

　　①很好　　②较好　　③一般　　④较差　　⑤很差

　　9. 空调器室内噪音的感觉如何？

　　①很大(影响四邻,无法忍受)　　②较大(不注意也能听出声音)

　　③不大(不注意听不出声音)　　④微弱(仔细听才能听出声音)

　　⑤无声

　　10. 空调器在工作中散发异味吗？

　　①有　　②无

　　11. A. 空调器出现过以下哪些故障(可选多项)？

　　①不制冷　　②不启动　　③噪音大　　④其他_____

　　B. 空调器买回至今维修过_____次;同一故障最多出现过_____次。

　　12. 对服务质量的评价。

　　A. 服务态度:

　　①主动上门服务　　②有问题及时解决　　③随便应付　　④不负责任

　　B. 信誉方面:

　　①说话算数　　②说话部分算数　　③言行不一　　④糊弄人

　　C. 维修技术:

　　①很高　　②较高　　③可以　　④较差　　⑤很差

　　13. 你单位或你家没有安装空调器的主要原因是什么？

　　①资金不足　　②电力限制　　③气候温和　　④其他_____

　　14. 你单位或你家近三年打算购买空调器吗？

　　①打算　　②不打算

15. 如打算购买,请接着回答以下问题。

A. 需要什么牌子?

①海尔　　②春兰　　③科龙　　④海信　　⑤美的　　⑥其他_____

B. 需要什么结构形式?

①窗式　　②分体挂壁式　　③"一带二"分体挂壁式　　④柜式　　⑤中央空调

⑥其他_____

C. 需要哪里的产品?

①国产　　②中外合资　　③进口组装　　④进口原装

D. 需要制冷量_____瓦。

E. 价格多少合适?

①2000元以下　　②2000～4000元　　③4000～6000元　　④6000～8000元　　⑤10000元以上

16. 你购买空调器注重哪些因素?(可选多项)

①牌子知名度　②产品质量　③企业形象　④结构形式

⑤维修条件　　⑥价格因素　⑦广告宣传　⑧其他_____

17. 你希望厂家(或商店)提供哪些服务?

①送货上门　　②免费安装　　③包修、包换、包退　　④上门维修　　⑤其他_____

18. 你家或你单位所在地。

①大城市　　②事业单位　　③小城市　　④集镇　　⑤农村

19. 你单位或你个人职业。

A. 单位类型:

①机关　　②事业单位　　③工商企业　　④部队　　⑤宾馆饭店

⑥文体活动场所　⑦其他_____

B. 个人职业:

①机关干部　　②管理人员　　③科研人员　　④公司职员　　⑤文化工作者

⑥教师　　⑦私营个体经营者　　⑧军人　　⑨工人　　⑩农民　　⑪其他_____

20. 你对我国空调器业发展有什么意见、建议?对厂家有什么表扬、批评、建议?(请另用纸写明)

填答人姓名 _____

地　　　址 _____

邮政编码 _____

填答问卷要求

一、本问卷单位和个人都可以填写。

二、在填答所问单位或个人栏目时,只能选择其中一项,若二者都要填答时,请各填写一份问卷。

三、除有说明外,每题只能选择一个答案,在选中的答案号上划√,在需要填写数字的地方填上数字。

四、本问卷复印有效。

二、抽样调查技术

调查资料最好用全面调查的方法,但全面调查花费的人、财、物巨大,调查周期较长,在企业市场营销调查中一般用的很少。抽样调查在市场营销调查中使用最为广泛,因为它能以省钱、省时、省力的方式得到与普遍调查相接近的结果。

所谓抽样调查,就是根据一定原则,从调查对象的总体(或称母体)中抽出一部分对象(或称样本)进行调查,从而推断总体情况的方法。采用抽样调查必须解决三个问题:一是合理确定抽样方法;二是合理确定样本的大小;三是判断抽样调查的误差。

　　抽样调查可分为随机抽样和非随机抽样两大类。随机抽样是指在总体中按随机原则抽取一定数量的样本进行调查观察,用所得的样本数据推断总体情况。非随机抽样是指不按随机原则,而是按调查者主观设定的某个标准,抽选样本单位。

(一)随机抽样的常用方法

1.简单随机抽样

　　简单随机抽样也称纯随机抽样,就是对总体单位不进行分组、排队,排除任何有目的的选择,完全按随机原则抽样选取调查单位。这是随机抽样中最简便的一种方法。在市场营销调查中,通常采用抽签法或随机数字表法抽选调查单位。前者是将总体中的每一个体逐一编上号码,然后随机抽取,直到抽足预先规定的样本数目为止;后者是利用预先编好的随机数字表来抽选样本单位。随机数字表是含有一系列组别的随机数字的表格。它是利用特别的摇码机器,在 0 到 9 的数字中,按照每组数字位数的要求,自动地随机摇出一定数目的号码编成,以备查用。

2.分类随机抽样

　　分类随机抽样也称分层随机抽样,就是将总体中所有单位按主要特性进行分类,然后在各类中再用随机抽样方式抽取样本单位。

3.分群随机抽样

　　分群随机抽样也称按群抽样,它是先将总体分为若干群体,再从各群体中随机抽取样本,其抽取的样本不是一个而是一群。这是企业市场营销调查中常采用的抽样方法。

(二)非随机抽样的常用方法

1.任意抽样

　　任意抽样也叫便利抽样,它是根据调查者的方便与否,随意抽选调查单位的一种抽样方法。例如,调查人员可以到商店营业现场任意选定一群顾客,向他们调查了解对产品质量和服务态度的意见。这种方法简便易行,调查费用也少。但抽取的样本偏差大,结果不够准确,因此在正式调查中已很少使用。

2.判断抽样

　　判断抽样也叫目的抽样,它是根据调查者的主观判断选择调查单位的一种抽样方法。

　　判断抽样有两种做法:一种是由专家判断决定所选样本,一般选取“多数型”或“平均型”的样本为调查单位。另一种是利用统计判断来选取样本,即利用调查对象(总体)的全面统计资料,按照一定标准,选取样本。这种方法能适应某些特殊需要,调查的回收率较高,但容易出现因主观判断失误而造成的抽样偏差。

3.配额抽样

　　配额抽样是在调查总体中按分类控制特性,先确定样本分配数额,然后由调查人员在规定的分配数额范围内,主观判断调查单位的一种抽样方式。配额抽样可分为独立控制和相互控制两种。前者是指只对某种特性的样本数目加以规定,而不规定必须同时具有两种特性或两种以上特性的样本数额;后者是指各种特性之间有连带关系,每个样本的数目都有所规定,并按特性配额所规定的样本数,制成一个交叉控制表。通过此表,调查人员能够确定如何分配,使抽选的样本满足各特性的配额。

三、电子商务调查技术

随着信息与网络技术的进步,网络作为一种有效的调查工具已经被许多企业所应用,从而在实践中发展出电子商务调查技术。与传统调查技术比较,电子商务调查技术具有覆盖面广、调查周期短、节省费用、针对性强、不受时空限制等特点。电子商务调研主要有以下新方法。

(一)计算机辅助电话调研

计算机辅助电话调研(computer assisted telephone interviewing,CATI)是访问员坐在计算机个人电脑前,采用计算机自动拨号系统随机拨号,访问员通过键盘或被访者通过电话按键将数据即时录入计算机的一种调研方式。它又可以分为辅助人工调研、人工与自动切换调研、全自动电话语音调研。

(1)辅助人工调研是访问员直接读出屏幕上显示的问题,被访者将他对封闭问题的选择或对开放问题的回答直接告诉访问员,由访问员来完成选择、录入文字或录音的工作;访问员也可以选择电脑播题来代替人工读题。

(2)人工与自动切换调研是在用上面的方式调研时,访问可以在一份问卷的调研过程中,让被访者直接按电话键来回答部分题目,在此过程中,电脑播放题目语音,访问员可听到题目语音和被访者答题的声音,在一份问卷的调研过程中可以灵活地来回切换。

(3)全自动电话语音调研是只要将相关调研项目的样本框设计好,系统在指定时间内自动选号、拨号,循环播放题目语音,自动接收被访者的按键回答,整个过程完全由电脑来控制。

计算机辅助电话调研方式最早产生于美国,经过几十年的发展,已经形成完整的理论体系和成熟的技术规范。随着我国电话的日益普及,该技术开始得到广泛的应用,并且随着研究的深入,中国本土化的 CATI 系统也应运而生。

该方法的特点在于访问过程中计算机屏幕上每次只出现一个问题,可以避免其他问题的干扰;计算机会根据答案自动跳到一个相关问题上去,减少了访问员的误差;在数据录入的同时完成数据自动清理,具有超强的访问过程质量控制的能力;同时还具有电脑播题、自动录音的功能,便于对开放性问题的处理。

(二)专题讨论法

专题讨论法主要是通过 Usenet 新闻组、微信、社区、电子公告牌(BBS)或邮件列表讨论组来进行的。它在相应的讨论组中发布调研主题,邀请访问者参与讨论;或是将分散在不同地域的被访者通过因特网视讯会议功能虚拟地组织起来,在主持人的引导下进行讨论。专题讨论法是一种定性调研,实际上是传统调研中小组座谈法在电子商务环境下的应用。

采用专题讨论法时,首先,要确定调研的目标市场;其次,要识别目标市场中加以调研的讨论组;再次,确定可以讨论或准备讨论的具体话题;最后,登录相应的讨论组,通过过滤系统发现有用的信息,或创建新的话题,让大家讨论,从而获得有用的信息。

专题讨论法目标市场的确定可根据 Usenet 新闻组、BBS 讨论组或邮件列表讨论组的分层话题选择,也可向讨论组的参与者查询其他相关名录。同时,还应注意查阅讨论组上的FAQs(常见问题),以便确定能否根据名录来进行市场调研。

第四节　市场需求测定与预测

一、市场需求测定的含义

　　需求测定是市场需求量的定性估计,是企业营销分析活动的重要一环。对于任何企业来讲,当它将要开发一种新产品或向新的市场区域扩展时,都应事先分析如下问题:是否存在该产品的需求? 需求程度能否给企业带来所期望的利益? 新的市场规模是否足够大? 需求发展的未来趋势及其状态如何? 影响需求的因素有哪些?

　　从本质上讲,需求测定是一种估计性工作,面临一系列不确定的因素,因此预测在需求测定中占有十分重要的地位。对于企业需求测定活动的内容,可以用图 5-4 加以说明。

　　图 5-4 概括标明了需求测定的典型内容。图中从六个不同的产品层次、五个不同的空间层次和四个不同的时间层次展示了需要测定的 120 种需求(6×5×4＝120)。

　　企业之所以要进行各种不同的需求测定,主要是因为它可以帮助企业实现三种重要的管理职能:一是市场机会的分析。每一个企业都必须在许多市场或子市场中选择目标市场,制定市场营销方案,而通过对各市场及子市场的定量定性需求测定,就可以发现各市场的估计需求量以及获利能力,从而有助

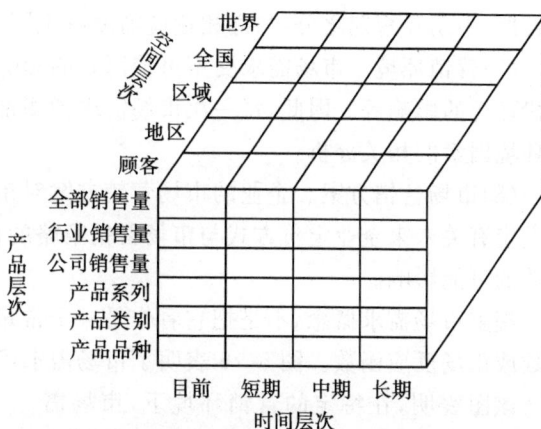

图 5-4　市场需求测定的内容

于企业进行市场细分及目标市场的选择;同时,还可以对产品特征做进一步的分析,了解顾客的心理倾向,以此作为发现产品机会的依据。二是营销计划的制订。一旦企业选定了目标市场,就必须慎重地制订市场营销计划和短期决策,把有限的资源分配到各种竞争性用途上,并做好时间上的安排;此外,企业还必须制定资本设备和资金增长比率的长期决策,这两种决策都需要有定量定性的需求估计。三是市场营销效益的管理。企业通过管理控制为目的而进行的需求测定,就可以了解企业实际经营效益的状况,以便采取相应的营销对策。综上所述,市场需求测定在企业营销分析、计划控制活动中发挥着十分重要的作用。

二、市场需求测定的主要内容

(一)市场需求

　　所谓某产品的市场需求通常是指在一定的市场营销方案下,在特定地区、特定时间、特定营销环境中的特定消费者群的购买总量。

　　市场需求的定义包括以下八个要素。

　　(1)产品。测定市场需求时,必须先对产品加以定义。由于产品的范围是广泛的,而且同一种产品在实际需求上往往存在着多种差异,如消费者对电视机产品就有着规格、功能、档次等方面不同的使用要求,因而企业进行需求测定时,应明确规定产品的范围。

（2）总量。它通常直接标明了需求的规模。市场需求总量可以用实体数量、销售金额或两者兼用来测定，例如汽车轮胎的市场需求测定可以用"100 万个"或"1 亿元"来表示。此外，市场需求也可以用相对数来表示，如某国汽车轮胎的市场需求，可用其占世界总需求的百分数来表示。

（3）购买。在测定市场需求量时，必须限定购买的含义，显而易见，市场需求必须通过消费者的购买行为才能表现出来，所以正确理解购买行为十分重要。

（4）消费者群。市场细分原理揭示了消费者需求的差异性，因而在对市场需求加以测定时，要注意分别对不同细分市场的需求加以确定，而不仅仅是测定整个市场的总需求。

（5）地理区域。市场需求测定应有一定地理上的界限。在一个地域较广的国家里，不同区域客观上存在着差异，消费者通常因这种地理性的差异而呈现需求的差异性。对此，在进行市场需求测定时必须以明确的地理区域为基础。

（6）时间期限。市场需求的测定应有一个明确而固定的时间期限。企业的营销计划一般有长期、中期及短期之分，与之相适应需要有不同期限的需求测定。

（7）营销环境。市场需求受不可控因素的影响，如经济状况的变动、技术因素的制约、政治法律环境的影响等。因此，每一次市场需求预测都应明确列出有关环境因素的假设，注意对有关环境因素的相关分析。

（8）市场营销方案。企业的市场营销方案对市场需求影响很大，所以预测市场需求时，必须设定有关未来企业定价方式与市场营销策略的假设，考虑企业自身的营销方案对市场需求变动的可能影响。

理解市场需求概念，不是把它看作是一个常量，而是看作一个函数，我们称之为市场需求函数或市场反应函数。图 5-5 表明了市场需求函数的性质。

该图表明，在特定的营销环境下，市场需求是市场营销费用的函数。在不支出任何营销费用时，需求表现为一个基础值（最低市场需求 Q_1）。随着营销费用增加，需求量将出现递增；但当营销费用达到一定水平后，再增加营销费用也不会刺激需求的进一步上升，此时，市场需求已达到某一上限（市场潜量 Q_2）。

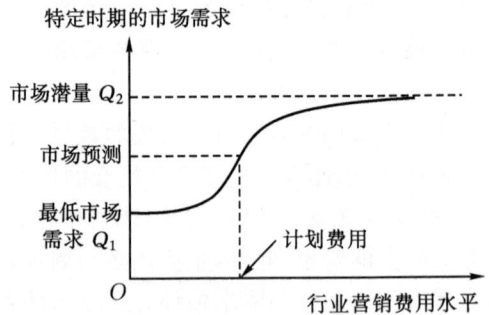

图 5-5　市场需求函数

需要指出的是，市场需求函数并不是一个随时间变化而变化的市场需求曲线，即无法说明时间对市场需求的影响，而是与市场营销费用水平息息相关的市场需求的预测。市场需求曲线只是表明目前市场营销费用水平与当期需求预测的关系。

（二）市场潜量

市场潜量是指在某种特定的营销环境下，随着行业市场营销活动的强化及不懈努力，市场需求所能达到的最大极限。换言之，市场潜量是指理想状态下，市场得以充分开拓，可能导致的市场销售总量。

在这个概念中，"特定环境"这一点十分重要，因为它最终决定着市场潜量。例如，在经济繁荣时期与经济萧条时期这两种不同环境下，市场需求的差异是极其明显的，通常在前者条件下比在后者条件下市场潜量要大得多。

（三）企业需求

企业需求是指某企业在市场需求中所占的份额,用数学公式表示为:

$$Q_i = S_i Q$$

式中　Q_i——企业需求量;

　　　S_i——企业的市场占有率;

　　　Q——市场需求总量。

与市场需求一样,企业需求也是一个函数,而不是一个固定的数量,我们把它称为企业需求函数或销售量反应函数。可见,企业需求量的大小不仅要受市场需求总量的影响,而且还要受企业市场占有率的影响。在通常情况下,影响企业市场占有率的主要因素有市场营销费用、市场营销组合、市场营销效益,以及市场营销弹性等。

（四）企业潜量

企业潜量是指当企业的市场营销费用超过竞争者时,企业需求所能达到的销售极限。当然,企业需求的最高限度就是市场潜量。也就是说,如果某企业完全垄断了市场,其销售潜量与市场潜量必然相等。在通常情况下,即使企业的营销费用远远超过竞争者,企业销售潜量还是低于市场潜量。其原因是几乎每个竞争者都拥有一批忠诚的购买者,其他公司无法利用市场营销努力来改变他们的购买偏好。

三、目前市场需求的测定方法

（一）全部市场潜量的测定方法

全部市场潜量是指在特定时间、特定行业的市场营销费用及特定环境下,该行业内所有企业可能达到的最大销售量或最高销售额。

测定全部市场潜量的常用公式是:

$$Q = nqp$$

式中　Q——全部市场潜量;

　　　n——假定条件下特定产品或市场的购买者数量;

　　　q——每个购买者的平均购买量;

　　　p——单位产品的平均价格。

在以上公式中,最难估算的因素是 n。一般的做法是先从总人口着手,从中排除那些显然不会进行购买的人,然后再进一步对剩余的可能购买者进行分析。进行这种分析,虽然有时要从不同角度综合分析,但常常以某一两个方面为主,如对消费者的社会文化特性、收入水平等进行分析,然后从中再进一步剔除,最后剩下那些最可能的购买者。

对全部市场潜量的估算,有时还采用"上加法"。所谓上加法,即先估计各细分市场的需求潜量,然后将其汇总,得出全部市场潜量。

测定全部市场潜量,对于企业正确制定推出新产品或撤回旧产品的决策具有重要意义。当企业面临是推出某种新产品还是撤回某种旧产品时,必须分析市场潜量是否足够大,如果市场潜量太小,则不必冒亏损的风险,可以将资源用于其他用途。因此,对全部市场潜量的估算就成为企业相当重要的工作。

（二）区域市场潜量的测定方法

每个企业都希望选择比较理想的区域市场,同时有效地在区域间分配营销预算,评估营销效果,因而必须测定不同地区的市场潜量。通常有两种方法可供采用:一个是市场累加法,主要应用于生产和经营生产资料的企业;另一个是购买力指数法,主要适用于生产和经营消费品的企业。

1. 市场累加法

运用这种方法,必须首先确认每个市场可能购买该产品的消费者及其数量,然后将每个消费者可能购买的数量累加起来。若用公式表示,则为:

$$Q_y = Q_1y + Q_2y + Q_3y + \cdots + Q_iy + \cdots + Q_ny$$

式中　Q_y——y 市场的市场潜量;

　　　　Q_iy——y 市场中 i 个消费者的可能购买量;

　　　　Q_ny——y 市场中 n 个消费者的可能购买量。

如果能够列出所有可能的购买者,并准确估计其购买数量,则该方法十分简便。但在实际中,这些资料较难获得,因此需要营销人员做大量艰苦而细致的信息收集工作。

2. 购买力指数法

运用这种方法,必须将影响某产品销售的每一相关因素分别给予一个特定权数,然后加以综合计算。若用公式表示,则为:

$$B_i = 0.5y_i + 0.3r_i + 0.2P_i$$

式中　B_i——i 地区占全国购买力的百分比;

　　　　y_i——i 地区个人可支配收入占全国的百分比;

　　　　r_i——i 地区占全国零售总额的百分比;

　　　　P_i——i 地区占全国人口的百分比。

公式中的三个系数是对应于三个因素的权数。由权数大小可知,可支配收入是影响购买力的最重要因素,其次是零售额,再次是人口比例。必须指出的是,式中三个系数是依据一定时期各国的实际情况而测定的。对我们来讲,这仅仅是一种参考性的公式。

四、未来市场需求的预测方法

所谓市场需求预测,是在市场营销调查的基础上,运用科学的方法和手段,测算未来一定时期内市场的需求变化及其发展趋势,从而为企业正确决策提供依据。

市场需求预测的方法多种多样,有的是对市场需求进行粗略的估计,有的是比较精确的计算,这些预测方法可以概括为定性预测和定量预测两大类。针对我国企业的经营管理水平和特点,下面介绍几种最基本、最常用的方法。

(一)定性预测方法

所谓定性预测,是指预测人员凭借自己的经验和分析能力,通过对影响市场变化的各种因素的分析、判断和推理来预测市场需求的未来变动趋势。这种方法的优点是时间快、费用低、简便易行,不需要进行复杂的运算就可得出预测结果;不足之处主要是受预测人员主观因素的影响较大,往往带有一定的片面性。这类方法主要有以下几种。

1. 经验判断法

经验判断法主要是依靠预测人员的经验和判断能力做出预测。由于这种方法简便易行、省时省力,在实际工作中应用较广。经验判断法包括:①经理人员判断法,指企业负责人在计划、调研、财务、销售等有关部门提供的信息资料的基础上,根据市场变化的规律和企业营销状况,凭借个人主观经验,对市场需求变化趋势及所经营的商品销售量做出判断和估计。②业务人员判断法,指企业销售负责人在综合推销员、售货员、送货员等对市场状况的看法的基础上,对商品销售做出的预测。③综合判断法,指企业根据经理人员和业务人员的预测意见,经过综合分析后,对市场需求变动趋势做出的预测结论。其具体做法,一般是先分别征询经理人员与业务人员的预测数值,然后采用算术平均法或加权平均法计算出综合的预测值。

2.专家意见法

专家意见法又称为德尔菲法,是由美国兰德公司在 20 世纪 40 年代末期提出来的。这种方法主要是利用有关方面专家的专业知识和对市场变化的敏感洞察力,在对过去发生的事件和历史信息资料进行综合分析的基础上得出预测结论。按照这种方法的程序,须请有关专家以匿名方式对预测项目做出答复,然后把这些答案综合整理,再反馈给这些专家,将所得的意见再次反馈,如此反复多次,直到得出趋于一致的结论,以代表多数专家的意见。这种方法的优点是专家们以匿名方式无约束地发表意见,能够避免别人尤其是权威人士意见的影响,反映各位专家的真实看法,得出较为可靠的预测;缺点是该方法要经过多次的征询与反馈,程序繁杂,时间较长,不利于及时做出预测。

3.购买者意向调查法

这种方法是对购买者进行周期性的意向调查,从中获得信息并综合进行"消费者意向量度",进而预测出消费者的购买意向的主要变动。这种方法的原理在于:由于只有潜在的购买者最清楚自己将来想要购买的商品种类及数量,因而可以提供的信息理应是可靠的。一般而言,用购买者意向调查法来预测未来需求,其准确性以用于工业品较高,用于耐用消费品次之,用于一般消费品最低。其具体做法主要是用"随机抽样"中的简单随机抽样、分类随机抽样,或"非随机抽样"中的判断抽样来选择调查对象,用询问法作为调查手段。

4.类推法

类推法一般是根据个人的直感,在对当前市场做进一步观察的基础上,运用较为合乎逻辑的推理判断,对未来市场的变化做出预测。类推法可分为相关类推和对比类推两种。相关类推是从已知相关的各种市场因素之间的变化来推断预测目标的变动趋势,对比类推是把预测目标同其他事物加以对比分析来推断其未来发展趋势。

5.主观概率法

主观概率法是指企业有关业务人员在缺乏大量市场资料的情况下,根据自己的经验和判断能力,对未来市场可能的变化趋势做出自己认为合理的概率估计。这种方法是带有某种定量成分的定性预测方法,应用简便易行,成本较低,但往往与实际误差较大,适宜于在时间紧张的情况下对市场行情做出预测。

(二)定量预测方法

所谓定量预测,是指根据已掌握的大量信息资料,运用统计方法或数学模型,进行定量分析或图解,对未来的市场需求趋势做出预测。这类方法的优点是比较客观、可靠,科学性较强,准确性较大,用途较广。其不足之处是,对市场上某些经济活动的动向或政治因素较难进行有效的预测,需要详细的资料数据,要具备一定的数学、统计知识。这类方法常用的主要有以下几种。

1.简单平均法

简单平均法又称算术平均法,是将过去各个时期的观察值进行算术平均,所得平均值作为下一期的预测值。其计算公式为:

$$\overline{X} = \frac{X_1 + X_2 + X_3 + \cdots + X_n}{N} = \frac{\sum_{i=1}^{n} X_i}{N}$$

式中　$\overline{X}$——平均值,也即预测值;

　　　　X_i——第 i 期的观察值($i=1,2,\cdots,n$);

　　　　N——时期数。

【例如】某公司已知本年度 1—6 月份某种商品实际销售量如表 5-1 所示,要求预测 7 月份销售量。

表 5-1　某种商品销售量

月　份	1	2	3	4	5	6
销售量/吨	846	690	869	770	827	725

7 月份的销售量预测值为:

$$X_7 = \overline{X} = \frac{846 + 690 + 869 + 770 + 827 + 725}{6} \approx 788(\text{吨})$$

简单平均法的优点是简单快捷,但是这种方法对于数值采用了简单平均的方法,得到的结果不够准确,特别是对有明显季节变动和长期增减趋势变动的预测,其精确度较低。

2. 移动平均法

移动平均法又称算术移动平均法,是将预测期以前的若干时期的观察数据相加,求其平均值,然后在时间上往后移动,作为对下一期的预测。其计算公式为:

$$M_t = \frac{X_t + X_{t-1} + X_{t-2} + \cdots + X_{t-n+1}}{n}$$

式中　M_t——t 时期的移动平均数;

　　　　X_i——i 时期的观察值($i=t,t-1,\cdots,t-n+1$);

　　　　n——移动期数。

【例如】仍举上例,要求预测 7、8、9 月的销售量,假设四个月移动一次。

7 月份的销售预测值:

$$M_7 = \frac{869 + 770 + 827 + 725}{4} \approx 798(\text{吨})$$

8 月份的销售预测值:

$$M_8 = \frac{770 + 827 + 725 + 798}{4} \approx 780(\text{吨})$$

9 月份的销售预测值:

$$M_9 = \frac{827 + 725 + 798 + 780}{4} \approx 783(\text{吨})$$

移动平均的特点与简单平均法相似。

3. 加权平均法

加权平均法是指将各个时期的观察资料,按其近期和远期的影响程度,分别给予不同的权数,进行加权求出的平均值。一般来说,近期因素比远期因素更接近于未来,因此,由远而近,逐期增大权数,以加强近期的影响程度。其计算公式为:

$$W = \frac{f_1 X_1 + f_2 X_2 + \cdots + f_n X_n}{f_1 + f_2 + \cdots + f_n} = \frac{\sum_{i=1}^{n} f_i X_i}{\sum_{i=1}^{n} f_i}$$

式中　W——预测值(加权平均值)；

　　　X_i——第 i 期的观察值($i = 1, 2, \cdots, n$)；

　　　f_i——第 i 期的对应权数($i = 1, 2, \cdots, n$)。

【例如】仍举上例，求 7 月份的销售预测值(1—6 月份各月的对应权数依次为 1、2、3、4、5、6)。

7 月份的销售预测值：

$$W = \frac{1 \times 846 + 2 \times 690 + 3 \times 869 + 4 \times 770 + 5 \times 827 + 6 \times 725}{1 + 2 + 3 + 4 + 5 + 6} \approx 781(吨)$$

这种方法较之简单平均法有所进步，能够较准确地反映实际销售量，但由于权数是有关人士主观所决定的，难免出现误差。

4. 指数平滑法

指数平滑法又称滑动平均法，是根据历史资料和数据，用指数加权的办法来进行移动平均的。因此，它实质上是一种加权移动平均法，由于加权数是以指数形式进行的，所以指数平均滑法就因此取名。

指数平滑法所取指数 a(即平滑系数)，是在大于零小于 1 之间的小数(即取值范围为 $0 < a < 1$)。指数 a 值的大小，一般应根据实际情况和经验来确定。如近期状况对未来的影响大，则指数 a 可取值大些。指数 a 值确定后，就可以用指数平滑法求出预测值。

指数平滑法的计算公式为：

$$y_t = a x_{t-1} + (1 - a) y_{t-1}$$

式中　y_t——本期预测值；

　　　a——指数，即平滑系数；

　　　x_{t-1}——上期实际观察值；

　　　y_{t-1}——上期预测值。

【例如】某企业 5 月份销售额原来预测值是 100000 元，而销售实际为 104000 元。那么，6 月份销售额预测值应为多少？

如考虑上月(5 月)销售额预测值的比重占 90%，上月(5 月)销售额实际的比重占 10%，则取指数 $a = 0.1$。

6 月份销售额预测值为：

$$y_t = 0.1 \times 104000 + (1 - 0.1) \times 100000 = 100400(元)$$

从以上计算可知，指数 a 值越小，作用缓慢减弱，预测值趋向平滑。相反，指数 a 值越大，则变化较大。

5. 回归分析预测法

回归分析预测法，简称回归法，它是通过研究已知数据资料，从中找出这些数据资料演变规律的一种数量统计方法。回归预测法根据变量的多少，可分为一元线性回归法、多元线性回归法和非线性回归法三种。一元线性回归是处理两个变量之间线性关系的一种预测方法，它简单易行，用途较广。多元线性回归是进行多因素分析的重要方法。非线性回归是当资料数据呈曲线形状而不是直线时,所采用的预测方法。下面着重介绍一元线性回归法(亦称直线趋势图)。

一元线性回归法的预测模型(公式)为:

$$y = a + bx$$

式中　y ——预测值(因变量);

　　　x ——影响因素(自变量);

　　　a ——直线在 y 轴上的截距;

　　　b ——回归系数(直线斜率)。

【例如】根据某地区人均年收入与某种耐用消费品 2015—2019 年销售统计资料(见表 5-2),要求预测该种商品 2020 年的销售量。

表 5-2　2015—2019 年某种耐用消费品销售统计表

年度	2015	2016	2017	2018	2019	合计
人均年收入/千元	3	4	5	6	7	25
某种耐用消费品销售量/万件	8	10	9	13	15	55

在实际工作中,计算 a、b 值的方法主要有三种。

方法之一:

解联立方程组　$\begin{cases} \sum y = na + b\sum x \\ \sum xy = a\sum x + b\sum x^2 \end{cases}$

根据上述资料,运用表格计算,如表 5-3 所示,结果如下:

$\sum x = 25, \sum y = 55, \sum xy = 292, \sum x^2 = 135, n = 5$

将上表资料代入方程组:

$\begin{cases} 55 = 5a + 25b \\ 292 = 25a + 135b \end{cases}$

解方程组得:$a = 2.5, b = 1.7$

表 5-3　某种耐用消费品销售统计

年度	人均年收入/千元	某种耐用消费售量/万件	计算值	
			xy	x^2
2015	3	8	24	9
2016	4	10	40	16
2017	5	9	45	25
2018	6	13	78	36
2019	7	15	105	49
合计($\sum$)	25	55	292	135

方法之二:

用公式　$b = \dfrac{\sum xy - \bar{x}\sum y}{\sum x^2 - \bar{x}\sum x}$

$$a = \bar{y} - b\bar{x}$$

$\bar{x}$ 代表人均年收入额，$\bar{y}$ 代表某种耐用消费品年均销售量。

此例中：$\bar{x} = \dfrac{25}{5} = 5$，$\bar{y} = \dfrac{55}{5} = 11$

将上述数字代入公式：

$$b = \frac{292 - 5 \times 55}{135 - 5 \times 25} = 1.7$$

$$a = 11 - 1.7 \times 5 = 2.5$$

方法之三：

用公式　　　$b = \dfrac{\sum (x - \bar{x})y}{\sum (x - \bar{x})^2}$　　　　$a = \bar{y} - b\bar{x}$

根据上述资料，运用表格计算，如表 5-4 所示，结果如下：

$$\sum (x - \bar{x})y = 17, \quad \sum (x - \bar{x})^2 = 10$$

将以上数字代入公式：

$$b = \frac{17}{10} = 1.7 \qquad a = 11 - 1.7 \times 5 = 2.5$$

表 5-4　2015—2019 年某种耐用消费品销售统计数值计算

n	x	y	$x - \bar{x}$	$(x - \bar{x})^2$	$(x - \bar{x})y$
1	3	8	-2	4	-16
2	4	10	-1	1	-10
3	5	9	0	0	0
4	6	13	1	1	13
5	7	15	2	4	30
	$\sum 25$	$\sum 55$	$\sum 0$	$\sum 10$	$\sum 17$

以上三种计算方法，均表示 x 与 y 之间相关关系的预测。其线性方程为：

$$y = 2.5 + 1.7x$$

当某地区人均年收入达 8000 元时，则该地区某种耐用消费品年销售量的预测值为：

$$y = 2.5 + 1.7 \times 8 = 16.1(万件)$$

以上介绍的仅是市场预测中的一些常用方法。在实际运用中，要想取得较为符合实际的预测结果，往往把各种有效的预测方法结合起来使用，从而达到预测期的目标。

关键概念

市场营销信息　市场营销调查　市场潜量　企业潜量　市场需求预测　定性预测
定量预测　观察法　实验法

复习思考题

1.什么是市场营销信息？它如何进行分类？

2.市场营销信息的工作程序有哪些？

3.何谓企业市场营销信息系统？其结构如何？

4.什么叫市场营销调查？包括哪些内容？

5.掌握市场营销调查的方法有哪些？

6.如何掌握市场调查技术和正确设计调查表？

7.试述市场需求测定的基本概念。

8.市场需求测定的方法有哪些？

9.试述定性、定量预测方法。

案例分析

乔布斯之误：顾客真不知道自己想要什么吗？

作为科技史上最伟大的创新者和富有远见的商业天才，苹果公司联合创始人史蒂夫·乔布斯(Steve Jobs)有一句名言："顾客不知道自己想要什么(People don't know what they want)。"

1.事实果真如此吗？

对于很多创新的产品类别，这句话或许是对的。顾客并不知道如何创新。在电灯、电话、火车、汽车、飞机、计算机等发明诞生之前，大多数人不会想要这些产品，因为这些产品还不存在。因此，福特汽车创始人亨利·福特(Henry Ford)曾经说过："如果我问顾客想要什么，他们可能会说自己想要一匹快马。"

然而，创新的产品类别毕竟只是商业活动里的极小部分。在每一次创新的产品类别诞生之后，竞争产品将会大量涌现。这个时候，决定企业胜负的将是顾客的选择。因此，如果企业只重视创新而忽视顾客，就可能犯严重的错误。换句话说，一家企业如果只重视创新而忽视营销调研的话，这些创新技术可能根本找不到顾客，企业也就无法发展。

2.乔布斯职业生涯之误一：Lisa 电脑和 Mac 电脑

1983 年，苹果公司推出 Lisa 这一具有划时代意义的电脑(以乔布斯女儿的名字 Lisa 命名)。它具有 16 位的 CPU、鼠标、硬盘，以及支持图形用户界面和多任务的操作系统，并且随机捆绑了 7 个商用软件。然而，由于过于昂贵的价格和缺少软件开发商的支持，苹果的 Lisa 电脑并没有获得成功，而是很快被终止。1984 年，苹果公司推出了 Mac 电脑并获得了世人的瞩目。1985 年，在 Mac 电脑诞生一年之后，乔布斯在接受《花花公子》杂志的采访时直言："我们是为自己制作(Mac)，我们自己决定这个产品到底好不好，不会出去做市场调查。"然而，好景不长，乔布斯和苹果公司很快因为忽视顾客和市场而吃了苦头。1985 年，微软公司发布了 Windows 图形界面操作系统。尽管 Mac 电脑具有比微软 Windows 更领先的图形界面，但却因为高价格和兼容性问题，很快在个人电脑大战中败下阵来。乔布斯也因为这一失败被迫于 1985 年离开他亲手创办的苹果公司。而微软的 Windows 操作系统则在之后的数十年里一直占据市场统治地位，直到今天仍然拥有大约 90% 的全球市场份额。

3.乔布斯职业生涯之误二：拒绝推出小屏幕 iPad

1997 年，乔布斯重返危机中的苹果公司，并在 2000 年起成为正式 CEO，带领苹果辉煌的 iPod、iPhone、iPad 时代的到来。然而，即使在他辉煌的职业生涯后期，乔布斯及其带领的苹果公司仍然因为忽视顾客反馈、忽视市场调查,从而再次犯下若干严重错误。这些错误导致苹果公司丧失大量市场份额,甚至损失了高达千亿美元的市值。

2010 年,苹果公司推出 iPad 平板电脑,并获得了巨大的赞誉和市场成功。然而,iPad 并非没有缺点。对于很多商务人士而言,iPad 因为缺少键盘、外接口、办公软件等而无法取代笔记本。同时,由于 iPad 配有一个 10 英寸的屏幕,机身较重。对于希望在出差途中用 iPad 浏览网页或进行影音游戏等消遣活动的商旅人士来说,旅行中既要带笔记本,又要带 iPad,就有些让人不堪重负。因此,在 iPad 发布之后不久,就有很多顾客向苹果公司反馈,希望苹果公司推出一款小尺寸的 iPad,以便顾客携带和旅行。但乔布斯对消费者的抱怨不以为意。乔布斯和苹果公司忽视了部分消费者对 7 英寸平板电脑的强烈需求,竞争对手自然会乘虚而入。三星、谷歌、亚马逊等厂商纷纷开始进入平板电脑市场,并主要聚焦在 7 英寸平板细分市场。2010 年 9 月,三星推出第一款 7 英寸平板电脑 Galaxy Tab。由于三星的这款 7 英寸平板电脑重量只有 iPad 的一半,并且支持 Adobe Flash 等苹果 iPad 不支持的功能,其一上市就获得了市场的热烈好评,一周之内销量就高达 60 万台,让一直被苹果打压的三星终于也扬眉吐气。忽视顾客反馈和对 7 英寸平板电脑的强烈市场需求,乔布斯的这一错误导致苹果公司丧失大量市场份额。一直到 2011 年 10 月乔布斯去世,苹果仍然没有推出 7 英寸平板电脑。

根据市场调研公司 HS 发布的报告,三星、亚马逊、巴诺三家厂商在 2011 年就拿下全球平板电脑约 20% 的市场份额,总出货量约 1300 多万台。而随着竞争对手在小尺寸平板市场上的突进,苹果 iPad 的市场份额持续被侵蚀。根据 BI Intelligence 的调查结果,苹果 iPad 的市场份额已从 2010 年第二季度的超过 90%一直降至 2013 年第二季度的 28%。乔布斯在 7 英寸平板电脑市场上的这一错误决定,一直到其去世一年之后才在其继任者的手里得到了纠正。2012 年 10 月,苹果公司新任 CEO 蒂姆·库克(Tim Cook)宣布推出 7 英寸屏幕的 iPad mini。这款产品一经问世,就立刻成为苹果所有平板电脑中最受欢迎的产品。

——资料来源:http://tech.163.com/14/0814/13/A3K3OMQG000915BD.html,2014 - 08 - 14.

问题讨论:

1.乔布斯曾表示"消费者并不知道自己需要什么,直到我们拿出自己的产品,他们就发现,这是我要的东西"。他的成功证明他的想法是正确的。但一个成功的产品一定是要迎合消费者的需求,而乔布斯的这句话是建立在"消费者不知道自己需要什么"的基础之上。请评论该观点。

2.如何理解市场调研与新产品开发的关系?

第六章　市场竞争者战略

市场经济的基本特性是竞争。对企业的市场营销而言,满足顾客的需求是企业市场营销工作的根本目的。但在这个过程中,企业与竞争对手存在着激烈的竞争。所以,识别和分析竞争对手的行为同样是企业市场营销成功的关键。正所谓商场如战场,"知己知彼,方能百战不殆"。

第一节　市场竞争者分析

科特勒在谈到对企业参与市场竞争的看法时说过:"忽略了竞争者的公司往往成为绩效差的公司;效仿竞争者的公司往往是一般的公司;获胜的公司往往在引导着它们的竞争者。"所以,企业要在市场竞争中胜出,就要深入了解竞争者,主要包括:谁是公司的主要竞争者,他们的目标是什么,他们的优势与劣势是什么,他们的反应模式是什么,我们应当攻击谁和回避谁等。

一、识别竞争者

识别竞争者似乎是一件容易的事,但是,公司的现实和潜在竞争者的范围是极其广泛的。如果企业不能正确地识别竞争者,就会患上"竞争者近视症"。美国战略专家迈克·波特的"五种竞争力模型"是一个很好的识别竞争者的分析工具,即从同行业竞争者、潜在的新参加竞争者、替代品、购买者和供应商五个方面来识别竞争者。企业可以考虑各种层次的竞争(品牌、行业、形式、普遍),或者可以从行业结构和市场观点来辨识企业的竞争者。

(一)行业竞争观念

行业是一组提供一种或一类相互密切替代产品的公司群。根据经济学的观点,行业的动态首先决定于需求与供应的基本状况,供求会影响行业结构,行业结构又影响着行业行为,不同的行业行为又会导致不同的绩效。一般情况下,销售商的数量、产品差异化的程度、进入和缺席、流动性和退出障碍、成本结构、纵向一体化的程度、全球化经营的程度决定着行业的结构。

1.销售商的数量及其差别程度

分析和描述一个行业的出发点就是要确定是否有一个、少数或许多销售商,以及产品是否同质的或高度差异。这些特点引发了四种不同的行业结构类型。

(1)完全垄断。一个行业只有一个公司在一国或一个区域提供一定的产品或服务。由于缺乏替代品,一个追求最大利润的大胆者会抬高价格,少做或不做广告,并提供最低限度的服务。在没有替代品的情况下,顾客别无选择,只得购买其产品。另外,一个守法的垄断者通常根据公众利益把价格降低并提供较多的服务,这样在客观上也同时限制了新竞争者的进入。

（2）寡头垄断。一个行业的结构是少数几家大企业生产从高度差别化到标准化的产品。寡头垄断有两种形式:纯粹寡头垄断和差别寡头垄断。纯粹寡头垄断行业是由几家生产本质上属于同一种类商品的公司所构成的。差别寡头垄断行业是由几家生产部分有差别的产品的公司组成的,这些差别可以体现在质量、特性、款式或服务方面。各竞争者可在其中一种主要产品属性上寻求领先地位,吸引顾客偏爱该属性并为该属性索取溢价。

（3）垄断竞争。垄断竞争的行业由许多能从整体或竞争区分出它们所提供的产品或服务并使其具有特色的公司所组成。其中,许多竞争者趋向针对某些它们能够更好地满足顾客需要的细分市场并索取溢价。

（4）完全竞争。完全竞争的行业是由许多提供相同产品或服务的公司所构成的。因为没有差别的基础,所以竞争者的价格将是相同的。除非广告能产生心理差别,否则就没有竞争者会做广告。

一个行业的结构并不是一成不变的。它会随着时间的推移而发生变化。这种变化背后的推动力不完全一致。有时是纯粹的市场竞争压力所致,有时则是政府的行政干预形成的,在更多的时候是多种力量促成的。比如,我国电信市场的市场结构变迁就是更多地依靠政府的行政干预造成的。

2.进入、流动和退出障碍

企业进入、退出或者在不同行业之间进行流动都会影响行业的结构。各个行业能否容易进入的差别很大。比如开一家理发店或餐馆会比较容易,但要进入电信行业或者航空行业则很困难。这主要是因为当企业准备进入这些行业时,必须面对许多的进入障碍。构成进入障碍的主要因素是:资本要求、规模经济、专利和许可条件、场地、原料或分销商、信誉要求等。即使一个企业进入一个行业之后,当它要进入行业中某些更具吸引力的细分市场时,可能还会面临流动障碍。

企业不但在进入行业时面临进入障碍,同样在退出行业时还面临着退出障碍。退出障碍包括:对顾客、债权人或雇员的法律和道义上的义务;过分专业化的设备以及其他资产专用性比较强的资产;缺少可供选择的机会;高度的纵向一体化;感情障碍;等等。即使不完全退出该行业,仅仅是缩小规模,也会遇到收缩障碍。这样,一些企业在只要能收回可变成本和部分固定成本的情况下,就会选择留在该行业,这些企业的存在会造成行业竞争过度,降低整个行业的平均利润。

3.成本结构

每个行业都有驱动其战略行为的成本组合。例如,钢铁企业需要高的制造和原材料成本,而化妆品行业则需要比较高的分销和广告成本。企业应该把最大精力放在它们最高的成本环节上,在不影响业务的前提下减少这些成本,增强企业在行业中的竞争力,并最终影响行业的结构。

4.纵向一体化的程度

在许多行业中,实行向前一体化或向后一体化有利于取得竞争优势。如在石油行业,大的石油企业一般都把石油勘探、石油钻井、石油提炼以及石油销售作为它们生产经营业务的一部分。纵向一体化可以降低成本并能很好地控制增值流,从而使一些无法实施纵向一体化的企业处于劣势,塑造了该行业的结构。

5.全球化经营的程度

一些行业的地方性很强(如房地产、草坪保养等),而另一些行业则是全球化的行业,如飞机制造、电脑制造等。在这些全球性行业里,只有树立全球竞争思维,在全球市场上展开竞争,才能实现规模经济和采用最先进的技术。

(二)市场竞争观念

除了行业角度以外,我们也可以把竞争者看作是一些力求满足相同顾客需要或服务于同一顾客群的公司。在市场竞争中,不同的产品可以满足顾客相同的需要。所以,这就要求企业在市场竞争观念下,更好、更全面地理解顾客的核心需要。这样,企业的竞争视野就大大开阔了。例如,为了满足顾客边做其他事情边听音乐的需要,企业可以提供传统的随身听,也可以提供 MP3 播放器。如果传统的随身听生产商只看到其他随身听企业的竞争压力,而忽视 MP3 播放器对企业构成的竞争威胁,从而会在市场竞争中处于被动。总之,市场竞争观念开阔了公司的视野,使其看到还存在着更多实际的和潜在的竞争者。

二、竞争者分析

一个公司一旦确定了它的首要竞争者后,它就必须辨别竞争者的特点,分析竞争者的目标、战略、假设和能力。

(一)目标

由于多种原因,考察竞争对手的目标是进行竞争对手分析的第一要素。我们必须了解每位竞争对手在市场上追求什么? 每个竞争对手的行为动力是什么? 一般而言,企业的目标都是追求利润。然而,在这个目标上,不同的企业还是有所差别的。比如,有的公司注重短期利润,有的公司比较重视长期利润。从普通意义上讲,美国公司一般注重短期利润,这也是由美国的公司制度和文化所决定的。而日本企业则比较重视长期利润,这当然也与日本企业的企业文化和它本身的经济体制有关。但更多的时候,企业的目标是一个目标组合,比如目前的获利可能性、市场份额、现金流量、技术领先和服务领先等。例如,一个以技术领先作为企业主要目标的公司会对竞争对手的技术活动比较敏感,而对其市场促销活动则相对不是很敏感。一般情况下,竞争者的目标是由多种因素决定的,其中包括规模、历史、目前的经营管理状况等。对竞争对手目标的了解可预测每位竞争对手对其目前的财务状况和地位是否满意,从而确定这个竞争对手是否有改变其既有战略和对外部环境的变化做出反应的魄力。另外,对竞争对手目标的了解也有助于企业明了母公司是否会全力支持下属公司所采取的行动,以及它所做出的报复行为。

另外,在考察竞争对手的目标时,还要考察竞争对手的公司级、业务单位级、个别职能部门以及主要经理的目标。因为,企业的高层目标指导着但并不能完全决定中层及基层目标。

(二)战略

尽管企业在市场中面对着各种各样的竞争对手,其间的竞争程度也有轻重之别,但一般公司最直接的竞争者是那些处于同一行业同一战略群体的公司。所谓战略群体指在某特定行业内推行相同战略的同一组公司。对战略群体的划分可以从目标市场、市场定位、产品档次和性能、技术水平、价格和销售范围几个方面进行分析。区分战略群体的意义在于以下几个方面。

1. 不同的战略群体设置的进入壁垒是不同的

比如某公司在产品质量、声誉和技术水平方面缺乏优势,那么它进入这个行业的高端市场就会比较困难,而进入那些低价格、中等成本的战略群体则较为容易。

2. 同一战略群体中的竞争最为激烈

当企业成功地进入某一战略群体后,该级别的成员就成了它的主要竞争对手。这是因为同一级别中的成员在各个方面差异比较小，任何一个企业的竞争性举动都会被别的成员所关注，并可能做出激烈的反应。

3.关注其他战略群体的竞争

不同战略群体之间存在着现实和潜在的竞争，尤其是流动成本不是太高或者是一体化实力比较强的企业。

（三）假设

竞争对手的假设主要有两类：一是竞争对手对自己的假设；二是竞争对手对行业及其他公司的假设。

每个公司都有对自己的假设。这些假设有正确的，也有错误的。一家公司认为顾客对其产品或品牌有比较高的忠诚度，这样就给其他公司的降价行为提供了比较好的机会，因为它认为这种降价行为不会影响它的市场占有率。比如20世纪90年代，中国彩电企业在中国市场的成功很大程度就是因为以日本为首的外国彩电公司对自己错误的假设导致的。

正如竞争对手对自己持有一定假设一样，它同样对行业和其他竞争对手也有一定的假设。这些假设同样也有正确与不正确之分。比如20世纪90年代，中国彩电企业错误地认为中国的农村市场会很快启动，把大量的精力投向了农村市场，从而导致了一系列的失败。

总之，可以通过考察一个企业的历史、高层的议论以及其对公司某一方面的感情等方面来了解其对自身和行业的假设。

（四）能力

一个企业的目标、战略和假设会影响其在市场中实施某些竞争行为的可能性，而其能力则反映了采取这些竞争行为的实力和条件。在分析竞争对手的能力时，SWOT分析方法和五种竞争力模型提供了分析框架。一般可以从产品、渠道、促销、运作、研发能力、总成本、财务实力、综合管理能力、适应变化的能力以及业务组合等各个方面进行分析。

企业在分析其竞争对手时，还必须注意分析以下三个变量：

（1）市场份额。竞争者在有关市场上所拥有的销售份额。

（2）心理份额。这是指在回答"举出这个行业中你首先想到的一家公司"这一问题时，提名竞争对手的顾客在全部顾客中所占的百分比。

（3）情感份额。这是指在回答"举出你喜欢购买其产品的公司"这一问题时，提名竞争对手的顾客在全部顾客中所占的百分比。

从一般意义讲，在心理份额和情感份额方面稳步进取的公司，最终将获得高市场份额和利润。

第二节　竞争对手选择

企业在市场中有许多的竞争对手存在，企业不可能同时进攻和消灭所有的竞争对手。所以，竞争对手选择就是要求企业区分出不同类型的竞争对手，明确企业应该进攻和回避的竞争对手。因为，一些竞争对手的存在会给企业带来一些好处。

一、竞争对手带来的战略好处

大多数企业都把竞争对手视作威胁，企业首先把注意力集中在如何战胜竞争对手夺取市场份额以及如何防范竞争对手进入上。按照这种思路，所有现实的和潜在的竞争对手都是企业的敌人,都应该被消灭。但实际上,在许多产业中合适的竞争对手能够加强而不是削弱企业的竞争地位。这些合适的竞争对手的存在,可以给企业带来许多战略上的好处。

(一)增加竞争优势

竞争对手的存在可以使企业增强其竞争优势,这种作用主要是通过以下几个方面来实现的。

1. 吸收需求波动

市场需求会因经济周期、季节、消费者收入变动等因素而出现波动,这会给企业的生产经营带来一些负面影响。所以,竞争对手的存在可以使企业,尤其是行业领导者更充分地利用其生产能力。例如,当市场需求上升时,行业领导者不能或不愿意满足全部需求而造成其生产能力的短缺,这样就可以通过竞争对手的产能来弥补。当然,行业领导者必须确保在行业中有足够的整体生产能力、服务于关键用户以及在某些情况下控制价格的能力。

2. 提高差异化能力

把竞争对手看作标杆或参照物,可以增强企业在经营活动中的差异化水平。尤其是在一些服务标准不明显的行业中,这种比较标准会给企业带来许多好处。当然,企业要以竞争对手作为参照而带来好处,其先决条件是:买方可以看出产品及其他方面的差异,以及企业真正地实行差异化营销。

3. 服务于不具吸引力的细分市场

所谓不具吸引力的细分市场,是指那些企业为其提供服务的成本过高,买方具有讨价还价实力且对价格敏感,企业的地位无法持久,或是企业参与此市场会削弱企业的竞争优势的市场。如果存在一些"好"的竞争对手服务于该市场,就可以避免买方寻求全新货源,因为这样会使企业面临更大的威胁。这样就为企业树立了一种扼制潜在进入者进入的壁垒,同样也可以使企业有更多精力关注于其细分市场,从而增强其竞争优势。但是,这要求企业必须了解细分市场确实不具吸引力。

4. 提供成本保护伞

因为行业中的一些高成本的竞争者的定价通常会使低成本的企业享受其提供的成本保护,从而避免使买方对价格比较敏感。一般的情况是行业领导者为追随者提供这种保护,但也有例外。

竞争对手的存在还可以在降低反垄断风险、增加动力等方面为企业提供战略好处。竞争对手的存在会使企业避受政府反垄断法的制裁和为企业的生存与发展提供竞争的压力和动力。

(二)改善产业结构

竞争对手的存在可以以多种方式使整个产业结构受益。

(1)增加需求。竞争对手的存在能够增加整个产业的需求,且在此过程中增加企业的销售额。例如,在某些行业中的产品需求取决于整个行业广告投入,则竞争对手的广告有助于企业产品的销售。

(2)提供第二或第三货源。在一个行业中存在几个竞争对手,可以帮助减少买方货源中断的风险,从而扼制了其他潜在竞争对手的进入,以及买方后向一体化的可能性。

(3)好的竞争对手可以改善行业中的竞争态势。例如,有的竞争对手强调产品质量和性能或是品牌,就可以减少买方对价格的敏感性。

(三)有助于市场开发

竞争对手可以在一些新兴行业或产品以及加工技术快速演变的行业中协助开发市场。

（1）分担市场开发成本，共同做大市场蛋糕。市场开发成本主要包括引导顾客试用成本、与替代品竞争成本等。许多企业的共同努力（如通过广告教育消费者）可以使这个行业快速发展，从而使每个企业都受益。

（2）加速技术的标准化。如果采用某一技术的企业比较多，就可以大大加速这种技术的标准化速度，从而增强这些企业的竞争优势。如我国 EVD 机（增强型多媒体盘片系统）迟迟不能上市的很重要原因就是这种新产品所采取的新技术没有外国公司的加盟，从而限制了这种技术的竞争优势。

另外，竞争对手的存在还可以降低买方风险，改善产业形象。

（四）扼制进入

竞争对手的存在可以通过以下几个途径来扼制其他插足者，增强企业竞争优势的持久性。

（1）增加报复的可能性和报复强度。竞争对手可以增加为潜在插足者所察觉的报复可能性及其严厉程度。这些企业的存在可以充当另外一些企业，尤其是行业领导者防御新插足者的第一道防线。

（2）显示成功进入的困难。许多竞争对手的存在可以提高新插足者进入的壁垒，提高其成功进入的风险。行业领导者与现有追随者的竞争历史以及让追随者处于不利竞争地位的现状，可以有效地扼制新插足者的贸然进入。

（3）饱和销售渠道。行业现有的竞争对手占据着不同的销售渠道，可能会使新进入者选择销售渠道时面临更少的机会和更多的困难，从而扼制其进入。

二、竞争对手的类型

在了解竞争对手存在的好处以后，企业要确定与谁展开竞争，即企业要攻击谁和回避谁。在选择之前，首先要了解市场上存在哪些竞争对手。

（一）"强"竞争者与"弱"竞争者

大多数企业喜欢把目标瞄准弱的竞争者，这样取得市场份额的每个百分点所需的资源和时间较少，但在这个过程中，企业也许在提高能力方面进展也不大。公司还应与强竞争者竞争，因为通过与他们竞争，企业不得不超越目前的工艺水平。再者，即使是强有力的竞争者，公司也应了解它的某些劣势，而企业也可证明自己是一个与其实力相当的对手。例如，三星公司在全球市场中就把索尼公司作为其竞争的目标对手，并取得了竞争的优势。

（二）"近"竞争者与"远"竞争者

大多数企业会与那些与其极为类似的竞争者竞争，并力图击败对手，但这种竞争往往会导致产生更难对付的竞争者。例如，20 世纪 70 年代，鲍希-隆巴公司积极与其他软性隐形眼镜生产商对抗并取得很大的成功，然则，这导致了一个又一个弱小竞争者将资产卖给了露华浓等更强大的对手，结果使企业面临更大的竞争。

（三）"好"竞争者与"坏"竞争者

每个行业里都存在"好"竞争者与"坏"竞争者。一个企业应明智地支持"好"竞争者，而打击"坏"竞争者。"好"竞争者都具备一些特点：它们遵守行业规则；它们对行业的增长潜力所提出的设想切合实际；它们依照与成本的合理关系来定价；它们把自己限制于行业的某一部分或细分市场里；它们推动他人降低成本，提高差异化；它们接受为它们的市场份额和利润规定的大致界限。而"坏"竞争者则企图花钱购买而不是靠自己的努力去赢得市场份额；它们敢于冒更大风险；它们的生产能力过剩仍继续投资；它们总是不断地打破行业平衡。

第三节　竞争战略选择

在对竞争者进行分析和了解之后,就要考虑和制定本企业的竞争战略。一般情况下,依据竞争者在市场中的地位可分为市场领导者、市场挑战者、市场追随者和市场补缺者几种类型。处于不同地位的竞争者有各自不同的营销战略。

一、市场领导者战略

大多数的行业都有一个被公认的市场领导者企业。这个企业在相关的产品市场中占有最大的市场份额,它们通常在价格变化、新产品引进、分销渠道和促销战略等方面对本行业的其他企业起领导作用。我国一些著名的行业领导者公司有:手机行业的华为、冰箱行业的海尔集团、空调行业的格力集团、白酒行业的茅台集团及快递行业的顺丰、圆通、韵达等。

这些领导者企业可能受人尊敬,但常常也受到其他企业的挑战。市场领导者要继续保持第一优势,就要在三条战线上努力。首先,必须努力扩大市场总需求;其次,要努力保护好它的现有市场份额;最后,在市场规模不变的情况下,还要努力进一步扩大市场份额。

(一)扩大市场总需求

当市场总需求扩大时,处于领导者地位的企业获益最多。扩大总需求的途径是为产品开发新用户、寻找产品新的用途和增加顾客使用量。

1.开发新用户

一般情况下,采用开发新用户扩大市场总需求不外乎以下几种形式。

(1)转变未使用者。即说服那些未使用本行业产品的用户转用本行业产品,把那些潜在顾客转化为现实顾客。例如,人们可能害怕电热水器的安全问题而拒绝使用,企业可能通过宣传产品的安全功能,而使更多的潜在顾客转化为现实顾客。

(2)进入新的细分市场。进入新的细分市场就是为产品寻找新的消费群。例如,广东喜之郎集团的"喜之郎CC可以吸的果冻"以前的目标群体是25岁以下的少男少女,但在营销过程中,发现二十五岁以上的年青女性也喜欢食用,于是企业又进入这一细分市场,扩大了市场需求。

(3)地理扩展。即进入一些以前未进入的地区市场。例如,摩托车在发达国家已经饱和,则可以向发展中国家和不发达国家转移;网上购物由城市市场向农村市场扩展。

2.寻找新用途

这是指设法找出产品的新用法和新用途以增加销售。比如,美国的小苏打制造厂阿哈默公司发现有些顾客把小苏打当作冰箱除臭剂使用,就开展了大规模的广告活动宣传这种用途,使得美国1/2的家庭冰箱装有小苏打。

3.增加使用量

企业可以通过提高使用频率、增加每次使用量等途径增加使用量。如许多护发素产品的说明书上都写有"多次使用,效果更佳"的语句,诱使顾客提高使用频率。再如有的调味品企业和洗发水企业为了提高顾客的每次使用量,将瓶盖的小孔略微扩大一点,销售量明显增加。

(二)保护现有市场份额

市场领导者在努力扩大市场总需求的同时,还要时刻提防挑战者的进攻。进攻是最好的防守。所以,市场领导者要永不满足、不断创新,这样才能在市场竞争中处于主动。但是,市场领导者不可能守住所有的阵地,这时就要求领导者企业必须明白哪些是必须死守的,哪些是可以放弃的,将企业的资源用在关键之处。市场领导者的主要防御战略有以下几种。

1. 阵地防御

阵地防御是指企业围绕着目前的主要产品和业务建立牢固的防线,根据竞争者的产品、价格、渠道和促销方面的战略制定相应的预防战略,并在竞争者发起进攻时坚守自己的阵地。在这种防御战中,企业要避免"市场营销近视症",努力进行产品开发、技术创新和扩展市场领域。

2. 侧翼防御

侧翼防御是指企业在自己主阵地的侧翼建立辅助阵地以保卫自己的周边和前沿,并在必要时作为反攻基地。例如,20世纪70年代欧美汽车公司的主要产品是豪华型轿车,未注意小型省油车这一侧翼产品,因而受到日本汽车公司的进攻。

3. 以攻为守防御

以攻为守防御是指在竞争对手尚未构成重大威胁或未向本企业发动进攻之前,先发制人,打击和削弱竞争对手。例如,格兰仕集团对任何一家刚进入微波炉行业的企业都采取这种以攻为守的战略,率先降价,打击竞争对手。

4. 反击防御

反击防御是指市场领导者受到竞争者攻击后采取反击措施。一个有效的反攻是侵入攻击者的主要地区,逼迫其撤回某些行动而自保。这时要注意反击的时机选择。

5. 机动防御

机动防御是指市场领导者不仅要固守现有的产品和业务,还要扩展到一些有潜力的新领域,以作为将来防御和进攻的中心。

6. 撤退防御

撤退防御是指企业主动从实力较弱的领域撤出,将力量集中于实力较强的领域。当企业无法坚守所有的市场领域时,可采取这一战略。例如,20世纪跨国彩电企业在中国彩电企业的进攻下,放弃了低端市场,而将力量集中于高端彩电市场。

市场领导者的市场防御战略如图6-1所示。

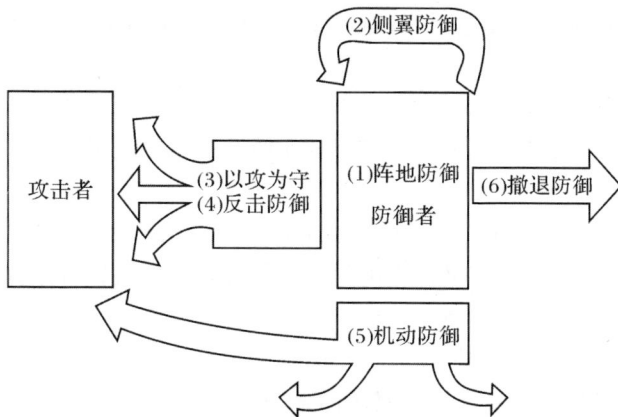

图6-1　市场防御战略图

（三）扩大市场份额

市场领导者也可以通过扩大市场份额而提高其利润率。但是，也不要认为只要市场份额扩大就会提高企业利润。企业在扩大市场份额时，还要考虑以下几个因素。

1.经营成本

许多产品都有如此现象，当市场份额持续增加但未超过某一限度的时候，企业利润会随着市场份额的提高而提高，但到了某一限度后，企业经营成本的增加幅度就会超过利润增加的幅度，企业的利润不增反降。而这一限度就是企业的最佳市场份额。

2.营销组合

如果企业实行了错误的营销组合战略，比如过分地降低分销商品价格，过高地支出广告费用等都会增加企业的营销费用，市场份额的提高反而会造成利润下降。

3.反垄断法

为了保护自由竞争，防止垄断出现，各国都有反垄断法规，所以当企业的市场份额提高到一定程度，就很可能遭受反垄断法的制裁，从而面临被肢解的危险。

二、市场挑战者战略

所谓市场挑战者是指在行业中占据第二位及以后位次，有能力对市场领导者和其他竞争者采取攻击行动，有希望夺取市场领导者地位的公司。

（一）确定战略目标和竞争对手

大多数市场挑战者的目标是增加自己的市场份额和利润，减少对手的市场份额。其战略目标与所要进攻的对手直接相关。

1.攻击市场领导者

这是一个风险高，同时潜在收益也高的战略。如果市场领导者不是一个真正的领导者，并且也没有为市场做好产品服务，那么攻击它就会产生非常大的意义。例如，百事可乐对可口可乐的挑战就属此例。同时，市场挑战者可以通过发现未被发现或未被满足的其他细分市场，来挑战市场领导者。例如，娃哈哈在农村市场以及中小城市市场上对可口可乐和百事可乐的进攻等。

2.攻击规模相当但经营不佳、资金不足的公司

当这些可以进攻的公司产品过时，价格过高，或在其他某些方面令顾客不满意，企业可以直接进攻。

3.攻击本地的和地区的小公司

例如，大的啤酒公司对各地区的本地啤酒企业的进攻就属此例。

（二）选择进攻战略

在确定了战略目标和进攻对手以后，就要考虑选择进攻战略，即如何去进攻你的竞争对手。不管选择什么进攻战略，都要坚持集中优势力量打击对手，以取得进攻的决定性胜利。

1.正面进攻

正面进攻，即向对手的优势和强项而不是弱项和劣势发起进攻。比如，以更低的价格、更大规模的广告和更高质量的产品等攻击对手的拳头产品。其中，降价是最直接，也是经常被采用的进攻方法，但企业必须在成本控制方面更胜一筹。同时，还要让消费者知道你的产品值得信赖。军事信条认为，当对手占有防守优势，即在市场上有更高的声誉、更广泛的销售网络以及更高的客户忠诚度时，进攻者必须具有3∶1优势才有把握取得胜利。

2.侧翼进攻

侧翼进攻,即寻找对手的弱点进行进攻。寻找对手弱点的主要方法是分析对手在各类产品或各个细分市场上的实力和绩效,以对手实力较弱的产品或细分市场为突破口。比如一些农村市场或规模较小的城市市场经常会被对手所忽视,而这就可以成为进攻企业的进攻目标。相对来说,这种战略的风险较小,成功的机会也大,避免了攻守双方为了同一细分市场而造成两败俱伤。

3.包围进攻

包围进攻,即在多个领域同时向对手发起进攻以夺取其市场的战略。比如向市场提供比竞争对手更好的产品和服务,并且配合大规模的促销等。当一个进攻者与对手相比具有资源优势,并相信包围将能完成和足够快地击垮对手的抵抗意志时,可采用此战略。

4.迂回进攻

迂回进攻,即绕过对手的现有业务领域和市场,进攻对手尚未涉足的业务领域和市场,以扩大自己的资源基础。一般情况下,有三种方法:一是多样化经营与竞争对手无关联的产品;二是用现有产品进入新的地区市场;三是用新技术生产新的产品以取代现有产品。在高技术行业里,一些企业经常通过耐心研究和开发新一代技术(即技术蛙跳)来夺取对手的市场。

5.游击进攻

游击进攻,即对对手的不同领域进行小的、断断续续的攻击,目的是为了骚扰对方和使其士气低落,并最终占领永久的据点。经常使用的方法有:在局部市场有选择地降价;开展短促的密集促销等。这种战略经常在小公司进攻大公司时被采用。

市场挑战者的市场进攻战略如图6-2所示。

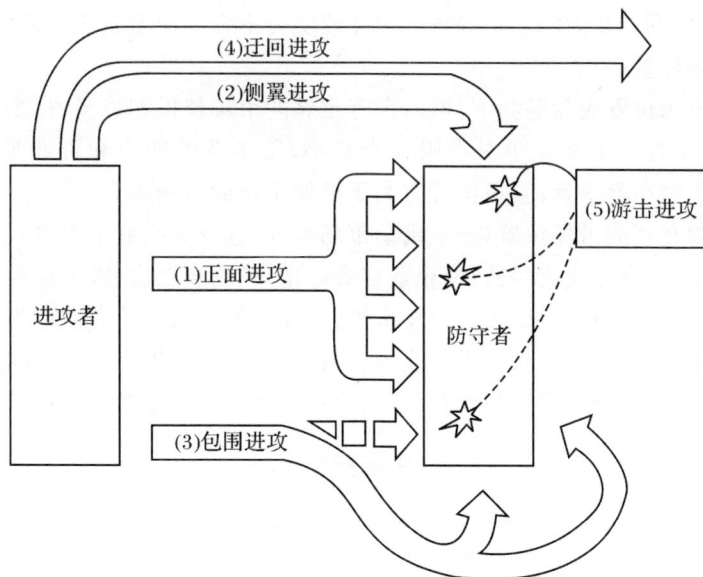

图6-2　市场进攻战略图

三、**市场追随者战略**

市场追随者战略是一种尽量避开由于竞争而导致两败俱伤的策略。在资本密集的同质产品(如钢铁、肥料、化学工业等)领域,由于产品差异化和形象差异化不明显,对价格的敏感性较高,因此随时可能爆发价格大战。追随者既需要寻找一条不引起竞争性报复的成长途径,又必须在追随过程中防止被动,突出本企业的独特个性,以求得发展。追随者常采取如下三种战略形态。

　　1.紧密追随

　　紧密追随是指追随者在各个细分市场和营销组合方面,尽可能与市场领导者保持一致。采用这种战略,要防止被领导者误认为是挑战者而招致报复。因此,追随者应和领导者和睦相处,给其形成和善形象,以便利用它的投资而生存和发展。

　　2.有距离追随

　　有距离追随是指追随者在主要方面,如产品款式、价格、分销等方面追随领导者,但在其他方面仍保持一定的差异。这种战略不会受到领导者的干预,因为追随者的市场占有率有助于领导者遭受实行垄断的指责。因此,追随者利用这种机会,可以收购同行业较小的公司,以求得发展壮大。

　　3.有选择追随

　　有选择追随是指追随者有明确的目标,在某些方面与领导者趋于一致,但在另一些方面则独立行事,把仿效与创新有机地结合起来。这类企业虽然不直接参与竞争,但在跟随过程中常常发展为挑战者。所以,企业领导者对这类追随者应保持高度警惕。

四、市场补缺者战略

　　市场补缺者是指一些小型企业,它们拥有较低的市场占有率(10%),无力与大企业抗衡竞争,而专门寻找被大公司遗忘的市场"角落"。它们精心服务于市场的细小部分或空档,通过专业化经营来占据有利的市场位置,如我国的乡镇企业在发展的初期,就是通过对大企业的拾遗补阙、专业化道路而发展壮大的。一些资金短缺或实力不强的中型企业也采取这种战略,以寻找安全有利的市场位置。

　　一个有利的市场位置应具备如下特征:①有足够的市场规模和购买力;②营销利润有增长的潜力;③该市场位置对主要竞争对手吸引力较小;④企业的能力和资源足以占领该位置;⑤企业有能力挤垮潜在竞争者;⑥该位置有利于挖掘企业的营销潜力。

　　企业要想占领有利的市场位置,必须借助市场细分,选择大企业不愿进入或疏忽的市场作为自己的服务领域,进行专业化经营,使企业在最终用户、垂直层次、顾客规模、特殊顾客、地理区域、产品或产品线、产品特点、质量与价格水平、服务或配销渠道等方面成为专家。专业化经营能提高企业资金有效利用率,有利于企业创立名牌产品,也能提高顾客的满足程度。但专业化经营风险较大,如果市场上出现替代产品,企业往往会面临严重的威胁甚至倒闭。

关键概念

　　市场领导者　　市场挑战者　　市场追随者　　市场补缺者

复习思考题

　　1.决定行业结构的因素有哪些?
　　2."好"的竞争对手有哪些特征?
　　3.试述市场领导者可采用的防御战略。
　　4.试述市场挑战者可采用的进攻战略。
　　5.结合自己看到的实际或资料,分析市场补缺者可以选择的战略。

案例分析

华为手机：在竞争中提升品牌价值

1993 年，IBM 公司推出 Simon 手机，这是第一款使用触摸屏的智能手机，此后 20 多年，智能手机发展迅速。尤其最近几年，众多品牌纷纷将自己的产品推向市场，华为也加入这场竞争盛宴中。华为是一家全世界都为之震惊、为之喝彩的中国创新企业的佼佼者。1987 年，华为创立于深圳，成为一家生产交换机（PBX）的香港公司的销售代理，2003 年成立华为技术有限公司手机业务部，并在同一年生产了第一款手机 A616，从此华为手机秉承自己的价值观念，经过不懈努力跻身世界三大手机厂商之位，并保持强劲的发展势头。

纵观华为的发展历程，其手机产品大致经历了两个发展阶段：一是 2005—2012 年的蓄势阶段，二是 2012 至今的创新阶段。在蓄势阶段，中国智能手机市场一直被诺基亚、摩托罗拉、索尼、爱立信、三星、LG 等国际品牌垄断，虽然也有部分国内厂商，如魅族、联想以及华为，但由于国内厂商在技术储备、创新能力上无法同国外厂商抗衡，所以包括华为在内的很多手机生产商都处于被压制状态，国内厂商只能选择跟随潮流。在创新阶段，华为的一系列创新产品不断推向市场，产品稳定的性能、合理的价格逐渐赢得国内消费者的认可，也慢慢确立了华为世界第三大手机生产商的地位。

2007 年和 2008 年是非常关键的两年，ios 系统和安卓系统在这两年相继推出，使得国内智能手机市场慢慢发生变化，直到 2011 年，市场上形成了苹果和三星占主导的格局。面对市场的变化，华为以强大的技术为依托，不断创新手机产品，在低、中、高端市场同时发力。华为在低端市场采取竞争价格策略，在中、高端市场采用价值定价策略，逐步赢得市场。

在低端市场，具有竞争力的价格让华为迅速占领新兴市场。随着全球经济的放缓，苹果、三星逐渐把发展重心放在人口基数比较大的中国和印度市场。中国市场上，三星发售的手机品类非常多，其低端产品在中国市场也有相当程度的占比。三星的低端系列手机 Galaxy Core、Galaxy Star、Galaxy ON 等都采用成本加成定价策略，销售价格均在 1600 元左右。而跟三星相比，华为的竞争定价策略更占优势。首先，华为荣耀系列手机在性能上与三星发布的同档手机不相上下，三星和华为都采用安卓系统，但三星手机在使用过程中暴露出的问题远比华为严重，消费者购买后纷纷反映三星手机运行速度越来越慢、性能越来越差。其次，华为手机的价格比三星低很多，其发布的荣耀系列手机大多低于 1000 元，并且华为经常联手中国通信厂商和互联网巨头共同举办营销活动，低廉的价格和优越的性能让华为低端机在与三星的竞争中逐渐占据上风。值得一提的是，2011 年，中国智能手机市场出现了一匹黑马——小米手机，一个号称专门为发烧友而生的手机。小米以较低的价格以及饥饿营销方式，在市场中也占有一定的份额。低端手机的竞争异常激烈，华为不得不采取"盯住"的方式，实施竞争性价格策略，在低端机市场与小米、三星展开厮杀。比如，2013 年华为发布荣耀 3C 和 3X，剑指小米的红米和小米；2014 年，在红米 Note 发布前，华为抢先发布荣耀畅玩版，价格低至 998 元，比红米高配版还低一元钱，荣耀畅玩版预约销售量达到 1500 万部，超过红米创下的纪录。

在高端手机市场，华为努力打造自身品牌价值。2013 年 3 月在巴塞罗那 MWC 通讯展上，华为发布 Ascend P2，从此款手机开始，华为 P 系列手机换上了自家开发的海思处理器，并延续了 Ascend P1 的超薄概念。此后，华为又推出了 P6、P7、P8、P9 等系列手机，渐渐地，P 系列手机轻薄时尚的形象深入人心,同时每一代产品也都在寻找一些突破点,如此不断更新,打造了 P 系列手机的口碑。同时,华为 Mate 系列手机也逐渐进入人们的视野,Mate 手机不断更新,2016 年发布的售价 3999 元的 Mate9 搭载麒麟 960 芯片,八核 CPU 的处理能力大幅提升,Mali G71 八核 CPU 相较上一代在图形处理性能上提升 180%,USF2.1 高速闪存带来难以想象的高速和流畅,其大屏幕、硬配件、真旗舰成为华为高端形象的招牌。相比之下,苹果的手机类型没有那么多,而是在原有产品上不断更新,其新产品刚上市时定价非常高,比如 iPhone 4S 刚发布时价格高达 5288 元。随着 iPhone 5 及 iPhone 6 的发布,其价格才渐渐降下来。但华为凭借雄厚的科研能力,不断更新手机性能,逐渐形成强大的竞争力,不断侵蚀苹果的份额。对于三星的中高端手机,中国消费者并不陌生,它们总是在开始凭借优美的设计和良好的交互界面吸引人们的眼球,问题是,三星手机使用一段时间后变得非常缓慢。而华为中高端手机在运行性能上更加稳定,性价比更高。尤其是三星频频爆出电池问题,更让其在使用体验上输给华为。

总之,华为手机用一代又一代的产品为自己赢得了良好口碑,提升了品牌价值,逐步完成在高、中、低不同市场的格局,为企业赢得了未来。

——资料来源:华为手机发展史及经典机型,http//wenku.baidu.com/link? Url=u6UkAv97EAsNyqfVDMpljyxlmQxfOIpDXfrKJqXuIvqgUdZJzIAn-bPlYEKiA6aYGF2HmGI_oGp9MdKFSSTaGvPm-MxJsrLJ6mZP7-1_.

问题讨论:

1.结合案例分析企业的竞争行为受哪些因素影响?

2.结合案例分析华为凭借什么成功赢得市场竞争优势?

第七章　企业营销形象战略策划

企业营销形象战略策划是现代企业市场竞争的重要手段,掌握现代企业营销形象策划的基本理论和技巧,并将之运用到企业的营销实践中,对企业的发展具有重大的意义。

第一节　企业营销形象战略概述

一、企业营销形象的概念及特点

"企业营销形象"来自英文"corporate identity",也可译为企业识别或企业形象识别,通常缩写为"CI"。为了论述上的统一,将采用 CI 称法。

关于 CI 定义,不同专家从各自学科的角度理解有不同的定义,主要有以下几种代表性观点:个性形象学说、形象传播学说、企业革新说、文化战略说等。CI 是指企业对自身的理念文化、行为方式及视觉识别进行系统的创新、统一的传播,以塑造出富有个性的企业营销形象,获得内外公众组织认同的营销战略。这一定义比较准确地反映了 CI 的定义,也是在对上述各种观点总结的基础上提出的。

CI 的性质特点主要体现在如下五个方面。

(1)差别化。CI 的差别不仅体现在企业的视觉标识上,如商标、标准字、标准色、广告、招牌等,而且表现在企业的使命、经营宗旨、目标及企业风格、企业文化和企业战略上。

(2)标准化。标准化指 CI 必须在企业整体上得到贯彻执行,并实施标准化的管理,如标准字、标准色的使用都有严格的规范。

(3)传播性。传播性指 CI 必然借助各种媒体和渠道进行传播,使企业得到社会的认同,如消费者的信赖、政府的支持、关系企业和组织的协助等,从而达到企业实施 CI 的目的。

(4)系统性。企业的 CI 战略,是一项涉及面广泛的系统工程,需要整体推进,全面实施,而且各个子系统要相互协调、互相促进。

(5)战略性。企业必须把 CI 作为一种长期战略来实施,因为它深入企业的"灵魂",它代表企业未来发展方向,是企业发展的战略目标。

二、CI 的产生和发展

CI 作为企业的形象识别战略,是随着工业社会时代的到来和企业大量出现而产生的,其时间并不长,但作为塑造形象的技艺却有悠久的历史。

(一)CI 战略在美国

美国是 CI 的发源地,最早由设计家莱蒙特·罗维、波尔等人在 1930 年左右提出,当时主要将 CI 作为配合企业的市场营销战略的商业推销技术。第二次世界大战结束后,美国经济迅速发展,1956 年,美国计算机的巨人——国际商用机器公司(International Business

Machines,IBM)董事长沃森(Watson)先生,首次在该公司推行了 CI 战略计划。国际商用机器公司的设计顾问诺伊思(Noges),开创了人类历史上最初的 CI 设计开发。

诺伊思的设计思想主要是为了表现 IBM 公司的开拓精神、创造精神和独特个性的公司文化,它不是简单地将各种要素拼凑起来,而是在设计中要灌注一种整体观念,使各要素之间形成一种有机的、系统的联系和统一。他将公司的全称缩写为"IBM",并选择蓝色为公司的标准色,以此象征高科技的精密和实力。

IBM 的形象设计塑造出了公司良好的营销形象,成为美国公众信任的"蓝巨人",并在美国计算机行业占据首屈一指的统治地位。紧接着美国许多公司纷纷仿效,如美孚石油公司、远东航空公司、西屋电气公司等,都推行 CI 战略,并且取得巨大成功。远东航空公司在濒临破产的情况下推行 CI,结果使公司起死回生。1970 年,长期以来不屑于仿效别人的大名鼎鼎的可口可乐公司,也不得不推行 CI 计划,革新了世界各地的可口可乐标志,以新的形象重新展示在消费者面前。从此,CI 在美国和西方国家迅速发展。据资料显示,在美国的股票上市公司中,大都推行了 CI,形成了具有鲜明特色的美国 CI 战略。

CI 首先在美国兴起并发展,其原因表现在三个方面:①企业经营管理的需要。②车辆文化的社会背景。20 世纪 50 年代以后,美国交通发达,私人车辆迅速增加,各种加油站应运而生,并采用红蓝色为招牌,形成良好的视觉形象。③工业设计学的兴起。因此,美国 CI 战略的特点是以视觉形象为中心,着眼于企业外观的表现,使之固定成某一模式,形成企业特有的形象。

(二)CI 战略在日本

20 世纪 60 年代,CI 引起了日本一些企业人士的注意。20 世纪 70 年代后,日本使 CI 形成了具有日本特色的 CI 理论。1971 年,伊腾百货公司在日本实业界首先导入 CI。同年,日本第一银行和劝业银行合并导入 CI 获得成功,于是伊势单、华歌尔、美能达、白鹤、三井银行纷纷仿效,均获得良好效益。如松屋百货导入 CI 两年,使其营业额增长 118%;小岩井乳业导入 CI 后,其营业额一年提高 270%。

CI 在日本的发展,大致经历了四个阶段:①VI 时期,时间在 20 世纪 70 年代前期;②企业理念和经营方针再构造期,时间在 20 世纪 70 年代后期;③意识和体制改革时期,时间 20 世纪 80 年代前期;④事业开发和事业领域的制定时期,时间为 20 世纪 80 年代后期以来。

日本的 CI 战略形成了以企业理念、企业结构和视觉传播为主的设计三要素的三位一体的日本 CI 战略模式。

(三)CI 战略在中国

长期以来,我国处在计划经济体制下,企业缺乏市场意识和正确的营销观念,因而更不重视企业形象差别的 CI 意识。1992 年党的十四大确立了社会主义市场经济模式后,CI 战略才开始在国内兴起和推广。像广东太阳神集团公司 1988 年产值仅为 520 万元,由于成功导入 CI,到 1992 年产值达 12 亿元,四年间翻了两百倍。还有上海日用化学工业公司、广州第八针织厂、李宁运动服装有限公司、中国工商银行、中国建设银行、招商银行等也先后导入 CI,都获得了惊人的成功。海尔集团多年来重视企业形象的整体策划,并通过各种方式沟通、传播,终于让海尔成为中国最大的家电生产商和全球知名品牌。

CI 在我国的兴起,原因主要有:①企业在市场经济的海洋里竞争,迫切需要塑造自己的名牌产品打入市场。②企业需要差别化的视觉识别,以维系企业和产品形象,防止假冒伪劣商品。③企业要面向国际市场,实行跨国经营,CI 为企业提供了战略武器。④消费者需求发生变化,从"量的消费"转向"质的消费",对商品的审美能力日渐提高。

总之,随着改革开放的深化及现代企业制度的逐步完善,CI 在我国将会迅速普及,并付诸实践,一个个具有良好形象的企业将会在我国大量涌现。

第二节　企业营销形象策划内容

一、企业营销形象策划的程序

企业推行 CI 战略计划的程序分为:准备阶段、现状分析、企业理念和事业领域的确定、整合企业结构、综合行为识别、视觉识别。

(一)准备阶段

企业应成立以最高负责人为中心组织的 CI 计划准备委员会,明确企业为什么要实施 CI 计划,了解推行 CI 的意义和目的。在此基础上,聘请 CI 专业设计公司,洽谈有关合作事项,安排 CI 计划的项目和时间。

(二)现状分析

现状分析主要包括企业内部环境和外部环境的调查和分析。内部环境分析主要了解企业领导和职工的 CI 意识,和各方人员面谈寻找公司存在的问题。外部环境分析是对当前市场的分析和竞争对手形象的分析。

(三)企业理念和事业领域的确定

在现状分析的基础上,重新思考企业原有的理念和事业领域,考察其是否符合企业的现状和发展方向,同时以企业的经营理念和社会、市场背景为基础,预测今后 10 年、20 年的发展趋势,以确定公司长远发展的事业领域。

(四)整合企业结构

企业组织机构是企业理念和事业领域实现的保证。因此,企业应重新审视原结构能否保证目标的实现。在外界 CI 公司的协助下,应改善和设定企业内的组织结构和管理体制、信息传递系统,以形成适应企业发展目标和个性的新的企业结构体制。

(五)综合行为识别、视觉识别

行为识别是指通过企业的整合过程,必然会需要展示新的企业活动行为。员工行动方面,可推行员工教育活动,展开公司企业理念的贯彻实施计划,使企业的整体行为形成统一的形象。

视觉识别是指人人都能看得见的信息传播,它是企业在视觉媒体上的表现。心理学的研究成果说明,通过视觉接收的信息,占人类五个感觉器官获取外界信息的 83%。企业应做到视觉标识系统的统一,通过统一的视觉识别系统,把企业的理念有效地传播出去。

二、企业营销形象策划的内容

CI 策划又称企业形象识别系统策划,它是在欧美国家产生并发展起来的一种现代高级营销策略,指通过系统的设计或改变企业形象,给企业注入新鲜感,使企业更能引起外界的注意,从而实现提高企业营销绩效的目的。

CI 策划的目的是要塑造一个与众不同的、具有鲜明特色的企业形象,以促进企业的不断发展。因此,企业必须确立自己形象的内涵与表达方式,有意识地运用企业形象并做出预先的、全面的谋划,这一过程便是 CI 策划过程。

CI 策划的内容主要包括企业理念策划、行为策划和视觉识别策划。

(一)企业理念策划(MI)

理念策划,又称理念识别(mind identity,MI)策划,指对企业独特的文化、价值观与经营宗旨的策划。这是塑造独特的企业文化和良好的形象的核心,故称为 CI 的灵魂。没有理念策划,其他任何策划都是无源之水,无本之木,缺乏生命力。理念策划应包括以下互相联系的三个内容。

1.企业宗旨

企业宗旨主要阐述企业存在与发展的根本目的,也是企业各种营销策略应该服从的目标。企业理念是一个比"企业精神"意义更广更深刻的概念。例如,美国 IBM 公司的宗旨为:"IBM 就是服务",将服务视为比产品更重要的企业使命,容易使顾客产生信任感,从而使营销策略更有效。又如全球最大的快餐连锁集团公司"麦当劳",其成功归功于它有一个明确的企业理念:"Q、S、C+V",并使之有效运行。"Q、S、C+V"表明麦当劳将为世人提供品质上乘、服务周到、地方清洁、物有所值的产品和服务。因此,麦当劳始终能够以良好的形象扎根在顾客心目中。

2.企业的社会责任

企业的社会责任在指企业作为一种独特的经济组织,应承担的与自身短期经营无关的社会责任,这是社会利益在企业中的集中体现,有利于将理念策划同社会营销观念统一起来,形成一个整体,在企业达成共识。如日本松下电器公司提出"尽到作为产业人员应尽的职责,谋求改善和提高社会生活水平,以期对发展世界文化做出贡献"。

3.企业形象的标语及价值观念

企业形象的标语是企业宗旨的浓缩表现形式,通过企业形象的标语,可以向社会传达企业的精神理念,即企业独特的文化,是 CI 体现出来的精神内核。如果一个企业具有共同的价值观念,并被全体员工所认同,就会形成巨大的吸引力和向心力、形象力。如联想集团的"世界失去联想,人类将会怎样?"华为公司的经营理念为:①聚焦。新标识更加聚焦底部的核心,体现出华为坚持以客户需求为导向,持续为客户创造长期价值的核心理念。②创新。新标识灵动活泼,更加具有时代感,表明华为将继续以积极进取的心态,持续围绕客户需求进行创新,为客户提供有竞争力的产品与解决方案,共同面对未来的机遇与挑战。③稳健。新标识饱满大方,表达了华为将更稳健地发展,更加国际化、职业化。④和谐。新标识在保持整体对称的同时,加入了光影元素,显得更为和谐,表明华为将坚持开放合作,构建和谐商业环境,实现自身的健康成长。

(二)行为策划(BI)

行为策划,又称行为识别(behaviour identity,BI)策划。行为识别是企业 CI 的动态识别行为,是 CI 的"手"。通过 BI 过程,将企业的理念通过各种活动渗透到社会公众心目中,以表示企业的"心"。因此,行为策划是指以企业理念为基础的企业独特的行为方式及其特征的谋划。行为策划的内容包括对外、对内的行为策划,主要包括的内容如表 7-1 所示。

表 7-1　行为策划内容

对内	对外
1.管理人员教育	1.市场调查
2.员工教育:服务态度、电话礼貌、接待技巧、服务水准、作业精神	2.产品开发
	3.公共关系
3.生产福利	4.促销活动
4.工作环境	5.流通对策
5.公害对策	6.代理商、金融业、市值管理
6.研究发展	7.公益化、文化性生活
……	……

在企业的营销管理中,各种营销策略都表现为一定的行为。因此,行为策划对企业的营销具有特殊的重要意义。如果企业的营销组合策略与竞争策略能鲜明地恰如其分地体现企业的MI,那么企业的营销行为就能做到规范化、标准化,在考虑短期效率及效益的同时自觉地服从企业长期的历史使命,充分体现企业的社会责任。同时,企业的行为对消费者的感觉、印象也会产生深刻的影响。

(三)视觉系统策划(VI)

视觉系统策划,又称视觉识别(visual identity,VI)策划。这是指将企业的理念系统地外化的过程,其目的是运用现代设计手段,构造一个与其他企业具有显著差别的企业视觉标志系统。视觉识别(VI)是 CI 的静态识别符号,是具体化、视觉化的表达方式,项目最多,层面最广,效果最直接。心理学的研究成果表明,人类受外界刺激所获得的"信息",视觉系统占 83% 左右,而且视觉系统所收集的信息,具有较高的回忆值。因此,配合与传达企业的精神理念,是提高企业知名度和塑造企业形象最有效的方法,同 MI、BI 相比,VI 就是企业的"脸""面子"。

视觉策划的内容包括两部分,即基本要素策划和应用要素策划,如图 7-1 所示。

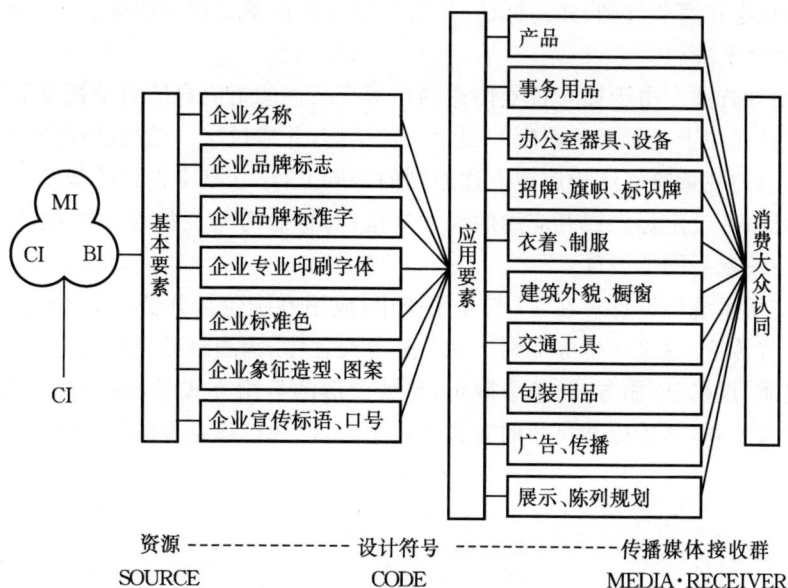

图 7-1　SMCR 传播形式

(此图出自林磐耸《企业识别体系》)

1. VI 设计的基本规则

在众多的要素中,标志是核心要素和发动所有视觉要素的主导力量。在 VI 设计中,应遵守如下基本规则。

第一,以 MI 为核心的原则。VI 中的设计要素是传达企业理念、企业精神的重要载体。因此,标志设计的关键,在于如何在设定出企业理念的基础上,如何设计出最有效、最直接地传达理念的标志。如"太阳神"的标志就是成功传达企业理念的范例。太阳神标志以圆形、三角形的几何形状为设计基本单位。圆形是太阳的象征,代表着抛洒光明、温暖、生机、希望的企业经营宗旨,以及代表健康、向上的商品功能;三角形的放置呈向上趋势,即是 Apollo 的首写字母(Apollo 在古希腊神话中是赋予万物生机,主宰光明的保护神),又象征人的造型,显示出企业向上的升腾的意境和以"人"为中心的服务及经营理念;以红、黑、白三种代表色组成强烈的色彩反差,体现出企业不甘现状、奋力创新的整体心态。

第二,人性化设计原则。现代工业设计需要以充满人情味的作品使消费者接受。与人产生关系,使人感到被关心的亲切感,是现代工业设计的基本点。如著名的 Apple 标志,在设计中表现出一个充满人性的动态画面:一只色彩柔和的,被人吃掉一口的苹果,表现出"you can own your computer"的亲切感。在操作 computer 时,还表现出特有的 interface,在音乐的伴随下,可以进行沟通、会话、人机之间的 interface,表现出良好的人机相容关系。这种人性的设计,是 Apple 电脑成功的关键因素之一。

第三,民族个性设计原则。在 VI 设计中,一定要考虑符合民族的风俗习惯、价值观念,易于被人们所接受,也就是要有鲜明的民族特性,充分表现民族个性。

第四,化繁为简、化具体为抽象、化静为动的设计原则。

第五,习惯性原则。在 VI 设计中,应兼顾视觉识别符号在发展过程中形成的一些习惯规则,并在不同的文化区域有不同的图案及色彩禁忌。

第六,法律原则。视觉识别符号多用于工商企业的经营活动中,因而所有视觉符号必须遵守国家的法律规定和商业规则,如商标法、广告法和维护消费者权益法等。

2. VI 设计的方法

(1)基本设计方法。由于标志符号传达的是带有某种意指内容的典型视觉形象,这种视觉识别形象的特征就在于展示某种明晰的视觉认知结构,并通过这一结构诠释企业形象的特质。这明确表达标志的视觉符号结构应在上述原则的基础上,建立基本设计的规范:①制定标志符号的方格标示法;②设定标志展开应用的尺寸规范;③标志符号变体设计的规范;④基本符号要素组合规范;⑤象征图形设计。

(2)符号应用系统的设计。在 VI 符号系统中,应用系统包括办公用品、标识招牌、交通工具、包装品、广告传播、建筑环境等类别。在与外界交往中,沟通最频繁的是办公用品。应用规范不仅要定材质、规格、印刷方式、色彩限定、象征图形的应用方式等,还需要制定出要素组合规范的空间位置关系,并用标准尺寸的方式固定下来,以便传达企业的经营理念和产品特性等视觉信息。

第三节 企业营销中的形象策划

一、CI 导向是营销管理发展的必然趋势

产生于 20 世纪 50 年代的市场营销观念,即以消费者需求为中心的营销观念,到了 20 世纪 70 年代后受到了越来越多的批评。一方面,消费者导向的出发点是满足消费者的短期利益,而非长期的利益、社会利益的行为,如造成生态恶化、环境污染、犯罪暴力增加和通货膨胀等;另一方面,如果企业过分强调消费者利益第一,将导致企业失去自我意识与战略意识,往往被动地应付消费者的需求,缺乏主动地开发和调节市场消费需求,因此,企业难以确定以发展为目标的经营战略。CI 理论对传统营销观念进行了"变革",这一"变革"标志着营销管理已进入了一个全新阶段,即以树立良好企业形象为出发点的 CI 导向阶段。

企业营销 CI 导向阶段,其特点是:①CI 导向是消费者导向的进一步拓展与升华。②CI 导向促使企业更加注视社会利益与消费者的长远利益及企业的社会责任,并通过系统的策略体系使之得到实现。③CI 导向使企业的经营战略与营销策略实现更完善的结合,使企业的宗旨更明确。④CI 导向作为企业的一种竞争手段,从而使企业间的竞争进入了一个新阶段,即"形象力"的竞争。

二、CI 战略与企业营销战略的区别

市场营销战略诞生于 19 世纪八九十年代,迄今已有 100 多年,而 CI 战略在 20 世纪 50 年代才开始实施,迄今也只有 70 多年的历史。因此,二者之间即相互联系,又存在着差别。其区别主要表现在如下几方面。

(一)哲学基础比较

市场营销战略的哲学基础是西方哲学中的主客观对立的世界观,CI 的哲学基础则以东方传统文化中的主客观相统一的世界观为基础。市场营销把市场和环境作为客体,公司是营销主体,一切营销活动主体居于支配地位。而 CI 战略坚持主体与客体关系平等的立场,时刻为消费者着想,以建立良好关系为目标。

(二)盈利手段的比较

市场营销的战略目标是怎样获取长期的、最大的利润,其手段主要以对消费者的刺激消费、唤起需求、满足欲望为手段;而 CI 着眼于企业形象的建立,它是一种比市场营销更高的盈利手段,因为"形象"本身就是一笔巨额财富,有了好的企业形象,赚钱便是水到渠成。

(三)所含内容不同

市场营销重在经济领域,是只重物质、不重精神,只重经济、不重文化的"经济应用科学";而 CI 则是强调物质与精神、经济与文化双管齐下,是一项"周密、严谨、复杂的系统工程"。市场营销战略如同一把战刀,刃在一边;而 CI 战略则是一把"长剑耿介,倚天之外"的双刃剑。

(四)价值观念比较

市场营销战略的价值可以概括为"时间就是金钱",而 CI 战略的价值观可以概括为"形象就是金钱,金钱应该花在形象上"。树立形象是为了赚钱,赚了钱再投入形象建设上,企业运营就会处在一种良性循环之中。

三、CI 战略在营销中的应用

CI 理论产生后,企业的营销活动进入了一个以 CI 为导向的现代阶段,带来了企业营销观念的一系列重大变化。目前,在市场营销中,可将 CI 直接导入包装设计、商标设计、形象设计、销售环境设计与营销战略规划之中。

(一)包装、商标设计

包装和商标是产品整体概念的重要组成部分,是企业形象的重要标志,也是产品视觉识别的重要途径。CI 在包装、商标设计中的应用是通过包装将企业的特殊标志、标准色、字体等展现出来,形成产品鲜明独特的个性以区别于其他产品,从而更容易为消费者所感知和认可。由于标志、标准色、标准字都依附在包装上,在包装识别上处于重要位置,因此在设计中应重视三者的传播性。

1.标志

标志又分为企业标志和品牌。品牌在前面已经谈到,这里主要谈谈企业标志设计中的有关技术。在企业标志设计中应坚持如下原则:①突出企业形象,具有独特个性;②寓意准确,名实相符;③简洁鲜明,富有感染力;④造型精美,具有美感;⑤相对稳定,具有超前性。

标志设计在符合以上原则条件下,其表现的思路可分为表述法、表征法、会意法及纯标识法四种。

第一,表述法。常用来直接表现产品、服务项目、经营目标宗旨等,使顾客一看就能理解。设计时要最大限度地表现共性、代表性及相对稳定性。

第二,表征法。它是指用抽象思维的方法、图案表现企业特征和性质。这一方面常用来表现效能、精度、优质等特征。

第三,会意法。它是借助图形形象从侧面表达或引申事业内容或性质。

第四,纯标识法。它是指直接运用表音符号或单纯的图形作为标志。所用的符号常常是企业的名称或字头。为突出标识性,在设计时,要使文字变形而含有表征表意的含义。如"健力宝"标识的"J"字母,象征健康的人形,有着跳跃的动感。

2.标准色

标准色是企业经过特殊设计选定的代表企业形象的某一特定色彩或一组色彩系统。标准色在企业的识别系统中,具有强烈的识别效用。色彩具有视觉刺激,能引发强烈的生理、心理反应。因此,在包装、商标设计中选择不同的色彩会产生不同的促销效能,色彩已经越来越成为企业营销中一种重要的市场竞争艺术。色彩能够使人们产生联想,不同民族对颜色的表达意思是不同的。如色彩的"三原色"各自的象征作用如下:

(1)红色。红色象征喜庆、欢乐、幸福。红色是血的颜色,以此表示爱国主义;它又是心脏的颜色,象征爱心、同情、爱情。世界上许多国家都将其视为吉祥色,如美国可口可乐的标准色就选为红色。

(2)黄色。黄色是权势的象征。在古代中国、罗马,黄色为帝王专用色。"黄袍加身"就是例证,平民是不能用的。佛教中,黄色是僧侣的衣服颜色,象征着高尚、崇高和慈善。中国、韩国、印度、巴基斯坦、英国、希腊等都喜欢黄色。

(3)蓝色。蓝色象征着幸福和希望,是现代科学技术以及智慧和力量的象征。高科技企业一般选择此色为标准色,如 IBM、中国建设银行、交通银行的标准色为蓝色。

各国的喜好色和厌恶色如表 7 - 2 所示。

表 7 - 2　部分国家喜好色与厌恶色一览表

国别	喜好色	厌恶色
日本	白、鲜蓝、浅蓝、鲜黄	暗红、暗紫、暗黄、深紫色
美国	鲜蓝、鲜红、褐、深蓝	偏紫粉红、暗紫、浅黄色、浅紫
德国	鲜蓝、鲜黄、鲜橙、深红色	偏紫粉红、深黄、淡粉红、红亚麻色
丹麦	鲜蓝、鲜红、深蓝	淡粉红、淡黄色、亚麻、淡紫
新几内亚	鲜蓝、鲜黄、浅蓝	深紫、深红紫、暗紫、鲜紫

企业标准色的选定,通常有以下三种方法。

第一种:单色标准色。单色标准色单纯有力,可使人产生强烈的印象,留下深刻记忆,如可口可乐的红色、交通银行的蓝色。

第二种:复数标准色。它指企业选择两种以上的色彩搭配,追求色彩组合的对比效果,可以增强色彩的美感和完整,表达企业的特质,如美孚石油和日产汽车的红与蓝复色。

第三种:标准色加辅助色。这种方式主要是为了区分企业集团子、母公司的不同,或公司各事业部门以及品牌、产品的分类,利用色彩的差异性,易于识别区分。

3.标准字

标准字是企业识别系统中基本设计之一,因其应用的广泛性,特别是常常依附在产品的包装上,对消费者的视觉产生强烈刺激和辨识,因此其重要性不亚于企业标志。标准字是印刷术语,指将两个以上的文字铸成一体的字体。从 CI 的角度来看,标准字泛指将某事物、团体的形象或全名整理、组合成一个具有特殊形态的文字群。标准字与标志相比,具有明确的说明性,可直接将企业品牌的名称传达出来,通过视觉、听觉的同步作用,强化企业的形象与品牌的诉求力。

标准字设计的关键是要确定文字之间的配置关系。对于字距、笔画的搭配、线条的粗细、统一的造型要素等均要细致规划制作。依据标准字的功能,大致可以分为:①企业标准字;②字体标志;③品牌标准字;④产品名称标准字;⑤活动标准字;⑥标题标准字。

标准字设计应遵守如下基本原则:①识别性,即要有独特的风格和个性,使消费者便于识别。②易读性,即要方便人们认读,以接受企业传达的信息。③艺术性,即设计要具有创新感、美感、亲切感,能够使观看者产生共鸣,引起注意。④延展性,即标准字应适用各种场合和环境之中。⑤系统性,即实现标准字与其他基本要素和谐配置。

(二)形象系统设计

形象系统设计,指系统地将企业形象标志在各种传播媒介或信息交流渠道中表现出来,使之实现整体的统一性,这是 CI 最为复杂的一个应用领域。

一个企业在市场和消费者心目中形象的确立,需要综合运用企业形象识别系统中的 MI、BI 和 VI,通过各种途径传播企业理念信息。所以,形象系统设计便构成了现代 CI 战略研究和设计的中心任务。

(三)营销环境设计

营销环境设计,指有意识地通过营销环境的设计来突出产品及企业的形象。环境设计的基本要求为:①明亮的光线。这是购买环境应具备的基本条件,有利于购买者辨识和购买。②独特新颖的空间布置。③清新、整齐的商品陈列。④具有特色的橱窗设计的布置。⑤理想的广告,以突出商品品牌。

在销售环境设计中,标志、标准色、标准字应进行合理配置,发挥综合功能,形成整体效应,为顾客创造一个宽敞、明亮、舒适理想的购物环境。

(四)营销战略规划

在企业的战略规划过程中导入 CI 内容,要求企业应在对内外环境客观分析的基础上,明确确定企业在较长时期的发展战略,这个战略要能综合反映企业的经营理念,而且能够用一个明了的口号或关键词语表达出来。这种战略的表达有利于使全体员工有一个明确的目标、理想,有利于企业开展各种公关和促销活动,有利企业文化、企业精神的培育,以增强企业的竞争力和形象力。

上述只是 CI 战略在企业市场营销中的几个主要应用领域,实质上 CI 与企业营销密不可分,在市场营销的每一方面都可寻找到与 CI 有关的联系,企业营销需要借助 CI 推动。CI 的导入树立了企业的良好印象,也就促进了企业的营销。

关键概念

企业形象　企业理念策划　行为策划　视觉系统策划

复习思考题

1. CI 是怎样产生发展的? 如何正确理解 CI?
2. 企业形象策划包括哪几个阶段?
3. 企业形象策划包括哪些内容?
4. 分析比较 CI 战略与企业营销战略。
5. 试述 CI 战略在企业营销中的应用。

案例分析

美的集团 CI 改造提升印象

营销就是一场战争,是一场没有烽火、斗智斗力的战争。战争要讲战略,企业营销也要讲求策略。战斗中,战略最终由军队来执行,而企业的价值则最终在市场营销中体现出来。要在市场中建立一支训练有素的"军队",就必须要有严明的"军纪"、鲜明的"军旗"和一致的"军心"。CI 在企业营销中的导入就解决了这一问题。

理念识别(MI)就如"军心",使企业的发展有了一个明确的方向,令每个企业员工脑海里有着一个共同理想,这有利于企业凝聚力的形成,"军心"的稳固是企业发展的关键。一致的"军心"如一股无形的力量把企业的上上下下整合在一起,发挥出强大的核心作用。要达到"军心"的一致,就必须向企业员工灌输企业的文化、企业未来的发展前景及不同岗位员工在其中充当何角色。尤其是后者至关重要，要让员工知道企业的运作在生产—供货—销售中的每一个流程都很关键，是"齿轮"关系。举个例子，要让生产车间工人意识到产品的一点瑕疵不只是产品外观的不完美，而是影响了销售，更深一层是损坏了企业的形象。那么，我们该如何向企业员工灌输企业的文化呢？切记：千万不要采取面对面的教授方式，面对面的教授只会使员工觉得众多的规范在制约着他们，令企业与员工之间形成隔膜。企业文化塑造的主体应是广大的员工，没有员工的共同努力，谈不上有企业文化，更不用说企业的凝聚力了。我们知道，行军打仗最讲究的是军心不能动摇，军心的不稳固会导致丧失战斗力而最终落败。因此，企业文化不是固有的，不是空洞的，它是随着企业的不断壮大凝聚而成的。也就是说，企业文化是企业广大员工的共同追求。那么我们在向企业员工灌输企业文化的时候就应该遵循这样的原则：从员工的价值追求中来，到员工的价值追求中去。只有通过这不断反复、不断完善的灌输过程，企业的凝聚力才得以建立起来，这样的凝聚力使个人与集体的价值追求达到了统一，有利于"军心"的稳固。

现在很多企业都实行事业部制，事业部制有利有弊，弊端就是各事业部各自为政，只一味追求产品宣传，而不顾及企业的统一形象，在消费者眼中造成混乱的现象。广东美的集团几年前已实行了事业部制改革，激励了斗志，推动了销售。但随之而来面临的问题却是各事业部"诸侯割据"现象越明显：各事业部产品广告宣传口号不统一，CI的应用五花八门。空调事业部声称："原来生活可以更美的"，家庭电器事业部广告口号由"全球高品质的生活"到"里里外外，美的全面"，而厨具事业部的广告语则由"时尚生活更美的"转为"你的家，美的家"。各事业部在CI的运用上无统一规范，没有形成同一的"血脉"。我们知道，"血脉"是反映着一个"大家族"的成员特征甚至反映一个"民族"的繁衍。若"家族"各成员都有着同一信念，团结一致，那么这个"家族"必定会越来越强大。反之，则衰落下去。自1999年初美的集团委托了朗涛（香港）设计顾问公司为其进行CI改造，选择盛世长城（广州）广告有限公司作为其品牌顾问以来，美的集团形象焕然一新，有了统一的理念："创新领导者"，及新的集团广告口号："率先活在明天"。创新意味着管理、科研开发、设计、生产、营销等各方面都包含创新，以使集团上下员工有了明确的方向，达成"军心"的一致。但当时美的集团却把宣传重点放在对外的新闻发布会上，而对集团内部员工没有进行广泛的大力宣传，只是在内部刊物《美的报》上做了宣传介绍。而《美的报》登载的绝大部分是"专家式文章"，总体上均是围绕"国际化"等观点做评论，实际上多数的员工并不理解"国际化"，面对他们讲些"理想、目标、价值"也许更好。因为"自己人"是否拥有一致"军心"是企业凝聚力形成的重要体现。

视觉识别（VI）有如"军旗"，鲜明的统一的"军旗"为军队在作战中树立了信心。军队作战时，往往有一位举旗者，跟随将帅冲锋陷阵，人在则旗在，旗千万不能倒。确实，"军旗"对于作战时的士气强弱有着不可磨灭的贡献，试想一下，在战场上触目之处均是自己军队的战旗在飘，士兵的叫喊声是否比起只有一面旗大声些呢？卖场就是战场，一企业的不同产品在所属的不同功能销售区若能竖起统一的企业标识，在旁的导购人员若能穿着一致、言行有礼，那么这企业的销售力是否也会强一些呢？企业的视觉识别必须做到鲜明和统一，更重要的是如何去维持此鲜明的视觉识别统一化，要使此"军旗"不能更换，更不能倒。"军旗"与"军心"的关系是密切且不能分割开的，"军心"是"军旗"的灵魂、核心，"军心"一致时只有一款"军旗"，反之则会有多款"军旗"的产生。美的集团在商场里树起了三款"军旗"。一直以来美的空调是美的集团的拳头产品，其广告投放量更居集团榜首，其广告语"原来生活可以更美的"与其代言人——北极熊一家三口——形象已深入人心,甚至在某些城市,消费者提起美的只知道美的空调而不认识其他产品,可以说美的空调的广告是非常成功的。另外,在美的集团的大家庭中,这位空调"大哥"在事业上取得了成功,是否也应该帮帮其余的"兄弟姐妹"一把呢?人多力量大,这是否更有助于占据市场呢?然而,自从美的集团换了新标志,我们通过广告和商场的 POP 发现:美的风扇、饭煲等产品已举起同一面旗(美的集团标识),美的空调却举起另外一面旗(美的集团标识与空调字样、空调广告语的组合),美的燃气灶、抽油烟机等产品举的旗又不一样。其中我们发现美的各事业部对集团统一商标的应用各施各法,同一个卖场里出现几个不同的商标,这样的"军旗"是否会被人误以为是"杂牌军"中的?2000 年美的集团与盛世长城广告脱离了合作关系,委托洪福(广州)广告为其品牌顾问后,统一了集团与各事业部的广告语为"原来生活可以更美的",制定了店中店(卖场)的"美的家居"概念,将美的各产品按功能区划分为客厅区、厨房区(而不是以事业部来划分摆放),让消费者感受到温馨的家庭氛围,宣示"原来生活可以更美的",突出"创新领导者"的品牌核心,并将此概念引申至展览会中。这面鲜明且统一的"军旗"已先后在长沙、深圳、上海迎风飘扬,而后"叫喊声"能否持续上升,这将有赖于其品牌执行人员的素质。作为中国人是非常盼望看到自己民族的骄子取得更大的飞跃的,我们将拭目以待。

行为识别(BI)称之为"军纪"。"军纪严明"是一支训练有素的"军队"的有力保证,古时行军有"违令者斩"的说法,由此可知"军纪"与"军心"的关系:"军心"是统帅,"军纪"必须体现"军心"并为其服务。以现在的话说来,"军纪"也就可被视为整合营销传播中的一切行为特征。凡与企业有关联的所有的人、物或事件的活动表现均属于行为识别范畴,更重要的是这些活动表现是企业向消费者展示其理念的途径,理念只是口号,要将口号得到实践就必须用行动来体现,且这些行动要一直坚持下去。这方面外资公司就有很好的范例:如在服装穿着方面,从董事长到工人均穿着同一式样的工作服,由此看出他们非常注重团队协作。回头看看本土一些企业,大多缺乏整合营销传播的意识,有些只单纯将整合营销传播理解为企业在各媒体的广告投放、公关活动、终端等方面的策略一致,而忽视了以下方面,如该企业员工在社会上的行为(人的对话)、产品在市面上的形象包装(物的对话),这两方面与消费者的对话比起广告来更直接、更真实。例如,本土的一些企业在名片上也分"级别"(不同级别按不同设计用不同纸质),其实这对企业的形象塑造是很不利的,别人在今天接了一位员工递来的名片,过几天又接了不同员工不同的名片,就会产生这里面是否有一位员工是冒牌的联想;企业员工的一些不良行为,如染上吃喝玩乐、嫖赌饮吹等恶习,也会给企业形象抹上阴影,这些情况在国内一些企业的部分驻外人员身上会发现。因此,在市场竞争越发激烈的今天,"军纪"越显重要。一支优秀的军队要在战场上取得成功,要依赖各种人(如军师、将领、士兵、后勤、粮饷等)的有力配合,同样,企业的产品(或服务)也要靠各种角色(管理人员、科研人员、策划人员、推广人员、销售人员、导购人员、售后人员、财务人员、生产人员等)来发挥合力作用,才能占据市场。

美的集团意识到售后服务的重要,在此方面下了一番苦功:增设了一定规模的客户热线服务组,规范言语,以礼待人;有着统一服装的售后维修安装人员队伍,美的空调事业部还有着一套特别培训规范,作为客户,可以看到维修人员首先会很有礼貌地向您问好并说明来意后将自己的鞋子脱下,套上干净的鞋套(印有美的标志),然后在需要站上去进行工作的沙发上铺上干净的布(印有美的标志),最后在离开时也不忘"打扰您了"的言语。美的家庭电器事业部还增加了一批客户售后服务专用车,统一车身,色彩鲜明,对售后服务队伍建设及美的集团形象的塑造作出了巨大的作用。但由于美的集团本部对于各事业部的 CI 管理仍未到位,如美的厨具事业部的售后服务车身设计参考家庭电器事业部的售后车,但设计又不规范,又像又不完全像,而且集团的标识一方面应用不规范,另一方面粘贴歪歪扭扭。这种现象无疑又是一辆"冒牌货"出厂了。在这里,我想想谈谈当策略制定后,推广执行人员的专业素质是非常重要的,例如在卖场里,美的各产品应该统一以集团标识作展示,这样才会有效发挥合力,才会凸显美的企业的规模。而在商场里美的空调则自以美的空调标识展示,弄不好会给消费者造成有两个企业的存在,这是很不理智的。在整合营销的各种传播途径中,执行者的素质应尤为重视,传播是一个很长的过程,"军纪"贯穿其中,只要坚持不懈,执行同一,那么就一定会取得胜利的果实。

"军心""军旗"和"军纪"三者的关系是密不可分,且相互影响的。有什么样的"军心",就有什么样的"军旗""军纪"。"军心"是前提,是统帅,"军旗"是"军心"的体现,"军纪"是对"军心"加以执行。在营销中应特别处理好这三者的关系,CI 管理是一条长征路,希望不久的明天将有更多的中国品牌在这条长征路上升起。

——资料来源:1. max. book118.com/html/2018/100;2. www. renrendoc. com/p-6841258. html

问题讨论:

1. 美的集团是如何导入 CI 的？其核心是什么？

2. MI、VI、BI 之间的关系是什么？

第八章　市场营销战略

市场营销战略是企业市场营销管理思想的综合体现，又是企业市场营销策略决策的基准。制定正确的企业市场营销战略，是研究和制定正确的市场营销决策的出发点。企业的营销战略是由营销思想、营销目标、营销方针、营销计划构成的一个完整体系。

第一节　市场营销战略概述

一、市场营销战略的概念、特征及其意义

(一)市场营销战略的概念

"战略"一词始用于军事，是指将军的韬略和艺术，因为在市场经济中，商场如同战场，所以战略一词也就广泛地应用到经济活动中。战略是相对于战役和战术而言的，战略是指一个组织在一定时期内对带动全局的使命、方针与任务的运筹谋划。而策略是指为实现公司战略任务所采取的技巧、措施及方法工具。战略和策略之间的关系是全局与局部、长远利益与当前利益之间的辩证统一关系。

企业的市场营销战略是企业战略管理的重要组成部分。战略管理已经成为现代企业管理的一种最重要的手段。企业战略是指企业在不断变化和竞争激烈的环境中，努力把握机会，有效配置资源，创造竞争优势，以实现企业营销目标的行动方案。这个定义指出了战略的基本要素：环境与机会、资源与竞争优势、目标等，如图8-1。

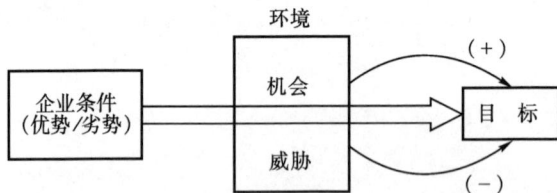

图 8-1　战略概念的图示

从图8-1可知，企业战略规划的目的，就是合理配置企业资源，实现一定的目标。环境中的机会对目标的实现是正效应，而威胁则是负效应。恰当地处理这些要素之间的关系，就构成了战略规划的基本框架。战略决策是由企业高层领导决策的，战略管理是企业的高层管理。

市场营销战略，是指企业在环境分析的基础上，从全局的、长远的、发展的观点出发，处理营销中遇到的重大问题，以实现企业的营销战略目标。现代市场营销学认为：营销战略既是一门艺术，也是一门科学。企业科学的营销战略的制定，主要应依靠科学的情报信息资料，实现企业资源和市场需求的匹配。如日本企业在汽车市场上以高超的营销战略，在美国市场获得成功。因此，营销战略已经成为制约企业生存与发展的关键因素。

(二)市场营销战略的特征

市场营销战略的特征,既决定营销战略的性质,又是制定营销战略的基本原则。其特征主要如下。

1.全局性

全局最优原则,是市场营销战略的基本特征,战略总是对全局而言的。全局性要求企业必须从国家、社会公众的全局利益和长远利益出发制定营销战略。要以企业为中心,权衡时间、空间、环境、条件、趋势,使营销战略最有效地利用内外资源,使营销目标协调于环境,实现营销战略的最优化,以提高经济效益。而营销战略中的经济效益是一个广义的概念,泛指社会经济效益、资源经济效益、环境经济效益以及企业自身经济效益的有机统一体,并要兼顾当前经济效益与长远经济效益、局部经济效益与全局经济效益。

2.计划性

战略指导全局,必然具有计划性的特点。它既是根据国家产业政策要求、社会需求及企业的中长期发展战略目标而制定的,又是企业制订经营计划的纲领性文件。具体来说,计划性是根据企业营销思想和营销方针,把要做的工作的具体内容、方针、步骤、时间规定下来,按年(季)度付诸实施,从而形成企业长远营销的定量安排。

3.系统性

它从企业营销的外部环境到内部条件,从营销思想、方针,营销方向、目标、策略到行动计划等方面做出系统性谋划。可见,系统的营销战略必须是不同层次、不同结构、不同功能、不同方法的,并把它们结合起来形成多维结构的营销战略。企业应将营销战略作为一个整体系统工程统筹规划,追求整体发展的最大效益。

4.长期性

战略着眼于未来,要指导和影响较长时期的企业营销行为,所以市场营销战略具有长期性的特征。也就是说,企业应该有发展的观念,要处理好企业眼前利益和长远利益之间的关系,并使二者相互衔接、相互协调。

5.风险性

由于营销环境的多变性和复杂性以及企业内部条件也在不断变化,同时战略总是相对未来而言的,因此使企业的营销战略具有风险性特征。然而风险总是与机遇同时存在的,而且还是可以互相转化的。企业营销战略的实施也就是抓机遇、避风险的过程,如20世纪70年代的石油危机,对几乎所有工业国家的企业都形成巨大的风险,而日本的汽车工业从中获得了更有利的竞争地位。

(三)市场营销战略的意义

在市场经济条件下,一个企业在激烈的竞争中能否生存,能否获得成功,主要取决于企业的管理者能否制定切实可行的营销战略,已经成为影响企业生存与发展的一个关键因素。《孙子·计篇》中说:"夫未战而庙算胜者,得算多也。未战而庙算不胜者,得算少也;多算胜,少算不胜,而况于不算乎;吾以此观之,知胜负矣。"意思是说,在用兵打仗前,要了解对方和自己的实情,对作战中的各种情况,包括好的、坏的、优势和劣势进行充分估计,估计得越准确(即"得算多"),则战争中取胜的把握越大。这就是说,企业在制定营销战略时,要未战先算,通过多方面地反复分析对比,选择最合适的战略是成功的诀窍。

当今欧美、日本的许多企业,特别是大企业,都不惜代价,努力寻求好的企业营销战略。如据美国斯坦福研究所的调查,到20世纪70年代美国企业百分之百地制定了发展战略;再如

1983 年,联邦德国对机械制造业的 400 家企业调查的结果表明:1977—1981 年凡是重视战略管理的企业,流动资金总额和产品销售总额分别为 44% 和 61%,而一般企业为 18% 和 29%。著名市场营销学专家菲利普·科特勒教授在其《新竞争》(The New Competition)一书中,把日本企业在全球经济竞争中的成功归因于日本企业市场营销战略的灵活运用。该书使人们看后,明白了"在日本人的成功中,营销扮演了一个主要角色"。我国著名企业华为在 2019 年中美贸易战中,依靠"战略储备"而获得成长发展的主动权。由此可见,重视营销战略的制定,具有重要的现实意义和必要性。

具体来讲,营销战略对企业的营销活动有以下作用。

(1)营销战略是企业生存与发展的出发点。保持与动态变化环境的相适应,是企业在竞争中生存发展的关键,而这种相适应是建立在对环境变化做出科学性判断与预测的战略决策,只有做到这一点,才能保证企业营销的成功。

(2)营销战略有利于增强企业的市场应变能力。营销战略的制定,是建立在对未来环境综合分析的基础上,战略方案往往都有两个以上,所以当外部环境变化时,企业可随时从中选择较佳方案,提高了企业的适应能力。

(3)营销战略有利于发挥企业的相对优势。企业要想在激烈的市场竞争中享有较理想的市场占有额,就必须找到最能发挥自己优势的领域和范围。例如,美国通用电气公司卖掉家用电气部,转而经营医疗设备,就是在识别市场机会的基础上,充分发挥优势的成功范例。

(4)营销战略有助于提高企业的整体管理水平。营销战略是全面的、长远的经营目标,要保证其实现,企业就必须从各方面加强内部管理,提高管理水平。西方营销学者的研究表明,成功企业的营销取决于七个因素:①战略(strategy);②结构(structure);③系统(system);④风格(style);⑤技能(skills);⑥职员(staff);⑦价值观(shared values)。如图 8-2 所示。

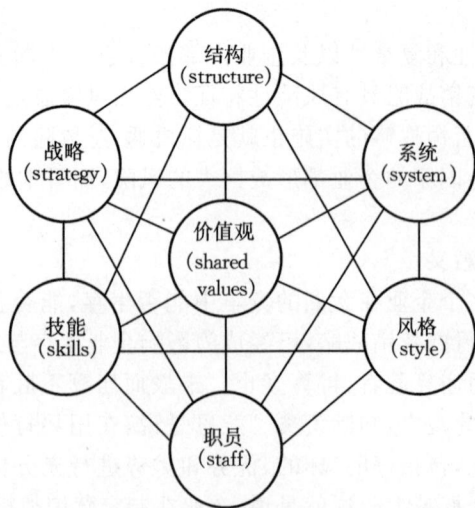

图 8-2　企业战略营销"7S"模型

　　在上述七个因素中,前三个称为营销成功的"硬件",后四个是成功的"软件",其简称"7S"模型。当外界环境变化时,企业必须适时调整"7S",而关键是"战略"调整。

　　(5)营销战略有利于增加企业盈利。营销战略是决定企业实际盈利水平的关键因素。战略追求的是长期盈利的最大化,而不是斤斤计较的眼前利润。

二、影响营销战略的因素

　　企业营销战略的形成,主要取决于以下三大因素。

　　(一)社会需求

　　社会需求为企业提供了生存与发展的机会。但是,由于受社会政治、经济、技术等因素的影响,社会需求是在不断变化的。这种变化为经营者的发展既提供了机会,也孕育着营销风险,这就需要企业制定营销战略。社会需求既有现实性又有一定的潜在性,即社会需求要靠经营者的创造,而创造社会需求就要借助一定的营销战略。同时,社会需求又有一定的弹性和可替代性,这种弹性与经营者的营销战略有着密切的关系。正确的营销战略可能把社会需求吸引过来,不切时宜的营销战略可能把社会需求推向他处,给企业经营带来风险。因此,社会需求是决定企业营销战略的第一要素。

　　(二)企业的营销结构

　　企业的营销结构是指能用来满足社会某种需要,维持其生存和发展的一切手段,它包括人力、物力、资金、物流、供应链等资源结构,还包括企业的生产技术、设备结构、产品结构、营销结构、营销的组织结构等。企业的营销结构是企业制定营销战略的物质基础和后盾。没有必要的物质基础,营销战略只能是纸上谈兵。但是,若有了一定的物质基础,没有出色的营销战略去有效地利用资源,企业也得不到应有的发展机会和空间。

　　(三)竞争者

　　企业营销的环境是一个竞争十分激烈的环境。竞争者的存在不仅使企业制定营销战略更显得必要,而且竞争者的营销战略对企业营销战略的制定及实施有着重大影响。所以,企业在制定营销战略时,必须认真研究竞争对手的战略,以便知己知彼,扬长避短,在竞争中取得优势,并保持其优势地位。

　　决定企业营销战略的上述因素是三个不同的矢量,如图8-3所示。企业的营销战略就是要在这个空间中寻找自己应有的适当位置。

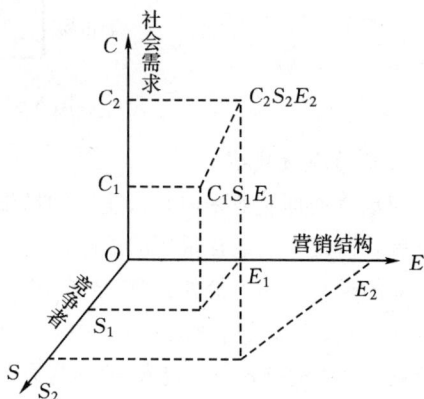

图8-3　影响营销战略的因素

　　当社会需求发生了由$C_1 \rightarrow C_2$的变化、竞争者的战略也发生了相应的由$S_1 \rightarrow S_2$的变化、企业的营销结构就发生了由$E_1 \rightarrow E_2$的变化时,企业的营销战略就应由$C_1 S_1 E_1$的位置转移到$C_2 S_2 E_2$的位置。

第二节　市场营销战略制定

　　企业的营销活动大都是在市场上进行的,实施有效的市场营销战略,是企业在营销竞争过程中立于不败之地的重要保证。一般来说,企业的市场营销战略过程大致分为四个阶段:建立目标市场战略、市场发展战略、市场进入战略和市场营销战略组合。

一、建立目标市场战略

　　制定企业的市场营销战略,首先遇到的是用什么产品进入目标市场的问题,即目标市场选择。一般有三种战略可供选择,即差异性目标市场战略、无差异性目标市场战略、密集性目标市场战略。对于目标市场的这三种战略将在第九章论述。

二、市场发展战略

　　企业在选择和进入目标市场后,还要谋求在市场中进一步发展壮大。为此,就须制定企业的市场发展战略(或新增业务计划),即企业扩大再生产、开拓新市场、发展经营的战略。一般地讲,有三类市场发展战略,即密集型市场发展战略、一体化市场发展战略、多角化市场发展战略。

(一)密集型市场发展战略

　　这是一种在企业现有的业务范围内寻找未来发展机会的战略。因此,就须分析现有产品和市场是否存在可开发的机会。在营销中,常采用"产品/市场矩阵法"分析。如图8-4所示。

	现有产品	新产品
现有市场	1.市场渗透	3.产品开发
新市场	2.市场开发	4.市场组合

图8-4　产品/市场发展矩阵

1.市场渗透战略

　　市场渗透即企业采取积极主动的措施在现有市场上扩大企业现有产品的销售,以求得企业的发展。这是企业最常采用的战略。它一般有三种渗透方法:①千方百计促使现有顾客多购买本企业的现有产品。例如:高露洁曾10万美金诚征"创意",最后选定"将高露洁牙膏的管口放大50%"的创意。每天消费者在匆忙中多消费50%,自然就多购买50%,因而,销量也就增加了50%。②把竞争对手的顾客诱导过来,使其购买本企业的产品。③努力开发潜在顾客,即说服从未买过本企业产品的顾客购买。如让不刷牙的消费者,通过宣传口腔卫生知识,激励其购买牙膏消费。

2.市场开发战略

　　市场开发即用企业现有产品来满足新的市场需求,从而增加产品销售。它一般采用两种方式:一是开拓新市场,扩大销售区域,占领新的细分市场;二是通过发现老产品新用途来扩大市场。

3.产品开发战略

　　产品开发是指企业向现有市场提供企业开发的新产品或改进的产品(如增加花色、品种、规格、型号等),以满足现有顾客的潜在需求,扩大销售。

4.市场组合战略

这是以新产品、新材料、新能源进入新市场,则要求企业在产品、价格、分销及促销等方面,采取营销组合战略,以促使新产品尽快占领市场、打开销路。

(二)一体化市场发展战略

一体化市场发展战略即生产企业、供应商、销售商实行一定程度的联合,融供、产、销于一体,以提高企业发展和应变能力。当企业的业务很有发展前途,而且在订货、促销、服务等方面实行一体化能提高效率、加强控制、扩大销售、增加利润的情况下,可采用一体化发展战略,以发挥各自优势,促进企业发展。一体化发展战略主要有三种,即前向、后向、水平一体化战略(见图8-5)。

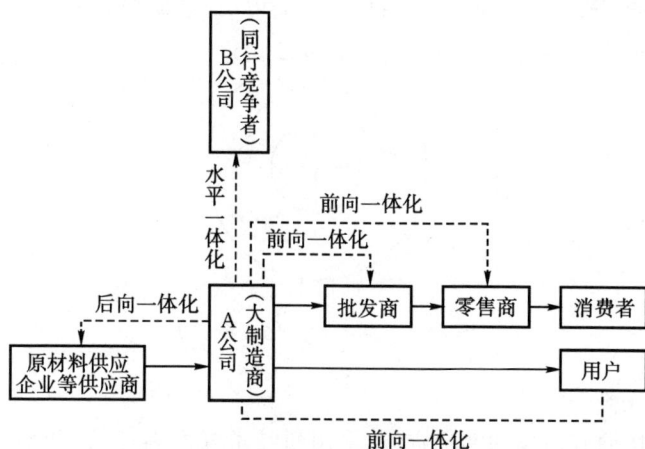

图8-5　三种一体化增长战略

1.前向一体化战略

这是指生产企业通过收买或兼并若干商业企业,建立自己的分销系统,实行产销一体化,自产自销。同时,企业如用自己的产品生产其他产品,也叫作"前向一体化",如木材公司延伸生产家具、批发企业开设零售商店等。

2.后向一体化战略

这是指企业通过收购或兼并若干原材料供应企业,控制原材料的生产或销售,实行供产一体化。如某汽车制造厂,以前向轮胎公司采购轮胎,现在自己建厂生产轮胎,就是一种"后向一体化"战略。

3.水平一体化战略

这是指企业收购或兼并若干个竞争者同类型企业,组成联合企业或企业集团,以扩大生产经营规模。同时,中外合资经营企业也属于水平一体化、混合经济发展中的企业融合发展。近年来,一体化经营作为一种新的方式被我国企业界广泛采用,随着互联网技术的发展应用,供应链一体化发展将成为一种大趋势。

(三)多角化市场发展战略

多角化(多元化或多样化)市场发展战略是指企业尽量增加经营品种和产品种类,跨行业经营多种产品或业务,扩大企业的生产经营范围,使企业优势充分发挥,使企业的人力、物力、财力资源得到充分利用,从而提高经济效益,以保证企业的生存与发展。

西方国家的公司大都推行多角化经营,从"鸡蛋到导弹"无所不包。近年来,经营范围更广泛,而且更加注重开发尖端技术的新产品。近年来,我国企业多角化经营已成为一种趋势。多角化战略可以减少风险,增强企业实力。但也会分散企业资源,出现管理漏洞导致企业失败,如"德隆集团"等。

多角化发展战略主要有以下三种。

1.同心多角化战略

企业利用现有技术、设备和营销资源,开发经营新产品,以吸引新的顾客,就像从圆心出发,向外扩大企业经营范围。这种战略投资少、风险小,容易获得成功,如"海尔集团"以"电冰箱"为核心,进入空调、洗衣机、微波炉及热水器市场等,获得成功。如图 8-6 所示。

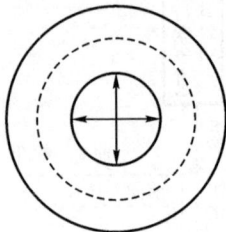

图 8-6 同心多角化战略图示

2.水平多角化战略

这是指企业利用原有市场和客户资源,采用新技术开发新产品,增加产品的种类和品种,如某收割机制造公司,面向农村市场,开发经营农药、化肥等化工产品,就是水平多角化战略。

3.集团多角化战略

这是指企业通过收购、兼并其他行业的企业,或者在其他行业投资,组建企业集团,开发新产品,开拓新业务,以发挥综合优势。例如,某钢铁公司经营金融业、旅馆、餐饮、证券、房地产等。实施这种战略的企业,一般都是财力雄厚、人才济济、技术先进的大公司。

三、水平营销战略

2003 年,菲利普·科特勒教授提出了水平营销的思想,其思想之一就是将本来无关的概念同现有产品相结合,以探索这种结合能否创造出新的产品类别。水平营销是一种相对于纵向营销的新的营销框架和理论,水平营销思维能够为企业带来更大的市场机会。例如,吉列的剃刀产品通常被认为是针对男性的产品,但水平思维的结果促使吉列决定开发一种适合女性需要、更女性化设计的剃刀,获得了巨大的市场成功。

所谓水平营销是一个工作过程,当它被应用于现有的产品或服务时,能够产生涵盖目前未涵盖的需求、用途、情境或目标市场的创新性的新产品或新服务,因此,它是一个为创造新的类别或市场提供了很大可能性的过程。水平营销并不是纵向营销的替代方式,它是垂直营销的一种补充。水平营销过程能够创造新的产品类别,重新界定业务,有利于公司拓展战略目标。

水平营销和纵向营销适用的场景不同,如表 8-1 所示。

表 8-1　水平营销和纵向营销适用的场景

纵向营销	水平营销
更适合处于发展初期的新开辟市场	更适合增长率为零的成熟市场
用于发展市场,用于通过编译和转化潜在客户为现实客户而扩大市场	用于开辟全新的市场或类别,用于联合不同的业务,用于到达目前产品永远不能到达的目标,用于寻求新用途
适用于不太冒险型企业	适用于冒险型企业
资源缺乏时需保证稳定的哪怕不高的增量销售额	资源丰富时或企业愿意投资和等待欲获得高销售额
通过增加品牌而保护市场,减少竞争	为了用于直接竞争者业务圈之外的同类产品来抢占市场
为了完成企业使命而创新,保持业务优势和重心	为了重新界定企业使命,寻找其他市场

资料来源:科特勒.水平营销[M].北京:中信出版社,2005.

四、市场进入战略

企业进入目标市场时,还要进一步考虑何时、何地、何法、何渠道进入的问题,并相应采取不同的战略。

(一)市场定位战略

市场定位是指企业确定什么样的市场或顾客群作为自己的目标市场或营销对象。市场定位将在第九章中详述。

(二)市场定时战略

1.时间战略

时间战略就是要考虑投资及购买力在时间上的分布。什么时间购买力旺盛? 对商品的需求有何特点及变化? 对季节性强的商品及原材料供应,更应强化时间观念。

2.时机战略

市场开拓、资源开发、商品投放、企业集团的组建都要掌握火候、把握战机,这是战略决策应有的观念。

3.时尚战略

商品都存在一个风尚、时尚、时髦和流行性的问题,经营这些商品应以新奇、灵巧、美观取胜。

(三)市场进入战略

1.联合进入战略

联合进入战略,即与对方建立联产、联营、联销关系,发挥各自的天时、地利、人和的优势,进入目标市场。

2.独立进入战略

独立进入战略,即在目标市场建立本企业的销售网络,或者通过购买对方商店、商标、产业而进入有关国内、国际市场。

3.分销战略

分销战略,即在目标市场上寻找合适的代理商、经销商等,通过代理商或中间商进入市场,这有利于利用其人熟、地熟、业务熟及当地的营销优势,缩短产品进入市场的时间。

4.合资战略

合资战略,即与外商、港澳台商合资,兴办企业或开发资源,搞补偿贸易和双边贸易,这样有利于产品迅速进入国际市场。

五、市场营销组合战略

(一)市场营销组合的因素

市场营销组合是现代市场营销学一个十分重要的概念,也是企业市场营销策略的枢纽。这一理论是由美国哈佛大学尼尔鲍顿(N. H. Borden)教授在 1964 年首先提出的。影响企业市场营销的因素复杂多样,但一般可将其分为可控因素和不可控因素两大类。不可控因素即企业外部宏观社会经济环境,在第三章环境分析中已做了专门的分析研究。可控因素指企业内部可调整、控制的因素,主要包括产品(product)、价格(price)、营销渠道(place)、促销(promotion)。由于这四个因素英文的第一个字母都是 P,所以简称为 4P 组合。在企业的营销活动中,尽管上述四因素是可以控制的,但企业的营销不仅受自身资源及目标的影响,而且还受宏观社会经济环境的影响和制约。这些环境力量能够给企业的营销造成许多环境机会与环境威胁。因此,企业必须将两类因素结合起来,综合应用。

所谓市场营销组合,指企业系统地综合运用可以控制的因素,实行最优化的组合,以实现企业的营销目标,为顾客提供服务,取得最佳的经济效益。在 4P 因素中,任一因素的改变,都会形成一个新的组合。而且这四个因素的每一因素又包含许多因素,还可形成新的组合力量,形成一个 P 次级组合。如果从每一 P 因素中选择 4 个次级因素,市场营销组合实质上包含了16 个因素,组成 4 个次级组合。围绕目标市场,企业的营销活动就形成了一个开放型的组合系统,如图 8-7 所示。

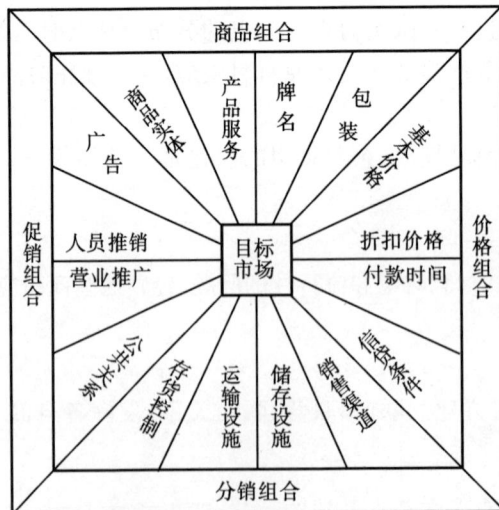

图 8-7　营销因素组合的主要变数

(二)市场营销组合的特点

1.营销因素的可控性

对于企业来说,4P 因素是可以控制的,企业有自由选择的余地。但是,企业的市场营销组合因素还要受不可控因素的影响,只有保持可控因素与环境因素的相适应,才能促进企业市场的扩展。

2.市场营销组合的动态性

营销组合是依据企业的内外环境条件而确定的。随着环境的变化,营销组合的各因素也在变化;任一因素的变化,都会形成一个新的组合战略。因而,市场营销组合不是固定不变的静态组合,而是随着环境条件的变化而变化多端的动态组合。

3.市场营销组合的复合性

由于营销组合中的每一因素又包含许多因素,就形成了新的次级组合。企业在运用营销整体手段时,不但要综合运用主级 4P 因素组合,而且还要利用各种因素自身的次级组合力量。因而,市场营销组合是由主、次级组合成的有机整体。其复合性如图 8-8 所示。

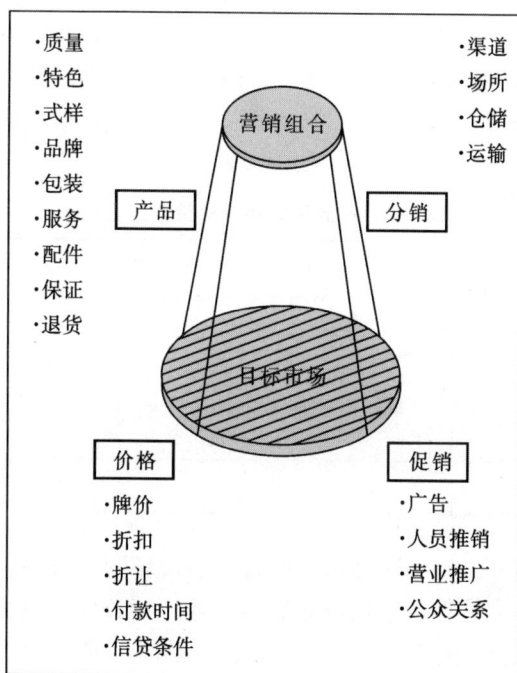

图 8-8　市场营销组合因素复合示意图

4.市场营销组合的统一性

企业内部的各部门在市场营销机构的协调下,充分利用企业的一切资源,实行整体营销手段,以实现企业的营销目标,保证营销活动的有效性。

5.市场营销组合功能的放大性

这是指营销组合的功能大于各因素功能之和,即 $1+1+1+1>4$；$4-1\leqslant0$ 即营销组合运用不当所形成的营销力不是"$4-1=3$",而是等于零甚至负值,即可能导致营销失败。实施组合战略,配合得当,可以避免各因素功能的相互抵消,便于发挥整体功能。

(三)市场营销组合的作用

市场营销组合既关系着企业营销目标的实现,又关系着企业的兴衰成败,对于企业搞好市场营销具有十分重要的作用。

1.企业制定营销战略的基础

营销战略实质上是市场营销组合的扩展,只有企业营销组合因素选择适当,企业的整体营销战略才能发挥作用。

2.企业竞争的有力武器

市场环境会变化,竞争对手的策略也在改变,企业要在竞争中取胜,就必须灵活、巧妙运用营销组合各因素,像变"魔方"一样,能够推出新的组合方式,战胜竞争对手,取得良好的营销效果。

3.协调企业内部关系的纽带

运用市场营销组合策略,可以使企业内部的各部门统一协调,既分工又协作,形成一个整体,共同满足目标市场用户需求,去争取顾客和占领市场。

(四)市场营销组合战略应用

在现代企业的营销实践活动中,研究营销组合因素的意义在于其结合起来的独特方式。围绕4P建立企业的市场营销战略已更趋成熟。四种策略的不同排列组合,企业就可做出多种多样的市场营销决策,如价格策略和产品(质量)策略的不同组合,就有9种不同的市场营销决策。如表8-2所示。

表8-2 产品策略和价格策略组合表

价格策略	产 品 策 略		
	高档	中档	低档
高	1	4	7
中	2	5	8
低	3	6	9

下面是日本索尼公司开发第一代晶体管收音机的市场营销组合实例。

日本索尼公司是世界上著名的家用电器制造企业。同许多成功的日本企业一样,该公司十分注重市场营销战略,能够根据顾客的需求和竞争者策略,调整其市场营销组合。该公司在20世纪50年代中期率先开发出第一代晶体管收音机,并以就业率高、乐于尝试新事物的美国为主要目标市场。索尼公司当时的市场营销策略如表8-3所示。

表8-3 索尼公司开发第一代晶体管收音机的市场营销组合

产品策略	便携、实用、优质、新颖。不惜代价,坚持用自己的商标进入国外市场
价格策略	单价29.95美元,以5000台为批量做价格起点,10000台为折扣价格最低点,此后购买量越多价格越高,避免新市场的需求不稳定、生产能力不足带来的风险,以提高质量而不以降低售价为主要手段
渠道策略	直接寻找美国企业为经销商,而不通过在美国设有分支机构的日本贸易公司
促销策略	通过熟悉美国市场和法律的代理商,重点宣传产品的新技术信息和巨大效益

第三节　大市场营销战略

大市场营销战略理论是由美国当代营销学权威——美国西北大学教授菲利普·科特勒提出。1986 年美国《哈佛商业评论》第 2 期刊登了科特勒的《大市场营销》一文,系统地论述了大市场营销理论,它使传统的市场营销组合理论受到了严重的挑战,是 20 世纪 80 年代市场营销战略思想的新发展。

科特勒认为:成功的市场营销正日益成为一种政治上的活动。市场经济的充分发展,使交换的深度和广度不断扩大,世界经济正向区域化、集团化方向发展,世界贸易保护主义有所抬头。在贸易壁垒增高和贸易摩擦时有发生的情况下,企业要想进入这样的封闭市场,除了运用营销组合的 4P 外,还必须加上另外两个 P——权力(power)和公共关系(public relation),这种战略思想称为"大市场营销"(megamarketing)。所以,我们把 4P 因素再加上两个 P 所形成的 6P 组合称为现代市场营销组合。

所谓大市场营销是指企业为了成功地进入某一特定市场从事业务经营,在策略上协调地运用经济的、心理的、政治的和公关的手段,以博得外国或当地有关方面的合作与支持,从而打开进入市场之门,顺利地进入目标市场。

一、大市场营销对企业营销的意义

大市场营销是对营销观念的延伸,是企业市场营销组合的新发展,对企业的营销实践有积极的意义,主要表现在以下几个方面。

1. 发展了市场营销组合理论

大市场营销理论在对传统营销组合理论给予肯定的同时,充实和扩展了市场营销组合的理论,即由 4P 发展为 6P,从而给企业的市场营销人员及决策者以新的启示,开拓了新的视野和思想,为企业产品进入新的市场打开了一条新通道。

2. 突破了不可控因素与可控因素的分界线

传统的营销观念认为,环境力量对企业是不可控的,企业只能顺应它、适应它,不能改变它。而大市场营销认为:企业有意识地通过各种活动,如院外活动、立法方面的活动、谈判、广告、公共关系和战略性的合伙经营等,来改变某些环境因素,以利于企业营销。

3. 强化了市场营销的功能,扩大了营销活动的范畴

传统营销功能以消费者为中心,生产适销对路产品,并运用 4P 组合策略,使消费者需求得到满足。大市场营销不仅强化了这一功能,而且使企业营销范围、功能扩大到可以对一个国家或地区的政治、法律、文化、思想、风俗习惯等因素施加影响,使其朝着有利于企业营销的方向发展。所以,企业应同政府部门、立法部门、公共利益团体、宗教机构等处理好关系,并把营销同政治力量结合起来,借助政治力量促进企业营销。

二、市场营销与大市场营销的比较

大市场营销是在市场营销基础上产生的,又是对市场营销的发展与创新。二者在营销目标、手段、诱导方式等方面都不相同。因此,比较二者的异同,一方面对市场营销的一些基本方面进行重新考察;另一方面又对大市场营销进行有效评价。二者的比较如表 8-4 所示。

表 8 - 4　市场营销与大市场营销比较

比较项目	市场营销	大市场营销
市场营销目标	满足消费者需求	为了满足消费者需求,或开发新的需求,改变消费习惯,而争取进入市场
涉及的有关方面	消费者、经销人、商人、供应者、市场营销公司、银行	除一般介入者外,还包括立法者、政府机构、工会组织、改革团体、一般公众
营销手段	营销调研、产品开发、定价、分销渠道、促销	除一般手段外,还要运用权力和公共关系
诱导方式	积极性的诱导和官方的诱导	积极性诱导(包括官方和非官方的)和消极性诱导(施加压力)
时间	短	长得多
投资成本	低	高得多
参加人员	营销人员	营销人员加上公司高级职员、律师、公共关系和公共事务的职员

三、权力营销及其分类

大市场营销是在市场营销组合(4P 组合)基础上,加上政治权力(political power)和公共关系(public relations)两个因素而形成的。公共关系在第十四章论述,在本章只分析权力营销。

"权力"是一种强制性力量,一般用在政治领域。科特勒认为:权力对企业的营销活动是至关重要的。它是指一方能够支配另一方的能力,即甲方能使乙方去做它原来不想做的事情的能力。甲方对乙方施加影响,可以采用五种方式运用权力。

1.强制型权力

这是指生产者对中间商有绝对制约的一种能力。如中间商若不与生产者配合,生产者可以用取消代理或经销权为条件,胁迫中间商接受某种条件。但要注意,只有在商品供不应求、中间商过度依赖生产者时,这种权力才是有效的。即使在这种情况下,强制型权力也不宜滥用,因为这样会招致中间商的反抗,当市场供求关系变化时,企业就会失去市场。

2.报酬型权力

这是指生产者有付给中间商特殊报酬的权力。如经销商开拓了新市场、提高了市场占有率、为生产者进行了商品宣传等,生产者可依据贡献给予奖励。

3.契约型权力

这是指生产者有按照合同要求行使某种行为的权力。在特许销售合同中,对经销商的某些行为,就有严格的限制和约束。生产者的权力,从另一方面来讲就是经销商的责任。

4.专家型权力

这是指生产者在技术或者在管理、人才培训等方面具有优势,能够吸引中间商的一种力量。如生产者统一支付广告费用,对经销商就有一定的吸引力。当中间商也成为专家时,对生产者就会形成一定的威胁。这时生产者的任务在于维护自己的优势,以便使中间商愿意与本企业合作。

5.咨询型权力

这是指生产商能够为中间商提供某些方面咨询的权力,如技术指导、维修服务等,经销商通常愿意接受这种咨询。

四、权力营销的应用

(一)运用权力营销,进入特定市场

企业产品要进入某一目标市场,障碍因素主要来自掌握一定权力的"守门人",如政府官员、市场管理者及有一定决策权的人。企业的任务在于一方面要寻找出每个守门人,另一方面要找出打开"大门"的钥匙。当企业产品要进入这个市场时,在掌握一定权力的人中,企业要明确谁的态度积极,谁是反对者,谁是中立者。企业为了实现进入市场的目标,要进行"分化瓦解",即要做到战胜反对者,团结同盟者,争取中立者。企业可采取的总体营销战略为:①补偿反对者损失,使其保持中立;②与支持者组成联盟,形成利益共同体;③通过施加影响,使中立者转化为同盟者。在市场竞争中,企业应研究向守门人提供什么样的刺激是合适的? 在什么情况下可得到守门人的默许进入? 同时应积极主动地向"守门人"发起攻势,以创造企业产品进入市场的机遇。

(二)充分利用行政渠道,为产品进入市场打开通道

行政组织依法行事,具有很大的权力,对各企业、事业单位、群众团体及个人都有一定的约束力。同时,行政组织还掌握着国家重要的经济信息及法律、法规的制定和实施。如公安部门规定所有高层建筑必须安装"火灾报警器";交警部门规定所有汽车必须使用低铅汽油等,都会给企业的发展提供机遇和挑战。行政渠道作为信息通道具有稳定性和权威性的特点,它是企业一条重要的营销渠道,也就是在企业产品进入市场时,借助行政渠道为产品打通一切障碍,使之长驱直入。

(三)政府是个大"用户"

政府机构的运行,需要购买各种商品,这些商品形成了一个巨大的潜在市场——政府市场。这个市场不同于消费者市场和生产者市场。在我国主要表现为社会集团购买力,这种购买力受国家有关政策影响较大。企业要善于开发适应于政府机构使用的产品,如办公室自动化产品、高档办公用品。在营销时,要善于采取"变通"与"转嫁"策略。如国家政府机关不得购买进口轿车,日本企业家将其小轿车改装为"客货两用车",这样就可进入中国政府市场。

权力营销是市场经济条件下的一种新的营销战略,其实质是巧妙地运用目标市场决策者(守门人)的权力和营销者自身的权力,借助行政渠道传递信息,促进企业营销目标实现。在我国运用权力营销时,要防止因滥用权力导致腐败。同时,要区分权力和特权的关系,严禁特权与金钱结合而产生的"权力寻租",以保证市场的规范运行。

知识链接

1P 营销理论

1P营销理论是由北京大学光华管理学院营销学、管理学和管理经济学教授王建国提出的,该理论突破了传统4P营销思维(见图8-9),提出了与当今网络经济时代匹配的崭新商业模式。

1P营销理论认为,企业低于成本价格销售产品,但依然能获利,主要的原因在于企业在营销中的另外3P(产品、促销、渠道)等成本支出被第三方支付了,所以企业才能以较低的价格(另外1P)甚至免费销售其产品。1P理论的核心问题可以归结为:探索企业怎样整合第三方资源(让其为顾客买单),以达到为顾客降价而自己却不降利的目的,见图8-10。

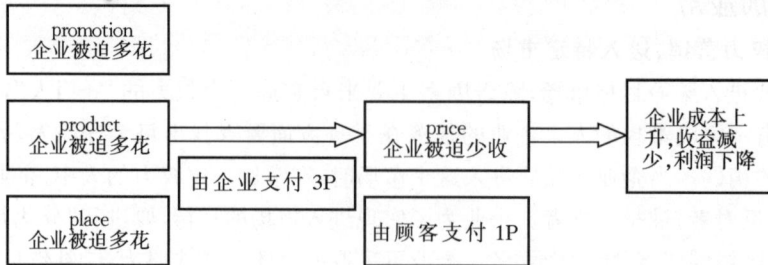

图 8-9　传统 4P 营销理论思维图

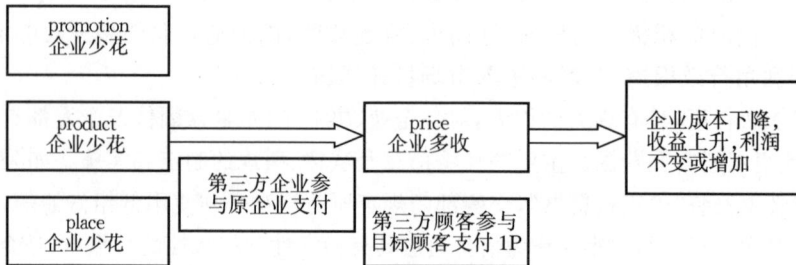

图 8-10　1P 营销理论思维图

第四节　市场营销竞争战略

市场竞争是市场经济的基本特征。只要存在商品生产和商品交换,就必然存在竞争。我国要大力发展社会主义市场经济,所以企业的营销活动,就必须在市场经济的规则下运行,研究竞争规律,掌握竞争战略,不仅要满足目标顾客的需求,还须研究竞争对手的优势及策略,做到"知己知彼",以便在竞争中立于不败之地。美国学者波特提出,有以下三种一般性竞争战略可供选择。

一、成本领先战略

成本领先战略是指一个企业以力争使其总成本降到行业最低水平,作为战胜竞争者的基本前提。采用这种战略,核心是争取最大的市场份额,使单位产品成本最低,从而以较低售价赢得竞争优势。实现成本领先的目标,要求企业具有良好、通畅的融资渠道,能够保证资本持续不断投入;产品便于制造,工艺过程精简;拥有低成本的分销渠道;实施紧张、高效的劳动管理。另外,更先进的技术、设备,更熟练的员工,更高的生产效率,更严格的成本控制,结构严密的组织体系和责任管理以及满足数量目标为基础的激励制度等,都是实施这一战略的重要保障。这样,企业依靠成本低廉为其战略特色,并在此基础上争取有利的价格地位,在与对手的抗争中也就能够占据优势。

二、差异化战略

差异化战略是指千方百计地使本企业有别于竞争者,凸现和形成鲜明的个性和特色,以创造和提升企业竞争优势的战略。实施这种战略的竞争优势,主要依托于产品及其设计、工艺、品牌、特征、款式和服务等各个方面或几个方面,与竞争者相比能有显著的独到之处。由于不同的企业产品各有特色,顾客难以直接比较其间的"优劣",故而可以有效抑制市场对价格的敏感程度,企业同样有可能获得不亚于成本领先企业的效益。一旦消费者对企业或者品牌建立了较高的信任度,还能为竞争者的进入设置较高的障碍。有效地实施这一战略的前提,是企业在市场营销、研究与开发、产品技术和工艺设计等方面具有强大的实力;在质量、技术和工艺等方面,享有优异、领先的良好声誉;进入行业的历史久远,或从事其他行业时积累的许多独特能力依然有用;可以得到来自销售渠道各个环节的大力支持和合作;等等。因此,一个企业必须能够对它的基础研究、新产品开发和市场营销等职能进行有效的协调和控制,具有可以吸引高技能的员工、专家和其他创造性人才,以及有助手创新的激励机制和企业文化。

三、集中化战略

集中化战略是指将经营重点集中在市场或产品的某一部分,在此特定市场或部分中独领风骚而成为王者的竞争战略。一般的成本领先和差异化战略多着眼于整个市场、整个行业,从大范围谋求竞争优势。集中化战略则把目标放在某个特定的、相对狭小的领域内,在局部市场争取成本领先或差异化,建立竞争优势。一般来说,它是中小企业多用的一种战略。虽然在整个市场上,企业没有低成本和差异化的绝对优势,但在一个较狭小的领域中却能取得这些方面的相对优势。这种战略的风险在于,一旦局部市场的需求变化,或强大的竞争者执意进入、一决雌雄,现有的企业就可能面临重大灾难。

第五节　市场营销战略计划

企业为了在激烈的市场竞争中求得生存与发展,首先,要善于利用战略计划进行企业经营业务的决策;其次,还要善于利用市场营销战略计划,采取系统的方法来识别未满足的市场需求和市场机会,并把这种市场机会变为有利可图的公司机会,使企业在竞争中立于不败之地。

一、市场营销战略计划的制订过程

企业的市场营销战略计划的制订过程是指企业在营销目标、能力等不断变化的市场营销机会中,如何发展和保持其战略性适应的过程。制订切实可行的营销战略计划,有利于协调企业内部的各种活动,为改善企业管理而创造良好的氛围环境,防止企业营销行为的盲目性和短期化,因此战略计划是维系企业生存与发展的关键。

企业市场营销战略计划的制订过程如图 8-11 所示。

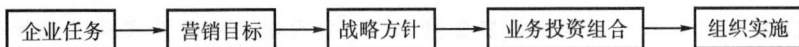

企业任务 → 营销目标 → 战略方针 → 业务投资组合 → 组织实施

图 8-11　制订战略计划过程的步骤

(一)企业任务

企业的任务就是要确定企业的业务性质,即企业为哪一类顾客服务。企业的任务随着环境的变化,也应做出适当的调整。企业在确定任务时,一定要以市场为导向,即以市场需求为中心来规划企业的任务,防止以"产品"或"技术"来规划企业任务。企业任务确定后,必须能调动全体员工的积极性,引导全体员工朝一个方向努力,使他们同心协力地工作。

企业营销任务的确定,是关系企业发展的一个战略问题,它一般由企业最高管理层决策。在确定任务时,应符合如下原则:①适应市场需求;②任务切实可行,能鼓舞士气;③实现任务的方针、措施明确具体。

(二)确定企业的营销目标

企业在确定任务后,还应将其具体化为企业的目标,形成一整套目标体系,使每一位管理者,都有明确的目标,将目标数量化,以保证实现。这种制度称之为"目标管理"。企业的营销战略目标体系主要包括五大指标,如图8-12所示。

1.利润指标

利润指标是企业营销战略中最主要的目标。它是衡量企业经济效益的重要指标,是企业生存和发展的基本条件。企业的利润指标,有利润额和利润率。①利润额是企业营销活动中所取得的纯收入,即销售收入减去总成本的余额。它反映了企业经营管理水平的高低,企业经济规模的大小。②利润率是表示企业营销利润水平及工作质量的一个重要指标,它主要包括资金利润率、销售利润率、投资收益率。其计算公式如下:

图8-12　营销战略目标体系

$$销售利润率 = \frac{销售利润}{销售额(收入)} \times 100\%$$

$$资金利润率 = \frac{销售利润}{企业资金占有总额} \times 100\%$$

$$投资收益率 = \frac{企业纯利润}{企业投资总额(自有资金)} \times 100\%$$

2.市场占有率

市场占有率是指在一定时期内某企业的某件产品的销售量(额)在同一市场上同类产品销售总量(额)中所占的比例,又称为市场份额。它是企业的重要战略目标,关系着企业的知名度和形象,是企业竞争能力的综合体现。市场占有率的高低与企业的获利水平密切相关。市场占有率的计算公式为:

$$市场占有率 = \frac{本企业某种产品销售量(额)}{该产品市场销售总量(额)} \times 100\%$$

【例如】某种洗衣机的市场全年销售量为20万台,而某企业的洗衣机销售量为4万台,则该企业的市场占有率为20%。在一般情况下,若企业市场占有率上升,则表明企业营销效益提高。反之,则为下降。据美国一份调查资料表明,当企业产品占有率低于10%时,企业的平均投资收益率为9%;当超过40%时,其平均投资收益率达30%。因此,企业要提高经济效益,就应该努力扩大企业产品的市场占有率。但是,企业在提高市场占有率时要注意,追加的费用一定要能够被市场占有率的提高所获得的利润予以补偿,否则就是不划算的。同时,要注意防止在竞争中两败俱伤。

3. 销售额

销售额或销售收入是企业营销活动中的一般战略目标,常用价值指标表示。它表示企业实际的营销规模和水平,反映了企业对社会需求的满足程度及为顾客服务的程度。

4. 增长率

增长率可用销售额、利润、资产、市场占有率、净值利润率等的增长百分数表示。它是企业营销的战略性目标,反映了企业营销效果的好坏,标志着企业实力的增强或减弱。一般来说,增长率高,说明企业营销的效果好;反之,则差。

5. 产品保护

产品保护是指一种产品能顶住竞争对手欲削弱其市场地位的一种保护手段。它可通过企业采取促销措施后,产品市场销售量的变化来进行分析,这种分析叫保护分析法,即通过厂牌信誉分析,观察长期购买本企业产品的顾客。要实现产品保护的目标,就必须进行产品创新,不断开发新产品,树立企业的良好形象,稳固地占领市场,增强其竞争能力。

（三）确定企业的营销战略方针

企业的营销战略方针是遵循营销目标,结合具体的环境、条件,要求制定具有现实性、针对性和适应性的基本方针。在制定营销方针时,要重视环境预测、市场信息等因素的分析。

（四）制订企业的业务投资组合计划

任何企业的资源总是有限的,对从事多种经营业务的企业,在制定营销战略时,必须对各种产品业务进行分析、评价,以确定其是发展、维持,还是缩减、淘汰。这一过程称为制定产品投资组合,其目的是确定企业的竞争优势,从而有效地利用市场机会。

企业现有业务组合分析,分两个步骤。

第一步:确认企业的主要业务。

一般来讲,把企业的主要业务称为"战略业务单位"(strategic business units,SBUs)。一个典型的战略业务单位应具备:①它是单独的业务或一组有关的业务;②具有特定的任务;③有自己的竞争对手;④有专人负责经营;⑤掌握一定的资源;⑥它能从战略计划中得到好处;⑦独立地完成其他业务。一个战略业务,可能是企业中的一个或几个部门,或者是某个部门的某产品线,或者是某种产品或品牌。

第二步:战略业务单位的评估与分析。

评估分析的目的是为资源配置决策服务,即决定企业的哪些业务单位(产品)应当发展、维持、减少、淘汰。西方企业常采用两种主要的评估分析方法:①波士顿咨询集团法;②通用电器公司法。

下面重点介绍波士顿咨询集团法。

波士顿咨询集团是美国一家著名的管理咨询公司。该公司 1970 年首创建议企业用"市场增长率-市场占有率矩阵"来分类和评估各战略业务单位,如图 8-13 所示。

矩阵图中的纵坐标代表"市场增长率",表示公司的各"战略业务单位"的年增长速度。假设以 10% 为分界线,10% 以上为高增长率,10% 以下为低增长率。

矩阵图中横坐标代表"相对市场占有率",表示公司战略业务单位的市场占有率与同行业中最大竞争者的市场占有率之比。假设以 1.5 为分界线,1.5 以上为高相对占有率,1.5 以下为低相对占有率。如果相对市场占有率为 0.2,则表示本公司战略业务单位的市场份额为最大竞争对手市场份额的 20%;相对市场占有率为 10,则表示本公司战略业务单位的市场份额为最大竞争对手市场份额的 10 倍。

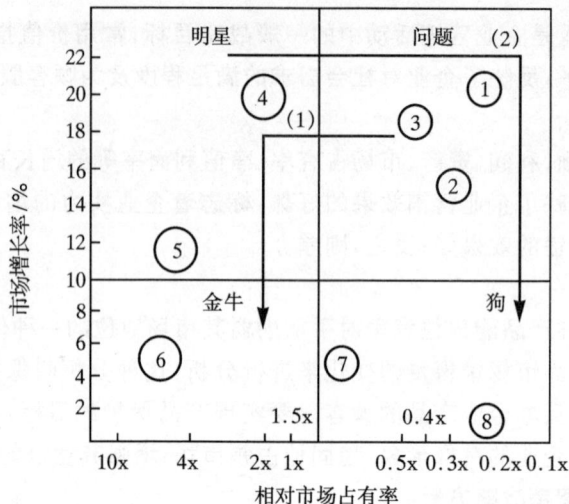

图 8-13　美国波士顿咨询公司成长-份额矩阵图

矩阵图中的 8 个圆圈代表公司的 8 个"战略业务单位",这些圆圈的位置表示公司"战略业务单位"的市场增长率和相对市场占有率的高低,每个圆圈的面积大小则表示公司的各个"战略业务单位"的销售额占企业总销售的比重。

根据对上图的分析,可将公司的战略业务单位分为以下四类。

1.明星类

它是市场增长率和相对市场占有率都高的战略业务单位。这类战略业务由于市场增长迅速,企业需投入大量现金,以支持其发展。当增长率降下来时,这类业务单位就由"现金使用者"变为"现金提供者",即成为"金牛类"。

2.金牛类

它是低市场增长率(10%以下)和高相对市场占有率的业务单位。这类单位能为公司提供大量的现金,可用来支持其他业务单位的生存与发展。从上图可以看出,公司只有一个大现金牛,这种财务状况是很脆弱的。这是因为:如果这个现金牛的市场占有率突然下降,公司就不得不从其他单位抽回现金加强这个现金牛,以维持其市场领导地位;如果公司把这个现金牛所放出的现金都用来支持其他单位,这个强壮的现金牛就会变成脆弱的现金牛。

3.狗类

它是一种低市场增长率和低相对占有率的业务单位。这类单位盈利少或亏损多,不可能为公司提供现金。从图 8-13 看,公司有两个"狗类"业务单位,对公司的发展显然不利。

4.问题类

它是一种高市场增长率,而低相对市场占有率的业务单位,其前途命运难以预测。对这类单位是大量投资使之转入明星类,还是精简合并以至淘汰,公司的最高管理者应权衡利弊,并果断做出决策。

在图 8-13 中,公司各业务单位的位置及规模并不是固定不变的,而是随着时间的推移不断变化的。其变化过程一般表现为两种态势,一是对企业有利的变化趋势"问题→明星→金牛",二是对企业不利的变化趋势"明星→问题→狗"。可见,战略业务也有其"生命周期"。

在对业务单位分析评估的基础上，公司就应制订业务投资组合计划。可供选择的投资战略主要有以下四种：

(1)拓展战略。目标是提高产品的相对市场占有率，必要时放弃短期利益。它适宜用于"问题类"产品，采取有效的促销组合，促使其迅速转化为"明星类"产品。

(2)维持战略。目标是保持战略业务单位的现有相对市场占有率，适用于"现金牛"产品。因为这类产品是处于"成熟期"，为企业提供大量现金收入的产品，维持的目的是使其继续为企业提供大量现金。

(3)收割战略。目标是追求短期收益，特别适用于弱小的"现金牛"产品，因为其前景黯淡，使其在短期内为公司提供较多现金。它也适合于计划放弃的"问题类"业务单位。常采用的方法主要有：减少投资、减少促销费用、提高价格等。

(4)放弃战略。这种战略的目的是变卖或处理某些业务单位，促使公司资源向能够盈利的业务单位转移，实现资源的合理配置。此策略主要适用于给企业带来亏损负担的"狗类"和"问题类"产品。

(五)战略计划的组织实施

战略计划的组织实施，主要应做好三方面的工作：①组织，就是要发挥一切职能部门的作用，协调公司的营销组织结构，使它适应战略计划的要求；②严格控制战略计划的执行程序，按照规定的方针开展营销活动，按照规定的目标进行考核；③依据外部环境的变化与公司自身条件的改变，主动地调整与修改战略目标与战略方针。

二、市场营销战略计划的执行与控制

企业制订营销战略计划不是"纸上谈兵"，装饰门面，而是为了指导企业的市场营销活动，实现企业的战略任务及目标。因此，制订战略计划仅仅是市场营销管理工作的开始，企业还必须做好战略计划的执行与控制工作。

(一)企业营销战略计划的执行

企业为了保证营销战略计划的顺利执行，应做好：①设计能够实施营销战略计划的营销组织，通常由营销副总经理负责；②将计划任务落实到人，并要求在规定的时间完成任务；③合理分配企业的营销费用预算。

(二)企业市场营销战略计划控制

市场营销控制包括年度计划控制、利润控制和战略控制。

1.年度计划控制

其目的是保证年度计划规定的销售、利润等指标的实现。年度计划控制主要包括：①确定每季或每月应完成的任务或目标；②确定衡量计划执行情况的工具；③查明计划出现偏差的原因；④确定修正行为，改进计划执行的方法。

2.利润控制

企业应对经营的不同产品、顾客群、分销渠道和订货量的利润进行定期分析，寻求实现利润计划的途径。

3.战略控制

由于市场营销环境的迅速变化，企业原来制定的战略会与环境不相适应。因此，企业还要进行战略控制，定期对企业营销的战略计划进行再评估，调整企业的营销战略计划。

总之,企业在制订营销战略计划时,应依据企业战略中规定的任务、目标、增长战略和产品投资业务组合,全面分析各种影响因素,客观评价市场机会,以制定出各种产品切实可行的营销战略。这些影响因素可用图 8-14 所示。

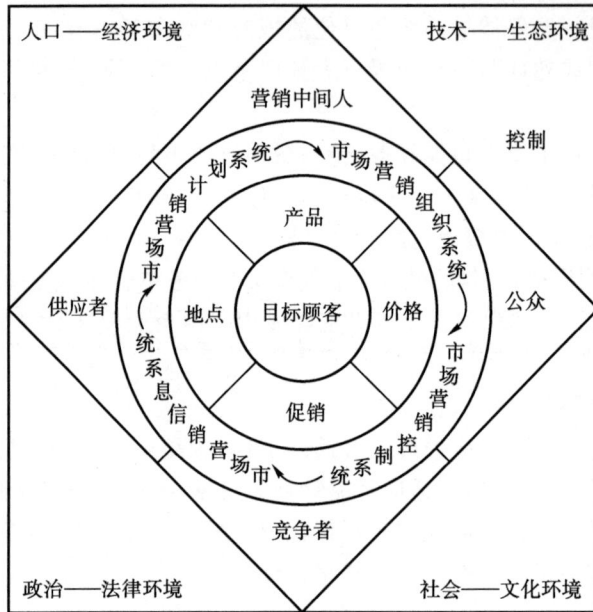

图 8-14　企业市场营销战略的影响因素

关键概念

市场营销战略　多角化发展战略　市场营销组合　大市场营销　权力营销

复习思考题

1. 什么是市场营销战略? 它有什么特点?

2. 影响营销战略的因素有哪些?

3. 简述企业的市场发展战略。

4. 对比分析一体化发展战略和多角化发展战略。

5. 何谓市场营销组合? 其特征如何?

6. 如何制定某种产品的市场营销组合策略?

7. 什么是大市场营销? 对比大市场营销与市场营销的异同?

8. 如何正确理解权力营销? 在实践中如何应用?

9. 一般性竞争战略有哪几种?

10. 企业的市场营销战略计划过程包括几个阶段?

11. 企业营销的战略目标体系包括哪些指标?

12. 企业的投资战略形态有哪几种?

案例分析

小米科技公司：一个成功的营销战略故事

小米公司以开发、研制智能手机为主，辅以智能电子产品。在中国市场上，其智能手机销量已超越主要竞争对手。"为发烧而生"是小米的产品概念。小米公司率先基于互联网平台引入骨灰级用户参与手机操作系统的开发。

2016年的"双11"，小米公司的销量成绩连续四年夺冠，销售新品最多，战绩也最为辉煌：小米天猫的销售额突破12.95亿元，智能手机销量连续四年第一，笔记本、平板电脑、无人机、平衡车、空气净化器等科技产品位居单品销售榜首。2010年以来，小米公司基于顾客需求不断推出手机芯片和其他电子产品。

2011年9月5日，小米公司第一次推出线上预订业务，6小时内订单突破30万台，首战告捷。12月18日，小米正式开启线上销售，5分钟内30万台小米手机被疯抢一空。小米的网络销售模式创作了销售神话。

截至2012年10月10日，小米手机销售总量突破500万台，而小米公司利用网络平台销售模式用不到十个月的时间达到了这个销售规模。

2013年1月5日的年度首场售卖中，小米公司以回馈形式向老用户推出25万台手机，用户对小米品牌的忠诚度获得极大的提升。同年3月19日，同步销售首发的1万台高清互联网电视盒和20万台顶级发烧配置的小米手机2。

2014年5月15日，小米公司推出平板电脑，配备了与苹果平板mini2同级别的屏幕，并采用了优化的MIUI系统。2014年12月9日，小米公司推出智米空气净化器，该产品与美国三大空气净化器共用同一个滤芯供应商，全方位过滤PM2.5、甲醛等污染物，其售价是国内同类产品的1/4，该产品的问世标志着小米科技开始涉足环保领域。2015年5月6日，小米推出NOTE顶配。9月22日，小米推出"任我行"和"吃到饱"两种电话卡，开启运营商业务。10月19日，小米推出60寸小米电视3。除电视新品外，小米还推出了九号平衡车。11月4日，小米发布了99元圈铁耳机——采用动圈＋动铁双发声单元。

小米公司的成功在于成立之初满足了市场对智能手机的巨大需求，在随后激烈的市场竞争中，通过差异化产品策略和线上销售模式获取了竞争优势。

首先，小米采用高配低价的模式颠覆了手机行业中低端机冲销量、中高端机获利的传统经营模式，从而形成了核心竞争力。具体而言，市场上的手机制造商往往采用"高配＋高价"和"低配＋低价"的经营模式，即手机价格与配置呈正相关。而小米公司将低成本策略和差异化策略有效结合起来，采用"高配＋低价"的模式，创造出更多的顾客价值。这是其他企业难以复制的。

其次，小米手机采用网络预订＋直销模式，如官网销售成为最重要的销售途径。小米手机采用的网络订销模式改变了传统的手机超市或家电连锁等门店销售方式，去掉了中间环节，降低了用户的交易成本。

再次，小米首席执行官雷军开拓进取的企业家精神塑造了一支强大的研发团队，其最突出的贡献是MIUI操作系统和手机社交工具——米聊。米聊不仅迅速地聚拢强大的人气，更为手机系统的开发提供了一个集用户参与、资源共享、产品体验的平台。MIUI系统成熟和米聊使随后的小米手机火爆销售水到渠成。

最后,小米手机在国内电子市场上获得广泛认可。小米公司基于客户需求不失时机地推出一系列电子产品,如平板电脑、空气净化器和平衡车等,既丰富了公司的产品线,也巩固了公司在电子产品领域的优势地位。

小米公司自成立以来,不断推出低价格高配置的电子新产品,满足了电子产品发烧友的需求,结合有效的网上销售方式迅速占领市场,叙述了一个成功的营销故事。

——资料来源:刘建刚,钱玺娇."互联网+"战略下企业技术创新与商业模式创新协同发展路径研究:以小米科技有限公司为案例[J].科技进步与决策,2016,33(1):88-94.

问题讨论:

1.试分析小米公司面临的战略环境。

2.评价小米公司营销战略特点及其成功之处。

第九章　市场细分及目标市场战略

市场细分及目标市场战略,是现代企业市场营销中一个非常重要的问题。它所要解决的是企业长远发展和生产经营的产品去向,即满足谁的需求的问题。因为任何一个企业,都不可能满足所有顾客对某一产品的需求,所以每个企业都有一个"为谁的需求服务"的经营决策,即目标市场战略。市场细分是企业目标市场的基础和前提,在现代企业营销活动中占有十分重要的地位。

第一节　市场细分原理

一、市场细分的概念及作用

市场细分是由美国市场营销学家温德尔·史密斯(Wendell Smith)于 1956 年提出。它适应了二战后美国商品市场由"卖方市场"转向"买方市场"这一新的市场环境,是企业营销思想的新发展,是市场营销观念的必然产物。同时,又是市场营销理论的一大创新。

市场细分是指企业在调查研究的基础上,根据消费者需求、购买动机与习惯爱好的差异性,把一个整体市场划分成不同类型的消费者群,每个消费者群就构成企业的一个细分市场。这样,一个市场就可以分成若干个细分市场,每个细分市场都是由需求和愿望大体相同的消费者组成;在同一细分市场内部,消费者需求大致相同;不同细分市场之间,则存在着显著差异。企业可根据本身的条件,如资源、经营能力等,选择适当的细分市场为目标,拟定本企业最优的营销方案和战略。因此,市场细分是为企业在市场营销活动中分析市场、研究市场、选择目标市场提供了依据。它对提高企业的经济效益,避免人力、财力、物力的浪费,更好地满足消费者需求,都具有重要意义。

具体来讲,市场细分的作用主要有:

第一,有利于企业分析市场,挖掘新的市场机会。通过市场细分,企业可以了解到不同细分市场的购买能力和购买潜力,具体分析市场消费者需求的满足程度及市场竞争状况。消费者需求满足程度低的市场,通常存在极好的市场机会,不仅销售潜力大,而且竞争者也较少。同时,细分市场潜在需求的存在,是企业开发新产品,寻求市场机会的重要途径。

第二,有利于提高企业的竞争能力和营销的经济效益。通过细分市场,一方面,企业依据细分市场的特点,有针对性地制订营销计划、产品战略、价格战略、渠道战略和促销战略,避免了人、财、物资源的浪费,使产品适销对路,并迅速送到目标市场,扩大销售;另一方面,通过细分,可使企业有的放矢地开展针对性营销活动,明确细分市场竞争对手的优势和劣势,降低费用,提高竞争能力和综合经济效益。

第三,有利于满足社会消费需求的变化。消费者需求是一个不断变化的动态过程,当消费需求发生变化时,企业通过细分市场,则能认识这种新需求,发现营销机会,开发新产品;增加花色品种,更好满足细分市场消费者的需求,使消费者能够买到自己所需要的产品。这是企业开发新产品不断发展壮大的根本所在。

第四,有利于中、小企业开发和占领市场。市场细分为中小企业开发和占领市场提供了切实可行的机会。一般来讲,中小企业尤其是小企业,由于资源有限,实力不足,很难与大企业在市场上正面竞争,而通过细分市场就容易找出一些大企业不感兴趣或被忽视的细分市场,中小企业在这些细分市场中经营,不仅有利可图,而且可以扬长避短,发挥优势,风险较小,比较安全。

二、目标市场营销战略(STP)

在现代经济生活中,由于生产力的高速发展,生产的社会化、专业化水平不断提高,人们的收入普遍增加,因而消费者的需求显现出多层次、多样性、多变性的特征。在这种市场环境下,企业为了充分利用自身有限的资金和资源,生产最能发挥自身优势,满足消费者某种特定需求的产品,即选择与本企业营销宗旨最相适应、销售潜力最大、获利最高的细分市场作为营销目标,然后采取相应的营销战略和手段打入或占领这个市场。

为了保证目标营销战略的实施,企业应该采用细分市场(segmentation)、选择目标市场(targeting)和产品定位(positioning)(即 STP 战略)三位一体的营销战略,如图 9-1 所示。

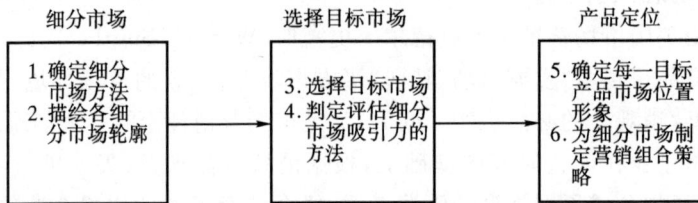

图 9-1 目标市场营销程序

(一)细分市场

按照顾客对产品和不同营销组合的需求,将整体市场划分为不同的顾客群,制定不同的营销手段。其主要任务是,确定各种细分市场方法,描绘每一个细分市场的轮廓,衡量每一细分市场对企业的吸引力。

(二)选择目标市场

制定衡量细分市场吸引力的标准,选择一个或少数几个细分市场,作为企业进入的目标市场。

(三)产品定位

产品定位是确定企业可行的竞争地位及向每个目标市场提供的产品。

三、市场细分战略思想的形成

(一)大量营销

所谓大量营销,是指生产者面向所有购买者,通过大量生产、大量分配销售、大量宣传推广单一产品,以吸引所有消费者购买的一种营销方式,是一种生产观念指导下的企业营销行为。这种战略思想认为,只要消费者看到这种产品,且价格适中,他们就会接受购买这种产品。这种战略运用的前提是市场上的产品供不应求,如美国可口可乐公司早期只生产一种饮料,容器也不变,以满足所有人的需求。采用大量营销,可使成本和价格降到最低,并可创造最大的产品市场。

(二)产品差异化营销

所谓产品差异化营销是指生产企业同时生产两种或两种以上的不同产品,其目的是向消费者提供具有不同特色、式样、品质和规格的多种产品,使消费者有充分的选择权,如冰箱厂家生产不同颜色、不同外形、不同容积、不同规格的产品,以供顾客选择。

(三)目标市场营销

所谓目标市场营销,指企业将整体市场细分为众多的细分市场,从中选出一个或几个细分市场作为目标市场,根据每个目标市场的不同需求特点,开发不同产品,采用不同的营销组合战略,以占领一个或多个不同的细分市场,获取较大的市场占有率。这种营销思想行为已被很多营销公司接受。这样有助于公司把握营销机会,提供适销对路的产品,从而有效地占领目标市场。

四、市场细分原则

实行市场细分化,并不是简单地把消费者视为需求相同或不同即可。市场细分在企业的市场营销活动中处于战略地位,直接影响到企业各种营销战略的组合。因此,市场细分必须遵循一定的原则。

(一)可衡量性

可衡量性是指表明消费特征的有关信息资料的存在或获取这些信息资料的难易程度,亦即细分出来的市场不仅范围比较明晰,而且能大致衡量该市场购买力和规模的大小。各细分市场有其容易认识的组成人员,其共同特征表现出类似的行为,并且有可能取得表明购买特性的资料。比如,以地理因素和消费者的年龄、经济状况等因素进行市场细分时,这些消费者的特征就很容易衡量,资料获取也就比较容易;而以消费者心理因素和行为因素进行市场细分时,其特征就很难衡量,所以它是一种高级细分技术,需要在有关专家协助下才能做好。

(二)实效性

实效性是指目标市场的容量及获利性值得企业进行开发的程度。一个细分市场是否大到可以实现具有经济效益的营销目标,取决于这个市场的人数和购买力。市场划分范围必须合理,细分市场的销售量应考虑是否值得企业分别开展不同的营销活动。因此,一个细分市场应是设计一套独立营销计划的最小单位。

(三)可接近性

可接近性是指企业能有效地集中力量接近目标市场并为之有效服务的程度。企业对选中的目标市场,要能有效地集中营销能力,开展营销活动。一方面指企业能够通过一定的媒体把产品信息传递到细分市场的消费者;另一方面是产品经过一定的渠道能够达到该细分市场。如某家饮料厂根据消费者差异,将市场细分为八个子市场,但其目前实力根本无法满足各市场的需求,因此,对企业难以接近的市场进行细分就毫无意义。

(四)反应率

反应率是指不同的细分市场,对企业采用不同营销战略组合,所具有的不同反应程度。如果市场细分后,子市场对各种营销方案的反应都差异不大,则细分市场就失去意义。例如,如果所有细分市场按同一方式对价格变动做出反应,也就无须为每一个市场规定不同的价格策略。

(五)稳定性

细分市场必须在一定时期内保持相对稳定,以便企业制定较长期的营销战略,有效地开拓并占领该目标市场,获得预期收益。若细分市场变化过快,目标市场犹如昙花一现,则企业经营风险也随之增加。同时,在实践中,除稳定性外,细分市场也并不是越细越好。如果市场细分过细,一是增加细分变数,给细分带来困难;二是影响规模效益;三是增加费用和成本,这时就应实施"反细分化"战略。这并不是反对市场细分,而是要减少细分市场的数目,亦即略去某些细分市场,或者把几个太小的细分市场集合在一起。推行"反细分化"战略,要有利于扩大产品的适销范围,降低成本和费用,增加销售,提高经济效益。

第二节 市场细分程序和标准

一、市场细分程序

企业在进行市场细分时,往往会面对市场而无从着手。一般来说,可采取比较直观、实用的细分程序。

(1)确定粗略市场,选定市场范围。根据企业的目标和产品特性,决定进入属于何种行业的市场。

(2)列出市场范围内潜在消费者的所有需求。根据地理环境、社会经济、心理、购买行为等因素,将所有潜在消费者的需求罗列出来,这就需要收集资料并进行相应调查。

(3)进行需求归类。将具有共同需求的消费者归为一类,即形成一个细分市场,这样就把一个粗略市场分为若干个细分市场。

(4)针对每一个细分市场,考虑到运输成本、可供利用的广告媒介、分销渠道、维持市场占有率的成本、各细分市场之间的关系、收入期望值的大小等因素在经济上和战略上的影响,并进一步选择决定本企业的目标市场。

【例如】某牙膏生产厂,对牙膏市场进行细分的程序如下。

第一步:粗略市场确定。凡是有牙齿的人,都需要使用牙膏刷牙。这样有牙齿的人就构成了一个粗略市场。

第二步:消费者需求研究。企业不能把牙膏向"凡是有牙齿"的人推销。因为有牙齿的人不一定都需要牙膏,如不会刷牙的小孩,或不用牙膏而用牙粉的人,使用假牙的老人等,而且需要刷牙的人也不一定都需要同类型牙膏。因此,还必须对牙齿和需要购买牙膏的人,按照其追求的利益和需求进行细分,如有的消费者需要牙膏是为了使牙洁白、干净;有的消费者是为了消除口臭;有的是为了防治蛀牙等。

例如,高露洁面对的消费群体为"防治蛀牙"的消费者,其"更有效地防止蛀牙""坚固牙齿、口气清新"的诉求,牢牢地占领了该细分市场;而"佳洁士"则以"高效防蛀、持久清新口气"定位,其特点是去除口腔异味,并抑制引起口腔异味的细菌,从根本上着手,持久清新口气。

第三步:消费者需求归类。将具有相同需求的一类消费者归类作为一个细分市场,牙膏市场可细分为:"安全保护"细分市场 A;防"口臭"细分市场 B;防治"蛀牙"细分市场 C……

第四步:分析企业的生产能力及产品特点,依据各细分市场的状况,决定将细分市场 A 或 B、C 作为企业的目标市场,并制定相应的营销战略(价格、渠道、广告、产品),进入目标市场经营,以满足消费者需求。

二、消费者市场细分标准

消费者需求的异质性,是进行市场细分的客观基础。这种异质性,是通过多种属性表现的,它构成市场细分的变数。消费者市场细分的主要标准有以下几种。

（一）按地理变数细分

按照消费者所处的地理位置（如国家、地区、城市、农村等）进行细分市场，其具体划分如表9-1所示。

表9-1　地理变数

地域	按大区：华北、东北、西北、西南、华南……
	按省市：北京、上海、广东、陕西、深圳……
城市大小	大、中、小
人口密度	城市、郊区、农村
气候	寒冷、干燥、潮湿、温和、炎热

按照地理因素细分市场，有利于企业开拓区域市场。因为不同地理环境下的消费者，对同一种产品有不同的需求与偏好，对企业营销战略的反应也存在差别。例如，空调在我国南方和北方，其需求就存在较大差异；家用电器在城市和农村也存在较大差别。

地理因素容易辨认和分析，是细分市场首先考虑的重要依据。但是，地理因素是一种静态因素，处在同一地理位置的消费者需求依然存在很大差异，因此还必须借助其他因素进一步细分市场。

（二）按人口变数细分

按人口变数（也称社会经济变数）细分市场，主要包括消费者年龄、性别、家庭、规模、收入水平、职业、文化程度、宗教等因素。消费者需求与以上因素有着密切关系，而且人口资料容易获取，因而也就成为细分市场的重要依据之一。其具体划分如表9-2所示。

表9-2　人口变数

年龄	6岁以下、6~11岁、12~17岁、18~34岁、35~49岁、50~64岁、65岁以上
性别	男、女
家庭寿命周期	年轻，未婚；年轻，已婚，无小孩；年轻，已婚，6岁以下小孩；年轻，已婚，6~13岁小孩；年龄较大，已婚，小孩仍需供养；年龄较大，已婚，孩子无须供养；年老，已婚，身边无子女；年老，单身
平均收入	2000元以下、2000~3500元、3500~5000元、5000~8000元、8000元以上
职业	学生、干部、工人、农民、教师、医生、军人……
教育程度	小学、初中、高中、大学、研究生……
民族	汉、回、维吾尔……
宗教	佛教、道教、天主教、基督教……

　　依据人口因素细分市场，可以是单变量细分，如仅以"性别"这一变数细分化妆品市场；但在较多情况下，是采取两个以上的变数来细分市场，如某服装公司通过市场调查发现，影响成人服装销售的人口变数主要有性别、年龄、家庭人均收入。这家公司将这三个变数进行组合，把成人服装整体市场细分为40个子市场（4×5×2），如图9-2所示。通过对每个子市场上男女人数、家庭数目、平均购买率、竞争状况等方面综合分析，就可对每一子市场的潜在营销价值和吸引力做出比较准确的初步估计，再经过比较、权衡，从中选择一个或几个最能发挥公司优势的子市场作为公司的目标市场。

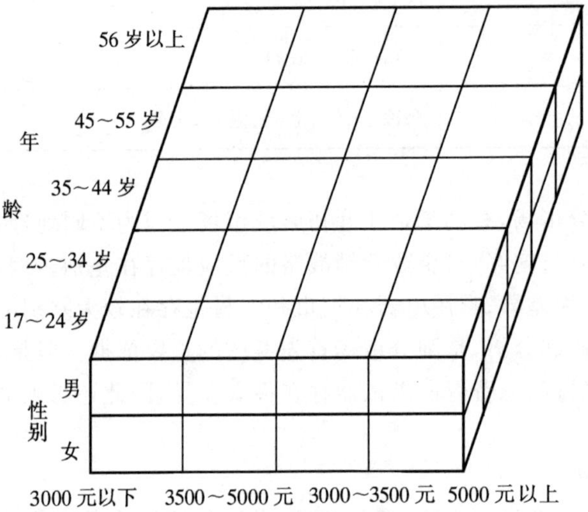

图9-2　服装市场细分案例

　　在人口细分变数中，性别因素在许多消费品市场细分中是主要的细分标准。如汇源饮品的纯净水，按性别分为"她"和"他"两种细分市场，激发了消费者的购买欲望。"她"强调产品的"营养素水饮料，柠檬口味。其含量为：维生素C＋维生素B族＋库拉索芦荟凝胶＋膳食纤维"；"他"强调产品的"营养素水饮料，甜橙口味。其含量为：维生素C＋维生素B族＋牛磺酸＋肌醇"。

　　（三）按心理变数细分

　　按照消费者心理特征如性格、购买动机、价值取向等心理特征细分市场，这些因素都影响着消费者的购买行为，其具体划分如表9-3所示。

表9-3　心理变数

生活方式	追求时髦、追求社会地位、注重传统
性格	优势性（懦弱）、爱出风头、自信、健谈
	积极性（消极）、积极进步、爱建议、好管闲事
	独立性（依赖）、喜欢独立行事、不接受人的忠告
	友善（不友善）、对人友善、信任别人、喜交朋友
	社交性（非社交性）、喜欢社交、愿与人相处
	竞争性（非竞争性）、把他人作为对手、不喜欢合作
	攻击性（非攻击性）、攻击别人、唱反调、不喜欢合作

心理变数对市场的影响是潜在的,这给企业的细分带来了一定困难。尽管如此,心理变化在服装、化妆品、家具、餐饮、游乐等行业,依然作为细分市场的主要依据。如美国某服装公司把妇女服装市场分为"朴素型妇女""时髦型妇女""男子气质型妇女"三种类型,分别设计制作不同款式、颜色和质料的服装,以满足不同生活格调妇女的需求。在西方国家的汽车市场及金融服务细分中,也常常采用心理变数。

(四)按行为变数细分

行为变数反映的是一些动态性的变量,如使用场合、追求利益、使用频率与程度、品牌与忠诚、购买过程行为方式等。其具体划分如表9-4所示。

表9-4　行为变数

使用场景	一般场景、特殊场景
追求利益	质量、服务、经济、方便、可靠性
使用者状况	未使用者、以前使用过、潜在使用者、初次使用者、经常使用者
使用频率	轻度使用、中度使用、重度使用、非使用者;忠诚程度无、中等、强烈、绝对
准备阶段	不注意、注意、知道、感兴趣、想买、打算购买
对产品态度	热心、肯定、漠不关心、否定、敌视

三、产业市场细分标准

产业市场细分的步骤是:第一步,进行宏观市场细分;第二步,进行微观市场细分。

(一)宏观市场细分标准和步骤

1.宏观市场的细分标准

(1)按最终使用者细分。这主要是根据最终使用者对产品需求差异进行细分,如同一种钢材,有的用于机械加工、有的用于造船、有的用于建筑;又如同一载重汽车,有的用作货物运输车,有的用作工程车,而有的又用作军车。

(2)按用户规模和购买力大小细分。这是将市场分为大客户和小客户。大客户户数较少,但购买力强;小客户户数多,但购买力弱。企业对不同客户,采用的销售方式是不同的。工业用户购买力的大小,可通过用户的支出或营业额来衡量。

(3)按购买组织的结构特点细分。生产者市场一般是集团或组织集体购买,每个组织由于结构特点和类型不同,一般可分为工业企业、农场主、商业企业、物资供销企业、交通运输企业、建筑企业、医院、学校等。

(4)按用户地理位置细分。按照用户地理位置细分生产者市场可以使企业把目标放在用户集中的地区,节省推销时间,充分利用销售资源。

2.宏观市场细分的步骤

在多数情况下,产业市场不是以单一变数细分,而是把一组变数结合起来,采用多种属性细分法。例如,某铝制品公司按照三组变数,对铝产品进行三层次的宏观细分,其步骤如下。

第一步:先按最终用户,将市场细分为汽车制造业、住宅建筑业和容器制造业,该公司最后选择住宅建筑业为目标市场。

第二步:按照产品用途,将上面市场进一步细分为原料半成品、建筑构件和铝制活动房屋,该企业选择建筑构件为目标市场。

第三步：按用户规模，将市场细分为大、中、小客户，假定该企业选择大用户为目标市场。

上述细分过程如图9-3所示。

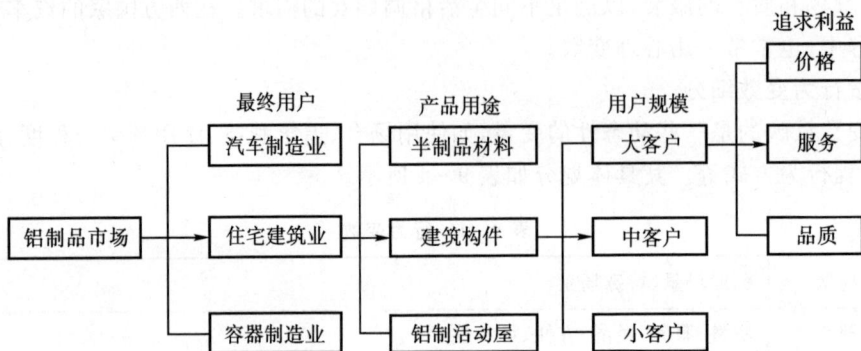

图9-3　铝制品市场细分过程

(二)产业市场微观细分

微观市场细分的标准，主要是购买者的行为因素，即购买决策者的权力、性格、态度和购买过程的特点等。①购买决策者权力的集中与分散程度，决策者性格的内向与外向，直接影响购买者的行为；②购买决策者的态度，如购买动机、偏好和购买决策的标准等，都直接影响着购买者的行为；③购买过程参与者的个性、特点、负责态度、工作能力以及参与者对购买决策的影响程度等，也对购买行为有较大影响。

铝制品公司在确定了以大用户作为目标市场后，并不能实现真正的目标营销。因为不同的大用户在购买行为和购买过程等方面还存在着差异，如价格、服务、质量、购买态度等，因此公司在宏观细分的基础上，还须进行微观细分。如按购买者所追求利益不同把大客户分为关注价格、服务和质量三类。假定该公司以优质服务著称，则可选择注重服务的大客户为自己的目标市场，如图9-3所示。铝制品公司通过宏观和微观两步细分，目标市场就十分明确了，公司便可以采取有针对性的营销战略为大客户服务。

(三)产业市场细分的依据

细分消费者市场的标准，有些同样适用于产业市场，如地理因素、追求的利益、使用者状况等因素，但还需要使用一些其他变量。美国的波罗玛(Bouoma)和夏皮罗(Shapiro)两位学者提出了一个产业市场的主要细分变量表(见表9-5)，比较系统地列举了细分产业市场的主要变量，并提出了企业在选择目标顾客时应考虑的主要问题，对企业细分产业市场具有一定的参考价值。

表9-5　产业市场的主要细分变量

人口变量
　　· 行业：我们应把重点放在购买这种产品的哪些行业？
　　· 公司规模：我们应把重点放在多大规模的公司？
　　· 地理位置：我们应把重点放在哪些地区？

经营变量

- 技术:我们应把重点放在顾客所重视的哪些技术上?
- 使用者或非使用者情况:我们应把重点放在经常使用者、较少使用者、首次使用者身上,还是从未使用者身上?
- 顾客能力:我们应把重点放在需要很多服务的顾客上,还是只需少量服务的顾客上?

采购方法

- 采购职能组织:我们应将重点放在那些采购组织高度集中的公司上,还是那些采购组织相对分散的公司上?
- 权力结构:我们应侧重那些工程技术人员占主导地位的公司,还是财务人员占主导地位的公司?
- 与用户的关系:我们应选择那些现在与我们有牢固关系的公司,还是追求最理想的公司?
- 总的采购政策:我们应把重点放在乐于采用租赁、服务合同、系统采购的公司,还是采用密封投标等贸易方式的公司上?
- 购买标准:我们是选择追求质量的公司、重视服务的公司,还是注重价格的公司?

资料来源:科特勒.市场营销管理:亚洲版[M].郭国庆,译.北京:中国人民大学出版社,1997:258.

第三节　细分市场价值评估

企业通过市场细分,把一个整体市场细分为若干个子市场,这样企业就面临着进入哪个或哪几个细分市场的决策。这种决策的关键在于各个细分市场是否具有营销价值,即企业进入该市场是否有足够的获利机会。如果获利高,机会好,对于企业就是有价值的,就可以进入该细分市场;反之,则无价值。当然,大市场并不一定意味着获利机会大。因为这类市场需求强劲,吸引力大,竞争者多而且竞争激烈。相对来说,每个企业获利的机会就小,所以,大市场不一定是最有价值的市场。为此,企业必须全面分析每一个细分市场的情况,并进行价值评估。

一、评估细分市场的因素

企业在评估细分市场时,必须考虑三个因素:细分市场的规模和潜力、细分市场的结构和吸引力、企业的目标和资源。

(一)细分市场的规模和潜力

细分市场的规模要适当,即应与企业的实力相适应。大企业往往忽视小的市场,而中小企业又不宜进入大的细分市场,以防止与大企业正面竞争而损失过大。

理想的细分市场应该是具有潜力的、值得企业开发的市场,这样就为企业选择细分市场提供了比较长远的发展机会。同时,有潜力的市场,往往是最具吸引力的市场,会吸引更多的企业加入。因此,也是竞争激烈的市场。

(二)细分市场的结构和吸引力

具有适当规模和发展潜力的细分市场,是不足以作为企业的目标市场的。一方面,这个细分市场可能被众多企业所关注;另一方面,细分市场结构力量也影响着细分市场的吸引力。波特认为:"决定细分市场吸引力的因素有五种力量,即同行业竞争者、潜在竞争者、替代产品、购买者和供应商。这五种力量对细分市场的选择,形成了五种威胁。"

1.细分市场内竞争的威胁

如果某个细分市场已存在着为数众多的激烈竞争者,再强的竞争者要进入该细分市场也要慎重从事。因为要进入这个细分市场,需付出高昂的代价。

2.新参加的竞争者的威胁

如果某个细分市场可能吸引新的竞争者,而且竞争者增加新的生产能力和投入大量资源,并争夺市场占有率,这个细分市场也就失去了吸引力。关键在于新竞争者能否轻易进入这个细分市场。

3.替代产品的威胁

如果某个细分市场已经存在着替代产品或者存在着潜在的替代产品,那么这个细分市场就失去了吸引力。因为,它将导致细分市场内部产品价格和利润的下降。

4.购买者威胁

如果购买者议价的能力很强,该市场也就缺乏吸引力。因为,购买者设法压低价格,对产品的质量和服务提出更高的要求,使经销商们互相竞争,经营利润受到损失。

5.供应商威胁

如果公司的供应商,如原材料和设备的供应商,竞相抬价或减少供应数量,这样该公司所在的细分市场也失去吸引力。其解决办法是与供应商建立良好关系,并积极开拓多种供应渠道。

(三)企业的目标和资源

在评估了细分市场的规模、潜力以及市场结构的吸引力之后,还应考虑细分市场与企业的目标和资源是否相适应。对于具有吸引力的细分市场,如果和公司的目标不一致,也应坚决放弃;如果企业资源(人、财、物、技术等)无力到达某一具有吸引力的市场,也不要强行细分;否则,就会败北而归。

二、细分市场价值评估的方法

企业在选择某个细分市场时,除分析上述因素外,还须对该细分市场进行定量分析评估,主要采用三段矩阵模型分析法。

第一阶段:全面市场分析。

【例如】某钢铁公司使用两组变量来细分市场,即可能的顾客组合及产品组合。该公司的产品有钢板、型钢、钢管,预期的顾客有机械系统、物资系统、石油化工系统。根据历史资料建立矩阵模型。如表9-6所示。

表9-6　产品-顾客销售量矩阵分析表　　　　　(单位:万元)

产品	顾客			合计
	机械系统	物资系统	石化系统	
钢板	20	15	10	45
型钢	20	20	15	55
钢管	20	10	30	60
合计	60	45	55	160

从表 9-6 可以看出,整个市场包含九个细分市场,如钢板在机械系统的销售额为 20 万元,这个细分市场的销售额占总销售额的 12.5%。企业根据这一销售额还不能预测每一细分市场的相对盈利潜力,还须进一步分析每一细分市场的需求趋势、竞争状况和本公司的实力后方能决策。假设选定机械系统钢板市场进行分析评估,以便判断各细分市场的盈利潜力,选择获得最多的细分市场。

第二阶段,评估细分市场需求。这一阶段,要详细评估每一细分市场的需求潜力,通过未来销售额和市场占有率的变化进行评估。该公司估计机械系统当年钢板销售额为 200 万元,而本公司销售额为 20 万元,并且预测未来该行业销售额为 220 万元,本公司的销售额为 24.2万元。因此可计算如下:

$$行业增长率=\frac{220-200}{200}\times100\%=10\%$$

$$公司增长率=\frac{24.2-20}{20}\times100\%=21\%$$

$$公司本年市场占有率=\frac{20}{200}\times100\%=10\%$$

$$公司未来预测市场占有率=\frac{24.2}{220}\times100\%=11\%$$

根据以上计算,列出矩阵分析表 9-7。

表 9-7　某钢铁公司在机械系统钢板市场矩阵分析表　　　（单位:万元）

市场占有率	销售额		
	当年销售额	预测销售额	销售趋势
本公司销售额	20	24.2	+21%
本行业销售额	200	220	+10%
市场占有率	10%	11%	+1%

由表 9-7 可知,该公司销售额增长率为 21%,远远高于该行业的增长率 10%,使其市场占有率由原来 10% 提高到 11%,增长了 1%。因此,该细分市场可以作为本公司的目标市场。

第三阶段,评估营销组合方案及成本。钢铁公司根据各细分市场的销售趋势,可以制定出不同的营销方案。如上例该公司在机械系统的钢板市场的销售渠道,可以采取直接订货,或由金属材料公司批发经销;其促销方法可采取广告、派员推销、现场服务、展销会、订货会等各种形式。其矩阵模型如表 9-8 所示。

在实际分析时,也可在每一方框内列出预算数字,这样就可显示出本公司的具体成本,再与第二阶段的销售预测值比较,就可计算出公司在该市场的潜在利润。本例中采用"※"表示公司采用的组合方案,其重点放在派员销售和现场服务。

表 9-8　销售渠道和促销方法组合分析表

销售渠道	促销组合			
	广告	派员推销	订货会	现场服务
直接订货				※
批发经销		※		

上述评估方法的主要优点是：①系统地考虑到各个细分市场的现状，把它作为一个独立的个体和市场机会考虑；②考虑到本公司在细分市场中的机会和潜能；③在确定每个细分市场采取的营销组合后，可以判定这一细分市场的销售机会能否收回其成本，并取得多少利润。

总之，当公司将市场细分以后，必须对每一细分市场再做进一步的分析，评估各个细分市场的价值、营销经济效益，并为选择最佳的目标创造条件。

第四节 目标市场营销战略

公司在对市场细分并对各细分市场进行评估后，就要为企业选择所要进入的目标市场。所谓目标市场是指企业为了满足现实和潜在的市场消费者需求，在市场细分的基础上，确定本公司产品服务的特定细分市场，也称为目标营销或市场目标化。经过细分，公司面对许多不同的细分市场，必须做出以下决策：怎样选择目标市场？公司有哪些可选择的目标市场战略？公司怎样为产品在目标市场上定位？

一、目标市场选择的方法

公司在市场细分后，常常采用产品/市场矩阵分析方法选择目标市场，即确定最有吸引力的细分市场。矩阵的"行"代表所有可能的产品（或市场需求），"列"代表细分市场（即顾客或顾客群）。其步骤大致如下：

第一步，按照本公司新开发的产品的主要属性及可能使用该产品的主要购买者两个变数，划分出可能的全部细分市场。

第二步，收集整理各细分市场的相关信息资料，包括对公司具有吸引力的各种经济、技术及社会条件等资料。

第三步，根据各种吸引力因素的最佳组合，确定最有吸引力的细分市场。

第四步，根据本公司的实力，决定最适当的目标市场。

【例如】某大型工程机械厂在对市场进行研究后发现，如果进入汽车制造业，从销售潜力和企业实力来看，都有显著的效益，因此该企业对汽车工业的市场及产品进行矩阵分析，如图9-4所示。

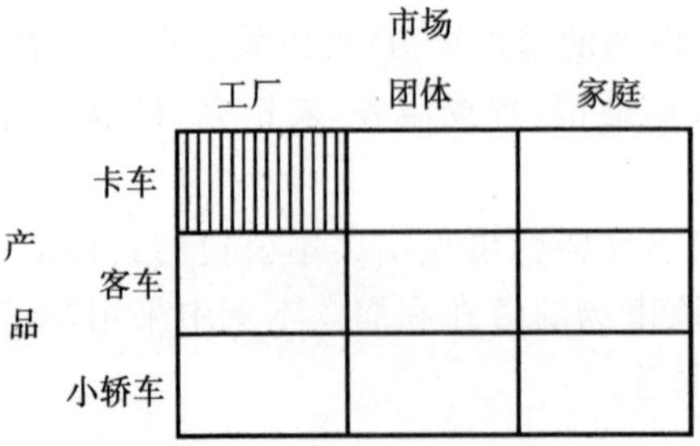

图9-4 产品/市场矩阵分析图

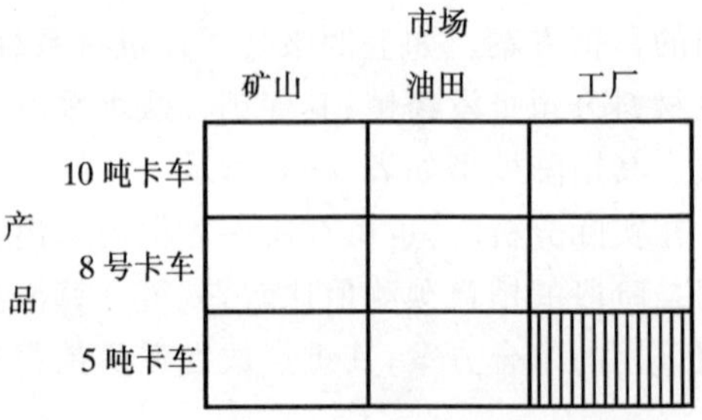

图9-5 以卡车类型细分的市场

从图9-4可知，该市场可细分为九个分市场。企业根据每个市场的需求特点和企业的实力（技术、资金、人才等），决定以卡车作为企业最有利的细分市场（图中有竖线部分）。但是，卡车市场包括各种载重卡车，企业必须对卡车进一步细分，如图9-5所示，企业再以三种卡车和三类用户将卡车市场再细分为九个分市场。最后，企业选择5吨卡车和供普通工业用户使用的细分市场作为企业的目标市场。

二、目标市场范围战略

选择确定目标市场战略,一般有五种,如图9-6所示。

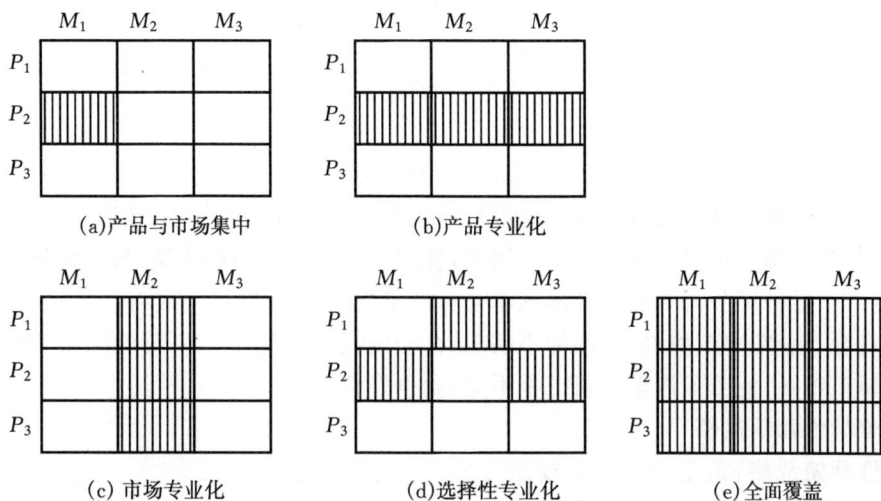

注:P—产品;M—市场

图9-6　目标市场范围战略类型

(一)产品与市场集中战略

如图9-6(a)所示,企业集中力量只生产或经营某一种产品,供应某一类顾客群。如只生产供矿山专用的10吨载重卡车。这种战略比较适宜于中、小企业,可以实行专业生产和经营,在取得成功后再向更大范围扩展。

(二)产品专业化战略

如图9-6(b)所示,企业生产或经营供各类顾客使用的某种产品,如供各类顾客使用的5吨运货卡车。

(三)市场专业化战略

如图9-6(c)所示,企业生产或经营为某一顾客群(细分市场)服务的各种不同产品,像为机械加工企业供应各种载重量的卡车。

(四)选择性专业化战略

如图9-6(d)所示,企业选择多个细分市场作为目标市场,而每一个细分市场都存在着良好的营销机会潜力,各细分市场之间相关性较小。这种战略有利于分散企业经营风险,即使某个细分市场失去吸引力,企业仍可在其他细分市场经营盈利。

(五)全面覆盖战略

如图9-6(e)所示,大型公司为取得市场的领导地位常利用这种战略。公司为所有顾客群(各细分市场)供应其需要的各种产品,像中国"四通"集团生产满足各类用户使用的打字机。

三、目标市场营销战略

公司在确定了目标市场范围战略之后,一般有三种可供选择的战略进入市场:无差异营销战略、差异性营销战略和集中性营销战略。

（一）无差异营销战略

无差异营销战略，是指公司将整个市场当作一个需求类似的目标市场，只推出一种产品并只使用一套营销组合方案。例如，我国第一汽车制造厂，长期以来只生产 4T 载重汽车，以一种车型、一种颜色、一个价格（在过去体制下）行销全国，无论企业或机关、城市或农村、军用或民用都不例外。这种战略重视消费者需求的相似性，忽视需求的差异性，从而将所有消费者需求看作是相同的，一般不进行市场细分，如图 9-7 所示。

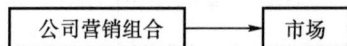

图 9-7　无差异营销战略

这种营销战略的优点：经营品种少、批量大，可节省细分费用，降低成本，提高利润率。

但是，采用这种战略也有其缺点：一方面，易引起激烈竞争，使公司获利机会减少；另一方面，公司容易忽视细分市场的潜在需求。例如，美国汽车行业一向以大型、舒适的轿车为目标，竞争激烈，结果被外国公司尤其是日本汽车公司钻了空子。20 世纪 70 年代，日本公司利用石油危机的机会，生产小型、廉价、省油的小轿车，在美国汽车市场上一举获得成功，占领了大部分美国小轿车市场，使美国汽车公司措手不及，竞争失利。

（二）差异性营销战略

差异性营销战略，是指公司在市场细分的基础上，选择两个或两个以上的细分市场作为目标市场，针对不同的细分市场上消费者的需求，设计不同的产品和实行不同的营销组合方案，以满足消费者需求。如图 9-8 所示。

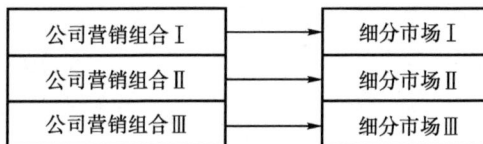

图 9-8　差异性营销战略

这种战略，对于小批量、多品种的生产公司比较适用。日用消费品绝大部分均可采用这种战略选择目标市场。在消费需求变化迅速、竞争激烈的当代，大多数公司都积极推行这种战略。其优点是：有利于满足不同消费者的需求；有利于公司开拓市场，扩大销售，提高市场占有率和经济效益；有利于提高市场应变能力。例如，某电视机生产企业生产包括人工智能电视、CHiQ 电视、4K 电视、激光电视、智能电视、LED 电视、等离子电视等系列产品以满足市场上不同消费者的需求，取得了营销的成功。

差异性营销在创造较高销售额的同时，也增加了生产成本、管理成本、库存成本、产品改良成本、促销成本，使产品价格提高，失去竞争优势。因此，公司在采用此战略时，要权衡其利弊。

（三）集中性营销战略

集中性营销战略，亦称密集营销战略，是指企业集中力量于某一细分市场上，实行专业化生产经营，以获取较高的市场占有率，如图 9-9 所示。

实施这一战略的公司的考虑是与其在整个市场拥有较低的市场占有率，不如在部分细分市场上拥有较高的市场占有率。如某服装公司专门生产老年人服装，以适应我国快速老龄化的市场需求。这种战略主要适用于资源有限的小公司。因为小公司无力顾及整体市场，无力承担细分市场的费用，而在大公司忽视的小市场上也易于获得营销成功。

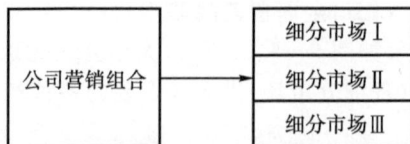

图 9-9　集中性营销战略

　　这种战略的优点是：①公司可深入了解特定细分市场的需求，提供最佳服务，有利于提高企业的地位和信誉；②实行专业化经营，有利于降低成本。只要目标市场选择恰当，集中营销战略可为公司建立坚强的立足点，获得更多的经济效益。

　　但是，集中营销战略也存在不足之处，其缺点主要是公司将所有力量集中于某一细分市场，当市场消费者需求发生变化，或者面临较强竞争对手时，公司的应变空间小，经营风险大，使公司可能陷入经营困境，甚至倒闭。因此，使用这种战略时，选择目标市场要特别谨慎。

四、如何选择目标市场营销战略

　　企业在选择目标市场时，应综合考虑以下因素。

　　（一）企业资源

　　企业资源是指企业的资金、技术、设备、人才、管理等综合资源的状况。资源实力雄厚的大企业，可采用无差异或差异营销战略；资源有限的企业，不能覆盖整个市场，可采用集中营销战略。

　　（二）市场的同质性

　　市场的同质性是指消费者需求、偏好及各种特征类似程度。市场同质性高，表示各细分市场相似程度高，适宜采用无差异营销战略；反之，则采用差异或集中营销战略。

　　（三）产品的同质性

　　产品的同质性是指消费者感觉产品特征的相似程度。消费者对汽油、盐、糖等产品，由于人的感觉及消费者无法测试，不会感觉到存在差异。对这类同质性高的产品，企业可采取无差异营销战略。反之，像服装、家具、手机、汽车、家用电器等产品，消费者感觉差异明显，即市场同质性低，则可采取差异或集中营销战略。

　　（四）产品市场周期

　　产品在市场周期的不同阶段，应采取不同的营销战略。新上市产品，由于竞争者少，产品比较单一，营销重点是刺激消费者需求，比较适宜于无差异或集中营销战略；当产品进入成熟期时，企业想维持或者扩大销售量，则可采用差异营销战略，以建立该产品在消费者心目中的特殊地位。

　　（五）竞争者战略

　　一般来说，企业应采取同竞争对手有差别的营销战略。如果竞争对手是强有力的竞争者，实行的是无差异营销，则本企业实行差异营销，往往能取得良好效果；如竞争对手也采用差异营销战略时，若本企业仍实行无差异营销，势必造成竞争失利，此时企业应在更为细分的市场上，采用差异或集中营销战略，提高市场占有率。同时，竞争者的多少也影响企业营销战略的选择，竞争者很多时，消费者对产品的品牌印象很重要。为了建立本企业的产品在不同消费者心目中的良好形象，宜采用差异或集中营销战略；相反，则采用无差异营销战略。

　　上述五种因素，可用表9-9表示。

表9-9　大中型企业进入目标市场选定的因素及战略

策略	因素					
	企业资源	市场同质性	产品同质性	产品寿命周期	竞争者战略	竞争者数目
无差异战略	多	高	高	投入期	—	少
差异战略	多	低	低	成熟期	差异	多
集中战略	少	低	低	—	—	多

第五节 产品定位战略

企业在选择了目标市场后,为了能够顺利地进入该市场,使消费者认识并购买本企业的产品,就必须设法使消费者认识本企业产品的特征与差异,并努力将其吸引过来。这种努力就是产品的市场定位。

一、产品定位的概念

1969年,被称为定位之父的杰克·特劳特在美国《工业营销》杂志上发表了一篇论文,题为《定位:同质化时代的竞争之道》(*Positioning is a game people play in today's me-too market place*),首次提出商业领域的"定位"概念,定位理论所贡献的视角在于:公司要能创造与众不同的价值,所有的技术和创新最终都是为了去创建一种差异化的顾客价值、一个用户头脑中的定位,以定位来引领企业的战略和运营,从而获得高质量、可持续的发展。

产品定位是企业营销中极为重要的概念。它是指企业在市场细分的基础上,依据市场上的竞争状况和本企业条件,建立本企业及产品在目标市场顾客心目中特殊形象的过程。产品特色和形象是定位的主要属性,它既可以是实物形态的,也可以是心理方面的或两者兼有。例如,"价廉""优质""服务周到""技术先进"等都可以作为定位的属性。所以,定位的成功与否,取决于企业产品能否在消费者心目中建立特殊形象,在细分市场上吸引更多消费者。例如,当我们在车站、码头等地看到"奔驰""奥迪"汽车的广告时,人们便立即会想到"高档""豪华",这说明"奔驰""奥迪"的定位非常成功。

二、产品定位的步骤

(一)目标市场现状分析

通过对目标市场的调查,了解目标市场上竞争者,提供何种特色产品给顾客,顾客实际上需要什么属性的产品等。

(二)目标市场初步定位

企业全面分析目标市场现状,特别是在研究顾客对该产品各种属性重视程度的基础上,要权衡利弊,初步确定本企业产品在目标市场上所处的位置。

(三)目标市场正式定位

如果产品目标市场初步定位比较顺利,没有发生意外,这个定位就是正确的,就可正式定下来。但初步定位经常发生偏差,还需修正进行重新定位,最终完成产品的市场定位。下面,通过实例说明产品的市场定位。

【例如】某公司了解到摩托车购买者最关心的特征是摩托车的"规格"和"速度"。潜在的顾客和中间商在购买各种牌子的摩托车时,也主要考虑这两种特性,假定目标市场上现有A、B、C、D四个竞争者,其产品定位如图9-10所示。

从图9-10可以看出:A竞争者生产小型高速摩托车;B竞争者生产中型速度摩托车;C竞争者生产小

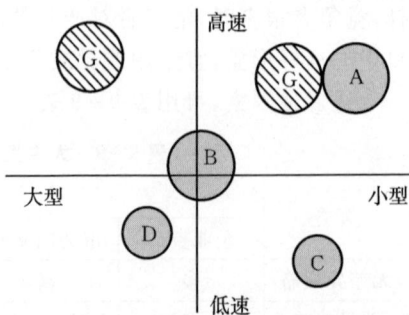

图9-10 产品定位图

到中型低速摩托车;D竞争者生产大型低速摩托车。图中圆圈的大小代表各竞争者销售份额的大小。

如果上述四位竞争者的位置已经确定,该公司位置定在何处呢? 一般来说,有两种可供选择的定位战略。

第一种,与竞争者同坐一席。即把本企业产品位置定在某一竞争者附近(如A附近),与之竞争市场份额。实施这种定位战略的企业,应具备的条件是:①能够生产出比竞争者更优良的摩托车(品种);②有足够的市场潜量,足以容纳两个竞争者;③本企业比竞争者拥有更多的资源;④这个市场位置与本企业经营实力相适应。

第二种,空白处定位。即把本企业的产品位置定在目前市场上还没有供应的摩托车,如开发一种大而快的摩托车(图中空白象限)。实施这种定位战略的企业,应具备的条件是:①技术上可行,即企业有能力生产大型高速摩托车;②经济上可行,即在一定的价格水平下销售这种摩托车,仍能实现企业的利润目标;③有足够的潜在消费者需要这种摩托车,并通过企业的促销活动,有能力将消费者吸引过来,使之相信本企业的产品。

案例阅读

最贴身的"牛仔"——Lee牌牛仔

众所周知,牛仔裤的鼻祖是李维斯(Levi's),晚了它近40年的Lee牌牛仔在竞争激烈的牛仔裤市场中能够迅速成长为第二品牌,制胜的法宝之一就是正确的定位。

Lee抓住的是长久以来一直被忽略的一个市场——女性市场。对这一市场的主体——25~44岁的女性消费者——的定性研究表明,这一群体对牛仔服装是情有独钟的(因为牛仔是她们青春的见证、成长的伴侣),而"贴身"是她们最关心的利益。大多数女性都需要一件在腰部和臀部都很合身而且活动自如的牛仔服,而她们平均要试穿16件牛仔才能找到一件称心如意的。于是,Lee聪明地定位于此,在产品设计上一改传统的直线裁剪,突出女性的身材和线条;在广告表现中充分体现Lee恰到好处的贴身、穿脱自如。"最贴身的牛仔"是Lee的经典广告文案,一个"贴"字将Lee与众不同的利益点表达得淋漓尽致。

但Lee的中间商和零售商不了解这一定位的绝妙之处,他们的错误坚持曾让Lee的广告走入误区,变得和其他品牌没什么两样。而后Lee的销售陷入困境,总结了教训后,Lee又重返"Fit",贴近了目标市场,Lee重获生机并蓬勃发展起来。

"如果你和大多数美国女人一样,衣柜里放了3条或4条牛仔裤,有一条太小,有一条太大,有一条则令人绝望的不流行。然而有一条非常合身,每次你都会穿它。"这虽是Lee的又一条广告语,但绝非夸张之词。在妇女们对买到合身的牛仔服已快失去信心的时候,是Lee让她们感到那是专为她们设计的最贴身的时装,而且Lee还是唯一一个能够适合所有场合的品牌。妇女们终于有了"精心、安全的选择","最贴身的牛仔",Lee简直成了一种日常用品,与她们的生活息息相关。

——资料来源:张海青.全球优秀企业经典服务案例[M].北京:机械工业出版社,2016.

三、产品市场定位方式

从上面实例分析中可以得知,产品市场定位战略是一种竞争战略,它显示一种产品或一家企业同类似的产品或企业之间的竞争关系。企业常采用的产品定位方式主要有以下四种。

(一)按产品属性定位

产品属性包括生产制造该产品的技术、设备、生产过程以及产品的功能等,还包括与产品有关的原料、产地、历史等因素。这些特性都可作为定位的要素。例如,在汽车市场上,德国大众汽车具有"货币价值"的美誉;日本的丰田汽车侧重于"经济可靠";瑞典的沃尔沃汽车具有"耐用"的特点。

(二)按照质量和价格定位

质量和价格本身就是一种定位。人们一般认为高质量应对应高价,所以高质高价就是一种产品定位。但是有时也可以反其道而行之,如日本汽车就是将产品定在"质高而价不高"的位置上,在竞争中得以胜出。

(三)按照使用者和用途定位

为老产品找到一种新用途,是为该产品找到定位的好方法。按照产品不同的使用者,也可对产品进行定位。如某公司生产各种品牌的化妆品,以满足不同层次消费者群体的需要。

(四)按竞争态势定位

按照市场竞争状况,并考虑企业的各种资源,常采用以下三种定位方式。

(1)避强定位。这是一种针对强有力竞争对手的定位。其优点是能够迅速在市场上站稳脚跟,在消费者心目中树立企业和产品的良好形象。由于这种定位风险较小,成功率较高,多数企业常常采用这种定位方式。

(2)迎头定位。这是一种与市场上最强竞争者"对着干"的定位方式。这是一种风险较大的定位,但如果成功,企业就会取得较大的市场优势。实行迎头定位,应做到知己知彼,特别是应清醒估计自己的实力,不求压倒对方,只求平分秋色。

(3)重新定位。这是指对销量小、市场反应差、适应能力差的产品进行二次定位,其目的是为了摆脱困境重新获得增长与活力。

关键概念

市场细分　目标市场　无差异营销战略　产品定位

复习思考题

1.企业为什么必须进行市场细分?

2.市场细分应坚持哪些原则?

3.市场细分思想是怎样形成的?

4.掌握市场细分的程序及标准有哪些?

5.产业市场怎样进行细分?

6.细分市场价值评估方法有哪些?

7.企业选择目标市场的方法有哪几种?

8.企业的目标市场营销战略有哪三种? 并分析比较。

9.影响企业目标市场营销战略选择的因素有哪些?

10.什么叫产品定位? 产品定位的步骤和方法有哪些?

案例分析

OPPO、vivo 为什么会赢？

OPPO 和 vivo 在中国手机销量上完爆了苹果、三星，其合计的销量占据整个中国手机市场半壁江山，达到近 1.5 亿部。其中，OPPO 在国内的市场份额高达 16.8%，vivo 则为 14.8%。相比之下，苹果 2016 年在中国的出货量下降了 23%，大约为 4490 万部，以 9.6% 的市场份额排在第四位。当这份消息在一线城市的年轻人的朋友圈中传阅的时候，拿着华为和苹果，他们对这份"看不见"的光荣，一脸疑惑。那究竟为什么会出现这样的全体疑惑，OPPO 和 vivo 是怎么成功逆袭的？

为什么一线城市的年轻人身边几乎接触不到 OPPO 和 vivo，当看到它们销量第一的数据，惊讶得合不拢嘴。这是由于中国市场的三维立体化层次导致的。中国这样一个巨大的市场，第一，从城市层级上，从一级城市、省会城市、地级市，到县城、乡镇、村庄，六个层次的差异很大，所以在一级城市的人可能看不到省会城市的人平时惯用的品牌。第二，幅员辽阔的中国地理距离很大，比如南方可能和北方有巨大的区别，民族地区之间也有不同的文化差别。第三，在年龄层次上，中国过去 50 年的快速发展，让年代不同的人们有巨大的意识鸿沟，这样的鸿沟延伸到了消费端，他们有着完全不同的消费习惯和品牌知名度获取渠道。在这样的国情下，OPPO 和 vivo 瞄准了三、四、五、六级城市的年轻人市场，对这部分人群进行精准的营销定位，一句话概括就是：基于精准目标市场定位的整合营销，基于中国多层次市场的深度营销。

OPPO 和 vivo 比较年轻，比较东方，比较清新。这两个品牌的目标顾客很显然是年轻人。向下可以延伸到学生，比如高中生、大学生，往上可以延伸到小白领（城市里二十五六岁、二十七八岁的小白领）。年轻的小白领中，这两个品牌的目标市场又偏女性。不能说完全针对女性，但更受女孩子喜欢，这是一个不争的事实；调性更加柔美，这也是一个不争的事实。而三、四、五级市场的女性顾客（包括男性顾客）对技术是不太懂的，是非专业的。大家都知道，大部分国产手机品牌不能说有什么特别的核心技术，但是在应用技术层面，在应用功能层面，做一些基于顾客导向的创新，实际上是非常有效的。在功能上，近一段时间以来，OPPO、vivo 都在主打照相这样一个价值维度，单反、双摄像头、1600 万像素、柔光自拍、"照出你的美"等。用这样的一些价值诉求和价值主张，吸引了大量的年轻的、比较爱美的、有点自恋的、热爱生活的消费者。

面对这样的顾客群，在推广和宣传上，这两个品牌也同样是一个系统的整合性的考虑，比如说去抢占一些目标人群高度关注的注意力资源（高流量明星资源），很好地乘上了国内现在日益增长的粉丝经济快车，所以 OPPO 和 vivo 采用的营销方法就是谁红找谁代言推广，曾经找过宋仲基，现在找彭于晏、杨洋、陈伟霆、杨幂、TFboys、李易峰等流量小生。而且它们能够紧跟市场潮流变化。这样迅速、强势的广告策略，给品牌带来了持续不断的大量曝光度和粉丝的簇拥。

除了请明星之外，这两个品牌在传播的媒体上，包括一些重大的事件、重大的庆典、重要的电视栏目，它们基本上都在现场，从不缺席。它们选择一些顾客认同度比较高、一定能够引起广泛反响的媒体和事件来进行广告的投放。

OPPO、vivo 主力产品的销售价格在 2000~3000 元,不能算很便宜。说到这里就不得不提到,手机这种产品比较有意思的地方。手机这种产品除了实用性的功能之外,有很强烈的心理价值。凡是有心理价值的产品,如果太便宜,对顾客来说,就是没有面子,就显得自己的收入不是很高。OPPO、vivo 产品的价值定位,强调了高品位的体验和社交功能,其实是非常精准的。

——资料来源:施炜. OPPO、vivo 的成功之道[EB/OL]. [2017 - 03 - 14]. http://www. sohu. com/a/128753656_343325.

问题讨论:

1. OPPO 和 vivo 是按什么标准对手机市场进行细分的?

2. OPPO 和 vivo 的目标市场是什么? 选择此目标市场的理由是什么?

3. OPPO 和 vivo 是如何定位的? 为了塑造这一形象,采取了哪些措施?

第十章 产品策略

第一节 现代产品与产品组合

一、现代产品概念

所谓产品，传统的解释是指具有特定形态和一定用途的物品。例如，衣服、手表、汽车、手机等都是产品。但是，这种理解是狭义的，因而是不完整的。现代市场营销学对产品的理解是一种广义的概念，它是指凡能提供给市场，以引起人们注意、获取、使用或消费，从而满足人们某种需要或欲望的物质，包括产品实体、无形服务、地点、组织及意识等。广义的产品，也称为整体产品概念，它有五个基本层次：核心产品、形式产品、附加产品、期望产品、潜在产品。如图10－1所示。

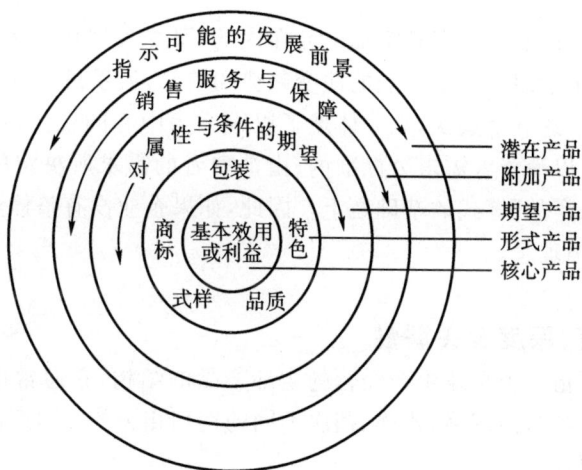

图 10－1 整体产品概念

（一）核心产品

核心产品即实质产品，是指企业向顾客提供的最基本的效用和利益。消费者购买某种产品，并非仅仅是为了购买某一物质实体，而是为了满足某种特定的价值需求。例如，人们购买电冰箱，并不是为了买到装有压缩机、冷藏室、开关按键的大铁箱，而是为了通过电冰箱的制冷功能，使食物保鲜，为提高人们的生活水平和质量服务。可见，一个产品能否满足顾客的需要，关键在于能否提供顾客所追求的基本效用和利益。核心产品是整个产品概念中最重要、最基本的层次。

（二）形式产品

形式产品即实体产品，是指核心产品借以实现的外在形式，也就是产品的外观部分，它较之核心产品具有更广泛的内容。形式产品由质量、式样、品牌、包装及特征组成。产品的基本效用必须通过特定的形式才能实现,而具有相同效用的产品在存在形态上却可能有较大差别,这种形式产品的不同和多样化,可以满足用户不同的或变化了的需求。因此,企业在立足于用户所追求的核心效用的基础上,应注意通过产品的差异化与多样化策略,努力寻求更加完善的外在形式,提高产品的市场适应能力,使之更能满足用户需求。

(三)附加产品

附加产品是指顾客在购买产品时所能得到的附加利益总和。它包括提供信贷、免费运送、售后服务、设备安装,以及提供各种保证等。企业要满足消费者的某种需求,就应提供与满足该项需求有关的一切服务。美国市场营销专家李维特曾指出:现代企业竞争并不在于各公司能生产什么,而在于它们能为其产品增加些什么内容。企业只有向顾客提供更多的附加实际利益,更好地满足其对附加利益的需求,才有可能在竞争中取胜。

(四)期望产品

期望产品是指顾客在购买该产品时期望得到的与产品密切相关的一整套属性和消费条件。譬如,旅馆的客人期望得到清洁的床位、洗浴香波、浴巾、衣帽间的服务等。因为大多数旅馆均能满足旅客这些一般的期望,所以旅客在选择档次大致相同的旅馆时,一般不是选择哪家旅馆提供期望产品,而是根据哪家旅馆就近和方便而定。

(五)潜在产品

潜在产品是指现有产品包括所有附加产品在内的,可能发展成为未来最终产品潜在状态的产品。潜在产品指出了现有产品可能的演变趋势和前景,如手机可发展为智能手机等。

整体产品概念的上述五个层次,充分体现了以顾客为中心的现代市场营销观念。这一概念的内涵和外延,都是以消费者需求为标准的,由消费者的需求所决定的。可以说,整体产品概念是建立在“需求＝产品”等式的基础之上。因此,如果企业没有整体产品概念,就不可能真正地实施现代市场营销理念。

二、产品组合的广度、深度及关联性

所谓产品组合,是指一个企业生产经营的全部产品的结构,它通常由几条产品线组成;产品线则是由满足同类需求,而规格、式样、档次不同的密切相关的一组产品构成的;这些不同的个别产品,称为产品项目。

任何企业的产品组合一般都由其广度、深度及关联性构成。所谓广度是指企业产品组合中所包含产品线的多少,产品线越多,说明广度越大;产品线越少,则广度越小。所谓深度是指企业经营的每个产品线所包括的产品项目的平均数多少,平均项目越多,深度越大;反之,则小。所谓关联性是指各产品线之间在最终用途、生产条件、销售渠道等方面的相互关联程度。例如,某电视机厂生产的产品都与电子有关,那么它的产品组合关联性就强。相反,实行集团式多角化经营的混合型公司,其各类产品线间的关联性则较小,或毫无关联性。

产品组合的广度、深度及关联性,如图 10 - 2 所示。图中有 12 个产品项目、4 条产品线,平均每条产品线的深度为 3 个产品项目。

产品组合的广度、深度和关联度在市场营销战略上具有重要意义。企业如果增加产品组合的广度,如增加产品大类,扩大经营范围,甚至跨行业经营,实行多角化经营,则可以充分发挥企业的特长,使企业尤其是大企业的资源、技术得到充分利用,提高经营效益。此外,实行多

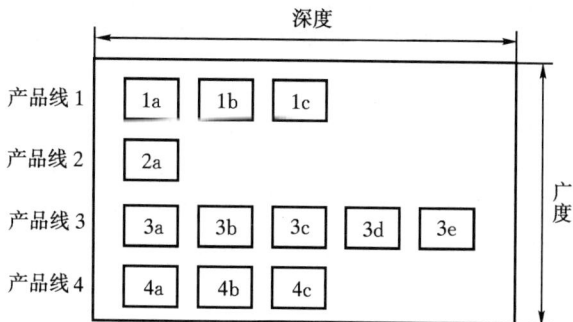

图 10-2 产品组合的广度、深度示意图

元化经营还可以减少风险。企业增加产品组合的深度,包括增加产品项目,增加产品的花色、式样、规格等,则可迎合广大消费者的不同需要和爱好,以招徕、吸引更多顾客。企业增加产品组合的关联度,则可提高企业在某一地区、某行业的市场地位,充分发挥企业的技术、生产和销售能力。以宝洁公司为例,产品组合的广度、深度及关联性的具体应用如图 10-3 所示。

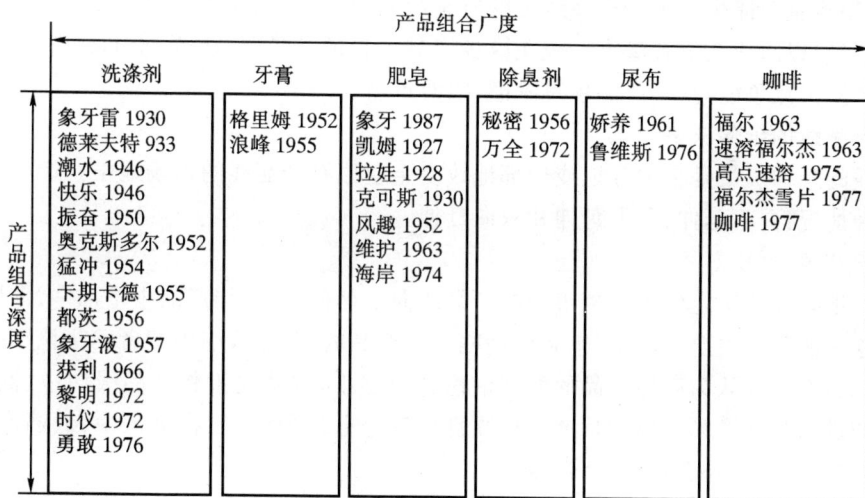

图 10-3 宝洁公司产品组合的深度与广度

三、产品组合策略

企业的产品组合策略是指企业根据自身目标和环境变化对产品线和产品项目所进行的选择和管理。一般情况下,企业在进行产品组合决策时常遇到三项决策问题:一是当环境或企业经营目标发生变化时,如何进行新的组合;二是产品线的长度如何确定;三是产品线的延伸。围绕解决以上问题,大致有以下策略可供选择。

(一)产品组合的广度决策

产品组合的广度决策是指企业根据环境变化决定增加或缩减产品线,以扩大或缩小经营范围。增加或缩减产品线,既可以与现有产品线相关,也可以不受产品之间关联性的制约,发展与原有产品毫无关联的产品线或产品项目。一般来讲,扩大产品组合,可以充分地利用人、财、物资源,增强企业竞争能力,但不足之处是风险较大。缩减产品组合有利于企业集中力量改造保留的产品线,减少资金占用,降低生产成本,实现生产经营专业化;但不足之处是,若处理不当,就会影响其他产品销售,减少一定的市场份额,降低企业的盈利水平。

扩大或缩减产品线不是随意可以进行的,而是要具备一定的前提条件。扩大产品线的条件是:①市场变化为企业提供了新的盈利机会;②这种机会一旦利用将给企业带来一定的盈利规模;③企业能开发利用这种机会。缩减产品线的条件是:①能源与原材料供应不足,不得不缩减某一产品线;②企业处于亏损状态,且亏损的原因是由某一产品线引起的;③企业为了集中经营目标。

(二)产品组合的深度决策

产品组合的深度决策是指企业通过增加或减少产品项目来确定某一产品线的长度。通常情况下,企业增加或减少产品项目的依据是盈利水平的变化情况。例如,若企业认为增加产品项目可以提高盈利,则意味着产品线太短,这时应增加产品项目以延长产品线;相反,若缩短产品项目能使盈利增加,则意味着产品线太长,这时应减少产品项目,以缩短产品线。

增加或减少产品项目不可随意,而是有条件的。企业增加产品项目的条件是:①希望能获取新的盈利;②认为企业的产品线有缺口,失去了盈利机会;③希望能利用淡季中的剩余生产能力;④希望本企业能生产某一产品线中的所有产品项目,以利于提高竞争能力;⑤自行填补产品线的缺口,以防止竞争者渗入。企业减少产品项目的条件是:①无利可图;②该产品项目失去或将要失去竞争能力;③产品项目陈旧,需要更新。

(三)产品线的延伸决策

产品线的延伸决策是指部分地或全部地改变企业原有产品线的市场地位。产品线延伸可以分为三种情况:向下延伸、向上延伸和双向延伸。

1. 向下延伸

它是指把企业原来定位于高档市场的产品线向下延伸,在高档产品中增加中、低档产品项目。实行这一决策的主要原因是:①利用高档名牌产品的声誉,吸引消费者购买该产品线中的中、低档商品;②企业认为高档产品的发展前途越来越小,因此决策将产品线向中、低档延伸;③企业最初进入高档产品市场的目的是树立良好的企业形象,然后再进入中、低档产品市场,以扩大市场范围;④填补企业产品线的缺口。

2. 向上延伸

它是指把企业原来定位于低档市场的产品线向上延伸,在低档产品中增加中、高档产品项目。实行这一决策的主要原因是:①开发中、高档产品市场能取得更多利润;②利用中、高档产品提升低档产品的形象;③企业具有生产中、高档产品的技术条件;④企业希望占有全线产品。

3. 双向延伸

它是指把企业原来定位于中档产品市场的产品线向上下两个方向延伸。一方面增加高档产品,树立企业的良好形象;另一方面则增加低档产品,扩大企业的市场范围。

产品线延伸具有以下好处:①可以满足更多消费者需求,一般而言,产品大类越长,机会越多,企业的利润就越大。②可以迎合消费者个性化的消费心理。产品延伸通过提供同一个品牌下的不同系列商品,来尽量迎合消费者的"求异"心理。这样既能满足消费者愿望,又保持他们对本企业的品牌忠诚度。③适应不同价格层次的需求。产品延伸给营销者提供了一个机会,使他们能够制定不同档次的价格以吸引更多顾客。需要指出的是,产品线延伸决策带来品牌忠诚度降低、产品项目角色难以区分和成本增加等诸多问题,因此把握产品线延伸的度至关重要。

第二节 新产品开发策略

一、新产品的概念和分类

所谓新产品,指公司通过自己的研发力量开发的原创产品、升级产品、改进产品和新品牌。从市场营销的观点看,最主要的区别在于产品的使用价值上有别于以前产品,即能满足市场消费者不断变化的个性化新需求的产品。

新产品可以分为以下几种类型:

(1)原创新产品。原创新产品是指国内外或本地区从未生产过,首次原创试制的产品,这一类新产品开发难度最大。

(2)换代新产品。换代新产品指在原有产品的基础上,为满足市场新的需要采用新技术、新材料、新结构制造的产品。

(3)改进新产品。改进新产品指在现有产品的基础上,改进参数性能,变化规格、型号和花色、款式,以满足不同市场需要的产品。

(4)仿制新产品。仿制新产品是指企业模仿市场上已有的产品生产出来的产品。开发市场上已有的产品,一般投入相对较少,风险也较小,如果企业选择研制较大市场潜力的新产品,可能会获得较大的发展机会。

二、开发新产品的意义和方向

(一)开发新产品的作用

开发新产品,是满足市场消费需求的需要,也是企业竞争取胜的重要战略。进入 21 世纪以来,由于科学技术的突飞猛进,新技术、新工艺的不断突破,产品市场周期越来越短,更新换代的速度大大加快。同时,消费者需求也在不断变化,所以在市场竞争中,企业如果墨守成规,产品就没有销路。因此,开发市场需要的新产品,就成为企业生存与发展的关键。其主要作用包括:

第一,开发新产品,避免产品线老化,从而使企业能适应市场变化和增长的需求,更好地为经济建设和人民生活服务。

第二,开发新产品,不断推陈出新,既推动了社会生产的发展,又增加了商品的品种和数量,使市场日益丰富多彩。

第三,开发新产品,有利于充分利用企业的资源和生产能力,提高经济效益。

第四,开发新产品,有利于新市场的开拓,有利于提高企业声誉,扩大销量,提高竞争力。从而既可满足市场需要,又增加了企业盈利。

(二)开发新产品的趋势

根据市场的变化和消费者的需求,未来新产品开发的趋势,主要表现在以下几个方面。

1. 多能化

把产品的性能和使用范围扩大,这是扩大产品销路的好办法。例如,手机市场上,集通讯和照相、微信支付、音乐视听、定位等多功能为一体的智能手机,成为手机发展的大趋势。

2.微型化

这是指使产品在性能不变或稍有增加的情况下,尽可能使产品轻一点,体积小一些,如"随身听""超薄笔记本电脑"等。

3.简单化

这是指产品在不影响性能的前提下,结构简化,零部件系列化、通用化、标准化,结构简单,操作使用方便。

4.多样化

这是指利用企业现有人力、物力,综合利用原材料,将产品结构稍加改变,生产多型号系列产品,满足市场上消费者多样化需求。

5.节约能源和原材料

这是指新产品能节约能源和原材料,且不污染环境,不对社会造成公害,符合国家对环境保护的要求。

三、开发新产品的困难和条件

(一)开发新产品的困难

开发新产品是一件难度很大的工作,企业既要有创新的精神和勇气,又要有科学的态度和方法。开发新产品的困难主要表现在以下几个方面。

1.创新不易

社会经济的发展,要求有不断的创新,以避免生产与消费停滞不前。但要创造新的产品,从理论到技术,从实验到正式投产,都要花费很长的时间,花费巨大的人力和资金,所以创新并不容易。因此,市场上的新产品,一般绝大多数都属于原有产品的改良或组合,为此还必须努力创新,开发各种层次的新产品,才能不断开拓市场。这就必须加强科研工作,并与有关科研机构和大专院校紧密合作,开发新产品。

2.需求变化的多样性

随着经济的发展和生活水平的提高,人们迫切要求发展新产品。但是,由于需求的复杂和多变,新产品面临"众口难调"的局面。为此应向批量小,性能、用途、品种多样化的方向发展。

3.环境制约

由于原材料、资源、设备、技术力量等问题,企业开发新产品的范围将受到一定限制。这就必须实事求是,结合本企业实际情况,适应环境制约,采取相应措施。

4.费用昂贵,失败率高

研制新产品要花费很多的费用,失败率较高。一项研究报告指出,现有公司中66%的新产品在投放市场后两年内以失败告终。同时,96%的创新产品无法收回开发成本。随着科学技术的发展,新产品的市场生命周期也大为缩短。所以,许多企业对新产品开发望而生畏。为此,必须提高技术水平,加强技术力量,及时掌握有关新技术的科技信息,尽力节约费用,克服畏难情绪,积极而慎重地研制和开发新产品。

(二)开发新产品的条件

企业在开发新产品时,必须采取慎重、科学的态度。新产品从生产到全面上市,必须经过几次选择和淘汰。对那些具有成功希望的产品,才会有进一步开发的机会。在这一过程中,要防止两种情况出现:一是淘汰了有利的新产品;二是保留了无利的产品,这都会给企业带来损失。因此,企业必须全面考虑开发新产品的各种影响因素:①市场需求充分,如果市场根本不需要或需求不大,开发新产品就没有必要;②产品要有特色,有新的性能和用途;③企业要有发展新产品的能力;④要符合国家政策及法规规定,如对环境无污染、节约能源等;⑤要有经济效益。开发新产品,要讲究经济效益,这是衡量新产品成功与否的一个重要标志。实践证明,具有良好经济效益的新产品,才会有强大的生命力和广阔的市场发展前途。

以上五点必须全面衡量,其中最重要的是第一点。因为新产品的开发,首先要考虑市场需求,特别是消费者接受的可能性。关于消费者接受的可能性,有以下几点需注意:①相对优点,对其优点越大越明显,越容易被普遍接受。②新产品越能与消费者的习惯相适应,就容易被人们接受。③新产品的结构和使用方法越简便易行,被消费者接受的过程就越短。④其分割性越大,被消费者接受的过程越快。⑤新产品应允许消费者试用,待满意后再做购买决策。⑥对新产品的特点和使用方法的介绍,应当简单明了。

四、开发新产品的程序

开发新产品,首先要制定发展规划。具体来说,主要有远景规划、近期规划和短期规划三种。

(1)短期规划,主要研究有关新产品开发中的战术性问题。

(2)近期规划,主要研究有关新产品开发中的战略性课题,它决定着企业的发展前途。

(3)远景规划,主要从事新技术、新理论、新材料方面的研究。远景规划时间一般在三年以上,还要进行科技动向的预测和基础理论的研究。

发展新产品的程序,根据企业的生产类型、产品的复杂程度和具体情况,会有所不同。一般来说,新产品开发的程序大致可分为以下几个阶段。

(一)新产品创意

首先结合企业的长远规划,搜集产品技术情报,做好市场调研工作。在此基础上,提出产品创意,决定新产品的结构、参数和原理,预定新产品的使用范围和应达到的技术指标。创意一般来自两处:一是根据得到的各种信息,发挥企业内部人员的想象力,提出初步创意的线索;二是考虑到外部市场需要何种产品及其发展趋势。

(二)创意筛选与评价

该阶段也可称为可行性分析。从多种创意中筛选发现好的创意,进行新产品的技术经济总体分析,对新产品的三性(技术可行性、经济合理性、市场可销性)进行综合论证。主要评价新产品是否符合企业的利润目标等,以及衡量企业是否具备相应的生产能力及技术储备。

(三)新产品试制

试制是按照一定的技术模式实现生产的工艺准备、样品试制和小批试制等几方面的样品化的过程。根据已选择的最佳构思方案,在进行新产品试制的过程中,企业的研制部门一方面要制作一个实体样品,并且要做好对新产品的性能、外观、加工、价值等分析;另一方面还要研制出不同的模型,供正式投产选择。

(四)新产品试销

小批试制通过后,应尽快将新产品投放市场,进行试销。通过试销,可将消费者的意见反馈回来,对产品加以改进。通过试销,可以实地检查新产品正式投放市场以后,消费者是否愿意购买,并且制定在市场变化的条件下,新产品进入市场应该采取的决策或措施。

(五)商品性投产

商品性投产包括新产品的正式批量投产和销售工作。批量投产后,新产品为广大消费者采用,通过市场调查,再收集反馈的市场信息,作为以后改进产品的参考。除生产技术条件、资源条件进行充分准备外,还必须对新产品的投放市场时间、投放地区及销售渠道展开规划。

第三节　产品市场生命周期及其策略

一、产品生命周期的概念

"产品生命周期"理论(product life cycle,PLC)是1957年由美国哈佛大学教授波登和汉密尔顿在《新产品管理》一书首次提出,作为现代市场营销学中的重要概念,它指出,产品在市场中的销售情况和获利能力随着时间的推移而变化,这种变化的规律正像人和其他生物的生命一样,从诞生、成长、成熟,最终走向衰亡。这一过程在市场营销学中被称为产品生命周期,即产品从进入市场开始,直到最终退出市场为止所经历的全部过程。产品生命周期主要是通过一个产品的销售额和利润额随时间的变化来认识和衡量产品销售历史的各个不同阶段。典型的产品生命周期成S形曲线,包括五个阶段,即导入期、成长期、成熟期、饱和期和衰退期。

一般说来,产品从投放市场到在市场上被淘汰,如同任何生物一样,都有一个发生、发展和衰亡的过程,这个过程在时间上的表现叫作产品的市场生命周期。换言之,产品市场生命周期就是产品从上市到退市的时间间隔。

产品的市场生命是客观存在的,它主要取决于产品上市后市场对产品的需求变化和新产品的更新换代速度。

产品的市场生命与产品的使用寿命必须加以严格区别。产品使用寿命是指产品的耐用时间,也就是产品从投入使用到损坏报废为止所经历的时间。有些产品使用寿命很短,但市场寿命很长,如鞭炮、一次性消费品(可口可乐)就属于这一类。有些产品使用寿命很长,但市场寿命未必长久,如某些时装等。可见,产品使用寿命的研究属于技术工艺的范畴。

当我们分析产品市场生命的时候,必须分别对产品种类、产品品种和具体品牌的市场寿命进行研究。一般说来,产品种类的市场周期最长,只有等到科学技术发展到一个较高阶段,发明出一种足以代替原有产品所有功能的新产品之后,其产品的市场周期才得以终结。产品品种市场周期的长短,主要取决于技术进步后产品的更新换代速度。更新换代速度快,则产品品种的市场寿命便短;反之,则长。具体品牌产品的市场寿命则较稳定,它主要根据该品牌产品的市场销售量状况和市场竞争状况而定。但是,随着科学技术的飞速发展,产品推陈出新,更新换代,其市场寿命有不断缩短的趋势。营销学主要研究的是产品品种和具体牌号产品的市场周期。

产品市场周期与企业的营销管理密切相关。它可以用来推断和评价产品的市场销售趋势,根据产品所处的不同阶段制定不同的营销策略,并可以控制产品更新换代的速度,决定新产品投放市场的最适当的时机。这对企业产品的推销、老产品的整顿、新产品的开发、生产能力的充分利用以及经济效益的好坏,都具有重要作用。因此,研究产品的市场寿命周期,是一项涉及企业发展和调整的重大问题,可以帮助企业制定正确的市场营销策略。

二、产品市场生命周期的图形和分期特点

(一)产品市场生命周期阶段划分及图形

产品市场生命周期,一般要经历试销(导入)、成长、成熟、饱和、衰退五个阶段,其典型趋势如图10-4所示。

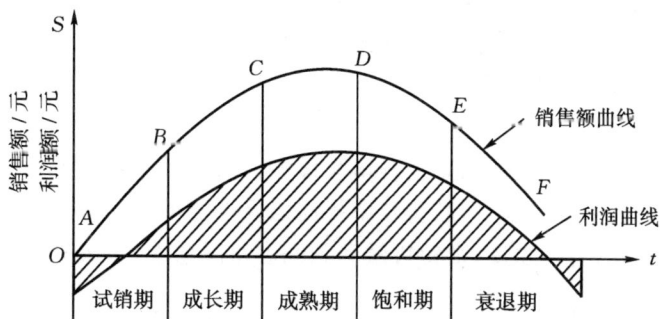

图 10-4　产品市场生命周期曲线

图中横坐标为时间(t),纵坐标为产品的市场销售量和利润额(S),其图形为类似正态分布曲线。第一阶段:A—B(试销期);第二阶段:B—C(成长期);第三阶段:C—D(成熟期);第四阶段:D—E(饱和期);第五阶段:E—F(衰退期)。

不同产品具有不同的市场寿命曲线图形。严格说来,要完整地描述某种产品的市场寿命周期曲线,只有等该产品衰退淘汰后,对其逐年销售资料按时间序列进行整理,才能做到。如产品尚未衰退前,需要判断产品处在寿命周期哪一阶段时,可采用计算销售增长率的办法,其公式为

$$P = \frac{\Delta S}{\Delta t}$$

式中　P——年销售增长率,即销售量随时间的变化率;

　　　ΔS——销售量的增长率,即销售的增长速度;

　　　Δt——时间的增量,以年为单位。

经验数据在一定程度和范围内可以作为划分产品寿命周期各阶段的参考:当$\frac{\Delta S}{\Delta t}$的值小于10%时,属于试销期;当$\frac{\Delta S}{\Delta t}$的值大于10%时,属于成长期和成熟期;当$\frac{\Delta S}{\Delta t}$的值在 0.1%~10%之间时,属于饱和期;当$\frac{\Delta S}{\Delta t}$的值小于 0 时,则说明产品已进入衰退期。

(二)产品市场生命周期各阶段的特点

1.试销期

这是指新产品经过研究阶段和样品试制转入小批生产,而进入市场进行试销。由于开始引入市场,不易被人们所接受,因而销量上升较慢。通常不能为企业提供利润,甚至还有亏损。

2.成长期

这是指新产品经过试销后效果较好,小批试制已得到验证转入到成批生产,投放市场进行扩大销售的阶段。在这一阶段,产品产量不断增长,质量稳定,工艺装备和各种专用设备已全部投入生产线,发挥了较大作用。此阶段后期销售量呈线性增长,增长率较大,开始为企业提供利润,并会有生产同类产品的竞争者介入。

3.成熟期

这是指产品进入大批量生产并稳定地进入市场畅销的时期。这一时期购买者最多,销售

量达到最大,企业内部管理趋于合理完善,机器设备、劳动力发挥出最大效率,产品成本降至最小,利润达到最高水平。但是生产同类产品的企业之间,在产品质量、花色品种、规格配套、包装装潢、成本和服务等方面的竞争开始加剧。

4.饱和期

这是指产品在市场已趋饱和状态,销售增长缓慢并趋于下降的阶段。这一时期市场上的特点主要表现在竞争进一步加剧,产品普及率提高以及性能更佳的新产品出现。在此阶段,产品的利润明显下降,如不进行改良,则销售量和利润会每况愈下,很快进入衰退期。

5.衰退期

这是指产品在使用上已经老化,不能满足市场需要,这时市场上已经有其他性能更佳、价格更廉的新产品,足以满足购买者需求,产品的销售和利润均呈锐减状态。衰退期后期,将出现亏损,直至被市场淘汰而停产。

综上,产品市场生命周期阶段特点如表10-1所示。

表 10-1　产品市场生命周期阶段特点表

特点	阶段				
	试销期	成长期	成熟期	饱和期	衰退期
销售量	低	快速增长	继续增长	缓慢增长,有下降趋势	下降
利润	微小或负	大	高峰	大且逐渐下降	低或负
购买者	爱好新奇者	较多	大众	大众	少数保守者
竞争	很少	竞争出现	激烈	较激烈	减少

三、产品市场生命周期各阶段的营销策略

企业为了使产品适应市场的需要和达到预定目标,必须根据产品市场生命周期各阶段的特点,制定不同的营销策略,从而获得较好的经济效益。

(一)试销期的营销策略

试销期又叫导入期,开始于新产品首次在市场上普遍销售之时。进入导入期产品的市场特点是:产品销量少,促销费用高,制造成本高,销售利润常常很低甚至为负值。在这一阶段,促销活动的主要目的是介绍产品,吸引消费者试用。在产品的导入期,一般可由价格、促销、地点等因素组合成各种不同的市场营销策略,具体包括内容如图10-5所示。

		促销水平	
		高	低
价格水平	高	A 快速掠取策略	B 缓慢掠取策略
	低	C 快速渗透策略	D 缓慢渗透策略

图 10-5　试销期可选择的营销策略

1.快速撇脂策略

快速撇脂策略即以高价格和高促销推出新产品。实行高价格是为了在每一单位销售额中获取最大利润,高促销费用是为了引起目标市场的注意,加快市场渗透。成功地实施这一策略,可以赚取较大利润,尽快收回新产品的开发投资。实施该策略的市场条件是市场上有较大的需求潜力;目标顾客具有求新心理,急于购买新品,并愿意为此付高价;企业面临潜在竞争者的威胁,需要及早树立名牌。

2.缓慢掠取策略

缓慢掠取策略即以高价格低促销费用将新产品推入市场。高价格和低促销水平结合可以使企业获得更多利润。实施该策略的市场条件是:市场规模相对较小,竞争威胁不大;市场上大多数用户对该产品没有过多疑虑;适当的高价能为市场所接受。

3.快速渗透策略

快速渗透策略即以低价格和高促销费用推出新产品。目的在于先发制人,以最快的速度打入市场,该策略可以给企业带来最快的市场渗透率和最高的市场占有率。实施这一策略的条件是:产品市场容量很大;潜在消费者对产品不了解,且对价格十分敏感;潜在竞争比较激烈;产品的单位制造成本可随生产规模和销售量的扩大迅速下降。

4.缓慢渗透策略

缓慢渗透策略即企业以低价格和低促销费用推出新产品。低价是为了促使市场迅速地接受新产品,低促销费用可以实现更多净利。企业坚信该市场需求价格弹性较高,而促销弹性较小。实施这一策略的基本条件是:市场容量较大;潜在顾客易于或已经了解此项新产品且对价格十分敏感;有相当的潜在竞争者准备加入竞争行列。

(二)成长期的营销策略

在新产品经过市场导入期以后,消费者对该产品已经熟悉,消费习惯也已形成,销售量迅速增长,这种新产品就进入了成长期。进入产品成长期以后,老顾客一般会重复购买,并且可能会带来新顾客。在成长期,销售量激增,企业利润迅速增长,达到高峰。随着销售量的增大,企业生产规模也逐步扩大,产品成本逐步降低,新的竞争者会投入竞争。随着竞争的加剧,企业为维持其市场增长率,使获取最大利润的时间得到延长,可以采取下面几种策略。①根据用户需求和其他市场信息,不断提高产品质量,努力发展产品的新款式、新型号,增加产品的新用途。②加强促销环节,树立强有力的产品形象。促销策略的重心应从建立产品知名度转移到树立产品形象,主要目标是建立品牌偏好,争取新的顾客。③重新评价渠道、选择决策,巩固原有渠道,增加新的销售渠道,开拓新的市场。④选择适当的时机调整价格,以争取更多顾客。

企业采用上述部分或全部市场扩张策略,会加强产品的竞争能力,但也会相应地增加营销成本。因此,在成长阶段,面临着"高市场占有率"或"高利润率"的选择。一般来说,实施市场扩张策略会减少当下利润,但加强了企业的市场地位和竞争能力,有利于维持扩大企业的市场占有率,从长期利润来考虑,更有利于企业发展。

(三)成熟期的营销策略

在产品经过上市一段时间以后,销量与利润增速会缓慢下降,这表明产品已开始走向成熟期。进入成熟期以后,产品的销量与利润会达到顶峰,然后缓慢下降;市场竞争非常激烈,各种品牌、款式的同类产品不断出现。对成熟期的产品,只能采取主动出击的策略,使成熟期延长,或使产品生命周期出现再循环。

鉴于上述情况,有三种基本策略可供选择:市场改良、产品改良和营销组合改良。市场改良策略也称市场多元化策略,即开发新市场,寻求新用户。产品改良策略,也称为"产品再推出",是指改进产品的品质或服务后再投放市场。营销组合改良,是指通过改变定价、销售渠道及促销方式来延长产品成熟期。

(四)饱和期的营销策略

(1)采用浮动价格策略,实施下限定价。

(2)加大推销力度,开拓新的市场。

(3)第二代产品进入试制,并迅速推向市场。

(4)加强产品不同形式的服务工作。

(五)衰退期的营销策略

一般而言,如果产品销量的下降速度开始加剧,利润水平很低,则可以认为这种产品已进入生命周期的衰退期。衰退期的主要特点包括:产品销售量急剧下降、企业从这种产品中获得的利润很低甚至为零、大量的竞争者退出市场、消费者的消费习惯已发生转变等。处于衰退期产品的营销策略包括以下几种。

(1)继续策略。即继续沿用过去的策略,仍按照原来的子市场,使用相同的分销渠道、定价及促销方式,直到这种产品完全退出市场为止。

(2)集中策略。即把资源集中使用在最有利的细分市场、最有效的销售渠道和最易销售的品种、款式上。概言之,缩短战线,以最有利的市场赢得更多利润。

(3)收缩策略。即大幅度降低促销水平,尽量降低促销费用以增加目前利润。这样可能导致产品在市场上的衰退加速,但又能从忠实于这种产品的顾客中得到利润。

(4)放弃策略。对于衰落比较迅速的产品,企业应该当机立断、放弃经营。此时企业可以采取完全放弃的形式,如把产品完全转移出去或立即停止生产;也可采取逐步放弃的方式,使其所占用的资源逐步转向其他产品。

四、延长产品市场生命周期的途径

要使本企业的产品保持较高的增长速度,从而维持较高的市场占有率,可以采取多种途径和方法,使产品的市场生命周期不断延长。如图 10-6 所示。其一般途径有:

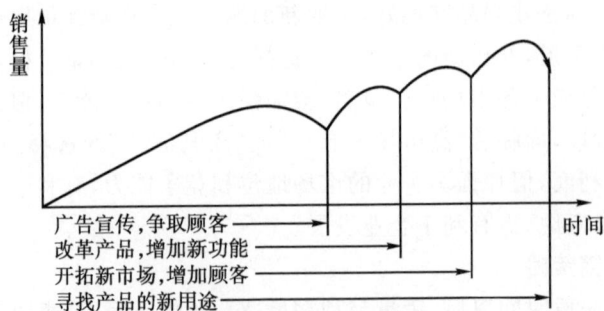

图 10-6 延长产品市场生命周期的途径

（1）通过宣传和广告，促进现有顾客对产品多购买多使用；

（2）通过对产品的改革，广泛发展产品的不同用途，扩大市场；

（3）通过市场的调查和研究，开拓新市场，增加新顾客；

（4）通过科学研究，想方设法增加产品的新功能，开辟新用途。

通过以上多种途径，尽量延长产品的市场寿命周期。

关键概念

产品 核心产品 产品组合 产品组合策略 新产品 产品市场生命周期

复习思考题

1.怎样理解现代产品的概念？

2.什么叫产品组合？它包括哪些内容？

3.企业产品组合策略有哪几种？

4.如何理解新产品的概念？

5.企业开发新产品应具备哪些条件？

6.什么叫产品市场生命周期？如何进行分期？

7.分析产品市场生命周期各阶段的特征及企业应采取的营销策略。

案例分析

苹果与三星手机的产品策略比较

苹果公司是美国的一家高科技公司，核心业务为电子科技产品，总部位于加利福尼亚州的库比蒂诺。苹果公司在1976年4月1日创立，在高科技企业中以创新而闻名。iPhone是结合私人数码助理、媒体播放器以及无线通信设备的掌上智能手机，由史蒂夫·乔布斯在2007年1月9日宣布推出。它支持无线上网邮件、移动通话、短信、网络浏览以及其他的无线通信服务。此后10年，苹果公司先后发布iPhone1、iPhone3G、iPhone3GS、iPhone4、iPhone4S、iPhone5、iPhone5S、iPhone5c、iPhone6/6 plus、iPhone6s/6s plus、iPhone SE、iPhone7/7 plus、iPhoneX、iPhone8/8 plus等多款手机，累计销量达到11.7亿部，平均每一部销量到达6500万部，手机单品销量位居全球手机厂商前列。

从2007年到2013年，苹果手机保持一年发布1款手机的单品产品策略，第一年注重设计，第二年提升性能，两年产生一次重大产品革新。受三星Galaxy Note大屏手机影响，从2014年发布iPhone6开始，苹果每年开始发布两款不同尺寸的手机，分为iPhone和iPhone plus两个系列。

据华尔街市场研究机构Canaccord Genuity发布的评估报告，2017年第四季度，苹果占据了智能手机行业利润的87%，比前一季度增加了15个百分点，尽管该公司同期手机具体销量只占全球总量的18%。受苹果手机利润大幅增长的影响，苹果公司股价在2018年8月2日正式突破10000亿美元，并且利润水平也高达484亿美元。

与苹果手机的单品策略不同，三星手机利用其掌控手机屏幕、存储、处理器及摄像头等供应链的优势,为用户生产不同尺寸的手机,凭借产品宽度获取市场份额。截至 2018 年 10 月 14 日,在苹果官网只能购买到 4 款手机,而三星官网则可购买 92 款手机,包括 Galaxy S、Note、C、A、J、E、On 等系列,并且在功能、尺寸、存储及摄像头等可以展开进一步的细分。就手机尺寸而言,苹果手机只提供 4 英寸、4.7 英寸、5.8 英寸及 6.5 英寸四种规格,而三星手机则提供 3~6.9 英寸的几十种规格。

苹果与三星作为全球智能手机的"双子星座",无论就市场占有率还是利润率,在整个行业的地位都举足轻重。据知名调研机构 IDC 公布的 2018 年第二季度的全球市场智能手机销量数据显示,三星依然位居全球首位,占比达到 20.9%;苹果位居全球第三,占比 15.9%。但就利润而言,苹果占到全球手机利润份额的 62%,三星份额为 17%,两者占比高达 78%。

需要指出的是,三星采取的多品产品发布策略使其自 2011 年成为全球最大手机厂商以来,在 2013 年一度占到全球手机市场份额的 30% 以上。尤其是 2016 年三星 NOTE7 电池爆炸事件之后,三星在中国的市场进一步萎缩,从 2014 年的排名首位到 2017 年的跌出前十。三星也在逐步反思其多品策略。

问题讨论:

1. 苹果与三星的产品策略孰优孰劣?为什么?
2. 对于中国智能手机厂商而言,三星与苹果手机的产品策略哪个更值得借鉴?

第十一章 产品包装和品牌决策

第一节 产品包装策略

产品包装,是增加商品价值并实现商品价值和使用价值的一种重要手段,也是市场营销重要的产品策略。产品包装装潢的优劣,不但影响产品能否顺利进入市场,而且影响产品的销量和价格。随着科学技术的发展和消费者收入的增加、需求的变化,以及对外贸易的扩展,市场对产品的包装装潢提出了更高要求。同时,包装装潢水平的高低,也是衡量一个国家技术工艺水平高低的重要标志之一。

一、包装的概念及作用

(一)包装的概念

产品的包装有两方面的含义:一是指采用不同形式的容器或物品对产品进行的包裹、捆扎的工艺操作活动,是一种动态的过程;二是指盛放商品的容器和包装物,是静态的含义。装潢是指对产品包装物进行的装饰和美化,它依附在包装物上。包装是适应商品生产者和消费者的需要逐步发展起来,它是构成产品形体的重要部分。改革开放以来,包装在我国得到了迅速发展,已经成为一个重要的产业部门。包装业在我国快速发展的原因有:

(1)市场原因。由于收入增加,生活水平提高,生活节奏加快,消费者更加重视产品使用的方便性;由于受教育程度的提高,更加重视产品的卫生;由于购买力提高,有能力支付包装的代价。

(2)技术原因。由于新的包装材料及容器的出现,使包装装潢成本降低。

(3)经销原因。由于消费者需求提高、竞争激烈,不同品牌的产品必须有自身的独特之处,借助包装装潢表现其产品的差异,可吸引顾客注意,使之发生购买行为。

(二)包装的作用

1.保护产品

包装可以保护产品的内在质量和外表形状,使产品的使用价值不受影响,保证产品在储存、运输、销售中不至于损坏、散失和变质。例如,易腐、易碎、易燃、易蒸发的产品,若有了良好的包装,能够保护商品使用价值不受损坏。我国由于包装材料、技术等原因,每年因包装不善造成的经济损失高达上百亿元。因此,包装工业大有发展前途。

2.便于储运及使用

商品的物质形态有气、液、固、胶等形态,其理化性质存在显著差异,外形上也极不规则,只有加以合适的包装,才便于运输、携带和存放,或保证储运和使用中的安全。

3.促进销售

消费者进入市场,首先进入其视觉中的并不是产品本身,而是产品的包装装潢,它给消费者往往形成"第一印象",因此精美的包装装潢是产品"无声的推销员",它能够诱导顾客的购买兴趣和购买欲望,促进产品销售。

4.树立形象

企业要增强竞争能力,在生产高质量产品的同时,应重视包装装潢的功能。因为包装装潢具有视觉传播作用,良好的包装装潢,能够给消费者留下第一印象,扩大企业及产品的知名度,树立起良好的企业及产品形象。

5.增加利润

精美的包装装潢能够影响消费者的购买欲望,又能抬高商品的身价,即使价格高些,消费者也愿意接受,避免了"一等商品、二等包装、三等价格";同时,由于包装的作用,避免了商品损坏,降低了费用。这些都有利于增加企业利润。

总之,企业的营销者不可小看包装,精致的包装,既能给人以美的享受,刺激顾客的购买欲望,又能保护商品,便于运输和储存,方便顾客购买。所以,对包装容器的结构研究、包装材料性质的研究、包装技术工艺的研究等,已经成为一门专门的科学。

二、产品包装策略

产品的包装一般分为三个层次:①内包装,是直接和产品接触的容器,如牙膏的软管、药品的瓶子等;②中层包装,其功能是保护产品和促进销售,如牙膏管外的纸盒;③外包装,其作用是便于储存、运输和辨认产品,如装运牙膏的纸板箱。除以上三个层次外,标签,即包装上有关产品说明的文字和图画,也属于包装的范畴。

产品的包装是现代产品整体概念的重要组成部分,在产品的销售中有重要作用。因此,企业应在产品包装的不同层次,选择适当的包装策略,以促进产品销售。通常可采用的包装策略主要有以下几种。

1.类似包装策略

这是指企业对所有不同类产品在包装外形、色彩、图案上,采用同一形式和共同特征,使顾客容易发现是同一个企业的产品。这种策略的优点是:节约包装设计成本,增加企业信誉,尤其对刚上市的新产品,可以利用企业以前建立的信誉,使产品迅速进入市场。但是,如果企业产品品种和品质相差太大,则不宜采用这一策略。

2.等级包装策略

该策略是指企业对自己生产经营的不同质量等级的产品分别设计和使用不同的包装。即企业将产品分成若干等级,对高档优质产品采用优质包装,一般产品则采用普通包装,使包装产品的价值和质量相称,表里一致,等级分明,便于消费者识别、选购商品,从而有利于全面扩大销售。

3.分类包装策略

分类包装是指根据消费者购买目的的不同,对同种产品采用不同包装。例如,购买商品用作礼品时,采用精致包装;若购买者自己使用,则简单包装。此种包装策略的优缺点与等级包装策略相同。

4.配套包装策略

配套包装就是指企业将几种有关联性的产品组合在同一包装物内的做法。这种策略能够节约交易时间,便于消费者购买、携带与使用,有利于扩大产品销售,还能够将新旧产品组合在一起,使新产品顺利进入市场。但在实践中,还要注意市场需求的具体特点、消费者的购买能力和产品本身的关联程度大小,不可任意配套搭配。配套包装策略一般多用于节日礼品包装等。

5.再使用包装策略

再使用包装策略也称双重用途包装策略,是指对原来包装的产品用完之后,包装容器可做其他用途。如做罐头包装的瓶可作为水杯,医药品的包装做儿童文具盒等,这种策略可使消费感到一物多用,从而刺激其购买欲望,增加重复购买,而且包装物的重复使用可起到广告宣传作用。

6.改变包装策略

改变产品的包装同产品创新对企业销售一样重要。当企业的产品要开拓新市场,吸引新顾客时可改变产品包装;或当消费者对原包装印象不好,销售量下降时,也可通过改变产品包装策略,为产品重新打开销路创造条件。

三、产品包装决策

(一)建立包装观念,确定产品包装的功能

例如,假设某食品公司生产的"什锦果脯",其包装的功能是保护产品的使用价值,使其在流通中不损坏、不变质;并且包装能显示出产品特色,使购买者在选购时能看到果脯的颜色、形状,以作为包装装潢设计的依据。

(二)决定包装因素

所谓包装因素是指包装的大小、形状、材料、色彩、文字说明以及商标图案等。包装因素是由包装观念决定的。一方面这些包装因素之间要相互协调;另一方面包装因素与市场定价、广告等营销因素也应协调一致。如果某企业对某产品做出优质优价的决策,则包装的材料、造型、色彩等都应与之相匹配。

(三)做好包装试验

包装设计出来后要经过试验,以考察包装是否能满足各方面的要求,以便在正式使用前做出改进。包装试验包括:①工程试验。检验包装在正常储运情况下的适用性,如磨损程度、变形程度、密封性能、褪色程度等。②视觉试验。检验消费者对产品包装的色彩、图案是否满意等。③经销商试验。主要检验经销商是否喜欢这种包装,是否有利于经销商经营管理,如减少失窃等。④消费者测试。它是用来了解包装装潢是否被消费者所认可。

第二节　产品品牌决策与商标

一、品牌决策的几个基本概念

"品牌"一词最早来源于古斯堪的那维亚语"brandr",意思是"燃烧",指的是生产者燃烧印章烙印到产品上。19世纪20年代,"brandr"演化成"brand",其含义被进一步扩展。品牌是厂商为自己产品所规定的商业名称,它可以是一个名词、术语、符号、设计或其组合,用于识别一个企业的产品,并用以区分不同的竞争者。

所谓品牌(brand)是指用来识别某一卖主(或群)货物或劳务的名称、名词、符号、设计及其组合。品牌是一个由多种名词组成的总名词,主要包括品牌名称、标志、商标、品牌化等。品牌决策是企业整个产品战略的重要组成部分。

(1)品牌名称,是指品牌中可以用语言表达的部分。例如,可口可乐、永久、健力宝、海尔、春兰等。

(2)品牌标志,是指品牌中可以辨认,但不能用语言称呼的部分,如符号、设计、颜色等。

(3)商标,是指企业在政府工商管理部门登记注册,用来区别不同厂家生产的同种产品的一种标志,它是产品的品牌或品牌的一部分,该企业享有专用权并受到法律保护。

(4)品牌化,是指企业为某产品规定品牌名称、品牌标志,并向工商行政管理部门注册登记的一切业务活动。

二、品牌决策的内容

品牌是企业重要的资产,必须进行科学的开发决策,实施有效的品牌战略。

(一)品牌化决策

所谓品牌化决策是指企业的营销管理人员决定是否为企业产品规定名称。产品是否需要名称,应根据产品的性质和消费者需求决定。从营销的角度来看,大多数产品都需要一个名称,也就是需要一个品牌。品牌化无论对企业还是消费者都是有好处的。对企业的好处是:①方便管理订货;②注册商品使企业产品特色得到法律保护;③有利于吸引品牌的忠诚者;④有助于企业细分市场;⑤有助于树立良好的企业形象。对于消费者来说,品牌是购买者获得商品信息的一个重要来源,其好处有:①购买者通过品牌可以了解产品质量;②有助于提高购买效率。但是,有些产品不一定必须要有一个品牌。在下列情况下,可以考虑不使用品牌:①未经加工的原料产品;②消费者已习惯不用品牌的产品,如大米、面粉、散装食油等;③临时性一次出售的产品。实行"非品牌"化的目的是:节省包装、广告等费用,降低营销费用,从而降低价格,促进销售。

(二)品牌归属决策

企业确定使用品牌后有三种可供选择的策略:企业可以决定使用自己的品牌,这种品牌叫作企业品牌、制造商品牌;企业也可以决定将其产品大批量地卖给中间商,中间商再用自己的品牌将物品转卖出去,这种品牌叫作中间商品牌;企业还可以决定将有些产品用自己的品牌,将另一些产品用中间商品牌。一般认为:品牌的使用者主要是制造商,因为制造商要完成产品设计、质量、特色等活动。但是,近年来经销商使用品牌者越来越多,在西方国家的许多百货公司、超级市场、服装店都使用自有品牌。如美国著名的希尔斯(Sears)百货公司,90%的商品都用自己的牌子。由于该公司在美国享有良好声誉,许多制造商的产品也愿意采用"Sears"的牌子。工业企业究竟采取何种品牌,常常面临三种方案的决策。

1.制造商品牌

当企业的信誉良好、拥有较大的市场份额条件下,大多数制造商都使用自己的品牌。当制造商的品牌成为名牌后,使用制造商品牌就更有利。有时,还有一些享有盛誉的制造商将其著名商标租用给别人使用,收取"特许权使用费"。在西方国家,"特许权使用费"一般为15%。我国目前仍主要以制造商品牌为主。

2.经销商品牌

在制造商资金短缺、市场营销力量不足时,可以考虑采用经销商的品牌。

这种策略对于新进入市场的中小企业非常有利。经销商品牌已经成为品牌竞争的一种重要工具。使用经销商品牌的优点为:①中间商可控制价格,并在一定程度上控制供应商;②有利于中间商降低进货成本,增强竞争力,获得较高利润。当然也会带来一些问题,主要有:①中间商需投资大量资金用于广告宣传,树立品牌形象;②中间商需大量进货,库存增大,需承担一定风险。

3. 品牌战

品牌战指的是制造商品牌与经销商品牌之间的竞争,其竞争的实质就是采用何种品牌。中间商在竞争中有如下优势:①由于零售商的营业面积有限,零售网络多控制在中间商手中,中小制造商用自己的品牌很难打进零售市场;②中间商特别是大零售商,重视自有品牌的信誉和形象,能够取得消费者信赖;③中间商品牌价格通常低于制造商品牌;④中间商在商品陈列上,往往将最好的位置留给自有品牌。因而,制造商品牌将逐渐地被经销商品牌取代。

(三)品牌统分决策

如果企业决定其大部分或全部产品都使用自己的品牌,那么还要进一步决定其产品是分别使用不同品牌,还是统一使用一个或几个品牌。在这个问题上,有四种可供选择的策略。

1. 个别品牌

个别品牌是指企业各种不同的产品分别使用不同品牌。如上海联合利华公司生产的牙膏名"洁诺",洗衣粉名"奥妙",等等。其好处主要是:①企业的整个声誉不致受其某种商品的声誉的影响,例如,如果某企业的某种产品失败了,不致给这家企业的脸上抹黑(因为这种产品用自己的品牌名称);②某企业原来一向生产某种高档产品,后来推出较低档的产品,如果这种新产品使用自己的品牌,也不会影响这家企业的名牌产品声誉。

2. 统一品牌

统一品牌是指企业所有的产品都统一使用一个品牌名称。例如,日本的"日立""索尼",我国的"海尔""长虹"等公司所生产的家用电器都使用统一品牌。它的好处是:推出新产品时可省去命名的麻烦,并可节省大量广告费用;如果该品牌已有良好声誉,可以很容易地用它推出新产品。但是,任何一种产品的失败都会使品牌蒙受损失。因此,使用统一品牌的企业,必须对所有产品的质量严格控制。

3. 分类品牌

分类品牌是指企业的各类产品分别命名,一类产品使用一个品牌。西尔斯·罗巴克公司就曾采取这种策略,它所经营的器具类产品、妇女服装类产品、主要家庭设备类产品分别使用不同的品牌名称。这主要是因为企业生产或销售许多不同类型的产品,如果都统一使用一个品牌,这些不同类型的产品就容易互相混淆。例如,美国斯维夫特公司同时生产火腿和化肥,这是两种截然不同的产品,需要使用不同的品牌名称,以免互相混淆。

4. 企业名称加个别品牌

这种策略是指企业对其不同的产品分别使用不同的品牌,而且各种产品的品牌前面还冠以企业名称。例如,美国凯洛格公司就采取这种策略,推出"凯洛格米饼""凯洛格葡萄干"。企业采取这种策略的好处主要是:既可利用公司声誉推出新产品,节省广告宣传费用,又可使各个品牌保持自己相对的独立性。汽车、药品等制造商,常用这种策略。

(四)品牌扩展决策

1. 产品线扩展策略

产品线扩展是指企业现有的产品线使用同一品牌,当增加该产品线的产品时,仍沿用原有品牌。这种新产品往往都是现有产品的局部改进,如增加新的功能、包装、式样和风格等。通常厂家会在这些商品的包装上标明规格、功能特色或使用者。产品线扩展的原因是多方面的,如:可以充分利用过剩的生产能力;满足新的消费者需求;率先成为产品线全满的公司以填补市场空隙,与竞争者推出的新产品竞争或为了得到更多的货架位置。

2.品牌延伸策略

品牌延伸决策是指企业利用已取得成功品牌的声誉来推出改良产品或新产品。例如,"娃哈哈"成功后,顺势推出矿泉水等多种产品。该策略是借助已取得成功的品牌,将新产品迅速推入市场,节约了新产品的推广费用,但新产品失败,也会影响到品牌声誉。品牌延伸一般包括以下三种方式:

(1)同产品类别延伸,如"娃哈哈"在儿童营养液、果奶、纯净水、非常可乐、茶饮料等"喝"上做文章。

(2)同行业类别延伸,如海尔集团的产品,从电冰箱一直延伸到空调、洗衣机、手机、热水器、PC机,从家用电器到信息产品,都使用"海尔"这个品牌。

(3)非同产品和非同行业类别的跨度延伸。这需在统一的品牌核心价值形象之下,并往往在品牌的消费拥有上存在较大的重叠度。不过,这种重叠更多地体现在相类似的消费价值观、消费能力等方面。

3.多品牌策略

多品牌策略是指企业为一种产品设计两个或两个以上互相竞争的品牌策略。美国 P&G 公司是这一策略的首创者,它生产的洗衣剂目前在美国有 9 个牌子,其中仅"汰渍"一个品牌就占有 31% 以上的市场份额。该公司 1988 年以"海飞丝"打开中国市场,至今它的洗发香波已有 4 个品牌(海飞丝、飘柔、潘婷、沙宣),各有不同定位,总销量占中国洗发香波市场份额 60% 以上。又如日本精工(Seiko)手表根据不同的定位,又增加了两个品牌:Lasalle(高档)和 Pulsar(低档)。多品牌策略的优点主要有:①可以在零售商店占据更多的销售空间,减少竞争者的机会。②可吸引那些有求新好奇心理的品牌转换者。③发展多品牌可使企业占领不同的细分市场。④发展多种不同的品牌能促进企业内部不同产品之间的竞争,提高企业的整体效益。采用这种策略时应注意,每种品牌都应有一定的市场占有率,具有盈利的空间,否则会浪费企业有限的资源。

(五)品牌更新决策

1.形象更新策略

形象更新,即品牌不断创新形象,适应消费者的心理变化,从而在消费者心目中形成新印象的过程。它包括以下两种情况。①消费观念变化导致企业积极调整品牌策略塑造新形象。如随着环保意识的增强,消费者已开始把无公害消费作为选择商品、选择不同品牌的标准。企业这时即可采用避实就虚的方法,重新塑造产品形象,避免涉及环保内容或采用迎头而上的策略,更新品牌形象为环保形象。②档次调整。企业要开发新市场就需要为新产品设计新形象,如日本小汽车在美国市场的形象就经历了由小巧、省油、价廉车的形象到高科技概念车形象的转变,给品牌的成长注入了新的生命力。

2.品牌再定位策略

品牌本身就是从商业、经济社会文化的角度对环境变化的认知和理解,因此,任何一个企业都不可能有着一成不变的品牌。随着时间的推移,由于消费者偏好发生了变化或竞争者推出了新的品牌,市场对企业品牌的需求会减少。这时企业应重新评价原品牌与细分市场,对品牌进行重新定位。如竞争对手可能会在企业品牌推出之后推出其品牌,并削减企业的市场份额;顾客偏好转移会导致对企业品牌的需求减少;或者公司决定进入新的细分市场。因此,企业会因时代特征、社会文化的变化而进行品牌再定位。在对品牌进行重新定位时,企业必须考虑：①将品牌转移到另一个细分市场的费用，包括产品质量改变费、包装费及广告费；②定位于新位置的品牌的盈利能力。盈利水平取决于细分市场上的消费者人数、平均购买率、竞争者的数量和实力等。企业要对各种品牌重新定位方案进行经济可行性分析，选定一个盈利最多的方案。

三、商标的概念及作用

商标（trade mark）是商品的标志，主要用来区分不同企业生产的某一同类商品。在市场经济条件下，商标对企业营销活动的作用愈发重要，许多企业也开始重视产品的商标，并把它作为企业形象的一种重要标志。

我国很早就有比较完整的商标形式。早在宋朝年间，山东济南有一制针作坊的银牌上印有一只白兔，并写有"认门前白兔儿为记"字样，作为制针作坊出售缝针的标志。这是我国迄今发现使用较早、图形设计较完整的一个商标。随着社会生产力的发展，商品交换的规模和范围不断扩大，商标不仅作为一种促销工具，而且成为企业的知识产权，企业享有使用的专用权。商标的专用权具有以下四个特点。

（1）它是经工商行政管理部门核准注册而取得的特殊权利。这种权利具有独占性，不容他人侵犯。

（2）专用权具有时间性。我国商标法规定，商标的有效期限为10年，到期后应重新申请登记，否则就以自动放弃这种专用权处理。

（3）商标专用权又是一种财产权，法律上称为工业产权。这种产权是一种知识产权，是企业的一种无形财富。

（4）专用权受严格的地域限制，在某国取得商标专用权，就受该国法律保护。我国出口商品的商标，除在国内注册后，还应在国外注册。过去许多企业商标意识淡薄，忽视了这一问题，给出口带来很大影响。

商标在企业营销活动中的地位和作用越来越重要，其主要表现如下。

（1）商标有利于促进产品销售。商标是商品的质量和特性的象征，是商品信息传播的工具和竞争的手段。优质商品的名牌商标，有利于建立商品信誉，便于顾客认牌购买，适应购买者的习惯性偏好，能够提高购买者对产品的信赖程度，从而对提高商品的重复购买力、保持市场占有率起着重要作用。

（2）商标有利于维护企业的正当权益。企业的产品性能好、质量高，能够在消费者心中建立良好的形象，成为名牌产品（如贵州的茅台酒、云南的红塔山香烟等）。这种商标经注册登记后，就作为一种工业产权使企业的权益受法律保护。

（3）商标有利于不断改进产品性能，提高产品质量。一个企业要维护声誉和商标的地位，就必须始终保持原有产品的特性和质量，并随着科学技术的发展而不断提高。"创牌子容易，保牌子难"就是这个道理，许多企业也尝到了忽视质量、牌子被砸的滋味，因此，维护产品商标的重要性，应引起企业的高度重视。

（4）利用商标，可以保护消费者的利益。商标对消费者是一种广告促销，购买者随时接触到产品的商标形象，不断加深印象，发生兴趣，产生购买行为。同时，不同的商标代表着产品的不同质量，消费者认牌购买，可以防止误购，利益受损。

四、商标的种类和设计

(一)商标的种类

1.按构成分类

商标按构成主要分为文字商标、图形商标、记号商标、组合商标。

(1)文字商标,是指只用文字构成的商标。在我国主要是用汉字和汉语拼音组成。

(2)图形商标,是指仅由图形构成的商标。图形商标的最大优点是不受语言限制,但其缺点是不便于呼叫,容易和其他商标混淆。没有特色的重复商标,按商标法规定,不能注册登记。

(3)记号商标,是指由某种记号或符号构成的商标,如将汉字或拼音画成图案等。

(4)组合商标,是指由两个以上的文字、图形、记号相互组合而构成的商标。这种商标便于顾客辨认,并且能够呼叫。

此外,还有服务标记,即用来识别服务行业的标记,如电视台、民航、铁路、航运、银行等标记,从广义上来讲,也可称是商标的一种。

2.按商标用途分

商标按商标用途可分为营业商标、商品商标、证明商标等。

(1)营业商标。把企业的名称、营业标记等作为商标使用在各种商品上,并作为识别商品的标记。

(2)商品商标。为了将特定规格、品种的商品和其他同类商品区别开,而在个别商品上使用的商标。

(3)证明商标。表明商品等级质量而使用的商标。

3.按商标的使用者分

按商标的使用者可分为制造商标和销售商标。

(1)制造商标是表示商品制造者的商标。

(2)销售商标是指商品的经销商为销售商品而使用的商标,又称商业商标。

(二)商标设计

商标设计既要符合国家有关商标管理的规定,又要依据产品特色,讲究商标的艺术效果。因此,商标设计是一种技术性很强的工艺美术。从市场营销的角度来看,商标设计应符合下列原则。

1.避免与其他企业的商标发生冲突的原则

这是指企业的商标不得与其他企业的商标相同或类似。商标相同是指同一商标用在相同的商品上,例如两家企业都用"梅花"做商标,都用在收音机商品上。商标相似是指一样的商标用在类似的商品上,或类似的商标用在相同的商品上,相同或类似的商标,国家规定准许最先申请的注册登记。所以,企业在进行商标设计时,要对市场上的商标情况进行调查,避免与其他企业的商标重复或类似,而影响商标的设计和注册。

2.遵守国家关于不能注册为商标的规定原则

根据1982年8月23日通过的《中华人民共和国商标法》规定,商标不得使用下列文字、图形。

(1)同中华人民共和国的国旗、国徽、军旗、勋章以及外国的国家名称、国旗、国徽、军旗相同或者近似的文字与图形;同政府间国际组织的旗帜、徽记、名称相同或近似的文字和图形。

(2)同"红十字""红新月"的标志、名称相同或相近似的文字、图形。

(3)带有民族歧视性,夸大宣传并有欺骗性,或有其他不良影响的文字与图形。

(4)商品的通用名称和图形,不能作为商标;直接表示商品的主要原料、功能、用途、质量、数量及其他特点的文字和图形也不能作为商标。

如果是出口商品,还要注意出口国家的关于商标的法律规定,同时要考虑当地的民族风俗习惯及传统文化等特点。

3.造型要美观大方、构思新颖的原则

商标设计的造型要构思新颖、美观大方而有力量,能够给顾客以产品清新的感觉和美的享受,产生强烈的吸引力,从而促进商品销售。

4.商标设计要能表示企业或产品特色的原则

商标要能显示出企业的风格,使人们通过商标,可以认识企业及其产品的形象和特色,从而产生一种信任感和购买欲。设计时可用有代表性的产品的形状或结构,或间接以他物为象征,如化妆品用美女做商标,用"牡丹"做女士上衣的商标,都很有特色,而用"牡丹"做食品商标就毫无意义。

5.商标要简洁醒目

为了使商标能在一瞬间或很短时间内吸引购买者或潜在购买者的视线,商标设计要单纯、简洁、醒目,使顾客易看、易记、易理解,给顾客以醒目的感觉,产生强烈的吸引力。例如,上海围巾一厂的"松鼠"牌羊毛围巾,就是在字母之前,画一只带有毛茸茸大尾巴的松鼠,形象简洁生动,比喻围巾的保暖性,令人凝神观看、印象深刻。

6.商标设计要规范化

商标设计要规范化即要严格统一商标设计的各种字体排列、色彩变化、平面立体布置等标准规格,使商标有鲜明的特色,便于辨认,促进销售。

五、商标的注册和管理

世界上最早的商标法,是1803年法国制定的《关于工厂、制造厂和作坊的法律》。目前各国都有商标法。我国于1950年7月颁布了《商标注册暂行条例》,1963年4月颁布《商标管理条例》。1982年8月23日,从有利于发展社会主义市场经济和健全社会主义法制出发,本着立足于国内,同时兼顾国际惯例的原则,正式颁布了《中华人民共和国商标法》。《中华人民共和国商标法》规定:企业申请注册商标,应按规定的商品分类表,填报使用商标类别和商标名称,向当地工商行政管理部门商标局送交注册申请书和有关证明文件。对商标局初步审定的商标,自公布之日起3个月内,无人提出异议,或经裁定异议不成立,就给以核准注册。商标注册有效期为10年。有效期满如需继续使用,应当在期满前6个月申请继续注册,核准后可继续使用。注册商标的注册人有商标转让权和他人使用许可权。转让商标须经商标局核准,允许他人使用商标要报商标局备案。

商标管理就是按照商标法对企业商标的注册、使用及有关问题进行管理。商标法明确规定,企业自动申请商标注册并经核准注册后,即取得商标专用权,受法律保护,任何企业和个人不得侵犯。同时,为了保护消费者利益,把监督商品质量、制止欺骗消费者的行为作为商标管理的重要任务。

商标管理的原则是"集中注册,分级管理"。商标管理的内容包括:①对注册商标的管理,包括商标管理部门对注册商标使用的管理和企业对注册商标的管理;②对未注册商标管理;③监督商品质量;④对商标印制的管理。我国商标的管理机构是国家工商行政管理局及其所属各级地方机构。

第三节　商品名牌战略

在我国向市场经济的转变过程中,提高企业竞争能力的一个重要策略,就是要形成一种企业争创名牌商品,提高商品质量的运行机制,发展中国的名牌商品,促进中国商品迅速进入国际市场。

一、名牌概念及战略意义

名牌是指具有很高社会知名度和信誉度的标识(商标或商号),从本质上来说它是知识产权的价值符号。名牌商品是指某种商标的产品具有极高的社会知名度和市场占有率;名牌商号是指那些为社会心理所认可乃至仰慕的企业名称。从狭义上来说,名牌可同语于"驰名商标"或"著名商标"。我国的许多"老字号"产品及商号都有很高的社会知名度,百年甚至千年经久不衰。名牌产品具有质量上乘、品种对路、服务周到、信誉良好、市场覆盖面广,具有较高经济效益和社会效益等特点。

现代国际市场竞争以标识转换为主要内容,世界名牌商品风靡全球,依靠其名牌声誉,尽力扩大市场份额。我国由于缺乏国际知名品牌,在国际市场竞争中一直处于不利地位。同时,我国商品质量差,有些企业通过不正当竞争问题严重,发展名牌商品难,创国际名牌商品更难。因此,发展名牌商品,对企业和全社会都具有重大战略意义。

第一,名牌商品是提高企业竞争力的有效途径。企业间的竞争实质是产品质量、产品信誉的竞争,名牌产品依靠其高质量、高信誉、优质服务,在市场竞争中处于有利地位,有利于增强其竞争能力。"海尔集团"就是依靠名牌战略实现腾飞的成功案例。

第二,名牌商品是企业的宝贵财富。"名牌"是一种知识产权,是企业的无形财富,能够给企业创造巨大的价值。如国际上著名的品牌"谷歌",其品牌价值 2018 年为 3021 亿美元,苹果公司 2018 年的品牌价值为 3006 亿美元,我国的"腾讯"品牌价值 2018 年为 1790 亿美元。这些品牌在市场上都有极高价值。

第三,名牌效应显示出相对准确的供求关系,有利于形成优胜劣汰的竞争机制,促使企业之间的竞争手段既多样化又规范化,加速中国规范市场经济的形成。

第四,名牌商品具有资产保值增值的特殊功能,以名牌商品和名牌企业为龙头,组建跨地区、跨行业的企业集团,促使国有企业经营机制的真正转变,实现我国经济发展的质量最优化和效益最大化。

第五,发展名牌能促进社会精神向上、人际关系有序和社会心理的和谐。名牌效应有利于把顾客的消费倾向引向有高尚情操的消费,坚决打击假冒伪劣商品,保护消费者权益不受侵犯。

二、名牌商品的条件

名牌商品的形成,是企业长期奋斗的结果,是产品内在高质量和外在高美誉度的有机统一,而不是由商标拥有者自封或某个机构认可的。评定名牌的条件,应该有一个客观标准。

(一)注册商标

对名牌的认定,是对注册商标的"二次认定",是对已取得商标专用权的牌子实施特殊保护,因此必须从注册商标中甄选。

（二）优质商品

名牌是以质量为保证的商标信誉，名牌甄选是对商品质量的"二次认定"。我国的商标法把商品质量和商标信誉作为商标立法的根本任务。质量差的商品，难以注册商标，更不可能成为驰名商标。

（三）消费者熟悉的商标

企业广告宣传促销中，突出商标的目的是要扩大商标的知名度和影响力，使商标众人皆知，为创名牌创造条件。消费者不熟悉商标的商品，是不可能成为名牌的。像世界名牌"可口可乐""索尼""奔驰""柯达""迪斯尼""雀巢""丰田""麦克唐纳""IBM"和"百事可乐"，以及我国的"海尔""华为""格力""王老吉"等，消费者都十分熟悉。

（四）很高的市场占有率

高的市场占有率表明商品拥有众多购买者，商品具有普遍的使用价值。日用生活品时刻与顾客打交道，有助于消费者了解、认识、评估商品价值。低市场占有率的商品不可能成为名牌。

（五）良好信誉

任何商品从投放市场到畅销，都需要一个过程，而要成为名牌，更需企业付出巨大代价，长期努力，坚持不懈。依靠高档的品位、可靠的质量、和蔼的态度、独特的功效、优质的服务、有效的促销，相互融合、整体推进，最终实现创立驰名商标的目标。

（六）超常的产权价值

商标是企业的无形资产，而经过评估，可以转化为有形资产，在企业评定固定资产、合资、参股控股、公开拍卖时实现其价值，这种价值是一种超常的产权价值。如2018年全球品牌100强排名第一的"谷歌"的品牌价值为3021亿美元，可口可乐的品牌价值为800亿美元；2018年14个中国品牌进入全球100强，"腾讯"的品牌价值达到1790亿美元。

（七）具有中国特色

名牌就是驰名商标，一般是指国际驰名、世界通行的品牌。中国名牌应该具有中国特色，省级范围内称"著名商标"；全国一级的名牌才可称"驰名商标"，数量要严格控制，由市场自发形成严格进出标准，便于和国际惯例接轨，以产生国际名牌。

（八）国家权威机构认定

要创国家名牌，就必须有一个权威机构来认定。权威机构成员应该有政府主管商标的官员，又要有懂经济、熟悉市场，既能评定商品质量，又能评估知识产权价值的专家。

三、中国企业的名牌战略

任何企业要求生存、谋发展，就必须形成自己的名牌，有自己的"拳头"产品。因此，企业应从战略高度，重视培养全体员工的名牌意识，争创名牌，保持名牌，增强企业的核心竞争力。企业名牌战略是指企业有关创名牌、保名牌和发展名牌全局性的谋划和策略，是一项复杂的系统工程。可供企业选择的名牌战略主要如下。

（一）商标战略

商标是企业产品形象的代表，商标战略是企业创名牌的核心。商标战略包括：商标设计、商标注册、商标宣传、商标防伪、商标管理和商标策划。

（二）质量战略

质量是名牌发展的基础，是商品的生命。名牌商品首先必须是优质商品。质量战略的重点是企业要用现代科技手段开展质量竞争。质量战略包括：①加强全面质量管理,建立有效的质量保证体系;②狠抓技术进步,确保产品质量不断提高;③质量应与消费水平相适应;④重点解决服务质量差的问题。

(三)名牌营销战略

营销是把名牌的商标形式和质量内容结合起来的纽带,名牌商品也须进入市场接受检验。企业的名牌营销战略包括广告战略、形象战略、价值对策、连锁营销机制、服务体系等。

(四)产权重组战略

从发展名牌的需要认识我国的产权制度改革,它是中国企业名牌发展战略规范化实施的基础条件。也就是说,产权重组,建立现代企业集团,应以名牌企业为龙头;壮大名牌企业实力;优先进行名牌企业的股份制改革;做好名牌商标和名牌商号知识产权价值的评估,并进行作价入股。

(五)科技与人才战略

现代科学技术日新月异,要发展名牌,打造强势品牌,就必须努力提高名牌的科技含量,这样名牌才可能有持续竞争力。因此,要重视科学技术和人才在发展中国名牌中的作用。

总之,在企业的营销活动中,要把创名牌作为企业的重大战略问题高度重视;同时从政府行为、法制建设、社会评估、文化因素、国际条件等方面,创造一个发展名牌的良好营商环境,实现中国名牌国际化,创造世界级名牌,促使中国名牌商品进入国际市场,在国际市场竞争中发展壮大。

四、塑造知名品牌的三大法宝

(一)广告语

广告语是品牌、产品、企业在市场营销传播的口号、主张和宣传主题及理念和品牌定位。品牌的所有主张或服务承诺就是通过广告语来承载、体现的。广告语按其性质可分为理念、科技、服务、品质、功能等五大类。

一条有穿透力、有深度、有内涵的广告语,其传播的力量是无穷的,而且往往成为目标消费者的某种生活信条,真正成为生活方式,如"怕上火,就喝王老吉"。高起点的广告语就是品牌精神和思想的高度凝练,内涵相当深刻,也与通俗化并不矛盾,它所主张和诉求的价值理念与目标消费者的价值理念是高度和谐与对应的。

(二)形象代言人与网红直播

它是品牌的形象标识(最好自制卡通,明星风险大,成本又高)。形象代言人最能代表品牌个性及诠释品牌和消费者之间的感情、关系,致使许多形象代言人成为该产品的代名词。形象代言人能拉近品牌与消费者之间的距离;像朋友,又像邻居;像家人一样毫不陌生、亲切熟悉。

随着移动互联网的发展,近年我国"网红直播"带货销售非常火爆,其实质仍然是一种"产品形象代言",是代言人大众化、广场景的应用,是品牌形象打造的升级版,在实践中要科学策划、准确定位,防止昙花一现。

(三)实效 VI

实效 VI 的优势在终端市场煞是抢眼,声、光、电综合运用形成立体效果,形成了一道品牌风景线,以区别于同类品牌,决战终端。品牌推广形象的统一,是一个品牌所有资源集中整合的直接再现,将使大量资源有主心骨,使其立体化。这样与消费者的沟通也就很容易,许多的渠道问题、推广问题迎刃而解。

五、品牌的国际化与本土化

信息技术的飞速发展加快了经济全球化进程,众多跨国公司和大型企业伴随着中国改革开放的大潮纷纷进入中国市场,他们中的很多企业已经成功地占领了中国部分市场,使得国内市场迅速充斥着许多国际品牌,而这些国际品牌迅速占领中国市场的法宝就是品牌。进入 21 世纪,企业之间的竞争逐渐演变为品牌之间的竞争,谁拥有的品牌最有知名度、美誉度,谁就越拥有市场垄断和竞争优势。由于中国的很多企业缺少品牌优势,尤其是中国企业基本上没有世界级品牌,所以在这场全球化市场竞争中,中国企业如果不能建立属于自己的世界级品牌,将永远无法摆脱自身所处的不利地位。

(一)国际品牌本土化的几种形式

品牌国际化战略最重要的一步是"本土化"问题。如果能够把品牌国际化后的本土化较好地解决,品牌的国际化战略也就有了成功的可能。跨国公司在中国的品牌战略最终基本上都落实在品牌的本土化方面。

1.品牌文化本土化

品牌国际竞争的本土化,首先应该表现为品牌文化的本土化。这主要是因为跨国公司的产品和服务需要通过品牌的影响力扩展渗透到我们的经济生活中。因此,这种品牌的影响力必须首先通过品牌文化的本土化,才能被逐渐认识和接受。

2.品牌本土化的亲善战略

有些公司在进入异国市场时,采取本土化亲善战略,即先通过得到该国政府支持,努力树立"社会好公民"形象,以此迅速实现其品牌的本土化。

3.品牌本土化的产品本土化战略

一个国际化的品牌必然需要拥有适应当地市场的本土化产品,否则一项符合世界标准的产品可能会与当地消费者相距甚远,所以在产品上采取本土化战略无疑是提升品牌本土化的方法之一。

(二)中国品牌国际化的发展策略

1.打破中国品牌国际化的障碍

中国制造(Made in China)难成领导品牌。在世界各地的市场中,标注着"Made in China"的产品通常给人的感觉都是价格不会很高,这是因为中国不论是自有品牌产品还是 OEM 产品,由于劳动力成本较低,导致产品价格较低。而在有些时候,由于很多国内企业只注重短期收益,从而为本土品牌带来了不良的"口碑"。此外,我国是发展中国家,在技术密集型产品上很难获得发达国家消费者的认同。这些就构成了中国品牌国际化的先天性障碍。正因为如此,中国品牌产品进入国际市场是相当困难的。所以,中国品牌要想成功国际化,必须首先打破先天性障碍。能否打破这种先天性障碍是国内品牌国际化的关键。

2.立足于本土化的国际化策略

从许多国际品牌的成功经验中,我们可以看出中国品牌国际化最重要的是要打好两张牌——资金牌和技术牌。因为只有在资金和技术上积累到一定实力,才能真正做好品牌国际化。

(1)资金实力是中国品牌国际化的基础。一个品牌在进入一个新市场时,企业在最初阶段很难盈利,这时品牌背后就要有强大的资金实力做支撑,使企业渡过战略性亏损阶段。这就要求每个试图实施品牌国际化战略的企业,要在本国积累一定的资金实力,为品牌国际化打下坚实基础。

（2）技术实力是中国品牌国际化的动力。一个品牌希望在他国立足,单靠雄厚的资金实力是不够的,因为任何一个公司走国际化道路的最终目的都是为了盈利。但是作为后进入品牌,依靠什么与原有的品牌竞争呢？ 答案就是技术,拥有了不可复制的技术实力,才真正具有了品牌国际化的动力。

在品牌国际化上,中国企业所要走的是比许多国外企业更艰难的道路,但是把握住关键的品牌国际化因素,相信中国企业可以在国际竞争中崭露头角,中国品牌也可以在世界知名品牌中占得一席之地。

关键概念

包装装潢　品牌　品牌化决策　商标　名牌

复习思考题

1. 何谓包装？ 它对企业营销有什么作用？
2. 包装策略有哪几种？
3. 包装设计应坚持哪些原则？
4. 产品包装装潢决策包括哪些内容？
5. 什么叫品牌？ 它包含哪些内容？
6. 品牌决策包括哪些内容？
7. 什么叫商标？ 它有什么作用？
8. 商标设计应坚持哪些原则？
9. 分析创名牌的战略意义。
10. 名牌商品应具备哪些条件？
11. 企业怎样实施名牌战略？
12. 塑造知名品牌的三大法宝是什么？

案例分析

宝洁公司的品牌管理变迁

宝洁(英文名称:Procter & Gamble,P&G)总部位于美国俄亥俄州辛辛那提市。全球员工92000人,2019年营业收入达到668.32亿美元,虽然与2008年的817亿美元相比有所滑坡,但依然位居世界500强第146名,是全球最大的日用消费品公司巨头之一。宝洁创始于1837年,其产品包括洗发、护发、护肤用品、化妆品、婴儿护理产品、妇女卫生用品、医药、织物、家居护理、个人清洁用品等。2018年,宝洁在由世界品牌实验室(World Brand Lab)编制的第十五届"世界品牌500强"中排名第18,位居全球日化行业首位。宝洁为人们津津乐道就是其与自己竞争的多品牌竞争战略,截至2019年8月,宝洁公司拥有25个年收益10亿美元以上的品牌,在全球日化行业中遥遥领先。

宝洁1988年进入中国,当年海飞丝成为第一个下线品牌,之后先后推出飘柔、护舒宝、潘婷、舒肤佳等系列品牌。1993年,宝洁首次成为中国轻工行业纳税额第一的企业,并将这一位置保持至今。从宝洁在华发展轨迹来看,宝洁擅长以大规模、低成本通过大渠道满足大部分消费者的需求,这也是宝洁的竞争优势所在。在品牌端,宝洁重金拿下传播渠道绝对权,据媒体报道,宝洁每年都花费近几十亿元的广告在媒体上进行投放,以影响消费者在产品品牌上的选择。在渠道端,宝洁与各零售业巨头进行合作,迅速地把产品带到更多消费者的面前。

1. 与自己竞争 ——多品牌战略帮助宝洁成为全球日用品霸主

宝洁一向以多品牌战略著称,即实施一品多牌战略。同类产品按不同的消费者需求属性划分为不同的品牌。多品牌战略有很多优势。首先,由于一种品牌树立之后,容易在消费者心目中形成固定印象,从而产生心理定式,不利于品牌延伸,多品牌战略则可以解决这个问题。其次,多品牌战略可以避免由于一个品牌出现问题而影响到品牌下所有产品甚至企业发展的问题。最后,多品牌可以更广泛地覆盖市场需求。如果宝洁只有飘柔一款洗发水,即使飘柔品牌再强大,也只能占有一小部分市场,满足一部分消费者的需求,而飘柔、沙宣、潘婷加起来却占据了大半个市场。这也就是宝洁所主张的"假如在某一个市场内还有其他品牌的生存空间,最好用自己的而不是对手的品牌和自己竞争"。2011—2012 年,宝洁公司一度拥有 300 个子品牌。

在美国,99%的家庭妇女使用宝洁的产品,宝洁影响着全球有 46 亿人的日常生活。宝洁在美国销售 6 个洗衣粉品牌,包括汰渍、奇尔、格尼、时代、卓夫特和象牙;6 种香皂品牌:象牙、舒肤佳、卡玫尔、玉兰油、激爽和古风;5 种洗发水品牌:潘婷、海飞丝、Aussie、草本精华和 Infusium23;4 种餐具洗涤剂品牌:Dawn、象牙、Joy 和 Cascade;3 种纸巾品牌:Charmin、Bounty 和 Pufis;3 种护肤品牌:玉兰油、吉列全面肌肤护理和 Noxzema。此外,在不同的国际市场中,宝洁的每个产品类别还拥有一些附加品牌。比如,在拉丁美洲销售 16 种不同品牌的洗衣粉产品,在欧洲、中东和非洲销售 19 种品牌。

宝洁认为至少存在数种洗衣粉细分市场,同时还有不计其数的更加细小的市场,它为每种特殊需求开发不同品牌,这些品牌定位于不同的细分市场。

- 汰渍"最了解织物"。它是全能的家庭洗衣粉,它能"清洁底层的污渍,有助于保持衣物亮白"。
- 格尼原本是宝洁的含"酶"洗衣粉,后来被重新定位为拥有"卓越清洁能力和干净气味"的洗衣粉。
- 奇尔是"色彩专家"。"污渍去除,色彩依旧。"它有助于防止衣物褪色和磨损,有漂白或防漂白的功效。奇尔的 Free 系列"经过皮肤科专家测试,不包含任何刺激性香气或染料"。
- 时代是"一款去除顽固污渍的强效洗衣粉"。它是"强效去污工具,能对顽渍进行预处理,善于消除多种污渍"。
- 卓夫特是专门"清洁婴幼儿衣服上的顽渍"的。它"彻底漂洗,使衣服柔软地贴着宝宝娇嫩的肌肤"。

2. 品牌经理制向品类管理的转型

宝洁是世界上最先采用品牌经理制的公司,开创了品牌管理的先河。将品牌当作事业经营,是宝洁进行品牌经营的至理名言。宝洁品牌管理系统的基本原则是:让品牌经理像管理不同的公司一样来管理不同的品牌。1930 年,宝洁就已经推出了自己的品牌管理系统,迄今为止,宝洁已经培养了数以千计的优秀品牌经理,他们为企业创建品牌、维护品牌作出了不可磨灭的贡献。宝洁的多品牌战略能够取得成功,很大程度上得益于"专人负责、专项负责"的品牌管理系统。

品牌经理制设立的初衷在于，与其和市场上的其他竞争者竞争不如宝洁自己和自己竞争。然而，品牌经理制也暴露出其薄弱环节，那就是宝洁内部的品牌竞争与对外的竞争一样激烈。由于品牌之间是相对独立的经营实体，各品牌对于公司公共资源的竞争激烈；同时，外部竞争对手的实力日益雄厚，激烈的内部竞争会分散宝洁的资源和能力，弱化竞争优势，从而不能将资源分配到产生最大边际收益的部门，因而导致竞争中的失利。因此，宝洁开始由品牌经理制转向品类管理转型。

品类管理意味着从消费者如何看待品类的角度来看待营销，品类管理实际上是一个管理品类的流程，其最终目标是增加零售商的整体销售，通过强化顾客满意度来赢取利润。宝洁的做法是将现有品牌统一起来，按产品种类重新编排品牌系列，这体现了一种深刻变化。首先宝洁根据消费者使用产品的情况，确定产品类别，然后将各品牌安排到消费者认为适当的类别中。体制上，除原先的品牌经理外，还按品类设置了大品牌经理，负责同一品类中几个单独品牌的协调。品类管理提高了宝洁公司内部资源的配置效率，有利于根据市场竞争情况合理调度、分配资源，从而提高整体竞争力。

3. 品牌瘦身——试图聚焦领先品牌扭转下降趋势

长期的多品牌战略占据了宝洁公司大量的现金流，不仅分散其企业资源，而且抑制核心优势的发挥，从而影响到企业在激烈竞争中的胜出。随着移动互联网的发展，电视广告出现疲软，消费群体也开始分化，市场竞争加剧，传统日化巨头宝洁的短板很快就暴露出来，产品渐渐被其他产品所替代，宝洁的市场份额正在渐渐遭受蚕食。

数据显示，宝洁在2008财年、2011财年和2012财年营收均突破800亿美元，分别实现817.48亿美元、811.04亿美元和820.06亿美元。其中，2012财年比2011财年营收上涨1.11%，但归母公司的净利润却下滑8.82%。虽然宝洁在上述三年达到营收巅峰，但主要贡献者为收购品牌数量的增加，宝洁曾一度拥有超过300个子品牌。同时，宝洁在中国的市场份额也由原先的47%下降到30%。

鉴于上述情况，宝洁公司开始实施"品牌瘦身"策略，2014年8月，时任宝洁首席执行官的雷富礼做出了被认为是宝洁170多年来最疯狂、最激进的决定：即将通过出售、停产以及自然淘汰的方式剥离或退出旗下销售额低于1亿美元的90～100个非核心品牌。此后，宝洁不仅将金霸王电池出售给巴菲特，还将旗下43个美容品牌打包卖给科蒂集团。2017年，宝洁再次出售旗下多个洗发护发品牌给施华蔻母公司——德国日化巨头汉高集团。并宣布将砍掉超过100个品牌，最终将全球品牌缩减至65个。不断瘦身的同时，宝洁也被认为新品牌补充力度不足。

4. 宝洁品牌战略的摇摆：多品牌战略的回归？

据相关数据显示，2013—2018财年，宝洁全球净销售额分别为739亿美元、744亿美元、707亿美元、653亿美元、651亿美元、668.32亿美元，营收不断下滑，只有2018年微有起色。需要指出的是，净利润的下滑速度几乎可以用恐怖来形容，公司发布的2018财年二季报显示，报告期内（2017年10月—12月）宝洁的销售额为173.95亿美元，同比上升3.2%，净利润24.95亿美元，同比下降68.3%。

砍掉旗下近80%品牌的宝洁，在持续业绩下滑的压力下，再度开启收购模式。宝洁近日发布公告称，将健康和美容公司Walker & Company 收入麾下。宝洁相关负责人称，收购完

成后,Walker & Company 将拓展宝洁的多元化业务范围。除收购 Walker & Company,2017
年底和 2018 年宝洁还多次出手,收购细分市场及新行业品牌。2017 年 11 月,宝洁收购旧金
山香体露品牌 Native Deodorant;2018 年,宝洁相继收购敏感肌护肤品牌 First Aid Beauty,新
西兰天然皮肤护理品牌 Snowberry。此外,宝洁还收购了德国默克集团旗下消费者保健业务。

问题讨论:

1. 受宝洁品牌战略案例的启发,请尝试分析多品牌战略的实施条件和优缺点。
2. 试预测并阐明理由:宝洁回归多品牌战略后能否扭转营收利润的下降趋势?

第十二章　价格策略

价格作为产品内在价值的货币表现形式,它直接关系着市场对产品的接受程度,影响着市场需求和企业利润的多少,涉及生产者、经营者、消费者等各方面的利益,是整个营销管理的核心。因此,价格策略是市场营销活动的重要组成部分,也是市场营销策略规划的重要内容,是企业市场营销组合策略中一个极其重要的组成部分。

第一节　营销价格及其定价程序

一、营销价格的内涵

"价格"在市场营销学与价格学中,有着不同的研究目的。价格学主要研究价格与价值的货币关系、价格形成规律,重点研究商品的理论价格,为国家制定价格政策提供理论依据。这种研究是以经济学的基本理论为前提,商品的价格是以价值为基础,价值决定价格。市场营销学主要研究企业定价的策略与技巧,制定或调整商品价格,配合其他策略,实现企业目标,从这个意义上讲,价格又是一门艺术。因此,营销价格是在价值决定的基础上,由市场供求关系形成的买卖双方的成交价格。企业营销价格的形成是极其复杂的,它受多种因素的影响。在我国社会主义市场经济条件下,企业定价时,必须全面分析各种影响因素。

狭义上价格是为产品或服务收取的货币总额。广义上价格是顾客为获得拥有或使用某种产品或服务的利益而支付的价值。长期以来,价格一直是影响消费者购买决策的重要因素。虽然近年来非价格因素越来越重要,但价格始终是决定企业市场份额和盈利的最重要因素之一。另外,制定合适的价格是许多企业面临的棘手问题,一些企业能够将定价视为创造和获得顾客价值的重要工具,价格很小比例的提升都可能大幅增加盈利。

二、影响企业产品定价的因素

(一)定价目标

所谓定价目标,是指企业通过制定一定水平的价格所要达到的预期目的。企业的营销目标是影响其定价的首要因素,最终企业的定价目标呈现多样性。主要的定价目标如下。

1. 市场份额最大化

市场份额是指一家企业销售量在市场销售总量中所占的比重。市场占有率越高,表明企业的竞争力越强,产品被消费者接受的程度越大,企业销售收入也越多。许多企业以此为目的,为获得更高的市场占有率,往往把价格尽可能定得最低,以便把竞争者的顾客吸引到自己这边来,使自己产品在市场上的占有率达到首位。伴随着市场占有率的不断提高,企业可以充分发挥规模经济效应,从而降低成本,最终导致利润逐步增加。

2.经营利润最大化

对于所有企业而言,利润最大化应该是其经营的基本目标。因此,许多企业直接追求当下利润最大化。考虑到行业及企业规模差异,企业要么择高定价,要么择低定价,考虑到不同价格所对应的需求和成本,最终企业会选择能够产生最大现期利润、现金流动和投资回报的价格。

3.谋求生存目标

当企业受到生产能力过剩、激烈竞争和顾客需求变化困扰时,往往会面临严重的生存危机。此时,企业定价的目标是为了谋求生存,不再是为了追求利润。因此,企业会把求生存作为定价的追求目标。只要它们的价格能补偿变动成本和部分固定成本,它们就可以继续生产经营以等待情况改变或其他问题得到克服时再求发展。实现谋求生存目标的手段主要有两个:一是降低价格;二是价格折扣。

4.市场竞争目标

任何一个企业在市场上都会面临着同行的激烈竞争,而价格就成为企业在竞争中获胜的重要手段。价格竞争具有作用直接和见效迅速等特点。一般来说,低价是应对市场竞争的有效手段。但由于价格竞争手段单一,又容易遭受竞争对手报复,因而风险较大。所以,企业选择价格竞争必须具备两个条件:一是产品质量、性能差别不突出,其他竞争手段缺乏;二是企业实力雄厚,具有成本低廉的优势。

(二)成本因素

任何企业都不能随心所欲地制定价格。产品的最高价格取决于市场需求,最低价格取决于产品的成本费用。成本给出企业对产品定价的下限。企业希望所制定的价格能够补偿生产、分销、促销的全部成本,并能带来适当利润,以回报公司所做出的努力和承担的风险。因此,成本是影响定价决策的一个重要因素。许多企业力图降低成本,以期降低价格,扩大销售和增加利润。从长远看,企业的产品定价,必须保证总成本得到补偿,这就要求产品价格不能低于平均成本费用。所谓产品平均成本费用包括平均固定成本费用和平均变动成本费用。因此,企业产品定价的临界点是产品的总成本,如果售价大于总成本,则企业盈利;反之,则亏本。因此,企业制定价格时必须估算成本。产品成本是产品的生产过程和流通过程中所花费的物质消耗和支付的劳动报酬。研究成本因素,应区别以下成本概念。

(1)固定成本。固定成本即企业在一定规模内生产经营某一商品支出的固定费用,即不随产量的变动而发生变动的成本。如固定资产折旧、房租、办公费用及管理人员工资等,不论产量多少都必须支出。

(2)变动成本。变动成本即企业在同一范围内支付变动因素的费用,即随产量的增减而发生变化的成本,如原材料、生产工人工资、销售佣金及直接营销费用。

(3)总成本。总成本即固定成本与变动成本之和。当产量为零时,总成本即固定成本。

(4)平均成本。平均成本即总成本除以产量。因为固定成本和变动成本随生产效率的提高、规模经济效益的逐步形成而下降,所以单位产品平均成本呈递减趋势。

(5)边际成本。边际成本即每增加或减少一单位产品而引起总成本变动的数值。在一定产量上,最后增加的那个产品所花费的成本,引起总成本的增量,这个增量即边际成本。企业可根据边际成本等于边际收益的原则,寻求最大利润的均衡产量;同时,按边际成本制定产品价格,使全社会的资源得到合理利用。

（6）机会成本。机会成本即企业为从事某项经营活动而放弃另一项经营活动的机会。通过对机会成本的分析,要求企业在经营中正确选择经营项目,其依据是实际收益必须大于机会成本,从而使有限的资源得到最佳配置。

（三）供求关系对价格的影响

供求规律是市场经济的基本规律之一,市场商品供求关系的变动与商品价格的变动是互相影响的。因此,供求决定价格,价格影响供求,这是二者之间的必然现象。

1.价格与需求

价格与需求的关系,一般表现为:当商品价格下降时,需求增加。商品价格上升时,需求下降。价格与需求呈反方向变动,这种关系用曲线反映出来称为需求曲线,如图 12-1 所示。

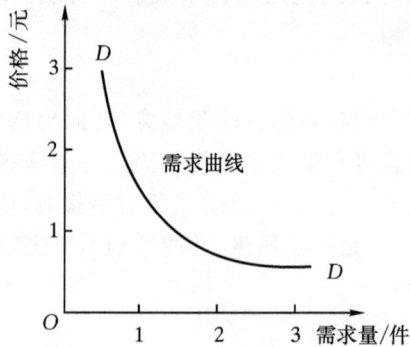

图 12-1 需求曲线

2.价格与供给

价格与供给量的变动方向相同,是一种正比例关系,即产品价格上升,生产者有利可图,能刺激生产者扩大生产和供应,使该产品的市场供应量增加;反之,则该供应量减少。反映价格与供应量之间关系的曲线称为供给曲线,如图 12-2 所示。

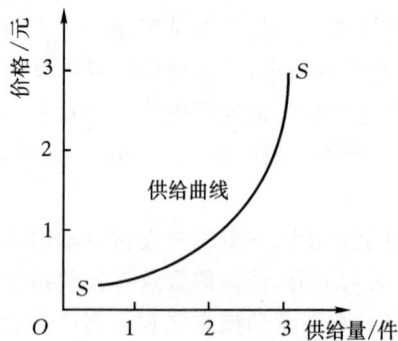

图 12-2 供给曲线

3.供求关系与均衡价格

由于价格影响供给与需求变动的方向是相反的,在市场竞争条件下,供给与需求都要求对方与之相适应,因此,供给曲线与需求曲线在价格的变动中,会自发地逐渐地趋于平衡,即两曲线相交于某点,这点就称为均衡点,与均衡点对应的价格,即价格轴上的 P' 点,是市场供求平衡时的价格,称为供求双方都能接受的"均衡价格"。企业市场营销中商品的售价,多数都为买卖双方都能接受的"均衡价格"。这种关系如图 12-3 所示。

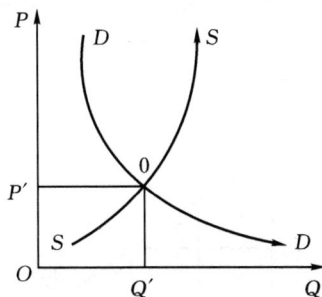

图 12-3　均衡价格

均衡价格是相对稳定价格。由于影响市场价格因素的复杂性和多样性,因此,供求之间的平衡只是相对的、有条件的,不平衡则是绝对的。但是,在市场经济条件下,供求影响商品的价格,价格调节商品供求的运行方式,是价值规律、供求规律、竞争规律的必然要求。

4.需求弹性

需求弹性又称需求价格弹性,是指因价格的变动而引起的需求相应的变动率,反映了需求变动对价格变动反应的灵敏程度。一般用弹性系数来衡量弹性的大小,它由需求量变动的百分比除以价格变动的百分比来表示。计算公式如下:

$$E_d = \frac{\Delta Q/Q}{\Delta P/P}$$

式中　E_d——需求弹性系数;

　　　Q——原需求量;

　　　ΔQ——需求变动量;

　　　P——原价格;

　　　ΔP——价格变动量。

定价时之所以考虑需求弹性,是因为不同的商品具有不同的弹性,如生产资料商品和消费品的弹性是不同的,在消费品中生活必需品与耐用品的弹性也是不同的。需求弹性系数 E_d 据其大小主要可分为三种类型:

(1)$E_d>1$。说明这种商品需求富有弹性。即价格上升(或下降)会引起需求量的较大幅度的减少(或增加)。对于需求弹性系数大于 1 的商品,定价时通过低价薄利多销,能够扩大销售、增加盈利。如果要提价,应防止销量大幅度滑坡,影响企业营销目标的实现。

(2)$E_d=1$。说明需求量与价格等比例变动。即降价 10%,销售量增加 10%;涨价 10%,销售量减少 10%,说明价格的变动与需求量的变动是相适应的。因此,价格变动对销售收入变动影响不大。定价时可选择通行的市场价格,将其他营销策略作为扩大销售,提高盈利率的主要手段。

(3)$E_d<1$。说明需求量的变动率小于价格的变动率,称这类商品为缺乏弹性或弹性较小。因此,提高价格时,总收入增加;相反,降低价格,销售量增加不多,总收入反而减少。在

$E_d<1$ 时,价格与总收入成正比,对企业来说,较高的定价是有利的。

　　不同的需求价格弹性状态下,企业的收入是不同的。在图 $12-4$ 中,D_1、D_2、D_3 为不同弹性的需求曲线。价格从 P_1 降为 P_2,市场需求量(即销售量)从 Q_1 增至 Q_2,但增加幅度因需求弹性不同而表现不同,因而企业收入变化呈现出差别。企业收入等于 $P \times Q$ 所表示的矩形面积(价格×数量)。当 $E_d=1$ 时,$P_1 Q_1 = P_2 \cdot Q_2$,收入不变;当 $E_d>1$ 时,$P_1 Q_1 < P_2 Q_2$,收入增加;当 $E_d<1$ 时,$P_1 Q_1 > P_2 Q_2$,收入减少。

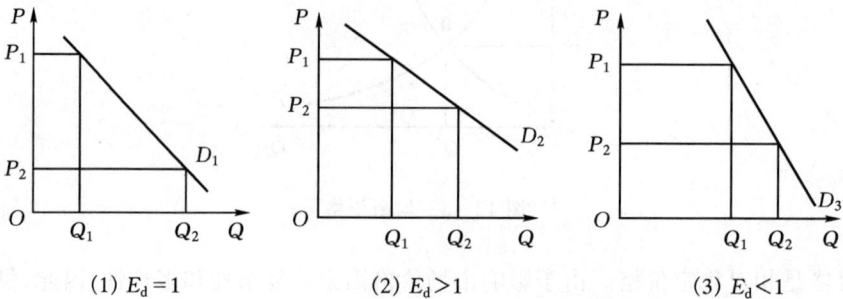

图 $12-4$　　不同需求弹性状态下的收入变化

(四)竞争因素

　　竞争者的产品和价格是影响企业价格决策的另一重要外部因素。公司在做价格决策时,必须考虑竞争者的成本、价格及对公司本身价格变动可能做出的反应。在最高价格和最低价格之间,企业产品价格的高低,取决于竞争者同种产品的价格水平。企业必须采取适当的方式了解竞争者所提供的产品质量和价格,通过比质比价,更准确地制定本企业产品的价格。竞争因素对价格的影响,主要考虑商品的供求状况及变化趋势,竞争对手的商品价格、定价目标和定价策略,以及竞争者的价格变化趋势。为便于研究市场经济条件下的企业定价,还有必要对市场结构进行划分。划分依据主要有三:一是行业内企业数目;二是企业规模;三是产品是否同质。市场结构可以分为完全竞争、完全垄断和不完全竞争三种形态,在不同竞争形态下,企业的定价策略存在差异。

1.完全竞争

　　这是指同种商品有多个营销者,每个营销者的商品供应量只占市场总量的极小份额,任何一个卖主都不可能控制市场价格。在这种情况下,企业只能接受市场竞争中形成的价格,采取随行就市的定价策略。企业要获得更多的利润,只能通过提高劳动生产率,节约营销费用,使本企业的成本低于同行业的平均成本。

2.不完全竞争

　　这是市场经济条件下普遍存在的一种市场竞争形式。在这种形式下,部分企业都能积极主动的影响市场价格,而不是价格的被动接受者。经营者之间存在着产品质量、分销渠道、促销等方面的竞争,企业可通过其"差异"优势,采取变动价格策略,寻找较高的利润。

3.完全垄断

　　这是指一种商品完全被一家或极少数几家企业所控制的市场形态。企业没有竞争对手,可以独家或与极少数几家协商制定、控制市场价格。这种形态通常分为政府垄断和企业垄断两种。完全垄断一般在特定条件下才能够形成,如拥有专卖(烟、酒)、专利权的企业,有可能处于完全垄断地位。由于垄断企业所处的地位,就决定了它完全有能力控制市场价格。

（五）国家政策对价格的影响

国家政策对企业产品定价的影响是多方面的,通过制定政策,可直接影响企业产品定价。在我国社会主义市场经济体制下,企业定价权已经下放,但它还受国家政策影响。如国家提高粮棉收购价格,这样以棉花为主要原料的纺织企业,成本必然增加,企业就应考虑提高价格。同时,国家有关的定价原则,规定的价格基数及浮动幅度等,企业都应严格遵守,这些都直接地影响企业定价。

在企业的市场营销实践中,除以上五个主要影响因素外,市场营销组合的其他因素,如产品因素、分销渠道、促销、货币因素、消费心理因素以及企业本身的生产能力、财务状况等,都会对企业的定价产生不同程度的影响。企业必须全面分析影响定价的各种因素,才能制定出有关营销的合理价格。综上所述,影响企业定价的因素如图 12-5 所示。

图 12-5　影响企业定价的因素

三、企业定价程序

价格决策是企业营销中最复杂的决策。为了使企业定价有条不紊地进行,需要制定一套科学严密的定价程序。企业制定基本价格的程序一般包括六个步骤,如图 12-6 所示。

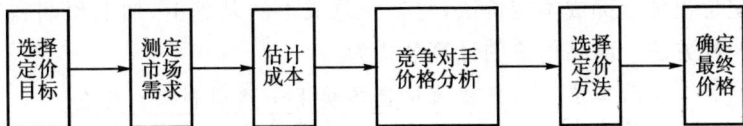

图 12-6　企业定价程序

（一）选择定价目标

定价目标是企业定价的指导思想,企业在不同的营销环境中经营,应该有不同的目标。在上述定价目标中,企业常以某一定价目标为主,同时兼顾其他定价目标。

（二）测定市场需求

需求测定是企业定价的一项重要工作,主要包括:市场需求总量测定;市场需求结构测定;了解不同价格水平上人们可能购买的数量;分析需求的价格弹性;等等。

（三）估计成本

产品成本是定价的基础，是制定价格的最低限度。总成本由固定成本和变动成本构成。企业定价时，应依据财务部门提供的成本资料，分析价格、需求量、产量和成本之间的关系，以便制定出切合实际的价格。

（四）分析竞争者价格及产品

价格不仅取决于市场需求及成本，而且还取决于市场的供给情况，即竞争者的情况。竞争者的价格及其对价格的反应，可作为企业定价的参考。企业了解竞争对手价格及产品的途径有：①企业指派购物员，对竞争者报价进行询问比较；②企业获取竞争对手的价目表，购买其产品并拆卸比较；③征求顾客对竞争者产品的价格和质量的意见。企业在对竞争者产品及价格了解的基础上，就可确定企业产品适当的价格，在竞争中取胜。

（五）选择定价方法

企业的定价方法，取决于企业的定价目标和影响价格的主要因素。企业定价方法的具体内容，在下节将进行探讨。

（六）确定最终产品价格

采用适当的定价方法定出基本价格后，还须考虑其他因素，如政府有关政策法令、消费者心理、企业有关业务人员意见等，运用一定的策略调整基本价格，制定出最终价格，以获取最佳效果。

第二节　企业定价方法

企业定价方法主要有成本导向定价、需求导向定价、竞争导向定价三种方法，企业应根据市场、产品、竞争等具体环境因素，综合地、策略性运用定价方法。

一、成本导向定价法

成本导向定价法，指以成本作为定价的基础，以成本确定商品价格。当企业成本变动时，价格也应随之做出相应调整。同时，由于企业的成本会计资料具体真实，应用方便，所以按成本定价，是企业常用的定价方法。成本导向定价主要有以下三种。

（一）成本加成定价

成本加成定价也称全部成本定价法，它是在总成本的基础上，加上预期利润或利润率，确定商品价格的一种方法。商品售价的计算公式为

$$\text{商品单位售价} = \frac{\text{生产成本}+\text{销售费用}+\text{预期利润}+\text{税金}}{\text{商品单位数}}$$

生产成本与销售费用之和称为销售成本，预期利润按合理的销售成本利润求得，税金按国家规定的税率计算。因此，在销售成本、销售成本利润率、税率已知的条件下，单位产品售价可用下列公式表示

$$\text{商品单位售价} = \frac{\text{单位商品销售成本}\times(1+\text{成本利润率})}{1-\text{税率}}$$

式中：$\text{成本利润率} = \dfrac{\text{预期总利润}}{\text{平均总成本}} \times 100\%$。

除此之外，还可采取投资报酬率进行计算定价。商品售价除收回全部成本以外，还应使投

资获得一定的合理利润。其计算公式如下

$$单位售价 = \frac{C + A \cdot R}{V}$$

式中　C——全部成本；

　　　A——全部投资；

　　　R——预期投资报酬率；

　　　V——商品销量。

这种方法的优点是能够补偿全部成本费用，并获得合理利润，计算方法简便易行，能够保持价格的相对稳定。但是，这种方法也有其缺点，主要有：①忽视市场需求，价格缺乏竞争力；②忽略了成本构成，即没有将成本划分为固定成本和变动成本。因此，这种定价方法主要适用于定做商品、市场上竞争少的商品以及新产品等。

(二)变动成本定价法

变动成本定价是以变动成本作为商品定价的主要依据，它只计算变动成本，暂不计算固定成本，而以预期的边际贡献补偿固定成本并获得利润。如果边际贡献小于固定成本，则出现亏损。边际贡献是销售收入与变动成本的差额，其作用是补偿固定成本，形成利润。按变动成本定价，指商品的售价只要高于变动成本，无须收回全部成本。

【例如】某商品固定成本为 10000 元，单位变动成本为 0.6 元，预计销售量为 10000 件，根据市场条件，该商品定价只能为 1 元/件，可见，边际贡献为 4000 元(10000×1−0.6×10000)，不能补回全部固定成本，因此企业将亏损 6000 元。

为什么在这样的价格水平下，该企业还要销售商品呢？这是因为：①固定成本不随总产量变化，若不按 1 元/件价格出售，价格偏高，市场接受不了，企业就会出现滞销积压，此时固定成本还得支出，则亏损更大，只要存在边际贡献，就可少亏损；②当该企业经营多种商品时；该商品按变动成本定价，已补偿了部分固定成本，其他商品负担的固定成本就减少了；③企业易于掌握降价幅度，边际贡献小于零为极限。

(三)盈亏平衡点定价法

企业盈亏平衡点的销售量，是指收入正好等于成本时的销售量。利用盈亏平衡点确定价格水平，即销售量在某一数量时，价格定在什么水平，企业才能保证不发生亏损。反过来，已知价格在某一水平时，该商品应该销售多少才能保本。因此，其主要问题是计算总收入和总成本相等时的保本点。

平衡式为

$$总销售收入 = 总固定成本 + 总变动成本$$

用公式表示为

$$P \cdot Q_0 = Fc + Vc \cdot Q_0 \tag{1}$$

式中：P 为商品销售价；Q_0 为平衡点销售量；Fc 为总固定成本；Vc 为单位变动成本。

(1)式变形可得

$$Q_0 = \frac{Fc}{P - Vc} \tag{2}$$

$$P = \frac{Fc}{Q_0} + Vc \tag{3}$$

上述关系如图 12-7 所示。

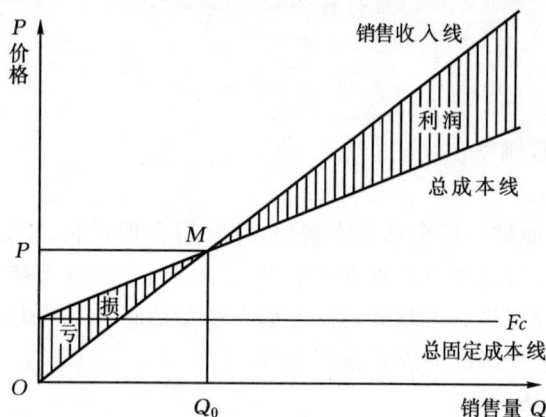

图 12-7　盈亏平衡图

从图 12-7 可以看出,总成本线与总销售收入线相交于 M 点,与 M 点相对应的 Q_0,称为临界销售量。它表明企业销售量为 Q_0 时,总收入与总成本相等,企业不亏不盈。如果销售量小于 Q_0,则企业亏损;而当销售量大于 Q_0 时,则企业盈利。

【例如】某企业生产某种产品 100 件,其固定总成本为 1000000 元,单位产品变动成本为 5000 元,求:100 件产品全部销售出去时保本价格? 并求企业盈利 400000 元时,产品价格应定多少?

解:$Fc=1000000$ 元,$Vc=5000$ 元,$Q_0=100$,则

(1)保本价

$$P_0 = \frac{Fc + Vc \cdot Q_0}{Q_0} = \frac{1000000 + 5000 \times 100}{100} = 15000(元／件)$$

(2)盈利 400000 元时的销售价格为:

$$P_0 = \frac{Fc + Vc \cdot Q_0 + 400000}{Q_0} = \frac{1000000 + 5000 \times 100 + 400000}{100}$$
$$= 19000(元／件)$$

收支平衡定价法的主要优点是企业易于采用,而且能灵活地掌握价格水平,尤其在经济不景气时,这种方法具有较强的适用性。

二、需求导向定价法

这种定价方法不是以产品的成本为基础,而是以市场需求状况、产品效用或消费者所能理解的商品价值观念的综合为基础确定商品的价格,使消费者感到购买该商品能够比购买其他商品获得更多的价值(或利益)。需求导向定价主要有理解价值定价和区分需求定价两种方法。

(一)理解价值定价法

所谓理解价值定价,也称"感受价值"或"认知价值",即买方在观念上所理解的商品价值,而不是商品的实际价值。采用这种定价方法时,企业可利用各种非价格的营销策略和手段,如

产品质量、特色、广告、包装等,树立商品形象,影响消费者,增强购买者对企业商品的价值理解和评估,然后根据商品在消费者心目中的价值来定价。

这种定价方法是一种"价格倒推法",即在买方理解价值后,逐渐推算出商品的出厂价格,其计算公式如下:

$$出厂价＝市场可销需求价－批零差价－进销差价$$

运用理解价值定价法,其关键是企业对消费者或用户的预期价格即价值评估,要估计得比较准确。估价过高,则定价偏高,影响销路;估价过低,则定价偏低,企业将受损失。因此,企业定价前,应该做好营销调研,准确把握消费者对商品的理解价值。在实践中,测定顾客对商品价值的理解程度,常采用如下四种方法:

(1)客观评估法,也称直接评估法,是指聘请企业外部有关人员,如顾客、中间商及有关专家,让他们直接对商品价值做出评估。

(2)相对评估法,即用评分方法对多种同类商品进行评分,再按照分数的相对比例和现行平均市场价格,推算评定商品的理解价值。

(3)诊断评估法,即用评分法对商品的功能、信誉、质量和可靠性、外观、服务水平等多项指标进行评分,找出各因素指标的相对理解价值,再用加权平均方法计算出理解价值。

(4)实销评估法,即选择有代表性的区域或者消费者进行试销,以评估试销价格在市场上的反应。

(二)区分需求定价法

区分需求定价,又称差别定价,它是根据消费者对商品的需求强度和消费的感觉不同,制定不同的价格。这种价格上的差异不是由成本差异决定的,而是由消费者需求差别决定的。区分需求定价方法主要有:

(1)以顾客为基础的差别定价。即对不同的顾客群,同种商品可制定不同价格。如同种商品卖给批发商、零售商或消费者,其价格有差别;工业用电和家庭用电按两种价格收费;旅游门票对中外游客实行两种票价;等等。

(2)以商品为基础的差别定价。即对同种商品的不同外观、式样、花色、档次等,制定不同价格。如同质量同规格的电冰箱,式样新颖、外观漂亮的价格可高些;反之,则应低些。此外,高档商品和低档商品的实用价值差不多,但价格相差甚大。

(3)以时间、空间为基础的差别定价。同种商品或消费方式,可利用时间、空间位置不同的需求强度,制定不同的价格。如季节性商品因时间不同,价格也不同,但成本并未变化;剧院的座席、承租房子、航空机票、火车车票等,都会因空间位置不同,其票价或租金而不同。

采用区分需求定价,应该具备一些基本条件:市场必须能够细分,并且各细分市场需求差异性明显;要防止低价商品在高价市场销售;在国家法规范围内实行,以防止引起顾客反感。区分需求定价,其优点是商品价格灵敏反映了市场需求变化,有利于商品销售和提高企业的市场占有率;有利于扩大企业的总收入,增加企业利润量;价格竞争的适应性较强。其缺点是顾客需求差异的变化难以准确把握,定价时容易发生误差。

三、竞争导向定价法

市场经济条件下,企业之间的竞争十分激烈,企业可以依据竞争者的价格,来制定本企业商品的价格。或与主要竞争对手价格相同,或高于或低于竞争者的价格。这种定价法的特点是:竞争者价格不变,即使成本或需求变动,价格也不动;反之,亦然。

(一)随行就市定价法

它是一种以本行业中主要竞争者的价格作为企业定价的基础。在竞争激烈,商品需求弹性较大时,随行就市是一种比较稳妥的定价方法,可以减少风险,保证获得适当收益,有利于处理好与同行的关系。

(二)投标定价法

投标定价法,是指在大型工程承包、商品或劳务贸易中,以招标(投标)的方式,由一个卖主(或买方)对两个以上并相互竞争的潜在买主(或卖主)的询价(或报价)择优成交的一种定价方法。

投标成交的方式主要有两种:

(1)公开或秘密开标的招标。公开开标须有投标人员或公证人参加监视,秘密开标则由招标人自行选定中标者。

(2)两段招标。第一阶段公开招标决标后,再请报价低的三四家进行第二阶段报价,最后通过竞争选择最有利的价格成交。

投标定价的方法,包括三个方面:①客观分析自身优势和确定机会目标;②分析对方和判断中标概率;③确定最优报价。

(三)拍卖定价法

拍卖是市场经济中常用的一种定价方法。《中华人民共和国拍卖法》第三条对拍卖的定义为:拍卖是指以公开竞价的方式,将特定物品或者财产权利转让给最高应价者的买卖方式。拍卖定价是指拍卖机构受出售者委托,在特定场所用公开拍卖方式,引导买方报价(也可密封报价),利用买方竞争求购的心理,从中选择最高价格成交的定价方法。这种价格是在买方之间通过竞争形成的,是一种真正的市场价格。这正是拍卖市场价格发现及资源优化配置功能的真正应用。拍卖行按照每笔成交额向卖方(或买卖双方)收取一定比例的佣金。

拍卖是一种历史悠久的定价方法,目前流行于西方发达国家,特别是出售古董、珍品、收藏品、文化艺术品及大宗商品时,常采用这种方法。改革开放后,拍卖在我国也开始恢复,并且快速发展,如企业资产拍卖、房地产拍卖、文物拍卖、股权拍卖、国有建设用地使用权拍卖、金融资产拍卖、探矿权拍卖等。这种方法的优点是公开竞争,有利于形成真实市场价格,增强了交易的公开性和透明度,但这种方法受拍卖商品性质制约较大,要重视拍卖商品的选择工作,并严格按照《中华人民共和国拍卖法》及拍卖程序进行。

第三节 定价策略和技巧

价格决策不仅是一门科学,更是一门营销艺术和技巧。所谓定价策略是指企业为了在目标市场上实现定价目标,给商品制定的一个基本价格和浮动幅度。定价策略是企业的一种重要营销手段,因此,企业应在全面分析各种因素的基础上,选择适当的定价策略。

一、新产品定价策略

新产品的市场定价策略有撇脂定价、渗透定价及满意定价策略三种。

(一)撇脂定价策略

它是指在新产品投放市场时,将价格制定得很高,以便在短期内赚得更多利润。这种策略是比喻从鲜奶中撇取乳酪。因此,也称高价策略。

高价策略适用于需求弹性较小的细分市场。对于专利保护商品和竞争对手仿制可能性不大的商品,可考虑选择此种策略。高价格获得高收益,容易引起竞争介入,此时,企业应采取适当降价,以便取得竞争优势,扩大销售额。高价策略是一种追求短期利润最大化策略,从长期发展的观点来看是不可取的。

(二)渗透定价策略

该策略也称低价策略,它是在新产品投放市场时,制定比较低的价格,快速接近消费者,刺激需求,争取市场的主动权。它一般适用于需求弹性大的商品,企业可以通过增加需求、扩大产销量、降低成本,实现企业的获利目标。

以上两种新产品价格策略各有利弊,企业在选择时,可参考表 12-1 所列条件进行选择。

表 12-1　新产品价格策略选择

选择标准	低价策略条件	高价策略条件
销售推广工作	很少	很多
产品特性	普及性	特殊性
生产方式	标准成品方式	定制
市场大小	普遍性市场(大)	选择性市场(小)
产品过时性	可行性较久	短时即消失
技术变迁性	技术稳定	技术创新速度快
生产资料使用方式	劳动力密集	知识密集
市场占有率大小	扩大市场占有率	缩小市场占有率
分销渠道长短	短渠道	长渠道
收回成本时间	长期内收回	短期收回
产品兼用的可能性	单一用途	多种用途
服务工作	少	多
产品使用寿命	短	长

(三)满意定价策略

满意定价策略又称温和定价策略,是指企业为了兼得撇脂定价和渗透定价策略的优点,将价格定在适中水平上的价格策略。这种价格策略介于撇脂定价和渗透定价之间,是一种居中的价格策略,它既能保证企业获得满意的利润,又能为消费者接受,对买卖双方都有利。满意定价策略的优点是能避免高价策略带来的风险,又能防止采取低价策略给企业带来的麻烦,因此易为各方接受,有利于企业实现目标利润。其缺点是实行起来困难较多,缺乏可操作性。因此,大多数企业对新品的定价,都采用此法。

二、心理定价策略

心理定价策略,是指在进行价格决策时,以消费者心理状况为主要因素进行定价,即利用消费者不同的心理需要和对不同价格的感受有意识地采取多种价格形式,以促进销售。心理定价实际上就是顾客能接受什么价格就定什么价格。常见的心理定价策略包括以下几种。

(一)尾数定价

尾数定价是使产品价格带有尾数,而不是整数。它又称奇数定价,即利用消费者对数字认识的某种心理制定尾数价格。中外零售商常用9作为价格尾数,根据消费者心理,尽可能在价格上不进位,从而使人产生价格较廉的感觉。例如,一双皮鞋标价49.99元,而不标50元;某种牙膏标0.99元,而不标1元等。因为消费者认为,这种价格计算精确,购买放心;价格没有超过预期,心里感到便宜。尾数定价还能使消费者认为是经过认真的成本核算才制定的价格,因而对定价产生信任感。这种策略适用于价格较低的商品。

(二)声誉定价

声誉定价又称声望定价法。在顾客中有良好声誉的企业、商号或品牌的商品,价格一般高于其他商品,但消费者还乐意接受。因为它满足了某些购买者显示地位的欲望,是个人价值的一种体现。声誉定价适宜于一些质量不易鉴别的商品,如药品、保健品、化妆品等,但采用此策略一定要慎重,一般商品和商店如轻易使用此策略,将会失去市场。

(三)招徕定价

招徕定价即用低价格吸引顾客,满足消费者购买便宜商品的心理需求。超级市场和百货公司将几件少数商品价格定得很低,甚至低于成本,目的在于吸引顾客购买这些低价商品的同时,购买其他商品,以求在总量上扩大销售。采用这种策略时应注意以下问题:一是招徕定价的产品必须是消费者经常使用的产品,为消费者所熟悉,其价格应对消费者有相当的吸引力;二是招徕定价的产品必须是真正的削价产品,不能欺骗消费者;三是企业所经营的产品必须品种繁多,这样才能达到消费者在购买招徕定价品的同时能选购其他产品的目的。

(四)习惯定价

某些商品,由于市场上同类产品种类多,已经形成了一种消费者认可的习惯价格,如日用品中的火柴、酱油、肥皂、卫生纸等,个别企业难于改变。即使成本降低,如果降价,也会引起消费者对品质的怀疑;同时,如果价格调高至超过一般消费者可接受的程度,必定会引起消费者不满。因此,这类产品成本提高时,可在分量、品质、包装上进行适当变动,使消费者逐渐习惯。

三、折扣价格策略

折扣是一种减价策略,即按照原定价格少收顾客部分货款,是我国零售企业广泛采用的一种策略。

(一)现金折扣

现金折扣又称付款折扣,它是对付款及时、迅速或提前付款的顾客,给予的价格折扣。如在付款条件中注明"5/10 净价 30",指在成交后 10 天内付款,可获 5% 的现金折扣,但最迟应在 30 天内付清全部货款。现金折扣的目的是鼓励顾客按期或提前付款,以加快企业资金周转,减少呆账发生。

(二)数量折扣

为了鼓励顾客多购买,根据其购买商品所达到的数量标准,给予不同折扣,购买量越多,折扣越多。其折扣方式分为累积和非累积数量折扣两种。

(1)累积数量折扣,即规定在一定时期内顾客购买商品达到一定数量(额),给予一定的价格折扣。它适合于长期性的交易活动,以便吸引住顾客,建立长期交易关系。

（2）非累积折扣，指按照顾客一次购买总量多少给予不同的折扣。其目的是鼓励顾客一次大量购买，从而降低企业销售成本，对买卖双方都有利。

（三）功能折扣

功能折扣也叫贸易折扣，是指生产商根据中间商在产品分销过程中所承担的责任大小、风险差异、功能的不同而给予不同的折扣。折扣的多少，主要依据的是中间商在分销渠道中的地位、购买批量、完成的促销功能承担的风险、服务水平以及产品在市场上的最终售价等。功能折扣的结果是形成购销差价和批零差价。其主要目的是鼓励中间商大批量订货，扩大销售，与生产企业建立长期、稳定的合作关系，并对中间商经营企业有关商品的花费进行补偿，让中间商有一定赢利。

（四）季节折扣

季节折扣指生产经营季节性商品的企业，为了鼓励中间商淡季进货，或鼓励顾客淡季购买，而给予的一定的价格折扣优惠。这种定价策略可以有效地调节供需矛盾，减轻企业仓储压力，加速资金周转，使企业的生产和销售在一年四季保持相对稳定。它主要适用于一些季节性较强的商品。例如，啤酒生产厂家对在冬季进货的商业单位给予大幅让利，羽绒服生产企业则在夏季对购买其产品的客户提供较多折扣。

（五）价格折让

价格折让是指根据价目表给顾客以价格折扣。一是以旧换新。当顾客购买新商品时，允许交还同类商品的旧货，在新货价格上给予折让。国内市场采用以旧换新让价策略的是部分家电产品，国外市场主要用于汽车的市场销售。例如，一台冰箱标价2000元，顾客以旧冰箱折价300元则只需付1700元，这就是以旧换新让让。二是促销折让。即中间商为产品提供各种促销活动，如刊登地方性广告、设置样品陈列窗等时，生产者乐意给予津贴，或降低价格以作为补偿，有人将其称为销售津贴。

四、价格补贴策略

补贴是由制造商或批发商传递给零售商并给予其销售职员用于主动性销售某种商品的费用。补贴一般用于周转较慢的产品或较高毛利差额的产品。

（一）广告补贴

广告补贴是通过价格削减，给予渠道中公司的优惠，鼓励它们做广告或促销其供应商在当地的产品。

（二）仓储补贴

仓储补贴是给予中间商获取某种商品的货架空间的补贴。仓储补贴主要用于获取连锁超市经营新产品的目的，因为超市没有足够的货架位置经营所有可获得的新产品，让它们有动力为给予它们仓储补贴的供应商的新产品提供空间。

五、地理价格策略

地理价格是依据商品流通费用，如运输成本、仓储、保险、装卸等，需要买卖双方分担情况不同，确定价格的一种策略。

（一）产地价格

产地价格指商品报价为生产地起货价格，由买主负担全部运输、保险等费用。在国际贸易中指在某种运输工具上交货，称为FOB价（free on board），即商品价格。商品所有权也从离开仓库(岸)时起转移到买方。

(二)统一运送定价

统一运送定价指企业对不同地区的顾客实行统一价格加运费,运费按平均费计算。这种定价简便易行,有利于争取远方顾客,与邮政定价类似。

(三)区域定价

区域定价是指将商品的销售市场划分为数个区域,在每个区域内实行统一价格。一般区域较远的价格应高些。

(四)免收运费定价

免收运费定价即运费全部由卖方承担的定价策略,运费包括在价格中,其目的为迅速促成交易,增加销售,使平均成本降低足以补偿多出的运费开支,以达到市场渗透,在市场竞争中站稳脚跟。

六、商业信用价格策略

商业信用指企业之间以赊销、预付形式提供的,与商品交易直接联系的一种信用购货方式,它是市场经济高度发展的必然产物。商业信用与折扣不同,它不是直接的价格优惠,但又与价格有着联系。商业信用形式有赊销和分期付款。

(一)赊销

赊销是商业信用的一种主要形式,它是一种短期信用,卖方不向买方收取其他费用,但在规定期限内必须付清货款。这样,给买方一定的融通资金的时间。这种信用方式,作为债权人的卖方要付出一定代价,但在市场竞争中,采用这种竞争形式,能够吸引顾客购买。

(二)分期付款

分期付款是指对一些价值大、生产周期长的产品,要求购买者首期支付一定预订金,其余货款分若干期支付的一种销售方式。预订金一般为货款的 10% 左右,它的性质仍然是一种现汇交易,分期付款在国外是一种非常流行的购物方式,特别是价值较大的耐用品,如汽车、家用电脑、住房等。采用这种方式,实质上是给购买者一定优惠,企业可以吸引潜在购买者,加快商品流通。采用分期付款是建立在买卖双方互相了解基础上的一种高级信用交易方式,在房地产及汽车市场上广泛采用。

第四节　企业营销价格调整策略

企业商品定价后,由于宏观环境及市场因素变化,影响企业定价的各种因素也处在动态变化之中,企业商品价格处在浮动状态,企业面临着调高价格和调低价格两种选择。

一、调整价格的原因和措施

(一)提高价格策略

提高价格会引起顾客及中间商不满,但在通货膨胀条件下,企业不得不提高价格,提高价格的原因主要有:

(1)成本因素。由于原材料、人工费等价格上涨,使企业产品成本上升,如果仍维持原有价格,会影响正常利润。

(2)需求因素。市场上出现供不应求的情况,促使价格上升。

（3）竞争因素。竞争者提高价格，本企业也跟着提价。

（4）策略因素。利用提高价格，使顾客认为"优质高价"，以树立产品的良好形象，打造企业品牌。

对于产品提价，消费者和竞争者都会做出不同反应。为了减少企业在交易中的风险，企业可采取如下措施：①限时报价；②在销售合同中明确随时调价的条款；③把供货和服务分开，并分别进行定价；④减少现金折扣和数量折和；⑤提高订货的起点量；⑥对高利润的产品和市场加强营销力量。

企业在采用提价策略时，为消除顾客的反感心理，一般应注意如下问题：

（1）公开成本上升的真实原因。对顾客说明涨价的理由，使顾客认为本企业产品涨价是合理的，是可以接受的。

（2）努力提高产品质量。使顾客感觉到产品质量提高了，花色品种多，愿意支付较高价格。

（3）附送赠品。使顾客感到有新的附加利益，从而冲淡消费者对涨价的不满。

（4）增加数量。使消费者感到涨价的原因是因为产品的数量增加。

（二）降价策略

降价策略指企业的商品在市场上达到饱和期或衰退期，市场上商品供过于求；或者企业为了提高市场占有率，采取的一种降价策略。消费者从自身角度认识降价，可能有以下几种看法：①有一种新产品代替现有产品；②产品有缺点；③企业财务状况不好；④质量下降；⑤还可能再降价。

营销中企业提价或降价，其原因和目的如表 12-2 所示。

表 12-2　企业价格调整的原因、目的

提高价格的原因	降低价格的原因
原材料 　·原材料价格上升 　·燃料价格上升 产品质量 　·产品精度提高 　·增加了附加机能 成本 　·劳务费上升 　·运费上升 　·税金增加 　·其他经费提高	商品 　·不适应季节，过了流行期 　·新产品很快就要出现 　·替代商品出现 供需竞争 　·大量生产销售带来的成本降低 　·新的潜在的竞争者增加 　·需求量在减少 　·同行业者扩大投资 商店、零售店 　·库存过大 　·资金周转困难 　·受其他商店降价出售的影响
·将上升的成本转移到价格上，以继续维持生产，维持企业的利润水平	·适应竞争 ·扩大和占领市场 ·吸引顾客 ·增加销售量 ·处理库存

二、购买者对价格调整的反应

企业在商品价格调整后，应该做好准备，应对购买者对调价的反应。

首先,可用需求弹性理论分析需求的价格弹性,测定价格的升降幅度是否适当。价格与需求量及销售收入之间的具体关系见表12-3。

表 12-3　价格与需求量及销售收入之间的关系

项目	弹性需求 E_d 大于 1	单元弹性需求 E_d 等于 1	非弹性需求 E_d 小于 1
价格上升需求量下降	价格上升百分比小于需求量下降百分比,销售收入减少	价格上升百分比等于需求量下降百分比,销售收入不变	价格上升百分比大于需求量下降百分比,销售收入增加
价格下降需求量上升	价格下降百分比小于需求量上升百分比,销售收入减少	价格下降百分比等于需求量上升百分比,销售收入不变	价格下降百分比大于需求量上升百分比,销售收入减少

其次,由于购买者对调价的理解不同,可能出现与设想相反的反应。例如,提高价格的目标是为了抑制需求,但由于顾客有不同的理解会作出不同反应:①涨价是紧俏货,不赶快买以后很难买到;②该商品有特殊价值;③以后可能还要涨价,不如现在就买,如中国的住房市场。在通货膨胀条件下,消费者往往抢购保值商品及生活必需品,涨价越大,抢购越疯狂。

三、企业对竞争者降价的反应

竞争者采取调低价格策略之后,企业应迅速做出反应,并采取对策。企业需要分析竞争者降价的目的是什么? 能否持久? 对本企业有多大影响? 但竞争者调价是经过长期研究制定出的方案,而企业必须要在尽可能短时间内做出应变决策,难度是比较大的;否则,企业就会遭受损失。因此,企业最好事先制定出反应程序(如图12-8所示),以便按程序做出反应。这个程序在西方国家价格变动频繁的行业或产品中广泛使用,如肉类加工业、木材业、快消品等。与此同时,对竞争对手的提价,企业也应做出积极反应,其反应程序与降价大致相同。

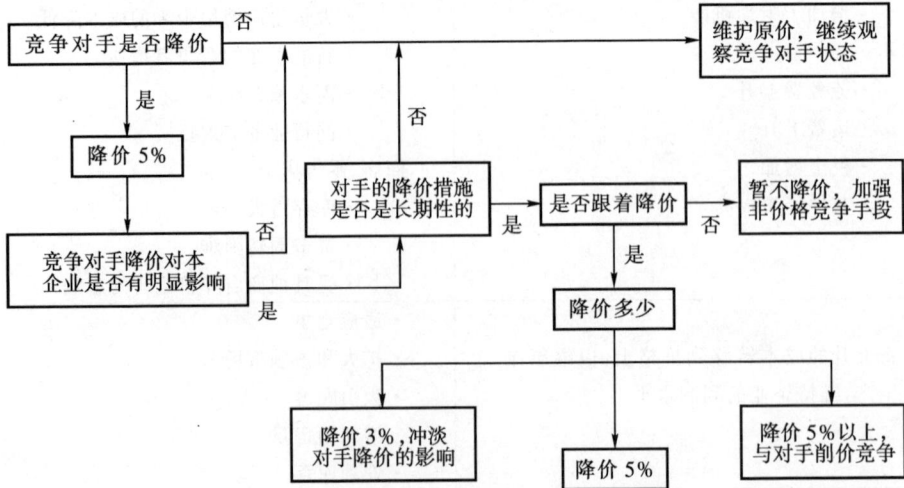

图 12-8　企业对竞争对手降价的反应程序

第五节　非价格竞争策略

价格竞争是企业市场营销竞争的重要手段,也是企业常常采用的策略之一,如在近几年,我国彩电行业的价格大战,多是希望通过降价获取竞争优势,提高市场份额,以便控制市场,但此目标很难实现。这种把价格策略,特别是降价看成决定企业成败的唯一因素,是非常危险的。因为市场竞争除价格竞争外,还有一种重要的形式——非价格竞争。

一、非价格竞争的概念

所谓非价格竞争是指企业运用价格策略以外的营销手段,使本企业的产品与竞争产品相区别,并使其具有差别优势,以促进产品销售、增加市场份额的一种竞争方式。这种竞争方式将会成为未来的主要竞争策略,因为随着经济的发展、科技的进步和消费层次的提高,产品能否被消费者接受,价格将不会成为主要的影响因素,而是取决于产品的差异性能否满足消费者的特殊偏好。传统的价格竞争,特别是我国在市场经济发展不成熟的情况下,恶性价格竞争将会带来许多问题,往往造成两败俱伤,影响整个产业的发展。因此,在现代市场经济条件下,非价格竞争如关系营销、服务营销、形象营销、体验营销等现代新营销方式,将成为现代营销策略的主流。

二、非价格竞争策略

(一)产品差异化策略

产品差异化策略即通过提供与竞争产品在规格、型号、性能、质量等方面具有不同特征的产品,以满足消费者选购决策的个性化需求,吸引顾客、扩大销售的竞争策略。如冰箱生产企业推出的"保鲜""抗菌"等差异性产品,在市场上获得巨大成功。

(二)市场定位策略

市场定位策略即根据竞争对手现有产品在市场所处地位,依据消费者或用户对该产品某种特征或属性的重视程度,塑造本企业产品独特的个性特色,通过沟通促使消费者产生兴趣,从而确立产品在市场上有利的竞争地位。

(三)产品的服务策略

服务是产品整体概念的组成部分,是给顾客的附加利益,同时服务本身也是一种产品。因此,企业通过向消费者或者用户提供全面、优质、高效的服务,使消费者对企业及产品产生偏好,培育忠诚顾客,促使其重复购买、消费本企业产品,这样就能够为企业产品争取有利的市场销售地位,也是企业长期持续发展的重要保证。

关键概念

营销价格　需求弹性　定价目标　定价策略　拍卖　非价格竞争

复习思考题

1.如何理解营销价格?

2.影响企业产品定价的因素有哪些?

3.何谓需求弹性？它对定价有什么影响？

4.企业有哪几种定价目标？

5.科学定价程序包括哪几个阶段？

6.成本定价有哪几种方法？

7.分析拍卖定价的适用条件。

8.新产品怎样定价？并分析其定价条件。

9.企业如何利用心理因素定价？

10.分析折扣价格策略与"回扣"的区别。

11.商业信用价格策略在我国适用吗？

12.企业为什么要调整产品价格？

13.非价格竞争的主要策略有哪些？

案例分析

小米手机"价格屠夫"的定价策略简析

1.小米手机的横空出世

小米公司成立于 2010 年 4 月 6 日,由雷军联合其他 7 位创始人共同创建。

作为一家专注于智能硬件和电子产品研发的移动互联网公司,小米公司应用互联网开发产品的模式,用极客精神做产品,用互联网模式干掉中间环节,致力让全球每个人都能享用来自中国的优质科技产品。目前,小米已经建成全球最大消费类 IOT 物联网平台,连接超过 1 亿台智能设备,MIUI 月活跃用户超过 2 亿,其投资公司已接近 400 家,覆盖智能硬件、生活消费用品、教育、游戏、社交网络、文化娱乐、医疗健康、汽车交通、金融等领域。

2011 年 8 月 16 日正式发布小米手机。在百页 PPT 的配合下,雷军花了近两个小时来描述小米手机。1.5GHz 双核,1GB RAM,4.0 寸 QHD 屏幕,800 万像素大光圈镜头……所有这些,放在三星或 HTC 手中必然是 4 千元甚至更贵的旗舰级产品,但小米售价仅为 1999 元。2011 年 9 月 5 日网上开放预订 34 小时超过 30 万部,10 月 20 日开始正式销售。随着手机出货规模上升,小米品牌声誉渐起,逐渐成长为行业巨头之一,2014 年小米销售手机总计 6112 万台,一举超过联想和 LG,成为全球第三大智能手机制造商,居中国市场份额第一位(见表 12-4)。

表 12-4　小米手机销量、收入与小米公司估值对比(2011—2017 年)

类别	年份						
	2011	2012	2013	2014	2015	2016	2017
销量/万台	30	719	1870	6112	7100	5800	9240
收入/亿元	5.5	126.5	316	743	780	682	1146
估值/亿美元	10	40	100	450	390	430	680

2.2011 年的中国手机江湖

小米手机第 1 代定价 1999 元跟当时的中国手机市场环境有着密切关系。2011 年的中国智能手机尚属于红海市场，苹果与三星赚了 110% 的利润，其他手机企业亏损 10%。当时国内消费者面临两个选择：要么高价购买高质量的进口手机，如 iPhone 或 Galaxy；要么勉强接受一部价低质次的中低端国产手机。就用户体验而论，那时的中低端智能机，还不配"智能"二字。所以，雷军决定从别人看不上的中端市场切入。

随着 Android 系统逐渐成熟，国内以"中华酷联"为首的手机厂商开始推出搭载 Android 系统的智能手机，而这个时期所推出的 Android 手机，几乎都选择走运营商定制路线，而这就形成了很长一段时间我们都能见到的一幅景象——满大街的"充话费送手机"广告。除此之外，当时各种混乱不堪的应用市场，以及那些运营商定制开通的服务，各种预装、各种服务、生态混乱不堪，导致新闻里天天就是各种起诉运营商的事件，可以说此时的 Android 系统基本没有生态可言。

2011 年 8 月 29 日，小米 1 代首批工程机横空出世，随后的 9 月 5 日，正式版开卖。以 1999 元的超高性价比获得大批粉丝，要知道当时的智能手机售价普遍较高，与小米 1 代相同配置的产品一般都卖到三四千元。当时小米也带来了"发烧配置""互联网线上营销"等模式，由于需求量过于火爆，小米手机引来了一大批粉丝抢购，只有少量小米手机被真正用户抢到。从小米 1 到之后的小米 1S，小米公司开启的互联网模式，让真正没有定制、没有预装的手机走进用户手中，这个时候依靠与运营商合作的定制机"中华酷联"开始衰落，不得不选择转型。

3."1999 元"价格锚点的确立

2011 年的"中华酷联"仍沉迷于庞大的运营商定制机市场，并不能真正代表国产智能手机的崛起。一个重要的事实是，当年几乎没有一款国产手机敢超越 1999 元价格线雷池一步。在将小米第一款手机定价为 1999 元后，此后小米发布的每一款旗舰机型如小米 2、小米 2S、小米 3、小米 4，基本款定价均为 1999 元。

这样的定价让小米成功建立了第一个价格锚点，让不少国产厂商品牌对 2000 元红线望而却步，建立了初步的"高性价比"竞争优势。随后，小米推出定价为 1499 元小米青春版继续下探价格，然后又推出 999 元的红米抢占千元机市场。红米系列大卖，小米又顺势推出大屏的红米 Note，成功将 999 元变成自己的第二个价格锚点。

4.小米定价的"鲶鱼效应"

小米的连环拳对国内手机市场产生了鲶鱼效应，开始倒逼其他国产手机厂商改变经营策略。首当其冲的是定制机市场。当时"中华酷联"千元左右的定制机配置很低，既没有品牌溢价也没有用户黏性，在小米的高性价比策略面前几乎没有任何抵抗力。在红米杀入 1000 元价格线之后，除了华为手机凭借技术实力强行转型、并创立紧跟小米的互联网手机品牌荣耀以外，其余三家的手机迅速被边缘化。

与此同时，三星、HTC 等品牌的市场空间也遭到挤压，以小米为代表的国产智能手机崛起，这些国际大牌的手机产品先后在 1500 元以下、1500～2500 元的市场占有率被国产厂商超越并抛离。小米带来的最大的变化在于国产手机变好、变便宜了，用国产手机的人也越来越多。

问题讨论：

1.试比较小米手机低价策略与其市场份额的关系。

2.小米手机的低价策略会带来哪些弊端？

第十三章 分销渠道策略

在现代市场经济条件下,生产者与消费者之间在时间、地点、数量、品种、信息、产品估价和所有权等多方面存在差异与矛盾。企业生产出来的产品,只有通过一定的市场分销渠道,才能克服生产者与消费者之间的差异和矛盾。而且,日益复杂多变的市场环境、愈演愈烈的竞争和飞速发展的信息技术,迫使企业不断创新分销系统的设计与管理,将传统渠道策略提升到战略层面。最终,分销渠道管理策略就成为企业市场营销组合策略的重要组成部分。

第一节 分销渠道的基本内涵

一、分销渠道的概念

菲利普·科特勒认为:"营销渠道是指某种货物或劳务从生产者向消费者移动时取得这种货物或劳务的所有权的所有企业和个人。"伯特·罗森布罗姆指出:"营销渠道是与公司外部关联的、达到公司分销目的的经营组织。"而美国市场营销协会给出的定义是:"营销渠道是企业内部和外部的代理商和经销商(批发和零售)的组织机构,通过这些组织,商品才得以上市行销。"基于上述定义,我们认为,分销渠道(或称营销渠道、销售渠道)是指商品从生产经营者转移到最终消费者或使用者所经过的途径。如图 13-1 所示。

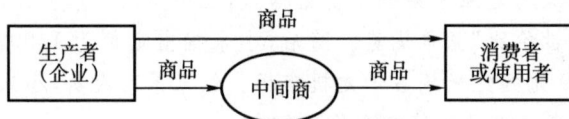

图 13-1 分销渠道概念

二、分销渠道的效用

在市场经济条件下,任何企业生产的商品,除由原生产者直接输送和销售外,绝大多数都须通过专门从事商品流通的中间组织——批发、零售等环节——进行销售。因此,企业应重视分销渠道在实现商品流通过程中的通道功能。分销渠道在商品流通中能够创造以下三种效用:

(1)时间效用。即分销渠道能够解决商品产需在时间上不一致的矛盾,保证顾客和用户需求,并及时组织供货。

(2)地点效用。即分销渠道能够解决商品产需在空间上不一致的矛盾,保证顾客和用户能够就地、就近购买到所需要的商品。

(3)所有权转移的效用。即分销渠道能够解决商品所有权在生产者和消费者之间不一致的矛盾,顺利实现商品所有权由生产者向消费者的转移。

　　分销渠道上述效用的实现,需要借助于一定的分销组织机构来实现,主要的分销机构包括批发商、代理商、零售商、与贸易有关的机构(如运输公司、仓库、银行、保险公司、税务等)、销售服务单位(如广告公司、营销咨询公司等)。批发商、代理商、零售商构成分销渠道中的主要中间商。中间商在组织商品流通中具有特定的功能,是分销渠道中的主要组织者。

三、分销渠道的类型结构

(一)消费资料与生产资料分销渠道

1.消费资料分销渠道

　　生产资料和消费资料这两类商品具有不同特点,分销渠道的结构形式有很大区别。消费资料商品用户面广,购买频率高、批量少、大部分是单件或小量购买,它通常以间接销售为主要形式,中间环节较多,一般都有批发和零售等环节。其分销渠道模式如图13-2所示。

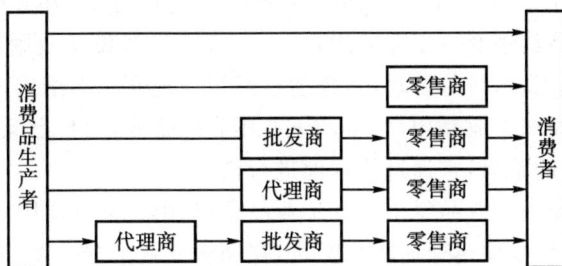

图13-2　消费资料分销渠道模式

　　从上图可以看出,消费资料分销渠道模式可分为五种基本类型:

　　(1)生产者→消费者:指由生产者把商品直接销售给最终消费者,或者采用邮购、电话购物等。这种渠道没有任何中间商介入,是最短和最简单的直接分销渠道。

　　(2)生产者→零售商→消费者:指生产企业或农业生产者,将产品直接向大型零售商供货,由零售商再销售给最终消费者,许多耐用品及选购品常采用这种方法。

　　(3)生产者→批发商→零售商→消费者:这是消费品分销渠道中的传统方式,多数的中小企业和大部分零售商品认为这是最经济可行的。我国消费品进入市场的渠道常常采用这种方式。

　　(4)生产者→代理商→零售商→消费者:许多工业企业,为了大批量销售商品,希望通过代理中间商,把商品输送给零售商,最后销售给消费者。

　　(5)生产者→代理商→批发商→零售商→消费者:有些工业产品要送到小型零售店,常需要通过代理商,再通过批发商卖给零售商,最后卖给消费者。

2.生产资料分销渠道

　　生产资料商品(又称工业品),由于受技术性较强、价格较高、用户相对较少、购买次数少而数量大、交易谈判时间长等因素影响,而且需要提供售后技术服务,因而其分销以直接销售为主要形式,即使经过中间商,一般层次少、渠道短。其分销渠道模式如图13-3所示。

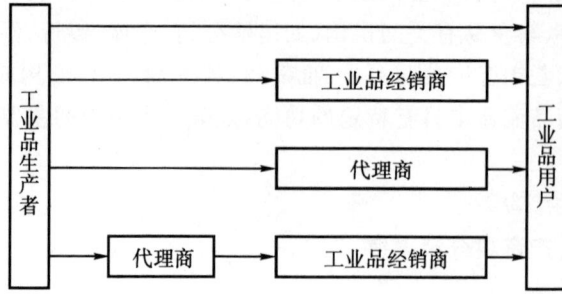

图 13-3　生产资料(工业品)分销渠道模式

从上图可以看出,生产资料的分销渠道主要有以下四种形式:

(1)生产者→工业品用户:在工业品销售中,这种分销形式占有主导地位,特别是生产大型机器设备的企业,如火车机车厂、发电设备厂、飞机制造公司等,都是通过订单直接组织向用户供货。

(2)生产者→工业品经销商→工业品用户:生产普通机器设备及附属设备的企业,如我国机电、金属材料、石油化工、木材等公司,常常通过经销商把商品卖给用户。

(3)生产者→代理商→工业品用户:生产工业用品的企业,而自己又没有独立销售部门,或企业为了更有利于商品的销售,常通过代理商进行销售。

(4)生产者→代理商→工业品经销商→工业品用户:由于某种原因,例如,商品的单位销量太小,或者需要分散存货,以便迅速向用户交货,存储服务就十分必要,因而不宜由代理商直接卖给用户,需要借助批发商这个环节分散存货,于是常采用这种分销方式。

(二)直接渠道和间接渠道

1. 直接渠道

直接渠道又称零阶渠道,指没有中间商参与,产品由生产者直接售给消费者的渠道类型。直接渠道是工业品分销的主要方式。大型设备,专用工具以及技术复杂、需要提供专门服务的产品,几乎都采用直接渠道分销。在消费品市场,直接渠道也有扩大的趋势,鲜活商品和部分手工业制品、特制品,有着长期的直销习惯;新技术在流通领域的广泛应用,正在使邮购、电话电视直销和计算机网络销售等直复营销方式迅速发展。

2. 间接渠道

间接渠道指有一级或多级中间商参与,产品经由两个或多个商业环节销售给消费者的渠道类型。间接渠道是消费品分销的主要方式,一些工业品也采用间接渠道分销。采用间接渠道分销,意味着制造商在某种程度上放弃对如何销售产品和售给谁等方面的控制,增加了市场风险。然而,制造商之所以做出这种选择,是因为通过有专业化职能的中间商分销产品,能获得更大的经济利益。间接渠道主要包括以下几种类型:

一层渠道含有一个中间商。在消费者市场,通常是零售商;在产业市场,则可能是代理商。

两层渠道含有两个中间商。在消费者市场,通常是批发商和零售商;在产业市场,则通常是代理商和批发商。

三层渠道含有三个中间商。肉食类产品及包装类产品的制造商通常采用这种渠道分销其产品。在这类行业中,通常有一个专业批发商,处于批发商和零售商之间,该专业批发商从批发商进货,再卖给无法从批发商进货的零售商。

（三）渠道的长短与宽窄

1. 长渠道和短渠道

分销渠道的长度通常按经过的流通环节或层次的多少来划分。显然，其长短是相对的。为了分析和决策方便，可以将上述零阶渠道称为直接渠道，把一阶渠道定义为短渠道，而把二、三阶渠道划为长渠道。这种划分有利于企业集中考虑其对某些环节的取舍，形成自己或长或短，甚至长短结合的多种渠道策略。

2. 宽渠道与窄渠道

分销渠道的宽度取决于渠道的每个层次中参与分销的中间商的数量。若制造商选择较多的同伙型中间商（如多家批发商或多家零售商）经销产品，则这种产品的分销渠道为宽渠道；反之，则为窄渠道。分销渠道宽度的选择与制造商的分销战略密切相关。企业分销战略通常有下列三种类型：

（1）密集分销，即制造商尽可能通过许多批发商、零售商销售其产品。

（2）选择分销，即制造商从所有愿意经销本企业产品的中间商中挑选若干销售其产品。

（3）独家分销，指生产者在某一地区仅选择一家中间商推销其产品。

（四）线下分销渠道和线上分销渠道

1. 线下分销渠道

线下分销渠道按渠道成员结合的紧密程度，可分为传统渠道系统和整合渠道系统。传统渠道成员之间的系统结构较为松散。传统渠道系统指由各自独立的生产者、批发商、零售商和消费者组成的分销渠道。由于这种渠道的每个成员独立，没有一个成员能完全控制其他成员，随着市场环境的变迁，传统分销渠道面临严峻挑战。整合渠道系统是指渠道成员通过一体化整合形成的分销渠道系统，主要包括垂直渠道系统、水平渠道系统与多渠道系统。垂直渠道系统由生产者、批发商和零售商纵向整合组成，主要形式包括公司式、管理式与合同式。水平渠道系统由两家或两家以上的公司横向联合，共同开拓新的营销机会的分销渠道系统。多渠道系统是指对同一细分市场采用多条渠道的分销体系，主要包括两种形式：一是生产者通过两条以上的竞争性分销渠道销售相同商标的产品，另一种是生产者通过多条分销渠道销售不同商标的差异性产品。

2. 线上（O2O）分销渠道

线上平台的快速发展不断冲击着传统的分销渠道系统，也带来了新的分销渠道模式。O2O(online to offline)是指线上促销和线上购买带动线下经营和线下消费。O2O通过促销、打折、提供信息、服务预订等方式，把线下商店的消息推送给互联网用户，从而将他们转换为自己的线下客户。不论什么行业，只要是线上线下相互配合的，都可以冠上O2O。在营销实践中，O2O业务模式主要有以下四种：

（1）"online to offline"模式（线上交易到线下消费体验产品）。

（2）"offline to online"模式（线下营销到线上完成商品交易）。随着智能手机的普及、二维码的兴起，很多企业通过在线下做促销，在线上实现交易。

（3）"offline to online to offline"模式（线下促销到线上商品交易，然后再到线下消费体验产品）。这种业务模式是在线下触发，然后在线上完成交易，运营商把营销的产品通过线上发给手机客户，手机客户再到线下完成消费体验。

（4）"online to offline to online"模式（线上交易或促销到线上消费体验产品再到线上交易）。其业务模式恰恰与第三种模式相反。

四、分销渠道的主要特点

在商品从生产领域向消费者转移中,必然伴随着物质或非物质形式的运动"流",分销渠道则表现为这些"流"的载体,如图 13-4 所示。

依据分销渠道模式及其五种流程,商品的分销渠道有以下主要特点。

第一,分销渠道主要由直接进入商品流通过程的各种类型的机构所组成,包括生产者(制造商或农户)、代理商、批发商、零售商及其他买主或卖主。这些机构可称为"渠道成员"。

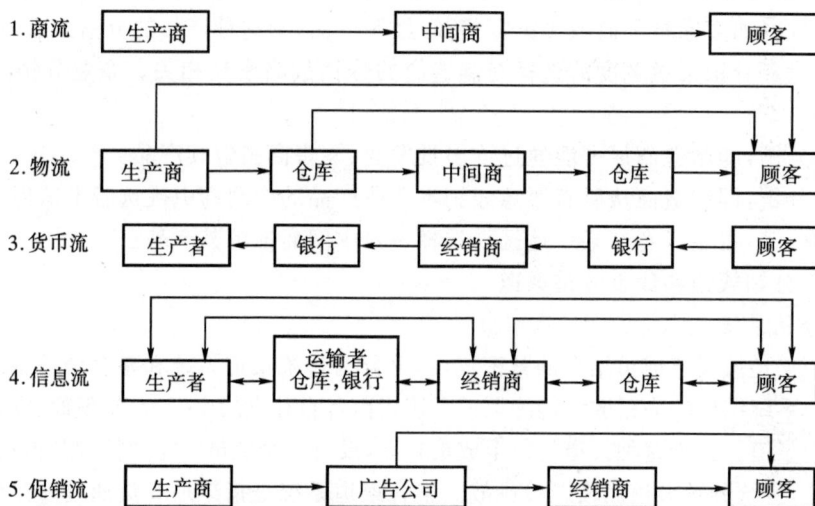

图 13-4 分销渠道中的五种流程

第二,每一条分销渠道的起点是生产者,终点是商品的消费者或用户。

第三,在商品的分销渠道中,商品所有权至少要转移一次,通过这种转移,才能实现商品的价值和使用价值,保证企业营销目标的实现。

第四,在分销渠道中,除了商品所有权转移形式的"商流"外,还隐含着其他使生产者与消费者相联结的流动形式,如物流、信息流、货币流、促销流等。它们相辅相成,但在时间和空间上并不完全一致。

五、分销渠道的变化趋势

进入 21 世纪以来,我国企业营销渠道竞争愈发激烈,也出现了新的发展趋势,主要表现在:

第一,渠道体制,由金字塔式向扁平式化方向发展。即由多层次的渠道结构向短渠道转变,以加强对渠道的控制。如有的企业在大城市建立配送中心,直接向经销商、零售商提供服务。

第二,渠道运作,由总经销制向终端市场建设为中心转变。加强终端建设,一方面能够迅速铺货到市场,提高产品的市场展现度,缩短和消费者的见面时间;二是通过终端促销,提高产品的出样率,直接激励顾客购买。

第三,渠道建设,由交易型关系向伙伴型关系转变。伙伴型关系实现了制造商和分销商的一体化,促使分散的中间商形成一个整合体系,有利于实现"双赢"目标。合作方式有联合促销、专门生产、信息共享、培训等。

第四，渠道重心，由大城市向地、市、县市场转变。有的企业在县(市)设立办事处，形成县城→乡镇→村级市场分销网络，有利于迅速占领农村市场。

第二节　中间商

一、中间商的概念及功能

中间商是指在生产企业和消费者之间，专门从事商品流通业务活动，以促成商品交易达成的经济组织和个人。中间商凭借其业务往来关系、经验、专业化和规模经营，使商品和服务流通顺畅；在广泛提供产品和进入目标市场方面能够发挥最高效率；提供给生产企业的利润通常高于生产企业自营商店所能取得的利润，起着调节生产与消费矛盾的重要作用。中间商在商品流通中，主要有以下五种功能。

(一)集中商品

中间商可根据市场需求预测和国家有关规定，将各生产企业的产品，通过订货、采购大量的商品，并将其集中储存起来。同时，将不同来源的商品集中到一起，供消费者或用户选择。

(二)平衡供求

由于制造商一般属于有限品种的大批量生产，消费者通常需要有限数量的多种产品，中间商通过整理过程解决了两者在数量和类别上的矛盾。中间商可以随时按市场需要，向市场投放企业、零售商和顾客所需要的商品，从品种、数量和时间上以平衡市场供求关系。中间商承担着商品的采购、运输、储存、销售等业务，在满足消费者需求和平衡市场供求方面，发挥着重要作用。

(三)扩散商品

扩散的功能可以为企业和零售商提供运输、储存等服务，避免生产企业商品积压和零售商大量储存，有利于节约流动资金，加速资金周转。中间商将聚集来的商品按照类别分开、分类储存、保管和供应，并将大批量的商品分解成小批量。例如，零售商将成箱购买的产品分解成单个的形式，便于消费者购买。

(四)简化分配路线，减少交易次数

如果没有中间商，每个终端用户将不得不直接与每个制造商相互交易，这样会使交易效率变得极为低下。如图 13-5 所示。图 A 是无中间商介入，需交易 15 次；图 B 是中间商介入，只需交换 8 次。因此，中间商可大幅促进商品交换的经济性和方便性。

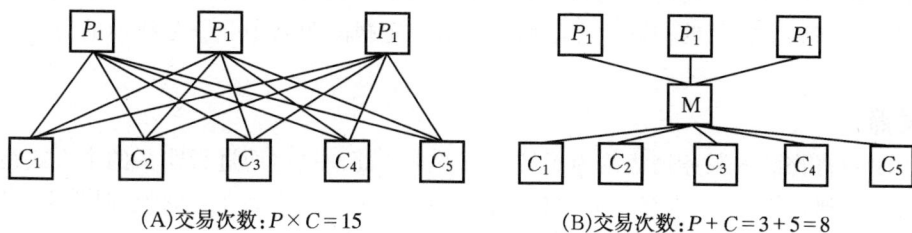

(A)交易次数：$P \times C = 15$　　　　(B)交易次数：$P + C = 3 + 5 = 8$

图 13-5　分销中中间商介入前后交易次数比较

(五)减少搜寻成本，提高运营效率

终端用户和制造商双方的搜寻都带有不确定的特点。终端用户不能肯定在哪里能够发现

他们需要的产品,制造商也不确定怎样才能到达终端用户。由于中间商一般比生产者更熟悉市场行情和销售业务,有广泛的销售网络、灵活高效的现代通信技术,因而可以加速商品周转、降低费用。有了中间商作为交易的中介,制造商可以将产品交给中间商,终端用户到中间商处购买产品。每个中间商自身都有定位,并根据其定位进行相应的运营活动,终端用户可以根据中间商的经营特点,选择合适的中间商来满足自身需求。最终,中间商可以同时为多家生产企业服务,其经营的规模大、效率高、费用少。

二、中间商分类

按照是否拥有商品所有权,中间商可以分为经销商和代理商两种。经销商是指拥有商品所有权,并从事商品流通的经济组织和个人。代理商是指接受生产企业的委托,从事商品的销售服务,但不拥有商品所有权的经济组织和个人,如贸易货栈、代销店、寄售商店、拍卖行等。

代理商在现代市场经济中的地位越来越强,大多数经营企业希望通过这种方式减少经营风险和投资。按代理商和生产企业的联系特点,代理商可分为如下几种。

1.企业代理商

企业代理商是指接受生产企业委托,在一定地区内从事该企业产品的代销业务,签订销货合同的中间商。商品销售后,企业按照销售额的一定比例付给报酬(佣金)。这种代理商与生产企业是一种委托代销关系。

2.销售代理商

这是企业的全权独家代理商。销售代理商代企业销售全部商品,不受区域限制,且有一定的价格决定权。企业在同一时期只能委托一家销售代理商,企业自身也不能再进行直接推销活动。因此,销售代理商对企业要承担较多的义务,如一定时期的销售量,提供市场调查报告,负责广告促销活动。通常情况下,这种方式也实行佣金制,但佣金比例比企业代理商低。

3.寄售商

寄售商接受企业委托进行现货代销业务。企业根据协议向寄售商交付商品,销售后的货款扣除佣金和有关销售费用后再付给企业。寄售商要有自己的仓库和商店铺面,使交易能及时成交。这种形式对发掘潜在购买力,开辟新市场有着积极作用。

4.经纪商

经纪商是指为买卖双方牵线搭桥,从中赚取佣金,起一种中介作用的中间商人。它主要包含三方面含义:其一,经纪商的中介服务对象是买卖双方;其二,中介服务活动是在充分尊重买卖双方权益的基础上进行的;其三,经纪商以收取一定报酬为其中介服务活动的目的。

三、批发商

批发是指将物品或服务销售给为了转卖或者其他商业用途而进行购买的个人或组织的活动。在商品流通过程中,不直接服务于最终消费者,只是实现商品在空间上、时间上的转移,以实现再销售为目的的中间商,称为批发商。批发商一般交易量大,购买频率较低,但其联系面广,市场信息灵通,俗有"市场耳目"之称。

(一)批发商的主要职能

在西方国家,商业批发商和代理商是通过实施市场营销职能,以及向生产者和零售商提供服务来实现其作用。

（1）销售与促销。批发商提供的销售人员能使生产者以较低的成本接触大批客户，并且批发商的业务关系较广，比生产者更受顾客信赖。

（2）购买和编配商品。批发商能够选择和编配顾客需要的花色品种，满足零售商勤进快销、品种杂、数量少、加速资金周转的需要，为零售商节约时间。

（3）分装。批发商通过整买零卖的方式，加速零售商的资金周转。

（4）仓储。批发商持有存货，因而为供应商和零售商减少了仓储成本和存货风险。

（5）运输。批发商向购买者交货更迅速，因而比生产者更易接近顾客。

（6）融资。批发商向零售商提供信贷，为其融通资金；同时他们提前订货，准时付款，也为供应商融通了资金。

（7）承担风险。批发商拥有商品的所有权，承担着失窃、腐烂和过时的费用支出，从而便承担一定风险。

（8）市场信息。批发商向供应商和零售商分别提供新产品、价格变化、供求关系等方面的信息，提高了市场透明度，减少了不必要耗费。

（9）管理服务和咨询。批发商通过为零售商训练销售人员，帮助布置店面和商品陈列，诱导消费者需求，帮助他们改善经营管理；同时，他们还通过提供技术服务，帮助工业用户。

（二）批发商的类型

批发商可以分为商业批发商、经纪商和代理商、工业企业批发商、其他批发商。

1.商业批发商

商业批发商是独立所有的商业企业，他们购买商品的所有权，然后出售，是批发商最主要的类型。这种批发商又可分为完全服务批发商和有限服务批发商两类。

（1）完全服务批发商。在日常购销业务的基础上，向生产者、零售商提供尽可能多的服务项目，如储存、送货、推销、广告宣传、提供信贷、协助管理等。完全服务批发商又分为：第一，以向零售商提供商品和服务为主的批发商人；第二，以向生产企业提供商品为主的工业配销商。

（2）有限服务批发商。这种批发商向供应商和顾客提供的服务较少，以减少经营费用，降低批发价格。有限服务批发商又分为现购自运批发商、卡车批发商、承销批发商、托售批发商、生产者合作社、邮购批发商等。现购自运批发商：不赊销，也不送货，客户要自备货车货，其顾客主要是小食品杂货商、餐馆等。卡车批发商：从生产者那里把商品装上卡车后，立即运送给各零售商店、餐馆、旅馆等客户，所以这种批发商不需要有仓库和产品库存。承销批发商又称"写字台批发商"，他们拿到客户订货单就向生产者进货，并通知生产者直运给客户。托售批发商：在超市和其他食品杂货商店设置自己的货架，展销其经营的产品，产品售出后零售商才付给货款。生产者合作社：为农场主共同所有，负责将农产品组织到当地市场上销售的批发商，合作社的利润在年终时分配给各农场主。邮购批发商：主要借助邮购方式开展批发业务，经营食品杂货、小五金等产品，其客户是边远地区的小零售商等。

2.经纪人和代理商

经纪人和代理商是指从事购买或销售或二者兼备的洽商工作，但不取得产品所有权的商业单位。他们区别于商业批发商的主要特点是：对其经营的商品没有所有权，只是替委托人推销或采购商品，收取占销售额 2%～6% 的佣金。经纪人和代理商主要分为以下几类：产品经纪人、生产者代表、销售代理商、采购代理商和佣金商等。

3.工业企业批发商

这是一种工业企业自营批发业务的批发组织形式，不通过独立批发商进行。生产者通过设立自己的销售分店和销售办事处，以改进其存货控制、销售和促销业务。

四、零售商

零售商是指把商品卖给最终消费者的中间商，是商品流通的最终环节。零售交易结束后，商品就离开流通领域而进入消费领域。零售商是联系生产者、批发商和消费者的纽带。它面向广大消费者，其组织形式和经营方式随着市场环境和需求的变化，新的零售方式将会不断出现。零售市场也称"终端市场"，已经成为竞争最为激烈的领域，许多企业都提出了"终端制胜""控制终端"的分销战略。不同的零售业态正以其不同的特色吸引消费者。

零售业态在我国呈现多元化、高速化的发展趋势，并且零售市场的竞争也越来越激烈。零售商的功能主要是为了生产者、批发商和用户服务。我国新颁布的《零售业态分类》于2004年6月30日起正式实施，新标准按照零售店铺的结构特点、经营方式、商品结构、服务功能等因素，将零售业分为食杂店、便利店、折扣店、超市、大型超市、仓储会员店、百货店、专业店、专卖店、家居建材店、购物中心、厂家直销中心、电视购物、邮政、网上商店、自动售货亭、直销、电话购物等18种业态。

（一）零售商业态

零售商一般可分为零售商店和无门市零售商。

1.零售商店

零售商店的类型就像产品一样，也经历了发展和衰退等阶段，这称为零售生命周期。一种零售商店类型在某个历史时期出现，经过一个迅速发展的时期，日臻成熟，然后衰退。老式的零售商店经过很长时间才发展到成熟阶段，但是新型零售商店发展成熟所需时间就短多了。新型商店的出现是为了满足顾客对服务水平和具体服务项目的不同偏好。在现代购物环境下，消费者可在各种不同的商店选购商品。商店类型主要有：

（1）专用品商店。这种零售商店经营的产品线较为狭窄，但产品花色品种较齐全，如体育服装店、男士服装店、特定服装店等。近年来出现的特制品商店有着广阔的发展前景，它一般是某一品牌商品的独家经销店，便于大量进货，成本较低。根据产品线的狭窄程度可以将专用品商店再分类：一是单一产品线商店，如服装商店；二是有限产品线商店，如男士服装店；三是超级专用品商店，如男士定制衬衫店。

（2）百货商店。它是一种大规模的零售企业，经营商品范围广泛、种类繁多、规格齐全。发达国家的大百货公司经营的商品在几十万种以上，同时以经营优质、高档时髦商品为主。由于百货商店之间竞争激烈，还有来自其他零售商，特别是来自折扣商店、仓储商店及线上商店的激烈竞争，再加上交通拥挤、停车困难和中心商业区的衰落，百货商店正逐渐失去往日魅力。

（3）超级市场。它是一种薄利多销，采取自动售货方式的大型零售商组织，具有规模大、成本低、毛利低、销量大等特点。早期的超级市场以出售食品为主，兼售少量杂货。近年来，超级市场向多元化、大型化发展，提高了企业的竞争能力。目前的超级市场，营业面积一般在25000平方米左右，产品品种超过12000多种。其经营商品多属于中低档货，价格比较便宜。此外，超级市场正在改善设施，注意商场的建筑特色，并出售一些名牌商品，以树立良好商誉，吸引顾客。

（4）便利店。便利店也称杂货店，是一种小型商店，多设在居民区附近，以出售日用小百货和食品为主，如香烟、饮料、儿童食品等。这种商店以"夫妻店"形式为主，营业时间较长，有的是昼夜服务。便利店同样可以作为分销渠道的战略着眼点，使企业在激烈的市场竞争中出奇制胜。近年来融入现代互联网技术的"无人便利店"在我国发展很快，如"每一天""唐久"等主要满足年轻人的快速尚奇需求。

（5）折扣商店。折扣商店指出售商品时给予一定的价格折扣。出售的商品以常用生活品为主，售价比出售同类商品的商店要低。折扣商店之间、折扣商店与百货商店之间的竞争非常激烈，导致许多折扣零售商经营品质高、价格高的产品。另外，百货商店经常降价与折扣商店竞争，使两者之间的差距日益缩小。折扣零售已经从普通产品商店发展到专门产品商店，如折扣体育用品商店、折扣电子产品商店和折扣书店等。

（6）仓库商店。仓库商店或称"货仓式销售"，一般建在城郊结合处，一部分为存货仓库，一部分为展销地点，以经营中档商品为主，价格比一般商店便宜10％～20％。仓库商店一般具有以下特点：以工薪阶层和机关团体为主要服务对象；价格低廉并精选品牌畅销产品；实施会员制；使用先进的计算机管理系统并且经营成本较低。

2.无门市零售商

虽然多数商品是由零售商店销售，但无门市零售商近年来发展迅猛，现已占到全部消费者购买量的1/3左右。无门市零售商的主要形式有以下几种。

（1）直接市场营销。它是一种为了在任何地方产生可度量的反应和（或）达成交易而使用一种或多种广告媒体的互相作用的市场营销体系。在我国也有人称之为"直销"，发展较快。通常采用如下方式：

第一种，邮购零售。邮购零售又分邮寄目录和直接邮购两种。邮寄目录是销售商按照选好的顾客单邮寄订单、商品目录等；直接邮购是将信件、传单等广告分别寄给有关产品类别购买潜力大的顾客。这种方式适合于书刊订户、保险业、新产品介绍等。

第二种，电话、电视营销。电话、电视营销，即使用电话、电视将产品直接推销给消费者，消费者通过免费电话订货。这种销售购物方式在20世纪90年代受到广泛欢迎。越来越多的企业开始使用800电话号码，还不断添加新功能，比如免费传真号码。设计得当、定位准确的电话营销会带来很多好处，包括便捷的购买过程以及更丰富的产品和服务信息。

第三种，网上营销。它是一种利用计算机网络（Internet）推销商品或服务的一种营销方式。随着Internet的迅速发展和普及推广，网上营销（online marketing）已成为一种较为有效的销售手段。据有关资料显示，1995年网上零售额仅为5亿美元，到了2018年底，全球电商零售额已突破3万亿美元，占全球零售总额的11％以上。尤其是中国，2018年网上零售总额已突破9万亿人民币，早在2013年就已超过美国，成为全球网上零售额最大的国家。

国际互联网（Internet）实现了全球信息沟通的瞬时化和分散化，目前成为一种广为采用的网上营销工具。互联网上服务主要有：①网上购物；②网上股票交易；③网上银行；④网上纳税；⑤网上报关；⑥远程网上教学等，而将互联网应用于商务活动，则代表了一种先进营销方式的未来趋势。

网上营销的特征表现在十个方面，即具有跨时空、多媒体、交互式、拟人化、成长性、整合性、超前性、高效性、经济性、技术性的特征。网上营销能够有效地实现4P组合与以顾客为中心的4C（顾客consumer、成本cost、便利性convenience、沟通communication）的有效结合。网络营销策略的要求为：①产品和服务以顾客为中心；②价格应以顾客能接受的成本定价；③产品分销应以方便顾客为主；④促销策略应以加强与顾客的沟通为主。

（2）直接销售，即推销人员采取挨户访问的方式推销产品。由于直接推销成本高，而且需支付雇佣、训练、管理和激励推销人员的费用，所以，将逐渐由以直销为主的"直销公司"从事这一活动。我国 1993 年以来，广州、上海、北京、沈阳、西安等地纷纷成立了一些直销公司，但需要进一步规范化，严格管理。一般而言，直接销售成本高昂，还需支付雇佣、培训、管理和激励销售人员的费用，将来直销人员很可能要被电子销售机代替。

（3）自动售货机，即一种采用机器销货的方式。如自动售票机、电子存取款（ATM）等，在我国近几年发展也很快。适合于自动销货的大多是周转快的名牌商品，而且限于单位价格低、体积小、重量轻、包装或容量标准化的商品。

（4）购物服务公司。这是一种专门接受某些顾客委托而进行的零售业务，如为学校、医院、工会和政府机关等大型组织的雇员服务。这个组织与若干零售商签订合约，凡是组织成员向这些零售商购物，该商店给予一定折扣。

3. 管理系统不同的零售组织

尽管许多零售组织拥有独立的所有权，但是越来越多的商店正在采取某种团体零售形式，以取代独立的商店。这种零售组织主要有以下几种。

（1）连锁商店。它是在同一所有者的控制下，统一店名、统一管理的商业集团。少则两三家连锁，多则百家连锁在一起，实行统一经营、集中进货，可获得规模经济效益。现代大型连锁店是 1859 年创立于美国的"大西洋和太平洋茶叶公司"。第一次世界大战后十年（1917—1927年），连锁店在美国获得迅速发展，目前美国连锁商店的销售已占零售商品总额的 35％ 左右，日本连锁店销售已是零售商品销售的第一名。近年来，国外许多连锁店，如"麦当劳""肯德基""家乐福"等纷纷打入我国，并取得成功。借鉴国外连锁经营的成功经验，我国零售商业改革的方向之一，是发展具有中国特色的连锁经营体系，因为这种组织形式能够形成集团的优势和规模经济，强化商业专业化分工和社会分工，进行集约经营，有利于采用现代化技术，有助于提高效率，增进服务，提高经济效益。

连锁店可分为正规连锁、自由连锁、特许连锁和交叉连锁四种。

第一种：正规连锁。它是集中资金、分散经营的多个店铺，在经营管理上实行统一管理、统一商号、统一进货、统一价格、统一核算和统一风格等，经营权在总部（公司），各分店无自主权。

第二种：自由连锁。它是各店铺在保留单个资本所有权基础上实行联合，主要适用于中小企业。总部和各连锁店是一种协商、服务的关系。各基层店是独立法人，有经营自主权，但应向总公司交纳加盟及指导费。

第三种：特许连锁。它是总部和各店铺签订合同，特别授权店铺使用公司的商标、商品、标志、商号和总部所独有的技术。加盟店拥有店铺所有权，按销售额或毛利的一定比例向总部上交报酬。美国的快餐业中的"肯德基家乡鸡""麦当劳汉堡包"等，都是典型的特许连锁店。

第四种：交叉连锁。它是指上述三种连锁方式同时并存于某一连锁集团，总部与各分店之间有紧密层（正规连锁）、半紧密层（自由连锁）、松散层（特许连锁）。

（2）消费合作社。它是广大消费者入股创办的自助组织，其目的并不以盈利为主，而是为减少中间商环节，保护消费者利益。

(3)特许专卖组织。特许专卖组织是在特许人与接受特许专卖权者之间的契约式联合。特许专卖组织的基础是独特的产品、服务、经营方式、商标名称、专利或者是特殊人已经树立的良好声誉。

(4)销售联合大企业。销售联合大企业是自由式的公司,它以集中所有制的形式将几种不同的零售商品类别和形式组合在一起,并将其配销、管理功能综合为一个整体。

(二)零售商的营销特点

我国改革开放以来,零售业发生了巨大变化,多渠道、多种形式的现代零售网络初步形成。分析零售业所面临的营销环境,认识零售业营销变革的特点,对我国零售业的发展有重大意义。

1.零售营销环境变化

我国零售商业营销环境的变化,表现在以下几个方面。

(1)零售市场竞争趋向国际化。近年来,外国零售商进入我国零售市场,如北京的"燕莎"集团是由新加坡组建。这样,零售商的竞争将向国际化方向发展。

(2)购物环境趋向舒适高雅。我国消费者收入近年来增加较快,消费者不仅要求商品高档化、服务优质化,而且还要求购买环境优雅,如环境装饰别致、安装空调、扶手电梯等,为顾客创造良好的购物环境体验。

(3)零售市场空间不断拓宽。农村市场是我国零售市场拓展的主要潜在市场。

2.我国零售业营销变革的特点

(1)零售营销体制改革取得巨大进展。以市场为取向的改革,使我国零售业多种所有制并存、多种经营方式共同发展的格局逐步形成。零售业的经营、价格、分配、用工"四放开",增强了零售企业的活力。

(2)零售组织向集团化、层次化、多元化发展。零售规模出现大、中、小三个层次;零售业态出现许多新形式,如超级市场、连锁店、精品店、直销店等。

(3)零售营销观念导入市场。"以顾客为中心的营销观念"被零售商接受,如百货商店以优美购物环境吸引顾客;超级市场以自助服务、方便选购拓展市场;专卖店以专而全的产品形象来争取顾客。

(4)零售营销方法不断革新,如开架销售、购买点广告、招贴、赠券、抽奖、免费样品等在零售商店都得到广泛应用。

(三)跨国零售商在中国的营销策略

2002年以来,跨国零售商纷纷进入中国零售市场,给中国本土的零售商带来了直接而全面的刺激和体验,也带来了学习先进管理方式的机遇,同时也对我国零售企业形成竞争的威胁。跨国零售商在中国的营销策略主要有:①从东部向西部逐渐转移;②多业态布局策略,如沃尔玛的购物广场、山姆会员商店、社区店、折扣店等;③本土化策略;④收购扩张策略;⑤以市场换市场策略;⑥零售倾销策略。跨国零售商在中国运用了不同的经营模式,我国零售企业应加以学习、消化吸收,以形成有特色的零售业竞争模式。跨国零售巨头经营模式如表13-1所示。

表 13 - 1　跨国零售巨头中国模式比较

	合作伙伴	空间布局	利润模式
家乐福	联手上市公司	遍地开花	从供货商处寻找利润
沃尔玛	合资非零售企业	三边战略	物流优先
麦德龙	合资非零售企业	以华东地区为主,2002 年确定四大区域	有限顾客的有限利润
欧尚	交叉持股,捆绑扩张	分片区(北京、上海、成都)"三点式"布局	以配送中心辐射经营网络
普尔斯马特	"专有权"模式进入	抢占二、三线城市	会员制+折扣店

资料来源:卢泰宏.营销在中国[M].北京:企业管理出版社,2003.

　　自 20 世纪 90 年代以来,多数跨国零售巨头在中国都取得了巨大成功。以家乐福为例,进入中国后,家乐福门店曾人流如织,有过长达十余年的鼎盛和繁荣。对一个城市来说,有没有家乐福甚至决定着它的层次,是那个年代的一种时尚。但是,短短 24 年后,到了 2019 年,家乐福中国却账面负资产高达 19 亿,以不及永辉 1/17 的市值卖给了苏宁。

　　进入 21 世纪后,尤其 2010 年以来,中国线上零售市场开始突飞猛进,以天猫、京东、苏宁易购、拼多多、唯品会为代表的中国网购开始对跨国零售巨头带来极大冲击。而且线下便利店在中国一、二线城市大力扩张,都使跨国零售巨头在中国业务快速下滑。中国百货商业协会发布的报告显示,2011 年至 2015 年,全国 150 家连锁百货企业麾下每年关闭停业的百货门店数量分别是 10 家、15 家、22 家、40 家和 100 家,关停数量呈逐年扩大趋势。在此背景下,跨国公司在华业务本土化改进不足、决策效率低下、销售创新不足等缺陷都被无限放大,最终在华业务大幅滑坡。如表 13 - 2 数据所示,其中跨国公司在华业务增长都陷入停滞。跨国零售巨头在华营销策略急需创新。

表 13 - 2　跨国零售巨头(计划)退出中国时间表

企业	所属国家	进入中国时间	(计划)退出中国时间
玛莎百货	英国	2006 年	2016 年
乐天玛特	韩国	2007 年	2018 年
亚马逊	美国	2004 年	2019 年
麦德龙	德国	1996 年	2019 年
家乐福	法国	1995 年	2019 年
高岛屋	日本	2012 年	2020 年

五、零售商铺货策略

　　(1)铺货。所谓"铺货"又称"铺市",是说服零售商经销本企业产品的一系列活动过程,是供货企业与经销商之间合作在短期内开拓市场的一种活动,是市场快速启动的重要基础。"铺货"有利于产品快速上市,有利于建立稳定的销售网点,有利于造成"一点带动一线,一线带动一面"的联动局面。

　　(2)铺货的特点。企业的终端"铺货"具有三大特点:一是时间短(某具体市场的"铺货"一般在三个月内可以结束);二是速度快("铺货"要求企业集中优势人力、物力、财力来高效、快速地开拓市场);三是手段多(在实施"铺货"时,企业要综合利用人员推销、试用、张贴海报、赠送等多种方式来开发市场)。

(3)"铺货"的主要工作。企业销售人员与经销商人员协同拜访目标区域内的批发商,零售商;主动、积极地向其介绍企业(或经销商)的有关情况和产品特色;张贴广告;销售产品;赠送促销品;调查竞争对手的情况;等等。

(4)铺货策略与技巧。

①推销铺货。推销铺货指利用供货企业的优惠条件、促销赠品、人员上门推销,以此激励向经销商、终端铺货。这种铺货策略主要有三种:地毯式铺货法、目标对象铺货法、借力铺货法。②拉销铺货。拉销铺货指借助各种力量制造产品的影响力,扩大知名度,以此完成铺货目标。在企业的铺货实践中,主要有两种:广告铺货和公关铺货。广告铺货有"广告在先、铺户在后"和"铺货在先、广告在后"。公关铺货是指企业通过大型公关活动,促使公众短期熟悉企业产品,激发其消费欲望,实现快速铺货。

六、新零售及其发展

2016年"新零售"概念在我国出现。新零售在我国出现,主要的驱动因素有大数据、物联网、人工智能、AR/VR、智能互动设备、云计算及区块链技术等在零售的应用。2017年新零售的市场规模达到了389.4亿元,主要有"京东无人超市""盒马鲜生""亚马孙无人便利店"等新零售载体。新零售未来的发展仍需回归零售的本质,明确定位,创新应用领域,做到"线上+线下+物流一体化",打造高效供应链,提高竞争力。

第三节 分销渠道策略选择

企业营销管理的成败,在很大程度上取决于分销渠道的选择。正确有效的分销渠道是商品流通渠道畅通的保证,企业必须认真分析各种渠道的特点及影响因素,以便做出正确的渠道决策。

一、影响分销渠道选择的因素

影响分销渠道选择的因素十分复杂,而且随着环境不断变化。

(一)目标市场因素

目标市场的状况如何,是影响企业分销渠道选择的重要因素,是企业分销渠道决策的主要依据之一。市场因素主要包括以下几个方面:

(1)市场范围的大小及潜量。市场范围广的商品,须通过中间商经销;反之,则采用直接渠道销售。市场需求潜量大且集中,则直接销售;反之,则间接销售。

(2)市场的集中与分散程度。商品的销售市场比较集中的纺织业、服装业,可向这些地区直接供应;对于分散生产、分散消费的商品,通常采用中间商销售。

(3)顾客的购买特点。目标顾客的购买批量大、频率低、形式单一,且购买相对稳定,生产企业可采取直接分销式,选择最短的间接渠道;反之,则采用广泛的分销渠道。

(4)市场竞争状况。企业为了解目标市场上竞争对手的渠道策略,做到知己知彼,灵活地选择分销渠道,或针锋相对,或避其强势,选择调整本企业的分销渠道。

(5)销售的季节性。销售季节性较强的产品,一般应充分发挥中间商的调节作用,以便均衡生产、不失销售时机,所以多采用较长的分销渠道。

(二)产品因素

由于各种产品的自然属性、用途等不同,其采用的分销渠道也不相同。

(1)产品的性质。对于体积大的笨重商品,如生产设备等可采用直接分销;对于易燃、易腐、易爆商品,应尽量避免多次装运,可选择短渠道或专用渠道。反之,则采用间接渠道。

(2)产品的时尚性。对于流行性、时尚性强的商品,如时装、饮料等,应采用直接分销或短而窄的渠道;反之,采用间接渠道。

(3)产品的标准化程度和服务。对于标准化程度高,要求提供较小服务的商品,如大多数消费品及生产资料中的半制成品、零配件等,可选择间接分销渠道;反之,则采用直接分销。

(4)产品价值大小。对价值大的商品,如珠宝、金制品、工艺品、文物等,宜采取直接渠道,以保证安全;反之,对价值不大的商品,常通过间接渠道销售。

(5)产品市场生命周期。新产品投放市场,由于风险大,在投入期和成长期,企业可组织推销队伍直接分销;成熟期商品,可选择长而宽的分销渠道;衰退期,厂家可采取缩减中间商的分销策略。

(三)生产企业自身因素

(1)企业的生产规模。生产规模大、实力雄厚的企业,可自由选择分销渠道,其更愿意采用直接或短渠道;规模小、实力弱的企业只能通过中间商进行间接分销。

(2)企业的声誉和形象。有良好的声誉和形象的企业,既可自己建立分销网络销售,也可选择中间商经销。如广东"今日"集团在全国拍卖"生命核能"独家经销权,其获得成功就是厂商选择经销商的例证。

(3)企业经营能力和管理经验。企业经营能力不足,缺乏市场营销经验和推销技巧,则适宜采用经过中间商的间接销售渠道;反之,则采取直接分销渠道。

(4)企业控制渠道的意愿。有些企业为了有效控制分销渠道,宁愿花费较高的渠道成本,建立短而宽的渠道。也有一些企业并不希望控制渠道,会根据成本等因素采取较长且宽的分销渠道。

(四)环境特点

这是指企业营销所面临的外部环境也影响着分销渠道的选择,如政治、法律、经济、竞争、科技、社会文化等因素。当经济不景气、国家紧缩银根、压缩基建时,此时市场需求下降,企业都希望减少中间环节,采取直接分销以降低费用,增强产品在价格上的竞争能力;若经济增长,需求增大,厂商可采用与中间商广泛协作,以扩大销售。有的商品还要考虑国家的法律规定,如药品、烟酒等都有专门的分销渠道。

二、分销渠道策略的选择决策

企业在确定了目标市场后,并在对影响分销渠道决策各因素进行分析的基础上,就要进行具体分销渠道的选择决策。

(一)直接渠道与间接分销渠道的策略选择

直接渠道和间接渠道,主要是依据是否利用中间商来划分的。商品从生产者到达用户的过程中,如果借助中间商的力量,称为间接渠道;不借助中间商,就称为直接渠道。直接渠道主要适合于工业生产资料,主要是因为生产资料商品用途单一、产品的技术复杂、用户集中等。同样,直接渠道在生活资料分销中也日益重要,一方面许多商品性质决定了必须采用直接渠道,如鲜鱼、鲜花、易碎商品等;另一方面随着科技发展,电视、电话销售愈发普遍。间接渠道是消费品分销的主要渠道,如香烟、啤酒、饮料、儿童食品等,常常采用通过较多中间商的分销渠道,进行网络销售。

(二)长渠道和短渠道的策略选择

如果某种产品进入市场销售,企业在决定采用中间商后,还要具体决策使用几个层次的中间商,因为这决定着分销渠道的长短。所谓长渠道策略,是指厂商利用两个或两个以上中间商把商品销售给最终消费者和用户;而短渠道则是厂商只利用一个中间商把商品推销给消费者和用户。

1.长渠道策略的优缺点

对于市场需求量大,且分布广泛的一些商品,如日用生活品等,宜采用长渠道,其优点是:①批发商的介入,利用其经营的经验和分销网络,为零售商节省时间、人力和物力,又为厂商节省营销费用。②能够提供运输服务和资金融通。③组织货源,调节供需在时间和空间上的矛盾。④为生产企业提供市场信息和服务。

采用长渠道的缺点是经营环节多,参加利润分配单位多,流通时间长,不利于协调、控制。

2.短渠道策略的条件

这些条件是:①有理想的零售市场,即市场要集中顾客流量大的区域,市场潜力要大;②产品本身的特殊性,如时尚商品、易碎商品、高价值商品、技术性强的商品等;③生产企业有丰富的市场营销经验和管理能力;④财力资源较为雄厚。

(三)宽渠道和窄渠道的策略选择

所谓分销渠道的宽窄,是从渠道的横向联系来考察的,即在渠道的某一层次上使用同种类型中间商数目的多少,构成渠道的宽度。一般的分类标准,是指商品生产者在某一特定目标市场、某一层上(如批发式零售)选择两个以上中间商销售本企业的产品称为宽渠道,只选择一个中间商的称为窄渠道。企业对分销渠道宽窄的选择,通常有以下的策略选择。

1.密集型分销渠道策略

密集型分销渠道,又称普遍型分销或广泛型分销,即商品生产者广泛利用大量中间商经销本企业的商品,使消费者能够随时随处购买到企业的商品,日用消费品、方便商品、标准化程度高的商品等常采用这种策略,如某种品牌的化妆品,若采取这种策略,能够使品牌充分显露,既方便顾客辨认购买,也促使企业化妆品迅速占领市场。这种策略的优点是:①能够迅速将商品送到顾客手中;②多家经营,有利于厂商选择效率高、信誉好的中间商经销;③有利于中间商之间竞争,促使其改善服务方式、提高服务质量和销售效率,以提高竞争能力和市场占有率。其缺点是:①中间商过多,不愿支付分担广告费用;②不利于利用某些中间商的优势,树立商品形象;③生产者和中间商是一种松散的协作关系。

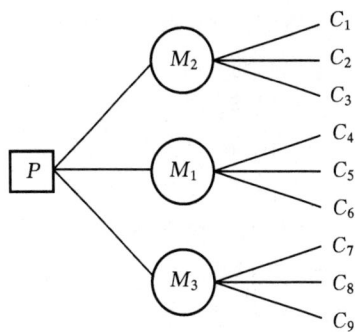

图 13-6 密集型分销渠道策略

密集型分销渠道策略如图 13-6 所示。

2.选择性分销渠道策略

选择性分销渠道策略是指企业在同一目标市场上有选择地使用部分条件优越的批发商和零售商销售本企业的商品。这种策略对所有商品都是适用的,是企业使用较多的一种策略。因为任何一个企业都不可能在某个市场上让所有中间商都经销本企业的商品。对于生活资料中的选购品(服装、家具等)、特殊品和工业品中的零配件等,常采用这种策略。其优点是:①优选的中间商能够和厂商配合,共担风险,分享利润;②有利于厂商集中力量,从整体上促销;③有利于厂商对渠道成员的控制。但是,这种策略的不足之处是:①厂商条件限制,其一是能否为中间商提供较优的推销条件和服务;其二是能否为中间商提供紧俏商品。②受合约履行影响。

3.专营性分销渠道策略

专营性分销渠道策略是指生产者在某一目标市场上选择有限数量的中间商经销其商品。其极端形式是独家经销(只选择一家中间商经销本企业商品),如图 13-7 所示。

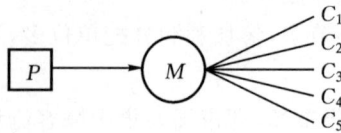

图 13-7　专营性分销渠道策略

专营性分销渠道多是一种排他性专营,其规定这些中间商不能经营其他厂商生产的同类竞争产品,主要适用于高档特殊品(珠宝、金制品等)或技术服务要求高的商品。这种策略的最大优点是:商品生产者和中间商关系密切,相互之间有较强的依附关系;有利于厂商在价格、促销、信贷及其他服务方面对中间商加以控制;经销商全力推销企业商品,以实现营销目标。但是,这种策略也有缺点,即双方依附关系过强,一旦中间商经营失误,厂商将蒙受巨大损失;当生产企业产量增加时,如果仍使用此策略,有可能会失去更多的市场和顾客。

三、分销渠道方案的评估

企业产品进入市场的渠道,可能有几种方案,通常情况下,企业从最有利实现长期营销目标出发,从多种方案中选择最佳渠道。对每一渠道的评估,主要有三条标准:经济标准、控制标准和适应标准。

(一)经济标准

经济标准主要是考虑每条渠道的销售额与成本的关系,如某企业的产品要开拓新市场,一种是通过代理商,其成本较低,但当销售额达到一定数量时,用代理商的成本愈来愈高;另一种是建立自己的推销队伍直接销售,开始成本较高,但随着销售量的增加,成本则逐渐降低,超过盈亏平衡点后,销售收入中的大部分将直接转化为利润。因此,应对两种方案的销售水平和销售成本进行权衡,以便做出决策。如图 13-8 所示。

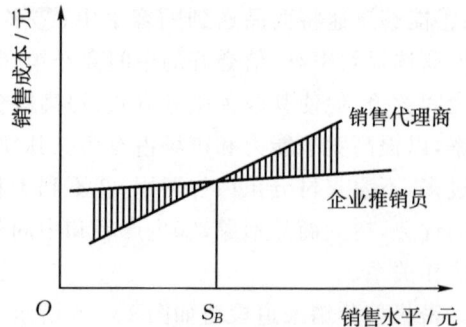

图 13-8　不同渠道的费用比较

从图 13-8 可知,两种渠道的销售水平在 S_B 时,其销售成本相等。当销售水平低于 S_B 时,利用代理商合算;销售水平高于 S_B 时,则企业自销有利。因此企业在销量较小的区域市场,利用代理商合算;销售达到一定水平后,则采用自销较有利。

(二)控制标准

分销渠道的选择还需考虑企业对渠道的控制问题。因为分销渠道是否稳定,直接影响企业的市场占有率的高低和长远目标的实现。中间商是一个独立的企业,它关心的是本企业利润,经销哪些商品可以使其利润最大化。很少从生产企业角度考虑问题。因此,利用中间商销售就要考虑对中间商的控制程度。一般而言,建立特约经销或代理关系的中间商容易控制,但其销售能力对企业的销售影响很大,选择时应该谨慎。利用多家中间商在同一目标市场销售产品,企业利益风险小,但对中间商的控制能力较弱。分销渠道的控制,应根据商品特性、供求关系、竞争状况等实际状况,讲究适度控制、比较控制成本和控制的必要性,以求实现最佳控制效果。

(三)适应标准

适应性是指企业依据环境因素,能否有效灵活地调整其分销渠道。一般情况下,厂商、中间商通过契约关系,明确各自的权利和义务,并规定年限。但在合约期间,由于环境变化,可能出现一些新的分销方式。但厂商不能取消和原中间商签订的合约。因此,从适应性来讲,合约期限时间不宜太长。适应性包括:①地区的适应性。即在某一特定地区建立分销渠道,应考虑该地区的消费水平、购买习惯和市场环境,以建立与之相适应的分销渠道。②时间的适应性。即企业依据产品在不同时期的销售状况,建立与之相适应的分销渠道,如季节性商品等。③对中间商的适应性。即企业应根据各市场上中间商的不同情况采取相应的分销渠道。总之,适应性要求企业在分销渠道决策时,应保留适度的弹性,以适应外部环境变化,并做出调整,保证实现企业的营销目标。

第四节　分销渠道管理决策

企业在做出了分销渠道的结构、中间商选择之后,还需要完成系列管理工作,包括对各类中间商的具体选择、激励、评估以及根据情况变化调整渠道方案和协调渠道成员间的矛盾。

一、选择渠道成员

制造商在为选定的渠道招募合适的中间商时,必须明确适用的中间商应具备的条件和特点。企业可以综合考评它们的营业年限、经营产品范围、赢利及发展状况、财务支付能力、协作愿望与能力和信誉等级等。对渠道成员的考察,一般包括以下几个主要方面:

(1)能够供企业选择的类型与数目,主要指企业选择的中间商是何种类型? 即是代理商、批发商,还是零售商? 能供企业选择的中间商的数目有多少? 有能力且愿与本企业合作的中间商有多少?

(2)销售对象,主要指中间商的销售服务对象是哪些消费者? 一般来讲,应与企业的目标市场相一致;同时,中间商所处位置应能方便消费者购买。

(3)中间商的声誉,主要考察中间商是否为本企业的目标顾客所信任和尊敬? 中间商的资信状况如何?

(4)中间商的经营能力,主要指中间商的销售力量如何? 推销员的素质如何? 资金实力强弱? 是否有足够的仓储、运输能力? 能否为顾客提供良好的技术指导和售后服务等。

（5）竞争情况，主要考察中间商是否经销本企业竞争对手的产品？本企业产品能否与竞争对手的产品相抗衡等。

二、激励渠道成员

欲使中间商的分销工作达到最佳状态，制造商应对其进行持续激励。激励中间商的基本点是了解中间商的需求，并据此采取有效的激励手段。企业在处理与分销商的关系时，一般采取三种方式：合作、合伙与经销规划。企业对选择的中间商，采取一定的激励手段，有利于调动中间商的积极性，以扩大企业商品的销售，提高市场占有率。通常采取的措施有：

（1）向中间商提供物美价廉、适销对路产品。这有利于减少中间商的风险，为其创造一个良好的销售环境。

（2）合理分配利润。企业应根据中间商的情况，灵活运用定价策略和技巧，给中间商一定的价格回扣，以保护中间商的合理收益。

（3）承担广告促销费用。生产企业负责广告促销活动，一般很受中间商欢迎，费用可由生产企业承担，也可由生产者与中间商合理负担。同时，生产企业也可协助中间商开展其他促销活动，如商品陈列、橱窗布置、培训推销人员等。

（4）资金援助。生产企业为中间商提供资金援助，有利于中间商放手进货，积极推销产品。常采用售后付款和先付部分货款、待货售出后再付全部货款两种方式。

（5）与中间商建立伙伴关系。要保证企业产品在市场长久不衰，在产品质量保证的前提下，必须保证分销渠道的畅通。

因此，生产企业应与中间商在互惠互利的基础上，加强合作，密切关系，建立长期稳定的伙伴关系，以扩大产品销售。

三、评估渠道成员

制造商要对中间商的工作绩效进行定期评估。评估标准主要包括销售额完成情况、平均存货水平、送货时间、对次品和丢失品的处理情况、促销和培训计划的合作情况、货款返回状况，以及为顾客提供的服务等。

经销商实现的销售额是一项重要的评估指标。制造商可将各中间商的销售业绩分期列表排名，目的是促进落后者力争上游、领先者努力保持绩效。但由于中间商面临的环境存在很大差异，各自的规模、实力、商品经营结构和不同时期的策略重点不同，有时销售额列表排名评估不够客观。正确评估中间商业绩，应在做上述横向比较的同时，做另外两种比较：一是将中间商的销售业绩与其前期比较；二是根据每一中间商销售实力，分别定出其可能实现的销售定额。

评估渠道成员的目的，是及时了解情况，发现存在问题，以便针对不同类型中间商实施激励工作。因此，企业要建立一定的制度，为完成协议任务者支付奖励报酬；与长期表现不佳者、不能完成协议者果断中止关系。

四、调整渠道成员

为了适应市场环境的变化，现有分销渠道经过一段时间运作后，往往需要加以修改和调整。促使企业调整分销渠道的主要原因，是消费者购买方式的变化、市场的扩大或缩小、新的分销渠道出现等。而且分销渠道的参与者都是独立的经济实体，他们有各自的经济利益。为了提高分销渠道的效率,就必须尽力协调解决渠道中的矛盾冲突,对渠道进行适当调整。

(一)分销渠道系统中的主要矛盾

(1)横向渠道矛盾,指为同一目标市场服务的几个企业或者系统之间为争夺顾客发生的竞争。

(2)纵向渠道的矛盾,指同一渠道中不同层次的经营机构之间发生的利益冲突。

(3)生产者与零售商的矛盾。

(4)批发商与零售商的矛盾。

以上这些矛盾,实质上都是经济利益矛盾的具体表现。解决这些矛盾,有两条途径:一条是通过建立营销渠道的总体目标,在各经济利益主体之间通过建立合理收益协议,以解决收益分配的矛盾;另一条是设立联合管理机构,协调解决矛盾,如建立行业协会、工商行政管理机构等。

(二)分销渠道调整

企业市场分销渠道的环境不断变化,而且有时变化无常,企业必须对环境变化做出灵敏反应,及时调整分销渠道。生产企业调整分销渠道的策略主要有以下三种。

1.增减渠道成员

增减渠道成员,即企业要决定增加或减少渠道成员。企业在做出这种决策之前,需要进行经济增量分析。经济增量分析即分析增加或减少某个中间商,将会对企业利润带来何种影响,影响程度如何。如增加一个中间商,能给企业带来多少经济效益?同时还应考虑将会对企业整个分销渠道系统带来什么影响,如对其他经销商的需求、成本和情绪会产生什么影响。

2.增减分销渠道

当在同一渠道增减个别中间商不能解决主要问题时,企业就会考虑采取增减某条分销渠道。企业在进行增减分销渠道决策时,首先应对每个分销渠道的运行效益和满足企业要求的程度进行评价;其次比较不同的分销渠道的优劣,以剔除运行效益差的分销渠道,促使企业从发展的角度,选择更有效的分销渠道。

3.调整整个渠道

调整整个渠道,即改变企业原有的渠道系统,建立全新的分销渠道系统。这类调整难度最大,因为这不是对原有渠道的修修补补,而是要全面改变企业的渠道决策。这种渠道决策是风险最大的决策,由企业最高层决策。使用全新的分销渠道,如由间接渠道改为直接渠道,或者相反,它都会带来企业营销组合经济因素的新变化,因此应慎重从事。

上述调整方法,前一种属于结构性调整,立足于增加或减少原有渠道的某些中间层次;后两种属于功能性调整,试图将一条或多条渠道工作在渠道成员中重新分配。企业的现有分销渠道是否需要调整,调整到什么程度,取决于分销渠道是否处于平衡和理想的状态。

五、渠道冲突

1.渠道冲突的含义

一般而言,渠道冲突指的是渠道成员发现其他渠道成员正在从事会损害、威胁其利益时所发生的矛盾和纠纷。产生渠道冲突的根源很多,购销业务本身就存在着矛盾。如供货商要以高价出售,并倾向于现金交易,而购买者则要支付低价,并要求优惠的商业信用。渠道冲突是由处在企业营销渠道中的若干渠道成员在从事经营活动的过程中形成的,因此,渠道冲突也随着其产生的主体、背景、原因甚至场所的不同而呈现出多种多样的表现形式。

2.渠道冲突的分类

按照渠道冲突产生的主体类型,将渠道冲突分为水平渠道冲突、垂直渠道冲突和不同渠道间的冲突。

(1)水平渠道冲突。水平渠道冲突指的是同一渠道模式中,同一层次中间商之间的冲突。产生水平冲突的原因大多是生产企业没有对目标市场的中间商数量分管区域作出合理规划,使中间商为各自的利益互相倾轧。

(2)垂直渠道冲突。垂直渠道冲突也称作渠道上下游冲突,指同一渠道中不同层次企业之间的冲突,存在较为普遍。

(3)不同渠道间的冲突。随着顾客细分市场和可利用渠道的增加,更多企业采用多渠道营销系统及运用渠道整合,因而产生不同渠道服务于同一目标市场时产生的冲突。

3.渠道冲突的原因

(1)渠道成员间目标和利益不一致。这是渠道冲突产生的根本原因,它也决定了渠道冲突无法彻底消除。

(2)渠道成员的任务和权利不明确。许多企业的渠道政策并不明确,规则也制定的不够公平。

(3)中间商对生产企业的依赖性过高。

(4)产生渠道冲突的直接原因。第一,产品的销售差价通常是产生渠道冲突的直接原因。中间商的市场销售价格过高或过低都会影响企业产品的形象与定位。制造商给中间商的折扣过低则使其无利可图表失销售热情;同一市场上各种中间商的销售价格不同,也会直接影响其产品销量。第二,存货水平。制造商和中间商为了减少库存成本,都希望减少库存。然而存货水平过低将导致中间商无法及时给用户提供产品,过高则导致库存积压。

4.渠道冲突的解决办法

(1)严格评估和审核渠道成员。作为渠道体系的基本组成元素,每个渠道成员的行为常常会对增进或阻碍其他成员达到目标产生很大影响,因此必须严格按照选择原则和选择标准进行,把好第一关。

(2)设立完善的沟通及预警系统。企业应及时了解和反馈渠道成员间的动态和信息,争取在冲突未发生之前予以控制。

(3)建立共同远景和发展目标。有了共同的发展目标,当渠道面临外部威胁时,渠道成员将迅速分清矛盾的主次,自动联合起来排除威胁。

(4)应鼓励冲突双方进行自我协商调解。谈判是解决冲突的有效方式,只要双方都有解决问题的诚意,谈判往往能达到理想的效果。

(5)由第三方出面调解和仲裁。第三方主要指制造商,其他中间商或专门的仲裁机构。

六、窜货现象及其整治

窜货是指经销商置经销协议和制造商长期利益于不顾,进行产品跨地区降价销售,产生这种现象的原因主要有:某些地区市场供应饱和、广告拉力过大、渠道建设没有跟上、企业在资金人力等不足,造成不同区域之间渠道发展不平衡、企业给予渠道的优惠政策各不相同,分销商利用地区差价窜货。整治窜货的主要方法如下:

(1)企业内部业务员与企业之间,客户与企业之间签订不窜货乱价协议。

(2)外包装区域差异化,即针对相同的产品,采取不同地区不同外包装的方式,可以在一定程度上控制窜货乱价。

（3）发货车统一备案，统一签发控制运货单。在运货单上，标明发货时间、到达地点、行走路线、签发负责人、公司负责业务员等。

（4）实施内部业务"七定"管理制度，包括定区、定人、定客户、定价格、所有分区定占店率、定激励、定监督等措施。即根据道路、人口、经济水平、业务人员数量，将所在地区划分成若干分区，各分区配备具体业务员，建立客户档案后必须实行统一价格，业务员在规定时间内占领一定比例零售店。企业需做好监督，实施奖惩。

第五节　物流与供应链决策

企业营销的主要任务，一是开拓市场，扩大销售；二是要实现商品从生产者向消费者的空间位置转移。只有实现商品的实体流通，销售任务才算完成。这一任务的实现，借助于渠道系统中的实体流通功能，即运输、储存保管、装卸等环节来完成。因此，实体流通的合理与否，直接影响商品销售，企业必须重视这一问题。

一、物流的概念及作用

（一）物流的概念

"物流"（logistis）是指市场中物质资料从供应者（生产者）向需求者方向进行的物理性移动，是创造时间性和场所性价值的经济活动。在国外，有的称为"物资分配""实物分配过程"。

（二）物流的作用

在现代市场经济中，由于竞争日益激烈，企业营销活动的重点，是要努力开拓新市场，争取顾客，同时，还必须重视物流的研究。因为物流在市场竞争中具有重要作用，其主要表现在以下几个方面。

1. 物流是销售活动顺利进行的保证

商品的销售活动，主要是完成商品所有权的让渡，而只有实现商品实体转移，商品所有权转移才能成为现实，消费者需求才能得到满足。随着市场经济的发展，商品交换范围的扩大，许多商品的市场已突破区域性而面向全国，而且要挤占国际市场，所以商品流通中时间与空间相分离的矛盾日益突出，客观上要安全、及时、高效、经济地完成产品的实体转移。

2. 物流能够加速商品流转，节约流通费用，降低产品成本

流通费用是构成产品成本的一个主要组成部分。实践证明，确定科学的存货水平和合理的运输路线，对增加企业利润有巨大的潜力，所以国外有人将物流称为"第三利润的源泉""经济领域里一块未被开垦的黑暗大陆"。

3. 物流是生产过程顺利进行的前提条件

现代化企业大生产的连续性，客观上要求市场能够按照生产需要，及时、不断地供应原材料、燃料、动力、工具和设备；同时，要求市场能够把企业的产品迅速地销售出去，只有这样，才能保证生产的正常进行。这些活动的完成也必须借助实体流通。

4. 物流是提高宏观经济效益和微观经济效益的重要途径

通过合理组织运输，减少装卸次数，提高装卸效率，改进商品包装以减少商品在实体流通过程中的损耗，可以提高企业市场营销的经济效益；同时，通过这些措施，实现物流合理化，能合理利用运输仓储设备，提高宏观经济效益。

二、市场物流系统模式

市场物流系统也称销售物流,它是指市场营销部门(商业、物资、外贸等)从商品采购、运输、储存、装卸搬运、拣选、配送、销售开始,到用户收到商品这一整个过程中发生的物流活动。市场物流系统的正常运转,是企业市场营销活动顺利进行的根本保证。从事商品实体流通的企业,必须具备:①货源充足、配送及时;②收费合理,吸引顾客;③提供优质服务,开发新的项目;④有良好的仓储、运输等基础设施。

市场物流系统是由许多环节组成的有机整体,它具有一般系统的功能,同时它又区别于生产物流系统。市场物流系统是从商品采购开始,到把商品卖出去到达消费者手中而结束。在这一过程中,运输和储存是市场物流传导的两个主要环节,运输构成市场物流的空间传导方式,储存构成市场物流的时间传导方式。市场物流系统模式如图 13-9 所示。

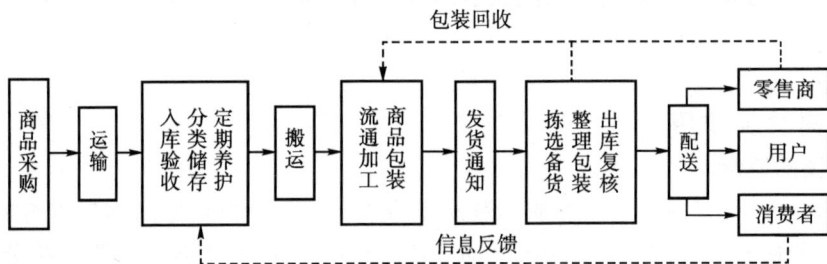

图 13-9　市场物流系统流程图

三、市场物流系统的空间传导方式:运输

商品运输是解决产销矛盾的有效途径,是商品通过运输发生场所变更或空间的移动。运输在市场物流活动中,具有十分重要的作用。一方面,运输是企业市场物流的中心业务活动,主要任务是解决商品在空间上的位移问题,一切货物的移动都必须借助运输来实现;另一方面,运输费在物流费用中占的比重大,如日本一般在 44% 左右,所以组织运输合理化,不仅关系物流时间,而且还影响物流费用。

(一)合理运输的基本要求

组织市场物流合理运输的基本要求是:在现有资源、工业布局和运输条件下,按照"及时、准确、经济、安全"的原则,通过不断地消除运输中的迂回、倒流、往返、重复等不合理运输现象,力求以最少的时间、最短的路线、经过最少的环节、花最少的费用、安全无损地把货物由生产地运往消费地。

(二)实现运输合理化的途径

合理组织运输,要受到许多用户因素的制约,主要有生产力布局、自然资源分布、交通运输条件、物流经营机构等。影响物流合理化的因素:①运输距离;②运输环节;③运输工具;④运输时间;⑤运输费用。这五大因素是相互联系、相互影响的,有时可能是矛盾的,但在一般情况下,运输时间快,运输费用少是组织合理运输的两个关键因素。

运输方式是合理运输的关键。可供企业选择的运输方式主要有铁路、公路、水运、航空和管道运输。不同的运输方式,使用的运输工具不同。因此,选择合理的运输方式和工具,是实现商品合理运输的重要措施。

（1）铁路运输，主要的运输工具是火车。其主要优点是运量大、运费便宜、速度快、运输不受气候影响，安全可靠，有较好的连续性和时间的准确性。其缺点主要是受运输路线影响。

（2）公路运输，主要的运载工具是汽车。其主要优点是速度快、活动范围广、使用灵活方便，有利于实现"门对门"运输，在实现小批量、近距离运输中具有明显优势。其缺点是运量小，费用较高。

（3）水路运输，主要的运载工具是轮船和货轮。其优点为：载运量大，一般可达上万吨，甚至几十万吨，运价便宜，耗能少；能够装运特大件商品的运输，特别是在国际贸易中作用更大，是一种大批量、长距离的运输方式。其缺点是安全性、准确性较差。

（4）航空运输，主要运载工具是飞机。其最大的优点是速度快，不受地形影响，适宜于时间要求紧、长距离的小件贵重商品运输。其缺点是运费高，受航线和机场制约。

（5）管道运输，主要工具是各种管道。其优点是：速度快、运量大、连续性强；损耗小、运费低，适合于液体、气体等的运输，在我国主要用于运送原油，并且逐步开展成品油、天然气、煤炭等运输。其缺点是运送货物单一，机动性小，运输能力受管道直径及压力的限制。

上述五种运输方式，各有其优缺点，并且都受一定条件的制约，因此，仅靠单一的运输方式很难完成商品的运输分销配送任务。开展多式联运是解决这一问题的有效途径。多式联运是依托两种及以上运输方式有效衔接，提供全程一体化组织的货物运输服务，具有产业链条长、资源利用率高、综合效益好等特点，有利于顾客价值的高效低成本实现。多式联运把各种运输工具结合为一个整体，在运输工具转换的联结点上密切配合，互相协作，综合利用各种运输工具。实现货物多式联运是现代运输发展的必然趋势，它有利于实现运输一体化，简化运输手段，实现货畅其流。我国目前多式联运的主要形式有：水陆联运、海陆联运、江河联运、陆空联运、公铁联运等。集装箱技术的发展和广泛应用，也为不同方式的多式联运创造了良好的条件。

四、市场物流系统的时间传导方式：储存

储存是商品离开生产领域，但未进入消费领域，在市场物流过程中的一种暂时停留。它是市场物流系统的主要环节，是社会再生产顺利进行的必要条件。

（一）仓库地点选择

商品储存是一种暂时在仓库的停放，仓库的位置对储存有重要意义。仓储条件的选择对服务水平的影响主要体现在满足顾客需求时间和数量的要求上。企业使用的仓库一般可分为：储存仓库和中转仓库。储存仓库主要是用于储存产品；中转仓库主要用来商品周转，定时进货的同时出库为用户供货。

仓库地点的选择，应根据市场的需求情况具体而定。如要考虑目标顾客的位置、运输是否方便、顾客的需求量大小、仓储成本等。企业在仓储选择上，有两种方案可供选择：一种是企业自建仓库，这种方式是有利于企业控制，适宜于市场规模大、需求稳定的产品；另一种是租用仓库，需要支付一定租金，企业对仓库地点、类型、存货位置、成本等有选择的自由权。如图13-10所示。

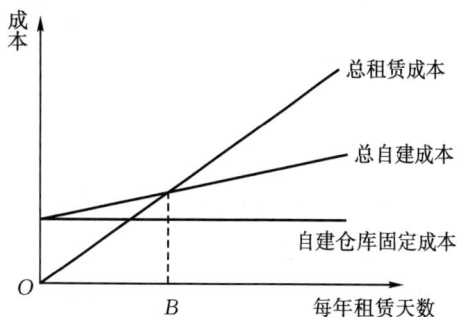

图13-10　自建或租赁仓库分析

从图 13-10 可看出,如果平均存货量超过 B 点,则自建仓库较为有利;在 B 点以下时,则租赁仓库较为有利。

(二)影响商品合理储存的因素

合理的商品储存是指在一定的技术经济条件下,商品储存的总量和结构能够保证市场需求,又是最低的储存量。企业要确定科学合理的储存量,就必须系统分析影响储存的因素。

1.商品市场销售量大小

商品储存的目的是为了保证市场需要,在其他条件不变情况下,储存量应与市场经营规模相适应。销售量大的商品,储存也应增大;反之,则减少库存。

2.商品的性质和特点

对生产、消费影响大的商品,应有足够的储存;商品的物理、化学性质决定着储存时间的长短,对易燃易爆产品,应确定合理的储存时间及储存量。

3.商品再生产周期长短

商品的储存量与其生产周期成正比例。生产周期短、能及时供应的商品,储存量应低一些;反之,储存量则应高一些。

4.商品产销距离及交通运输的便利程度

产销距离远、交通不方便的商品,应适当增加储存;反之,则应减少储存。

5.企业经营管理水平

在其他条件既定的情况下,企业的经营管理水平高,能够做到按需定时进货,储存量应低些;反之,就应增大储存量。

(三)储存决策

企业存货水平的高低与顾客的需求量密切相关。存货水平太低,则不能满足顾客的需求,造成企业的机会损失;存货水平太高,则增大储存费用。因此,企业要保持适当的存货水平,确定好订货点和订货量的大小。

1.进货点决策

进货点是存货水平随着销售而下降,当降到一定数量时,就需要再进货,这个需要进货的存量就称为进货点。在确定进货时,还应考虑其他不可预见因素和市场需求变化,权衡成本和收益做出决定。影响订货点决策的因素主要有两个方面,一是从订货到交货的时间长短;二是市场需求及其变化。订货点的决策,理论上可用下面公式计算:

$$Q = d \cdot t$$

式中　Q——理论订货点;

　　　d——每天平均需求量;

　　　t——从订货到交货的时间(天)。

2.经济订购批量

当商品资源充足,外部因素不是影响商品储存的主要因素时,企业就可从费用支出最省确定储备量。一般情况下,进货量与进货频率成反比关系;进货次数越多,进货成本越高;存货水平越高,存货成本也越高。费用主要包括仓储费、占压资金费、保险费、采购费、损耗费和税金等。所谓经济订购批量(EOQ)就是总费用最低的一次订购数量,如图 13-11 所示。

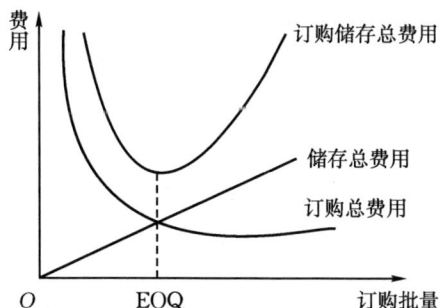

图 13-11 经济订购批量

经济订购批量的计算公式为：

$$EOQ = \sqrt{(2 \cdot k \cdot R)/h}$$

或

$$EOQ = \sqrt{(2 \cdot k \cdot R)/(c \cdot H)}$$

式中 R——商品订购总量；

k——一次订购费用(元)；

c——商品单价(元)；

h——单位商品年均储存费用(元/单位)；

H——该类商品年储存费用率。

订购储存总费用计算公式如下：

$$S = \sqrt{2k \cdot R \cdot h} = \sqrt{2k \cdot R \cdot c \cdot H} = Q \cdot h = Q \cdot c \cdot H$$

【例题】某种商品每月需采购 1000 件，单价 20 元，年储存费用率 12%，每次订购费用 64 元，求该种商品的经济订购批量和储存总费用。

解：$EOQ = \sqrt{(2 \cdot k \cdot R)/(c \cdot H)}$

$= \sqrt{(2 \times 1000 \times 64)/(20 \times 12\%/12)}$

$= \sqrt{64000} = 800$(件)

$S = \sqrt{2k \cdot R \cdot H} = 800 \times 20 \times 1\% = 160$(元)

五、供应链渠道策略

(一)供应链渠道

企业的分销系统主要研究市场物流(也称实体分销)，指产品从制造商到消费者手中的商品实体、服务和信息的流动进行计划、实施和控制的过程，以满足顾客的需要，实现企业的利润目标。传统的实体分销关注的重点是产品如何从企业到达顾客手中，现代的实体分销更加关注以消费者为中心的物流思维，它是一种逆向思维，即从市场、消费者到制造商，再到供应商的一种思维。

市场物流包括：①运出分销(outbound distribution)，即产品从工厂到中间商再到最终客户；②运入分销(inbound distribution)，即产品和原材料从供应商到工厂；③反向分销(reverse distribution)，也称逆向物流，即将损毁商品、次品、滞销品及包装物等退回工厂。由以上三个相互联系、相互制约构成的系统，称为企业的供应链(supply chain)。如图 13-12 所示。

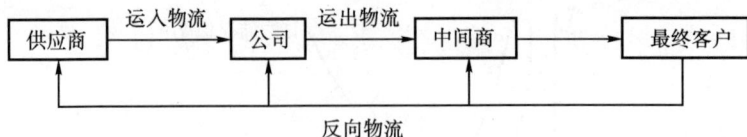

图 13 - 12　供应链

(二)供应链管理

企业之间的竞争,已经不是单个企业之间的竞争,而是表现为供应链之间的竞争。因此,加强供应链管理,不仅是企业竞争的需要,也是供应链竞争的需要。所谓供应链管理,是指将供应链成员之间实施的活动协调和整合为一个无缝的过程,形成一个具有竞争力和使客户满意的供应体系。供应链管理的重要前提是企业必须实施完全的客户驱动型战略,实现由"推式策略"向"拉式策略"的根本转变。在当代的企业营销体系中,供应链管理充当着双重角色,一是将消费者的需求信息通过各种方式反馈给供应商;二是及时高效地推动物品通过完整的供应链渠道进行移动。

供应链管理的实施者应在公司设立供应链经理,其主要任务就是协调供应商、采购代理、营销者、渠道成员和客户之间的活动,包括预测、信息系统、采购、生产计划、订单程序、存货、仓储和运输计划等。

供应链管理是企业实现差异化的关键工具,也是企业营销战略和分销策略的重要内容。实施供应链管理的企业,有利于降低营销成本,提高分销系统的灵活性和效率,提高顾客的服务水平,扩大销售收入,增加企业利润。

(三)整合分销物流管理

整合分销物流管理观念认为,企业营销中要提高客户服务水平,降低分销成本,就需要加强团队合作,在企业内部各职能部门要密切合作,协同分销,以实现公司物流绩效的最大化;在外部,企业必须同供应商、客户共同整合物流供应链,以实现整个分销渠道的绩效最优。

第六节　网上分销渠道

一、网上分销渠道的定义

网络分销渠道是指商品和服务从生产者向消费者转移过程的具体通道,企业以互联网等电子设备寻找顾客,或顾客通过互联网寻找供应商进行购买。完善的网上销售渠道应该有订货、结算和配送三大功能。以互联网作为支撑的网络分销渠道具备传统营销渠道的相应功能,但在作用、结构和费用等方面有所不同。我国拥有第一大网民群体的互联网市场,形成了庞大的网络消费群体和网络渠道空间。自 2010 年以来,我国网络分销渠道飞速发展。

二、网上分销渠道的类型

1. 网上直接分销

网上直销与传统直接分销渠道一样,都是没有营销中间商。网上直销渠道也具有线下营销渠道中的订货功能、支付功能和配送功能。网上直销与传统直接分销渠道不一样的是,生产企业可以通过建设网络营销站点,让顾客可以直接从网站进行订货。通过与一些电子商务服务机构如网上银行合作,可以通过网站直接提供支付结算功能,简化了过去存在的资金流转问题。对于配送方面,网上直销渠道可以利用互联网技术来构造有效的物流系统,也可以通过互联网与一些专业物流公司进行合作,建立有效的物流体系。

利用互联网的信息交互特点,网上直销市场得到大力发展。通过互联网实现的从生产者到消费(使用)者的网络直接营销渠道(简称网上直销),使传统中间商的职能发生改变,由过去环节的中坚力量变成为直销渠道提供服务的中介机构,如提供货物运输配送服务的专业配送公司,提供货款网上结算服务的网上银行,以及提供产品信息发布和网站建设的 ISP 和电子商务服务商。网上直销渠道的建立,使得生产者和最终消费者可以直接连接和沟通。

2. 中间商分销

由于网络的信息资源丰富、信息处理速度快,所以基于网络的服务便于搜索产品,但在产品(信息、软件产品除外)实体分销方面却难以胜任,导致出现了许多基于网络的提供信息服务中介功能的新型中间商,可称之为电子中间商。传统中间商由于融合了互联网技术,大大提高了中间商的交易效率、专业化程度和规模经济效益。

同时,新兴的中间商也对传统中间商产生了冲击,如美国零售业巨头为抵抗互联网对其零售市场的侵蚀,在 2000 年 1 月开始在互联网上开设网上商店。基于互联网的新型网络间接营销渠道与传统间接分销渠道有着很大不同,传统间接分销渠道可能有多个中间环节如一级批发商、二级批发商、零售商,而网络间接营销渠道只需要一个中间环节。

3. 新媒体分销

随着智能手机、平板电脑的普及,各种手机应用软件通过网络迅速传播开来。"微信"是腾讯公司 2011 年初推出的一款智能手机应用软件,在短短几个月内用户量过亿,现已成为国内手机市场下载量最大的应用软件。微信在带来大量广告收益的同时,也因其区别于一般网络媒介的特点为企业的网络营销提供了一种新渠道。

三、网上分销渠道的特点

网上分销渠道是以互联网为基础发展起来的。互联网具有快速、高效、低成本、一对一互动等特点,拥有传统媒体所不具备的优势。以互联网为基础的网上分销渠道与传统营销渠道相比,具有以下特点。

1. 突破时空限制

互联网打破了地域和国界限制,因此基于互联网的电子营销渠道使企业覆盖到更为广阔的全球市场,而非局限于局部市场。此外,电子营销渠道不受时间限制,可以实现每天 24 小时在线服务。

2. 实现精准营销

互联网具备追踪曾经浏览企业网页顾客的能力,可随时开展持续的对话和联系。企业可以更加准确快捷地获知客户需求,能够使企业实现更加精准的营销。企业不仅可以瞄准大规模的目标顾客群,也可针对特殊顾客实现一对一营销。

3. 整合性强

网上分销渠道以电子信息技术为工具,把企业价值链和供应链的活动整合在一起。当顾客在网上购物时,下订单、支付、配送、售后服务等环节都可以利用互联网进行整合,除了最后的实物配送外,其他过程都可在网上实现,顾客因而可以享受到方便、快捷的交易体验。

4.降低成本

网上分销渠道可以降低分销成本。首先,电子营销渠道通过减少中间商的层次,实现流通环节成本的降低。其次,网上虚拟化经营可以节省一系列的开店费用。再次,通过信息的共享,可以有效减少渠道中的库存,降低库存成本。最后,通过网络发行促销信息,不用再印刷、包装、邮寄发送宣传材料,因而降低了促销成本。

需要指出的是,网上分销渠道也有其劣势。比如,顾客在购买前缺乏实体接触,只能根据展现在网页上的有限信息来了解产品功能,判断产品质量。由于订单执行和物流工作的滞后,在大多数情况下,顾客支付了货款后并不能马上得到产品。此外,顾客还存在对网上支付安全性和个人隐私保护等方面的担忧。同时,网上分销渠道也无法满足顾客在购物过程中的一些个人和社会购物动机需求。

四、网上分销渠道与传统渠道的协调

2018年11月11日当天,天猫商城销售额达到2135亿元,物流订单量超过10亿。与2012年200亿元的销售额相比,短短六年,天猫销售额增加十余倍,网络购物与网上分销由此可见一斑。越来越多的企业开始试水网购,但将网上分销渠道纳入传统营销渠道后,如何发挥两者的协同作用是很多企业面临的一个难题。

(一)线上线下的冲突根源

造成线上线下冲突的根源主要有以下两个方面。

1.争夺消费者

除非在网上购买产品的客户与在线下实体店铺购买产品的客户完全不同,线上线下渠道能够将两者有效地区隔开来,否则当这两个渠道的客户群体存在重叠时,线上线下就会因为争夺客户而产生冲突。传统渠道的变革是客观存在的,网络传播快速的优势及中间环节简化带来的价格优势,势必会让传统渠道对其产生敌意。

2.价格冲击

线上销售的产品由于无须负担昂贵的营销成本,因此同样的产品在线上售卖的价格比线下零售店的要低。来自淘宝的数据显示,网上开店可以节省60%的运输成本和30%的运输时间,营销成本比线下商店降低55%,渠道成本可以降低47%。综合上述成本因素考虑,同样的商品在线上和线下渠道存在20%~30%的差价完全正常。20%的差价足以让线下渠道产业链产生巨大动荡,传统线下渠道商苦心经营的实体店面系统和励精图治的窜货管理,在线上渠道的冲击下束手无策,这是线下渠道商反应最激烈的症结所在。网络环境下,比较商品的价格变得更加便利,这使得网络渠道对线下实体店铺的冲击愈发明显。

(二)冲突的解决策略

(1)在不同渠道提供差异化的产品与品牌。企业可以针对网络渠道开发新品牌、新产品。如华为手机早在2013年,面临当时小米手机网络分销的迅猛崛起,迅速成立互联网品牌——荣耀手机。与小米手机"为发烧而生",荣耀倡导"勇敢做自己",迅速成为国内互联网手机的领军品牌之一,也成功地为华为手机获得了更多的市场份额。

(2)实现利益分享。从根本上来说,两种渠道的冲突无非是利益分配的问题,要实现双渠道的协同,最根本的就是在建立网络渠道时要和传统渠道做好充分沟通,建立起一套双方都可以接受的利益分配和分享机制。

(3)利用网络渠道的媒体属性。网络渠道除了传统的渠道属性外,还带有相当程度的媒体属性。互联网广阔的覆盖范围、强大的互动性,使企业能够更有效地对品牌进行传播和与消费者进行沟通,从而提升品牌的知名度和美誉度,通过网络营销来带动线下渠道销售。

关键概念

分销渠道 中间商 物流 批发商 零售商 市场物流系统 连锁商店 市场物流
多式联运 供应链管理 网上分销

复习思考题

1.何谓分销渠道?它有什么效用?

2.对比分析生活资料和生产资料的分销渠道模式。

3.企业为什么要重视利用中间商?

4.批发商在我国的发展趋势如何?

5.零售方式有哪些类型?

6.何谓"连锁店"?它分为哪几种类型?

7.影响分销渠道选择的因素有哪些?

8.企业如何进行分销渠道的选择决策?

9.如何进行分销渠道方案的评估?

10.企业如何选择中间商?

11.何谓物流?它有什么作用?

12.怎样实现运输的合理化?

13.影响商品合理储存的因素有哪些?

14.储存决策的方法有哪些?

15.简述网上分销的特点。

16.如何协调网上分销渠道和传统渠道的矛盾?

案例分析

OPPO 与 vivo"蓝绿兄弟"的线下渠道分析

OPPO 与 vivo 手机品牌最初都属步步高电子有限公司。步步高电子有限公司成立不久,步步高创始人段永平就按公司业务不同分为三块,分别是步步高视听电子(OPPO 前身)、步步高通讯电子(vivo 前身)、步步高教育电子,三家公司相对独立,可以说是同宗不同源。vivo 出道时主打音乐手机,OPPO 则定位国际时尚品牌,开始错位竞争。如今,堪称智能手机行业的 O/v"蓝绿兄弟"已成为国内最为成功的手机品牌之一。

自 2011 年中国智能手机逐渐普及以来,O/v 手机的出货量及市场占有率就快速提升。由表 13-3 不难发现,短短五年间,OPPO 手机的出货量由 1300 万部激增到 1.2 亿部,增长了 8.3 倍;vivo 手机也不遑多让,从 1500 万部增长到 1 亿部,增长 5.7 倍。尤其是 2016 年,据 IDC 市场调研机构数据显示,2016 年 OPPO 凭借 7840 万的手机销量夺得了国产手机的头把交椅,vivo 则以 6920 万台的销量排名第三,两家厂商的增长率分别达到 122% 和 97%,同时进入全球手机前五大厂商。甚至 OPPO 和 vivo 两品牌出货量加起来所占市场份额超过华为和小米,宣告了"门店＋广告"模式的绝对成功。

O/v 手机的迅猛增长已经引起国内其他手机厂商的深入思考与学习。2015 年 12 月 18 日,华为对外发布了"千县计划"。华为消费者业务董事长表示,华为下一步战略重点是品牌营销和线下渠道。一向稳重的中兴手机也公开表示要学习 OPPO、vivo,甚至把 2016 年定义为"门店年"。就连互联网手机的始作俑者小米也开始试水线下,在加大在线下布局力度的同时,首先现将小米之家的服务店升级为零售店。

表 13-3　OPPO 与 vivo 手机出货量、增速及市场排名比较(2013—2017 年)

年份	出货量/万		增速/%		国内市场排名	
	OPPO	vivo	OPPO	vivo	OPPO	vivo
2013	1300	1500	—	—	10	12
2014	2550	2730	96	82	8	7
2015	3810	3990	49	46	5	4
2016	7840	6920	122	97	1	3
2017	12110	10070	54	46	2	3

数据来源:根据网上相关数据统计整理。

1. 手机销售的线上线下渠道之争

在 2009 年到 2013 年之间,线下裸机市场基本上在走下坡路,同时,在这段时间内运营商渠道的销量反而一直在增长,这段时间也正是属于"中华酷联"的时代,但是从 2014 年开始,运营商渠道开始遭遇"滑铁卢",主要原因在于遭遇到运营商降低补贴的影响。而小米手机 2011 年的异军突起,短短三年市场占有率位居中国第一,代表着手机"线上渠道"模式的初步形成。之后,围绕着手机的线上和线下渠道营销,国内诸多手机厂商展开了激烈竞争。

当智能手机硬件发展到一定程度,整体陷入创新乏力之后,用户体验变得尤为重要。由于低线城镇的多数消费者没有接触过 PC 和桌面互联网,手机是他们接触互联网的第一载体,他们第一次购机时,可供参考的情报实在有限,他们不太可能先去网吧,把和智能手机相关的知识深入了解一番,并且他们同事、朋友、父母等人,也很难提供所谓"理性"的购机参考,所以,他们的购机场景,其实已经被锁定在当地的实体手机专营店里。

互联网终端设备仍在三、四、五线城市加速普及,身处这些城市的大部分用户由于网购还不算是他们的主要购物方式,尤其是几千元的消费,他们大多没有安全感。所以这时,O/v 厂商的线下网点就成了他们的主要去处。这几年 O/v 手机都在电视广告上狂轰滥炸,可能一、二线城市的人已经很少看电视了,但是电视在低线城市还是获取资讯的主要渠道。再加上实体店众多,对低线城市的人来说,O/v 的品牌不见得是最好的,但却是最有血肉感和真实感的,而这种感觉自然转化为购物的安全感。

走进实体店,销售员热情环绕,为你一一介绍手机,这种体验和网购时比对参数、翻看评测是截然不同的。另外,在实体店真实体验智能机,能让这些人明显感受到手机换代带来的提升,尤其是卡顿的旧机与流畅的新机的现场对比,这种巨大的反差感会让他们感觉实体店的手机更可靠。而且,实体店的售后以及相关优惠是看得见的,这让他们的购物更放心。

O/v拥有众多深入乡镇的网点，通过这些网点能够直接得到市场反馈，而线下面对面的交流，相对线上交流而言，能得到更丰富的用户反馈，这使得O/v厂商能够更精准地把握用户需求。再结合产品线的精简，这一优势又有所放大。同时，多年精耕线下的O/v厂商通过与用户更深入的交流，使他们能够更准确地把握用户需求。有了足够的交流和反馈，O/v得以将精力放在有用的地方，生产出大众需要的产品。

人们对于O/v手机的满意度较高，这是因为可在线下手机实体店店铺中进行购买前试机，还有着专业的导购为消费者提供详细解说，这大大提升了消费者的好感，因此销量就很好。当然售前做得好，售后也很不错。O/v厂商在线下同样有着很完善的售后服务，只要去任意一家售后服务点都可以进行相应售后。并且不同于其他的手机品牌，O/v厂商在售后方面不仅是提供了基本的手机维修等服务，还提供手机充电、手机保养、手机免费贴膜等贴心服务，这也是其线下渠道一大特色。

2. O/v手机庞大的线下渠道

手机销售线下渠道的三种模式一般包括：第一种是从上级代理商拿货的路边小店，范围最广、数量最多、种类最杂、价格最乱，手机厂商管控起来难度极高。第二种是和其他大渠道经销商（如苏宁、国美、迪信通等）合作，批量供货走卖场销售，由卖场统一经营管理。第三种是和移动、电信、联通三大运营商合作，通过"交1000元话费送大屏4G手机"或"办理两年宽带，送一台手机"的套餐方式，批量销售手机。

截至2017年底，OPPO手机已经有32万家线下店，线下出货占到了总出货量的90％以上；而vivo手机线下零售店数量已经达到25万家，售后服务中心已达430余家，体验中心超过1000家。而且O/v手机的线下专卖店遍布中国3～6线城市，形成极强的规模优势，在低线城市和县城极具影响力。在城市的几乎所有商业区都会看到蓝绿门店的影子，当然除了城市，OPPO、vivo的线下触角已经渗透到三四级甚至乡镇等五六级市场。O/v在线下的渠道根基十分稳固，中国大陆境内能叫得上来名的农村、乡镇、城市，以及大城市内的"城中村"区域，必能见到O/v的身影。

3. O/v手机的线下渠道策略

与诺基亚由上而下发展渠道不同，O/v主要依托步步高渠道，由下而上搭建渠道体系，从县镇家电市场开设专柜、专卖店开始，渐渐做成了FD省代。O/v的省级代理公司多由前员工与这两家公司各出资50％组建而成。OPPO CEO陈明永直接审批具体一级代理、二级代理商人选，选择标准并不是看钱多、能力强，还要看对"本分"价值观的认同。OPPO两个特点其他公司学不了：一是特别能渗透农村；二是代理商与OPPO高层关系好，代理商持有OPPO部分股份，"甚至可以控制公司的一些重大决策"。

OPPO把全国划分为30多个一级代理区域，代理商负责向终端零售店铺货。早在步步高做VCD的时候，各地要派驻厂家代表，部分员工就成了步步高的第一批经销商，而后来OPPO成立，这些人中又有一些成了OPPO的经销商。虽然后来渠道几经变更，但OPPO的传统是经销商与厂家的关系很密切，部分OPPO代理商就是OPPO前员工，部分代理商也在OPPO持有股份。这种密切关系，决定了经销商不会干出一些离谱的事情从而损害OPPO的声誉，而售后与服务的优势也有利于品牌的塑造。

O/v厂家不设销售部门，全部交给一级代理或者二级代理。这些代理商手上有一支穿着O/v制服的促销团队，然后各地手机店店主就是从一级代理、二级代理手上拿货，并按照手机店大小,代理商把手下团队分配下去。假设一级代理商从厂家提货800元,卖给店主1000元,店主卖给顾客1200元。那么一级代理商有200元利润,可以养活促销员。

O/v是如何把这些零散的线下门店集中起来,整合为自己的销售羽翼的呢?简单说,就是"一手拿蜜枣,一手拿大棒"。一边对这些零散的线下门店维持强有力的监管,经常派出神秘人员调研,发现有串货降价、态度冷淡等负面现象立马记录,罚款扣钱取消代理权绝无二话。一边给予线下门店高额的利润提成,售价2799元的手机常常会留出近千元的利润空间,足够层层中间渠道商们养活门店经营和销售人员了。想要做到这些,就必须要自己建设物流体系,增添大量的监督管理人员,岗位急速扩编,营销重心调头,资产渠道下沉,让手机厂商和全国各省的线下渠道商紧密地结为一体。同生死,共进退,这样才能保持步调的统一性,尽最大可能来杜绝串货降价等现象。

O/v通过把持产品供货物流等环节,用便利店加盟模式加以监管,提供较高的产品售卖利润空间,一步步把极为零散琐碎的路边小店整合起来,又无须投入过多的金钱操持其经营,深耕于线下渠道的O/v确实有其"线下无敌"的道理。

可以将O/v手机的线下渠道策略总结为以下几点。

第一个做法,掌握终端环节。首先,要做好精细化的终端布局。比如在一个县城一开始开几家店,选择跟哪些经销商、零售商合作,这个要进行策略思考。渠道不能开得太宽,也就是不能跟太多的商家合作。因为市场容量有限,要是每个手机店都卖,那可能都不好卖。其次,保持好各个手机店之间的协同关系,避免横向冲突,比如乱降价、互相诋毁。品牌比较小的时候,渠道可以窄一点。随着品牌地位的提升,宽度可以慢慢拉大。

第二个做法,提高渠道动力,也就是让经销商有非常强烈的意愿去推产品。我们前边说过,市场层级越低,消费者越容易受到推广和渠道推荐的影响,自主决策就越少。提高渠道动力的关键是保持价值链利益的均衡,也就是说,厂家挣多少,代理商挣多少,零售商挣多少,要有一个合理的切分和界定。

第三个做法,市场化交易,一体化管理。什么意思呢?就是上游厂家对零售终端的辅导和支持。中国市场非常大,零售终端数量太多,为了保持跟区域代理商的稳定合作,手机厂商可以让自己的员工成为代理商,或者跟代理商双向参股,结成利益共同体。同时,厂家和代理商在文化上、流程上、运作模式上是一体化的。代理商愿意执行厂家的策略、主张,去服务终端。这样,厂家与代理商可以做到持续双赢。

问题讨论:

1. 试分析OPPO与vivo线下渠道战略的优缺点。
2. 简析O/v厂商如何应对中国手机销售的线上线下融合趋势。

第十四章　沟通与促销策略

沟通与促销策略是企业市场营销组合策略的主要策略之一,是扩大企业销售的一条有效途径,其内容包括人员推销、广告、公共关系、营业推广四大促销策略。

第一节　促销与促销组合

一、促销的概念及作用

所谓促销就是促进销售的简称,是由英文"promotion"翻译而来,它是指企业利用人员和非人员的方法沟通信息,影响和劝诱顾客购买某种产品和劳务,或者促使顾客对卖方及其产品产生好感和信任度的一种活动。从上述定义可以看出,促销概念包含了两层含义:一是促销的方法,即人员促销的方法和非人员促销的方法;二是促销的目的,即促进产品和劳务交易,提高企业信誉。

促销活动的实质是向消费者传递有关商品和劳务信息,使消费者了解认识商品和企业。因此,促销活动开展得成功与否,对于吸引消费者,加速商品销售进程,密切供销关系,扩大销量有着重要作用,其主要表现在以下几个方面。

(一)传递信息

一种商品进入市场后,甚至在尚未进入市场时,为了使更多顾客了解认识这种商品,企业就必须向用户或消费者提供商品信息,介绍产品,引起他们的注意。大量的批发商也需要向零售商和消费者介绍商品,以便沟通信息,促进产品销售的顺利进行。

(二)激发需求

生产者和中间商通过各种有效的促销活动,不仅可以诱导需求,有时还可创造需求,使消费者充分认识本企业产品的特色,对其产生偏爱,反复购买,增加对本企业产品的购买量。当某种产品销售量下降时,采取适当的促销策略,可重新唤起需求,扩大销量。

(三)凸显特点

市场上同类产品竞争激烈,消费者往往不易觉察同类产品之间的细微差别,影响了购买选择。企业通过促销活动,宣传本企业产品区别于竞争产品的特色,加深消费者对本企业产品的了解和印象,使其知道购买该产品能够得到特殊利益,激发其购买欲望。

(四)稳定市场地位

一个企业或某种产品的市场地位,是通过销售额和市场占有率反映的。在市场竞争中,由于种种原因,使得每个企业或某种产品的市场地位很难长期稳定,这时企业就需要通过促销活动,使更多的消费者形成对本企业或某种产品的一种特殊的偏爱心理,以便获得稳定的销售量或稳定的市场占有率,保证企业市场地位的相对稳定。

二、促销活动中的信息传递

企业为了促进产品销售,必须不断地向消费者传递信息,以唤起顾客需求,引发购买行为。因此,促销活动实质上是信息的传递过程。

(一)促销中的信息传递方式

(1)单向信息沟通。即卖方发出信息,买方接收信息,如广告、宣传、橱窗陈列、商品包装装潢、广播电视介绍等。其模式为:

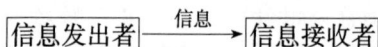

$$\boxed{信息发出者} \xrightarrow{\text{信息}} \boxed{信息接收者}$$

(2)双向信息沟通。即卖方和买方都是信息的发出者,也都是信息的接收者,如展销、现场销售、人员推销等,把产品信息直接传递给消费者。同时,消费者有关需求的信息也能传递到企业,信息反馈是这种方式的主要特征。其模式为:

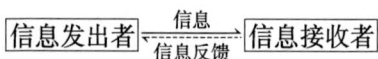

$$\boxed{信息发出者} \xleftrightarrow[\text{信息反馈}]{\text{信息}} \boxed{信息接收者}$$

(二)促销中信息传播程序

商品信息通过各种信息传递手段和方式,在市场上进行传播,一般来说,其主要传播程序如下:

(1)生产企业按照社会需要和市场需求,生产出商品。

(2)生产企业通过广告、人员推销、展销等方式,向流通部门(商业、物资、外贸)和广大消费者发出商品信息。

(3)流通部门又通过广告、人员推销、展销等方式,向购买者传递商品信息。购买者根据自己掌握的商品信息,并通过口头方式,在广大消费者中传播。

(4)商品信息反馈过程。例如,广大消费者对商品需求信息反馈给流通部门,流通部门再反馈给生产企业。生产企业根据反馈信息,研究开发生产适销对路产品。如此循环往复,使广大消费者需求不断得到满足。市场商品信息的传播与反馈程序如图14-1所示。

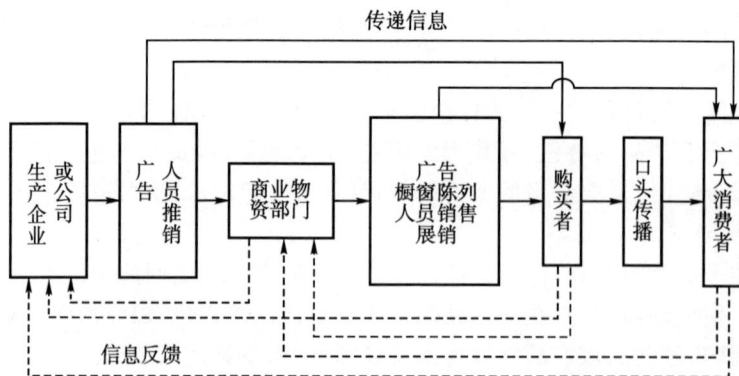

注: —— 商品信息传播线; ----- 商品信息反馈线

图 14-1 市场商品信息传播与反馈程序

三、营销沟通

企业促销活动的实质,是进行信息沟通。所谓沟通指信息的提供者或发布者发出作为刺激物的信息,并把信息传递到一个或更多的目标,以影响其态度和行为。在现代市场经济条件下,企业进行的一切营销活动,实质都是进行营销沟通,即对消费者进行说服性沟通,以实现促使其发生购买行为的活动。所谓说服性沟通指沟通者有意识地安排有说服力的信息,通过特定渠道,以使对特定沟通对象(顾客等)的购买行为及购买意向、态度进行有效的影响。

(一)沟通原则

企业的营销沟通,需要分析沟通环境和客户心理,在现代营销沟通中,应坚持整合和互动的原则。

1.整合营销沟通原则

1996年,美国第3届IMC年会将整合营销沟通定义为:"把品牌等与企业的所有接触性作为信息传达,以直接影响客户的购买行为为目标,是从客户出发,运用所有手段进行有力沟通的过程。"企业的整合营销沟通包括:①横向水平整合,如媒体信息的整合、营销渠道的整合、接触管理、目标受众的信息传达整合;②纵向沟通整合,如营销组合、营销策略、品牌识别等。

2.互动整合营销沟通原则

要实现预期的沟通效果,有效的途径是开展互动沟通。企业要和顾客进行互动沟通,必须重视以下三个方面:①识别沟通机会;②整合沟通信息和服务过程;③在沟通中互动学习。

互动沟通是沟通双方之间的一种信任、一种理解。缺乏信任与理解,沟通就不可能有效进行。互动沟通应坚持以下四条原则:①沟通双方都方便与对方沟通;②沟通的主题对双方都有利;③沟通可由任意一方主导;④重视和客户的间接沟通,而不是直接推销产品。

(二)企业营销沟通模式

企业的营销沟通包括:①建立客户资料库;②技能管理;③发展沟通策略;④沟通效果测量。其沟通模式如图14-2所示。

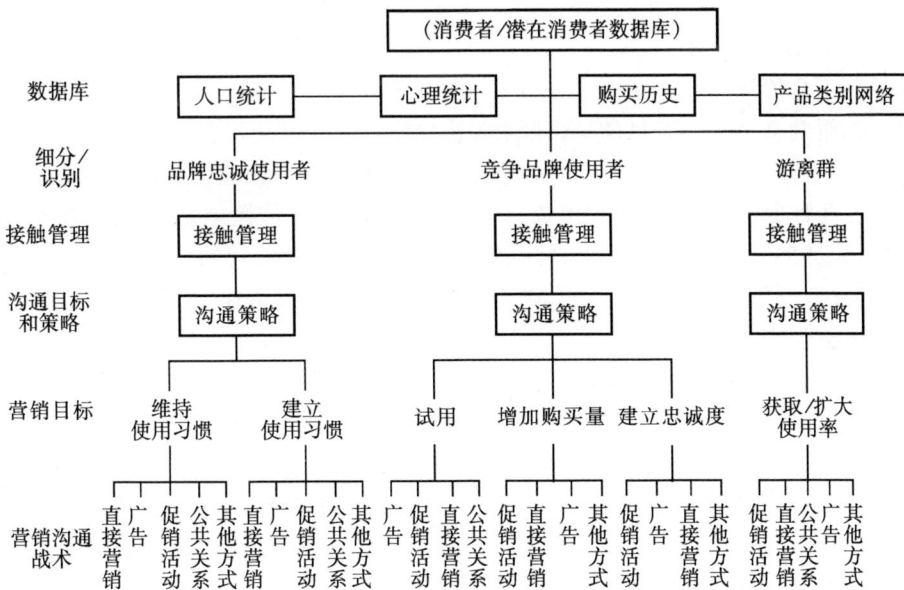

图14-2　营销沟通模式

四、影响企业促销的因素

企业的市场促销活动,从一定意义上来说,也是一种商品竞争活动。企业主要依靠商品的花色、品种、型号、规格,适销对路,物美价廉来进行竞争,而不是用非正当手段挤垮对方,招揽生意。因此,在质量、品种、价格、服务等方面的商品竞争,是影响商品推销最重要的因素。除此之外,企业还必须根据市场消费需求变化情况,把握商品促销的有利时机,及时采取对策。一般来说,影响商品促销策略的因素主要有以下几个方面。

(一)产品市场生命周期变化

不同产品有不同的市场生命周期,在市场生命周期的不同阶段,应该采取不同的促销策略。如在试销期,以向消费者宣传为重点,主要采取广告等手段,吸引消费者购买。这时期的推销费用较高。到成熟期时,推销费用逐渐下降,而到了衰退期,为了延长产品的市场周期,有时促销费用又会增加。

(二)市场需求潜量

市场的需求量是有限度的,达到了最大潜量,即使再增加促销费用,也不能使销售量增加。因此,市场需求潜量对市场促销工作影响很大。

(三)商品竞争情况

如果市场上存在同类产品,竞争就较激烈,企业就需加强推销,加大促销费用。反之,促销费用就会相对减少。

(四)产品的包装装潢和价格

如果产品的包装装潢新颖适用、美观大方、价格较低,就能激发消费者需求,开拓更大市场,商品促销费用就可相对减少。

五、促销组合及策略选择

(一)促销组合的概念

所谓促销组合就是企业有目的、有计划地把人员推销、广告、营业推广和公共关系四种促销形式配合起来,综合运用,形成一个整体促销策略。它体现了企业的整体促销决策。

由于以上几种促销形式,各有其优缺点,如广告宣传面广、传播迅速,但对促使实际成交效果不太理想;人员推销有利于成交,但费用较大等。因此,企业的营销管理人员应该根据产品特点和促销目标,选择适宜的促销形式,制定出相应的销售促进策略。

(二)促销组合策略的选择

促销组合作为一个整体营销策略,每个企业在具体选择时,一般须考虑以下因素。

1.促销目标

确定最佳促销组合,需考虑促销目标。企业通过对目标对象进行报道、诱导和提示,影响消费者的购买行为,这是促销的一般目标或近期目标。企业在某一时期,进行某次促销活动,还必须服从企业营销的长期目标和总目标。促销的目标不同,促销组合策略也不同。短期目标较适宜采用广告和营业推广;长期目标则须通过制定一个长远的促销组合方案,通过宣传报道、公共关系,以建立企业良好的公众形象。

相同的促销工具用于不同的促销目标,其成本效益会有所不同。广告、销售促进和宣传在建立购买者知晓方面,比推销的效果要好得多。在促进购买者对企业及其产品的了解方面,广告的成本效益最好,推销次之。购买者对企业及其产品的信任,在很大程度上受推销的影响,其次才是广告。购买者是否订货以及订货多少主要受推销访问的影响,销售促进则起协调作用。

2.产品类型

产品类型主要是指产品是消费品还是工业用品。从市场营销发展史来看,消费品与工业用品的促销组合是有区别的。一般来说,生活消费品多采用广播、电视等广告促销工具;工业用品多采用人员推销等工具,营业推广主要是为消费品和工业品的促销服务,属于配合手段。广告对于工业品和人员推销对于消费品有着不同作用。对于工业品而言,广告促销起着建立知晓、建立理解、有效提醒、提供线索、证明有效、再度保证等重要职能。而推销员则可以为消费品销售起着增加货位、培养热情和增加销售的作用。

3.产品生命周期

产品在生命周期的不同阶段,销售促进的目标不同,故应灵活地选择不同的促销组合,制定特殊的销售促进策略。如表 14-1 所示。

表 14-1　产品生命周期不同阶段的促销方式

产品寿命周期	促销重点目标	促销方式
市场投入阶段	认识了解	各种广告
市场成长阶段	兴趣偏爱	改变广告形式
市场成熟阶段	信任购买	营业推广为主广告,减价
市场衰退阶段	消除不满意感(全周期内用)	改变广告内容,利用公众关系

(1)投入期。多数顾客对新产品不了解,促销目标是使顾客认知产品,应主要采取广告宣传介绍产品,选择推销人员通过各种方式向特定顾客群详细介绍产品,并可采取展销、试销等方式,刺激顾客购买。

(2)成长期。这个时期是企业的创牌时期,促销目标是使顾客对本企业及产品产生偏爱。促销手段仍以广告为主,但广告内容应突出宣传商标、厂牌及产品特色,同时配合人员推销,尽力扩大销售渠道,树立产品形象,以迅速占领市场。

(3)成熟期。这个时期,上市产品增多,竞争加剧,促销目标是战胜竞争对手,巩固市场地位。一方面要不断增强和提高产品质量;另一方面要加强促销工作。此时,广告应以提示性为主,多采用人员推销,让推销员多访问顾客,广泛开展公关活动,扩大企业和产品的声誉,以巩固本企业产品的市场占有率。

(4)衰退期。促销活动的重点是巩固老用户,一般采取提示性广告和营业推广策略以及公共关系。

4.市场性质

不同的市场,由于其规模、类型、潜在顾客数量的不同,故应采取不同的促销组合。

(1)市场的地理位置、范围大小。规模大、地域广阔的大市场,多以广告促销为主,并辅助公共关系;规模小的本地市场,则以人员推销为主。

(2)市场类型。消费者市场顾客分散、数量多,应以广告为主,配合营业推广和公共关系宣传;生产者市场用户少、购买批量大、产品技术强,则应以人员推销为主,配合以广告、营业推广和公共关系。

（3）市场潜在顾客的数量。潜力大的市场,宜采用广告促销,有利于开发市场需求;反之,宜采用人员推销,有利于接触顾客促成交易。

5.促销预算

促销预算因不同的竞争格局、企业和产品而有所不同。促销预算往往采取按营业额确定一个比例的方法,或者针对竞争者预算来确定预算额度的方法。不同的预算额度,从根本上决定了企业可选择的促销方式。

六、促销策略的主要方式

(一)推式策略

所谓推式策略或推动策略,是指企业通过推销人员把商品推到市场销售的一种策略。它要求推销人员对不同商品、不同顾客应采用不同的推销方法。推式策略主要有:

（1）举办产品技术应用讲座与实物展销。结合现场操作表演,使用户对产品的技术性能、用途有所认识,从而刺激顾客的购买欲望。

（2）通过售前、售中、售后服务来促进销售。售前服务主要是企业按用户要求,按质、按量、按时供应产品;售中服务,主要是为用户传授安装、调试知识;售后服务主要是进行技术访问,征求意见,做好保修、维修和调换等质量跟踪管理工作。

（3）建立健全销售网络,扩大销售。企业可以在外地市场建立销售网络,经过采用销售、联销、经营等方式,扩大商品流通渠道,广泛宣传各类产品的性能和用途,以提高企业的市场占有率。

（4）携带样品或产品目录走访用户。通过听取顾客意见,密切与顾客的关系,并通过老顾客的宣传,诱导产生新用户。推式策略可用图 14-3 表示。

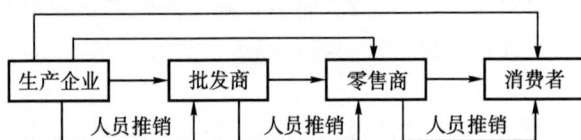

图 14-3　推式策略

(二)拉式策略

所谓拉式策略是指企业利用广告促销手段,刺激最终顾客(潜在消费者)对产品发生兴趣,从而加速购买的一种策略。消费者的购买兴趣,促使中间商询购产品,中间商看到某种产品需求量大,即使毛利率较低,也愿意经营。拉式策略如图 14-4 所示。

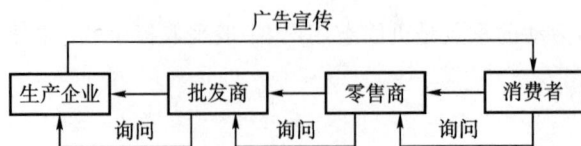

图 14-4　拉式策略

企业在应用拉式策略时,应该结合本企业产品的特点,并考虑中间商是否愿意承担一定的库存等因素。拉式策略的具体方法如下:

（1）通过广告进行宣传,同时配合向目标市场的中间商发函联系,介绍产品的性能、特点、价格和订购办法,为产品打开销路。

（2）组织产品展销会、订货会，邀请目标市场中间商订货。

（3）通过代销、试销促进销售。为了消除目标市场中间商承担经营风险的顾虑，从而提高其经营的积极性，一般在新产品投放市场时，可委托其代销或试销，促进产品尽快打入市场。

（4）创名牌，树信誉。这样可增强消费者和中间商对产品和企业的信任，从而促进销售。

在企业的促销活动中，推式策略和拉式策略经常综合运用。只是针对不同的产品其重点不同，任何单一策略的运用，都不能收到预期的效果。

（三）促销策略的选择

1.人员推销

人员推销的条件是：①单位产品价值高、流通环节少的产品；②性能复杂，使用方法须做示范的产品；③根据顾客要求设计生产的产品；④本地产销的产品；⑤市场比较集中的产品。

2.非人员推销

非人员推销的条件是：①产品的市场范围大，流通渠道长的产品；②企业要求以最快的速度，将产品的信息传递给消费者，同时产品又能够刺激消费者产生感情上的购买动机（如"爱人"果汁），经过广告宣传，可能立即采取购买行为的产品；③消费者对产品的需求，已经显示出对企业的有利倾向，市场需求日益提高。通过进一步的广告宣传，能够较快地提高产品的市场占有率。在这种情况下，适宜于通过广告进行促销。

七、促销策略的效果

消费者对企业的市场促销的反应程度，即促销的效果，最终促使其形成购买行为。但对消费者来说，要经过一个复杂的心理过程。这个过程包括认识阶段、影响阶段、行动阶段、购后阶段。企业制作广告或者人员推销，要注意针对消费者不同的反应阶段，进行有重点的宣传。由于消费者购买生活资料和生产资料的行为动机存在差异，所以对这四个阶段的宣传重点和目的也有差别。

（一）购买者购买生产资料的反应阶段

购买者对推销生产资料促销宣传的反应，一般经过这样几个阶段：

（1）概念。推销宣传的重点，是让宣传对象对该产品或经销服务有初步了解，形成初步的概念。这是消费者对商品和企业产生感性认识的阶段。

（2）知识。推销宣传的重点，是让宣传对象知道产品的一般性能知识和生产该产品企业的情况。这是消费者对商品和企业产生理性认识的阶段。

（3）爱好。要使宣传对象对商品和本企业产生特殊的偏爱态度，以坚定其购买信心。

（4）说服。应通过一定方法，提供优惠条件，如售后服务、零配件供应、合理的价格、试销一定数量等，说服购买对象，使其产生购买本企业产品的要求。

（5）购买。促使宣传对象迅速做出购买决策，立即进行成交，签订购买合同。

（二）购买者购买生活资料的反应阶段

购买者对生活资料的推销宣传反应，一般经历这样几个阶段：

（1）注意。首先要引起宣传对象对商品的注意。

（2）兴趣。促销宣传，仅引起购买者的注意还不行，还要促使宣传对象对商品产生兴趣。

（3）欲望。这时要使宣传对象产生购买商品或占有劳务的欲望。

（4）行动。促使宣传对象采取购买商品的行动。

（5）满足。通过各种宣传和售后服务，使宣传对象在购买之后得到心理上的满足。

上述两种形式的反应阶段，其基本原理大致相同，二者不是截然分开的。企业在商品促销宣传的各项活动中，如广告、人员推销、橱窗陈列、商标设计、包装装潢设计等方面，都要充分考虑到消费者对促销宣传的心理反应过程，在不同阶段采取不同的策略，顺利实现商品交换。

八、促销策略的趋势：整合营销传播

（一）整合营销传播的内涵

著名学者舒尔茨认为，整合营销传播是指针对顾客及其他受众而制订、实施、评估品牌传播计划的商业过程。整合营销传播是一个对现有顾客和潜在顾客制订、实施各种形式的说服性传播计划的长期过程，所有与顾客相接触的点都必须具有引人注目的传播影响力，而且由顾客决定传播方式，是对多种传播手段的战略作用进行比较分析的战略过程。与传统促销策略相比，整合营销传播具有以下特点：一是打破了传统营销策略中消费者仅是被动的促销信息接受，而是可以与企业互动；二是不同于传统营销的大众传播，整合营销传播更加注重分众传播；三是整合营销的效果相比较于传统营销更为可控。

（二）企业进行整合营销传播的几个阶段

整合营销传播是一个概念，也是一个过程，整合意味着完整，实现传播活动的完整可以产生协同效应。每个企业在进行整合营销传播时所遇到的机遇与挑战不尽相同，这主要取决于它们的业务、所依赖的渠道、客户数据的可获得性、市场细分的能力等，但最重要的决定因素是企业的管理模式和战略方针。尽管企业情况各异，但整合营销传播一般可分为以下几个阶段：

（1）战术性协调，企业的整合营销传播活动起始于协调。

（2）重新界定营销传播范围。在这一阶段，企业致力于更加广泛的传播活动，而不仅限于传统的促销活动，如广告宣传、销售促进、直复营销等。

（3）信息技术的应用。在这一阶段，企业开始利用信息技术来整合过去使用过的各种营销传播形式。

（4）财务和战略的整合。在这一阶段，企业基于对顾客及其市场价值、财务价值及潜在价值的评估，实施财务和战略的整合，而不是简单地基于公司想要达到的目标。

（三）整合营销传播的几个层次

汤姆·邓肯从传播领域的角度提出了整合营销传播的四种整合层次，主要包括：①统一形象，即使用一种声音强化品牌形象，如 3M 公司；②一致声音，即对不同受众采取不同信息；③好听众，即采取双向传播，通过免费电话号码等手段获取反馈，注重长期联系，如可口可乐公司；④世界级公民，即关注社会，关注环保健康的企业文化，如苹果和本田等公司。这些不同层次揭示了整合营销传播的活动领域：从狭隘封闭的企业独白到开放互动的对话，最后从内到外形成了一种渗透整个企业的独特文化。

第二节　　人员推销策略

一、人员推销的概念及特点

人员推销，是指企业派出专职或兼职营销人员，直接向消费者和用户推销商品或劳务的一种促销方式。这是一种最古老的推销方式，直到目前仍然是多数企业采用的促销方式。它对工业品的推销尤为重要。

人员推销的内容非常广泛,从最简单的送货到创造性推销,都在人员推销的范围之内。这种方法与非人员推销相比,具有如下特点:

(1)产需双方直接见面接触。推销人员直接与顾客接触,可以有针对性地进行推销宣传,解答顾客提出的意见和质疑,消除顾客的心理障碍,增强顾客的购买信心,促使其发生购买行为。

(2)培养和建立人际关系。人员推销是买卖双方直接沟通,可以加强双方了解和信任,从而建立良好的人际关系和长期稳定的供需关系。

(3)反馈市场信息。推销人员活跃在市场的最前线,可以直接了解到市场消费需求等信息,并及时反馈给企业,使企业的产品决策更加科学。

二、人员推销的功能

推销人员既是企业的推销员,又是市场信息情报员;既是产品和劳务的宣传员,又是消费者的"顾问"和服务员。因此,人员推销在促销中具有如下功能:

(1)开发市场。通过人员推销,维持巩固老用户,发掘新顾客,开发新市场。

(2)传递信息。通过人员推销,将产品的质量、性能、价格等信息,告诉顾客,并亲自解决顾客的各种问题。

(3)销售服务。通过人员推销,能够做好售前、售中、售后服务,帮助顾客进行技术指导和业务培训。

(4)收集情报。通过人员推销,可以收集到市场上的各种情报,包括消费者需求、意见、市场竞争、价格等。

(5)达成交易。通过人员推销,进行具体洽谈交易,完成产品销售服务。

由此可见,人员推销不仅是企业营销的重要手段,而且关系着企业的成败。因为企业营销的最终成果,要通过产品的销售来实现,企业的各种费用,要通过销售收入来补偿。因此,产品推销是一次"惊险的跳跃",是商品价值实现的最终保证,决定着企业营销的成败。

三、推销人员的任务

在市场营销活动中,推销人员的具体活动多种多样,但基本任务一致。传统推销是完成销售指标或利润指标,而在现代营销中,推销人员主要是增强以消费者为中心的销售力,是从企业的长期利润考虑的。因此,推销人员承担如下主要任务:①搜集市场信息数据进行分析;②与顾客沟通意见;③收集市场信息情报;④提供全面客户服务;⑤解决顾客需求痛点;⑥与顾客保持良好关系;⑦完成公司下达的销售指标任务;⑧整理保存销售记录。

四、推销人员的选择及绩效评估

(一)推销人员应具备的素质

在人员推销活动中,推销人员代表企业与消费者打交道,其目的是扩大销售,促进企业发展,实现企业的营销目标。因此,要求推销人员要有较高的素质,熟练掌握各种推销技巧,以实现推销目的。一个优秀的推销人员,应具备如下素质:

(1)强烈的服务意识。现代市场推销是一种服务行为,优秀的推销员应该具备强烈的服务意识,想顾客之所想,急顾客之所急,时刻为顾客着想,使顾客得到最大满足。

(2)良好的职业道德。推销人员单独活动较多,因此要有较强的自我约束能力,不可利用职业之便欺骗顾客,不可侵吞企业利益;同时,要知法、懂法、守法,在国家法律范围内,从事推销活动。

（3）强烈的事业心和责任感。推销人员应有献身推销工作的精神,要不怕艰苦、任劳任怨,全心全意为用户和消费者服务,有取得事业成功的坚强信念。要有忠实于本企业、忠实于自己的顾客的责任感。

（4）丰富的业务知识。推销员应具备的知识有:①企业知识。推销人员对外代表企业形象,因此推销人员应了解并遵循企业的经营方针和策略,熟悉企业的历史和现状、经营特点、生产能力,在同行业中的竞争地位以及交货方式、付款条件等。②产品知识。推销员应了解企业产品的品种、规格、性能、用途、价格、技术等,并能从事安装调试和维修工作。③用户知识。要了解用户需求,掌握用户购买心理和购买行为,对不同用户采取不同的推销对策。④市场知识。了解市场环境,掌握市场调查和预测的基本原理和方法,并能分析市场动向。

（5）熟练的推销技巧。推销技巧是处理推销员与顾客关系的一种艺术。要求推销员必须学习社会学、心理学知识,研究消费者心理,密切同顾客的关系。

（6）良好的个性和一定的语言艺术。推销人员要待人热情、口才流利、举止适度、文明礼貌、思维敏捷,谈吐具有说服力和感染力。同时,推销员还要有健康的身体,以适应艰苦的推销工作。

（二）推销人员的甄选

推销员要具备上述素质,除了每天训练外,选拔时也要严格把关,按照一定的程序进行。

一个优秀的推销员或具有潜在推销才能的人员,如果被竞争对手招聘去,这对企业来说是一个巨大损失。企业家的重要任务之一,就在于识别人才,选拔优秀的推销人才。

推销人员的选拔,首先,要确定推销人员的需求量及需要哪一类推销人员。这可由销售经理根据销售任务及现有销售力量来确定。其次,要明确对推销人员的素质要求。推销员的工作效果与个人特性有关,因此具有不同特性的人,可承担不同的推销工作。推销员的不同工作与个人特性关系如表 14-2 所示。

表 14-2　推销员与个性关系表

推销员的责任	个人特性要求
1.决定潜在顾客的需要	主动、机智、多谋,富有想象力,有分析能力
2.宣传产品如何适合潜在顾客需要	口才好,知识丰富,热诚,有个性
3.使顾客赞成产品的优点	有说服力、有持久性,机智多谋
4.答辩	有自信心,知识丰富,机智,有远见
5.成交	有持久性、冲动力,有自信心
6.日常访问工作报告,计划访客编排	有条不紊,诚实,留意小节
7.以服务建立企业信誉	友善、有礼貌,待人热诚

推销员甄选的科学程序,一般经过初审、面试、测验和体格检查。

1.初审

推销员的初审,是在企业发出招聘广告之后进行。

（1）应聘者书写申请书和填写履历表。申请书和履历表往往给公司形成第一印象,因此内容要简练、明了,书写要工整清晰。申请书和履历表的内容包括姓名、年龄、性别、身高、体重、健康状况、地址、工作情况、待遇要求、联系电话等,通过申请书及履历表,目的是要获得应聘人员的基本材料。同时在面试前,要把申请书不符合规定的应聘者淘汰掉。

（2）资格审查。要对应聘人员进行资格审查(或初次面试),一般由公司人事部门进行。资格审查会面时间简短,一般为 5~10 分钟。应聘者应回答一些简单问题,如"你为什么要为本公司服务?"等。通过了解应聘者,为全面考察、正确选拔推销员奠定基础。

（3）填写职业申请表。职业申请表是应聘者提供某方面细节的表格,它与履历表的不同之处在于,应聘者应回答一些具体问题。如"你对公司的薪水要求是多少?"等,这些信息一般在履历表中无法反映。

2.面试

面试一般由销售经理主持。招聘人应思维敏捷、主持公道、不带偏见,要防止"先入为主""持有个人偏好"和"被假象迷惑"。应聘人员要防止"行为举止失常""缺乏交际、礼仪常识""自吹自擂、狂妄自大"等行为。通过面试,可以比较准确地了解应聘人的仪表风度、语言表达能力、销售态度以及遭遇困境时的处理方法等。在面试前,要拟定好需对方回答的各种问题。问题巧妙与否直接影响面试质量的高低。

3.测验

企业在选拔推销人员时,还可以遵守测验的方法进行。常用的测验方法主要有：

（1）能力测验。即要测出一个人全心全意做某一项工作所能达到的效果,也称为最佳工作表现测验,它包括智商测验和特殊气质测验两方面。智商测验主要了解一个人的智力状况;特殊气质测验,主要了解一个人在情绪控制、自信心和社交能力等方面的情况。

（2）性向测验。即测出一个可能的推销人员将如何工作,主要包括态度测验、个性测验和兴趣测验。

（3）成就测验。即测验某一个人对某项工作或某一问题知识的多寡。

4.体格检查

对被测人员进行体格检查,淘汰不合格人员。

根据以上步骤,甄选推销员的一般程序如图 14-5 所示。

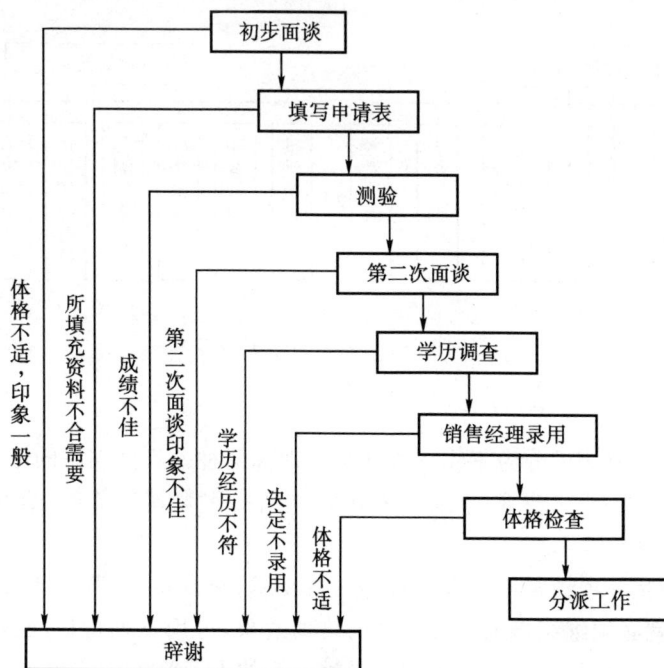

图 14-5　甄选推销员的一般程序

(三)推销员的培训

推销人员选拔后,应认真加以培训。原有的推销人员每隔一段时间,也应组织集训,学习了解企业新的营销战略、计划,新产品和新开拓的目标市场。通过培训,使推销人员适应市场的新要求;适应产品复杂多样的需要;开发人力资源,提高企业经营效益;改善推销人员的工作态度,提高企业信誉。

1.培训目标

推销培训的目标主要有:①以一定的成本获得最大推销量;②降低推销人员的流动率;③达到良好的公共关系。在上述学习总目标下,还应根据推销人员的任务、推销人员的建议和推销中出现的问题,确定培训项目,作为每阶段训练的特殊目标。

2.培训内容

根据培训目标,结合推销职务所需条件、人员原有水平和企业市场策略,拟定训练计划,确定培训的具体内容。一般情况下,培训的内容应包括基本推销技术、经营知识和销售管理业务三大部分,如图 14-6 所示。

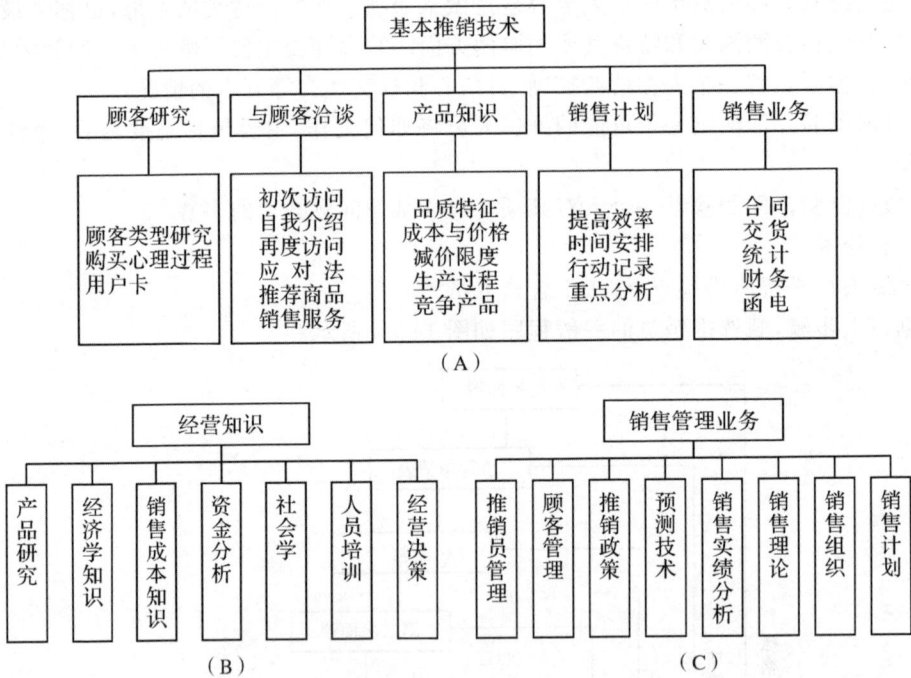

图 14-6　推销员培训内容

3.推销员培训方法

推销人员的培训方法可分为集体训练和个人训练两种。集体训练的方法主要有专题讲演与示范讲学、办培训班、研讨会等;个别训练方法主要采用"师傅带徒弟"的方法。

4.培训效果评估

推销人员培训是一项经常性工作,新产品、新技术、新设备、新革新不断产生,只要有推销人员和推销任务,就必须继续培训。推销员的培训效果,可用下列指标加以评定:①新推销人员达到一般水平所需时间;②受过训练和未受过训练的推销效果比较;③最好和最差推销人员的个别受训背景。

(四)推销人员绩效评估和报酬

1.推销人员绩效评估

对推销人员绩效进行评估,首先,要根据真实资料,这些资料的来源,主要有推销人员的工作报告书、企业的销售记录、顾客的意见及其他推销人员的看法等。其次,要建立有效的评估标准,如表 14-3 所示。

表 14-3 推销员的评估标准

标准	解释
销售量	最常用的标准,衡量销售增长状况
毛利	衡量利润的数量
访问率(每天访问次数)	衡量推销人员的努力程度,但不表示销售效果
访问成功率	衡量推销员工作效率的标准
平均订单数目	多与每日平均订单数目一起用来衡量
销售费用与费用率	衡量每次访问的成本及销售费用占营业额的比重
新客户	开辟新客户的衡量标准

根据上述评估标准,采用科学的评估方法,就可对推销员的绩效进行评估。常用的评估方法有横向评估法和纵向评估法。

(1)横向评估法。这是一种推销员之间的比较,即比较不同的推销员一定时期的销售量。评估因素主要有销售量、订单平均数量和平均每周访问次数。其方法如表 14-4 所示。

表 14-4 推销人员业绩的横向比较表

评价因素	推销员甲	推销员乙	推销员丙
因素一:销售量			
(1)权数	5	5	5
(2)目标	300000 元	200000 元	400000 元
(3)完成	270000 元	160000 元	360000 元
(4)效率[(3)÷(2)]	0.90	0.80	0.90
(5)成绩水平(权数×效率)	4.5	4.00	4.50
因素二:订单平均批量			
(1)权数	3	3	3
(2)目标	500 元	400 元	300 元
(3)完成	400 元	300 元	270 元
(4)效率[(3)÷(2)]	0.80	0.75	0.90
(5)成绩水平(权数×效率)	2.40	2.25	2.70
因素三:每周平均访问次数			
(1)权数	2	2	2
(2)目标	30	25	40
(3)完成	20	22	36
(4)效率[(3)÷(2)]	0.66	0.88	0.90
(5)成绩水平(权数×效率)	1.32	1.76	1.80
成绩合计	8.22	8.01	9.00
综合效率	82.2%	80.1%	90.0%

（2）纵向评估法。这是一种同一推销员现在和过去工作实绩的比较，这有利于衡量推销员工作的改善状况。其具体考核可通过表 14-5 进行。

表 14-5　推销人员绩效纵向考核表

项目	地区：　　　　推销员：			
	2017 年	2018 年	2019 年	2020 年
1.销售收入:产品甲				
2.销售收入:产品乙				
3.总销售额				
4.完成销售配额%:产品甲				
5.完成销售配额%:产品乙				
6.毛利:产品甲				
7.毛利:产品乙				
8.毛利合计				
9.推销费用				
10.推销费占销售额%				
11.客户访问次数				
12.平均每次成本				
13.平均顾客数				
14.新顾客数				
15.失去顾客数				
16.每一顾客平均销售额				
17.平均每一顾客毛利				

2.推销员的报酬

推销人员的工作有极大的流动性、独立性和自主性，且工作艰苦、责任大、风险高。因此，建立合理的报酬制度，对于调动推销人员的积极性，提高推销效率，扩大产品销售有着重要作用。推销员的报酬形式一般有以下几种。

（1）固定薪金制。它是一种按推销员工作时间领取报酬的制度。这种方式主要以工作时间为基础，与实际推销效率没有直接关系。其主要优点是：①推销员收入稳定有保障，使他们有安全感；②管理上有较大灵活性；③薪酬固定，在企业经营业绩好时成本较低。其主要缺点是：①不利于鼓励优秀推销员，创造更佳业绩；②容易造成销售成本失控；③无法吸引优秀推销员。正因如此，目前很少有企业对推销员实行固定薪金制。

（2）完全佣金制。这种方法是指从销售收入中，按照一定的比例提取佣金。因此，推销员的收入取决于完成的销售额和固定的佣金率。这种方式的优点是：①对推销员有极大激励作用，消除了不公平现象；②有利于控制销售成本。其缺点主要是：①推销员不愿干销售以外的工作；②推销人员有时为了争取扩大销售而不择手段，影响企业声誉；③推销员对企业缺乏忠诚度，流动性大，即企业不景气影响其佣金时，他们将另找门路，投靠其他企业。

（3）混合制。混合制指固定薪金制与佣金相结合的一种方式，大多数企业常采用这种制度。具体来讲，是用销售配额的方法，企业对推销人员每年规定销售配额，推销人员报酬与完成配额程度相关,超过配额就可以有奖金。但配额的制定要合理,否则会影响推销人员的积极性。

五、人员推销策略

(一)制定人员推销策略应注意的问题

为了保证人员推销取得应有效果,必须制定人员推销策略。制定策略时应做好以下四方面的工作。

1.确定推销重点

确定推销重点是增加产品销售和扩大企业影响的条件之一。企业要根据自己产品的特点,确定每个时期的推销重点,并配备能力强的推销人员,针对重点推销对象,采取最恰当的推销方式。这样可以突出企业特点,有利于企业竞争。

2.选择推销方式

不同产品适应不同的需求者,特别是生活资料和生产资料具有不同的适用性质和特点,故应采用不同推销方式。

3.确定推销人员规模

确定人员推销规模,常用两种方法:一是工作量法,二是增量法。工作量法就是根据销售工作量确定推销人员数量。其计算公式如下

$$S = \frac{(C_1 + C_2) \cdot V \cdot L}{T}$$

式中　S——推销人员数量;

C_1——现有顾客数量;

C_2——未来顾客数量;

V——每年访问顾客次数;

L——每次访问的平均时间;

T——每个推销员每年有效工作时间。

增量法是随着销售量的增长、地区的扩大而逐步增加销售人员,但销售量和推销员的增加不一定成比例增长,应根据企业具体情况而定。

4.确定推销人员的组织形式

推销人员的组织形式,一般有产品型、行业型、地区型和复合型。

(1)产品型。产品型,即实行产品专业化,由一名或一组推销人员负责某种产品的推销,地区范围不限。这种组织形式适用于产品多样化、技术较复杂、使用范围广的企业。

(2)地区型。地区型,即分派一名或一组推销人员具体独立负责某一地区企业产品的推销业务。这种形式责任明确,有利于和顾客建立稳定关系,提高推销效率,并能节省推销费用。但要求推销人员应掌握多种产品知识,做好统筹兼顾。

(3)行业型。行业型,即按产业、业务类型等标准,由推销人员具体负责向某一行业的顾客推销。其优点是能够深入了解不同顾客的要求和特点,增强了推销针对性,但要注意避免重视大行业、忽视小行业的做法。

(4)复合型。当企业产品多而复杂、销售地区又分散时,企业常将以上方式结合起来统筹安排,如按地区组织,在地区内又按产品或行业组织等。但是,这种方式上下责任关系复杂,职责交叉,增加了管理和推销工作的困难。

(二)人员推销的主要策略

人员推销策略即通过一定的方式说服顾客购买产品。有效的说服力,应该遵循"AIDA"原则,即吸引注意(attention)、产生兴趣(interest)、激发欲望(desire)、导致购买行为(action)。

销售员在介绍时,要始终强调顾客利益,告知产品特点和效用。常用策略有以下几种。

1. 刺激—反应法

这是指推销人员应事先准备好几套介绍词,通过适当的刺激性言词、图片,或产品展销、现场表演、试尝、试用等手段,对顾客的感觉器官形成刺激,激发其购买欲望、发生购买行为、实现产品销售。这种策略既可诱使现实顾客,但更重要的是通过反馈对潜在顾客施加影响,变潜在顾客为现实顾客,为扩大销量争取更多顾客。

2. 需求—满足法

这种策略是先引发顾客说话,以便发现顾客的真正需求。然后采取一定的说服方式、推销技巧,说明购买本产品能使其需求得到最大满足,以鼓励其购买。这是一种"创造性推销",要求推销员具有较高素质。

3. 公式法

这种策略指推销人员使用一套公式化的语言,吸引顾客购买产品。推销词应按购买的一般过程进行设计。在推销时,要注意控制谈话,使顾客思路跟着自己走。

(三)人员推销的步骤与方法

人员推销是一门科学,也是一门艺术。推销要遵循一定的程序和方法,但同时又要灵活运用,只有结合推销人员的自身条件以及市场环境,融会贯通,巧妙运筹,才能取得良好的推销效果。具体的推销步骤和方法如下。

1. 增强信心

推销需要信心,推销人员如果具有成功的信心,在推销活动中就能自如运用语言、资料,在推销产品的同时也能把成功的信心和感觉传递给顾客。这种顽强的精神和毋庸置疑的态度,往往能使顾客对推销人员和产品产生信任,从而促进交易的进行。增强信心的主要方法主要包括:①对企业及产品的资料有着深入了解;②充分利用自己知识能力,了解并用己之长;③总结成功推销经验,学会自我心理暗示,能够通过放松自己进而展开推销工作。

2. 发展信任

顾客往往愿意与他们信任的推销人员做生意,推销人员推销的首先是自己。企业的产品同竞争对手的产品的差异越少,推销人员推销自己的成分就越大。发展信任的主要方法如下:①设身处地地为顾客当参谋,帮助顾客选择产品,而非夸大其词;②突出介绍产品的特点,凸显产品差异,解释并演示产品的优越性,以加强顾客信任。

3. 分辨需求

推销人员要进行有效推销,必须了解顾客需求。推销人员需要探测顾客,分辨出消费者需求的真正指向。分辨需求的主要方法如下:①提出问题。可通过对拟定问题的提问、倾听顾客对问题的回答,让顾客用他自己的话把他的想法说出来。②筛选问题。推销人员要对顾客交谈的内容进行认真分析,筛选出顾客感兴趣的项目。③重点讨论。对顾客感兴趣的问题,推销人员有必要展开重点讨论以启发顾客对需求目标进行深入、细致、全面的思考,帮助顾客逐步揭示出需求的真正含义、购买意向、相关疑虑等系列问题,从而进一步明确顾客指向以及推销重点。

4.提出建议

提出建议是实现交易目标的前提。在提出建议阶段,推销人员作为顾客参谋、顾问的角色表现得淋漓尽致。了解了消费需求后,推销人员要懂得提出有针对性的建议。提出建议的过程是推销人员与顾客的目标协调一致的过程,推销目标与需求目标的交叉点是达成交易的关键。提出建议的主要方法如下:①在适当的时刻提出建议。当顾客对你产生信任,并且你已充分了解顾客需求时,你就应不失时机地提出解决顾客问题的方案。②突出交易带来的利益。利益推销是推销的最大秘诀和交易建议的核心。推销人员要围绕利益这个核心,向消费者充分展示购买带来的利益,同时也要指明如果相反会带来的损失。

5.推动交易

推销的有效性是由顾客的行动来衡量的。所有的交易在最后时刻都面临三种结果:拒绝、拖延、成交。推销人员要力求避免前两种情况的出现,尽量推动交易完成。推动交易的主要方法如下:①选择适当的成交时间。推销人员要特别注意达成交易的信号,在出现这些信号时,再提出成交的要求。②说服顾客现在采取行动。成交的一般规律是:一直向顾客提出现在就买的理由,指出延误造成的损失及立即行动带来的收益。③重复保证购买的收益。推动交易的另一个重要方法是:当感到顾客有拖延的倾向、犹豫不决时,推销人员应及时抓住重点,向顾客反复宣传达成交易带来的收益以及延伸效益,增强其信心。

6.售后服务

售后服务是指在推动交易完成之后,推销人员尚需进行持久的追踪调研和持续访问。后续服务的方法主要是进行追踪访问。在大部分交易中,追踪访问比多次访问新顾客的投入少、效果好。追踪访问应从调查产品使用效果或保持良好的人际关系入手,做到未雨绸缪。

第三节 广告促销策略

一、广告的相关内涵

(一)定义

广告(advertisement)具有悠久的历史,广告的定义随着时代的发展而变迁。自从有商品生产和市场以来,就有了广告。在商品生产的初期,街头的叫卖、悬挂的招牌等,都是比较原始的广告。随着商品经济的发展和现代科学技术的进步,广告逐步发展成为具有一定艺术性的学科。在营销活动中,广告是指特定的广告主有偿使用一定的媒体,传播商品和劳务信息给目标顾客的促销行为。

广告对企业来说是一种"挡不住的诱惑",在实现企业营销目标中,发挥着重大作用。日本优秀企业家松下幸之助曾说:"广告宣传是推销产品的先锋,产品再好,不做广告便无法在市场竞争中出风头,赢得社会的认可和信誉。"因此,广告在推动经济发展、促进销售方面具有重要作用。具体为:①传递信息,沟通产需。广告的介绍可帮助消费者认识新产品的质量、性能、用途、保养、使用方法和购买地点、手续以及各种售后服务情况。②激发需求,增加销售。广告可使消费者对企业和产品产生良好印象,诱发消费者的感情,激发其购买欲望,促进消费者采取购买行动。③介绍知识,指导消费。优秀的广告也能起到帮助消费者树立新的道德观、人生观和形成良好道德风尚的作用。④招徕顾客,促进竞争。⑤确立地位,塑造形象。⑥美化生活,陶冶情操。广告也是一种艺术,好的广告能给人以美的享受,使店容更加宜人,美化市容。

改革开放以来,我国广告业得到迅速发展。据资料显示,2018 年我国广告营业额由 1978 年的 1.18 亿元增加到 7991.48 亿元,与 2017 年相比增长 15.88%,已占到国内生产总值的 0.88%。广告从业人员由 1.6 万人增加到 558.2 万人;2017 年我国广告企业已达 137.6 万家。由此可见,广告作为第三产业的重要组成部分,在我国的市场经济中发挥着重要作用。中国已经成为仅次于美国的全球第二大广告市场,占全球广告支出的 15.2%。

(二)广告目标

企业在进行广告决策时,首先面临的是如何进行广告目标的决策。所谓广告目标是指在特定的时间向特定的目标市场客户群体沟通、传播信息,以实现企业做广告的目的。按照广告的作用不同,广告目标可分为:

(1)通知性广告,即发出信息,告知客户企业推出的产品或服务,激励客户的初级需求,主要适用于新产品的市场开拓期。

(2)说服性广告,即发出的信息主要在于建立顾客的选择性需求,通常采用对比分析的信息传播策略,以激励顾客的购买决策。其主要在竞争激烈的市场采用。

(3)提醒性广告,即发出的广告信息,主要目的是让顾客不要忘记公司和公司的产品和服务。如可口可乐大量的广告投入,其目标在于使消费者在购买饮料时,能够想起和购买可口可乐。

二、广告的内容与设计

(一)广告内容

广告必须有明确的目标。在确定目标的基础上,确定广告主题。广告主题要鲜明,主要是突出商品和企业对消费者和用户的利益。具体来说,广告的内容包括:①要突出宣传本企业的主要优势;②要突出宣传本企业产品的差异性;③要注意对本企业产品商标的宣传;④商品广告尽可能标出销售价格;⑤要突出为消费者提供的服务与体验。

(二)广告设计

为了真实地反映广告内容,使广告取得成功,要研究广告设计,明确广告设计的形式和要求。广告作品一般由主题、创意、语言文字、形象、衬托等五个要素组成。广告设计就是五要素的创作及有机组合,使之成为一个完整的广告作品。上述五要素可分为广告文字与广告画面。广告文字是广告内容的文字说明,由标题、短文及其他说明组成;广告画面是广告的实物形式或图片。

1. 广告设计的格式

为保证广告宣传能取得较好效果,对广告设计的格式要做仔细研究。广告格式一般包括五个因素:

(1)标题。它是广告中最简洁、最突出的文字,通常以醒目的标语、口号、词语等文字形式表现。它突出表达广告客户的最终意愿和所推销商品或劳务的本质、特征和性能。

(2)短文。这是对广告所宣传商品或劳务的简单介绍,一般包括经营的规模、项目和方法、技术水平、产品质量、社会信誉、使用方法、维修保养、商品价格、购买优惠条件。

广告的标题和短文等文字说明部分统称为广告文稿。广告文稿的创意有"规则式风格""理性感化风格"和"论证式"三种。不同产品和不同的广告媒体,对广告文稿的要求也不同。

(3)商标。任何形式的商品广告,都必须突出商品商标。即谁家的商品,是什么品牌的商品。突出商标的目的,在于使消费者对商品的标记留下深刻印象,以方便顾客购买。

(4)形象。它是展示广告主题的有效方式和提高视觉效果的重要手段,主要指广告的画面和实物展示部分,一般以实物、图片、录像等形式表示。画面和实物形象的使用,能够刺激消费者,强化感性认识。

(5)衬托。它是表现广告主题的一种方法。以衬托来表现广告,以整体形象突出主题,能够收到强化广告感染力,提高广告的注意度、理解度、记忆度的功效。衬托要为广告主题服务,要防止喧宾夺主。

2.广告设计的形式

广告设计的形式多种多样,而且随着社会发展、人们观念变革及现代科学技术的发展,新的广告设计形式还将出现。因此,在此仅介绍十种常用形式。

(1)生活片段,即取人们日常生活的某一片段,以显示消费者正在使用广告中的商品。

(2)幻想,即针对商品的特点和用途,设计一种有利于广告宣传的幻想境界。

(3)生活方式,即在广告中显示产品如何适应人们的生活方式,如快餐食品适应人们生活节奏加快的需求等。

(4)情趣和想象,即借助产品广告,唤起人们产生一种美好的、平静的情趣和想象。

(5)音乐观,即把企业或产品形象,深化于优美的音乐之中。

(6)人格化,即用文字或图像把产品人格化,使消费者更加偏爱。

(7)技术特色,即显示企业在生产过程中的选料、使用的设备、检测手段等方面的优点。

(8)科学性,即通过各种实验、应用单位的使用数据,使消费者感到这种产品完全合乎科学的要求和标准。

(9)证明曾受奖励,即利用各级主管部门、行业协会、国际组织的表扬和奖励,以证明产品的性能及质量。

(10)消费者的意见,即利用消费者使用后的表扬信和供货订单,以增强消费者对该产品的信任感。

(三)广告设计的原则和要求

广告设计应符合以下原则和要求:①内容的真实性;②表述的思想性;③费用的经济性;④使用的专业性;⑤构思和设计的创意性。

三、广告媒体的选择

(一)传统广告媒体的分类

广告媒体又称广告媒介,它是指传递广告信息的载体或工具。广告媒体具有传达、吸引和适应三大功能。在我国,广告媒体可分为以下几大类:

(1)视听广告媒体,主要包括广播、电视、电影和幻灯等。

(2)印刷广告媒体,主要指报纸、期刊、杂志及各种印刷品。

(3)户外广告媒体,主要指在街头、建筑物、机场、车站、码头、体育场(馆)、展览馆、旅游点等公共场所,允许设置与张贴路牌、灯箱、霓虹灯、招贴、气球等。

(4)交通广告媒体,指在车(火车、汽车等)、船、飞机内设置和张贴的各种广告。

(5)展示广告媒体,包括陈列、橱窗、门面广告、柜式广告、立式广告、活人广告等。

(6)邮寄广告媒体,包括商品目录及说明书、宣传小册子、明信片、征订单、挂历广告等。

(7)网络广告媒体,主要指利用因特网这一大众媒体,进行广告宣传及沟通。

（8）其他媒体，如火柴盒、手提包、名片、火车票及办公用品等。

（二）传统广告媒体的特点

广告媒体种类繁多，不同的广告媒体具有不同的特点，各有长短。从上面分析可以看出报纸、杂志、广播、电视这四大媒体在广告媒体中占有重要地位，是传播广告信息最常用的媒体。现将几种主要广告媒体的特点列表对比，见表 14 - 6。

表 14 - 6　广告媒介的特性

媒介形式	优点	缺点
报纸	广泛、保存性、伸缩性、改稿容易	读者看时匆忙，有时不留意图片，复制素质差
期刊	选择目标读者容易，保存性、转读率高，彩色印刷，复制效果好	不易选择到高销售量的杂志
电视	利用视觉、听觉效果，具有强大的影响力，理解度高，具有示范作用，普及范围广，容易发挥创作力	费用高，目标观众的选择性较低
广播电台	广泛、费用较低，适用一面工作一面收听	注意力不如电视
广告函件	选择特定购买对象，避免不必要的浪费，具有亲切感	购买者广泛，邮寄困难
户外广告	费用较低，具有一定的持久性	无法选择目标对象，创作力受限制

从表 14 - 6 可以看出，并没有一个完美的广告媒体。企业在选择采用何种媒体时，应考虑到影响广告媒体的各种因素，综合运用各种广告媒体，力求宣传到最广的范围、具有最强的感染力、费用最低廉等。

（三）选择广告媒体时应考虑的因素（原则）

企业在选择广告媒体时，应考虑以下因素。

1. 根据所宣传商品种类、特点选择广告媒体

由于每种商品的性能、特点、使用价值、使用范围和宣传要求各不相同，因此，不能单纯从广告媒体传播范围的大小，来判断媒体选择的优劣。例如，生产资料和生活资料的媒体有所不同；专用商品和通用商品、全国销售商品和地区销售商品等，应从媒体普及于该种商品可能消费的程度，来决定取舍。

2. 根据市场调查和预测，确定选择何种广告媒体

企业应对消费者和市场进行调查，掌握不同地区和职业的消费者需要何种商品，以及消费者的年龄、职业特点、购买力状况、消费习惯等，了解有关商品的市场供求情况及发展趋势。根据调研结果，分析运用哪种广告媒体效果更好，然后做出决定。

3. 根据广告媒体的传播数量和质量来选择

广告媒体数量是指这种媒体所能传播到读者（观众、听众）的大致数量，如报纸、杂志的发行量，广播和电视的听众数和观众数等。广告媒体的质量，是指某种媒体已经建立起来的影响和声誉，以及该媒体的表现和传播特点。企业应从广告媒体的数量和质量两方面进行权衡，择取其效果最佳者。

4.根据企业的广告预算及支付能力，选择最有效的广告媒体

不同的广告媒体，其费用有所差异。广告费包括媒体费用和广告作品制作费用。因此，企业要根据本身的经营范围和支付能力来选择。同时，还要考虑不同媒体的效果大小，权衡轻重，做出合理的选择决定。

（四）广告"新传媒"

广告"新传媒"是建立在数字技术和网络技术的基础之上，延伸出来的各种媒体形式。"新"最根本体现在技术上，也同时会体现在形式上，有些新媒体是崭新的，比如互联网；而有些是在旧媒体的基础上引进新技术后，新旧结合的媒体形式，比如电子报纸和杂志。最为重要的是新媒体能对大众同时提供个性化的内容，是传播者和接受者对等、交互、同时进行个性化交流的媒体形式。

广告"新传媒"主要分为四大类：①以数字技术为核心的新媒体，如数字电视、移动电视、网络媒体等；②以文化传播为主要目的的新媒体形式，如电影植入式广告、电子游戏植入式广告等；③以精确传播广告信息给目标顾客的分众传媒，如电梯广告、手机广告、楼宇广告等；④以媒体创新为标志的新型媒体，如自行车广告、投影广告、车库广告等。

四、广告策略

广告策略是企业在广告活动中，为取得更好效果而采取的行动方案和对策。在广告市场竞争激烈的今天，企业必须重视广告策略决策。

企业在确定广告策略时，要符合以下基本要求：①符合市场营销总策略的要求；②策略目标要合理和易于应用；③策略目标要明确、单一；④要了解广告对象；⑤要明确目标市场所在；⑥要明确对消费者的承诺与保证；⑦要注意创新与协调。企业在制定广告策略时，要充分考虑广告的传播对象、内容、时间、地点、媒体五大要素。企业的广告策略有媒体组合策略、广告产品生命周期策略、广告产品定位策略、广告实施时间策略等。

（1）实效促销，主要是通过产品效果的现场展示，让人信服。如经营强力胶水的经销商想了一个绝招，定制一枚价值4500美元的金币，用该胶水粘在店里墙壁上，并贴出广告，谁揭下金币就归谁，结果吸引来许多人，使产品名声大震。

（2）借名人做广告，指利用名人效应，进行广告。如美国派克钢笔公司刊登一张照片，罗斯福总统正在用派克钢笔写一份文件，标题是：总统用的是派克。从此，派克钢笔成了驰名国际的名牌钢笔。

（3）妙请义务广告员，即企业设计让人们充当义务广告员，以达到扩大宣传、促销的目的。

（4）合法对比法，如感冒药，人们吃后易疲困，而"白加黑"感冒药，用"白天吃白片不瞌睡，晚上吃黑片睡得香"做广告以区别于其他感冒药，收到了良好效果。

五、广告预算与效果评价

（一）广告费用预算

广告费用预算，是广告主投入广告活动的费用开支计划，是企业营销预算的组成部分。广告预算的主要方法有以下几种。

1.销售百分比法

销售百分比法，即按照企业产品销售总额的百分比来确定广告预算。根据企业本年度的销售总额或下年度销售总额预测值，再乘上一个广告费用百分比，就可得到下一年度的广告预

算费用。其优点是计算简单方便,缺点是适应性差。西方发达国家企业的广告费用一般占销售收入的 3%~5%;我国工业企业的广告费一般不超过销售收入的 1%。

2.目标任务法

这种方法的程序是:确定广告目标,确定为实现目标所必须完成的工作任务,估算完成这种工作任务所需的各种费用。这些费用的总和就是广告预算。这种预算方法比较科学,为许多企业所采用。目标任务法的缺点是没有从成本的观点出发来考虑某广告目标是否值得追求。譬如,企业的广告目标是下一年度将某品牌的知名度提高 20%,这时所需要的广告费用或许会比实现该目标后利润的贡献额超出许多。因此,如果企业能够先按照成本来估计各目标贡献值,然后再选择最有利的目标付诸实施,则效果更佳。

3.竞争对峙法

竞争对峙法指企业比照竞争者的广告开支来决定本企业广告开支的多少,以保持竞争优势。在既要保住市场地位,又要避免广告战时,企业的广告费可参照竞争对手的费用支出来确定。这种方法适宜于资金雄厚的大企业。在市场营销管理实践中,不少企业都喜欢根据竞争者的广告预算来确定自己的广告预算,造成与竞争者旗鼓相当、势均力敌的对峙局势。美国尼尔森调查公司的派克汉通过对 40 多年的统计资料进行分析,得出结论:要确保新上市产品的销售额达到行业平均水平,其广告预算必须相当于行业平均水平的 1.5~2 倍。这一法则通常称为派克汉法则。常用市场占有率法,计算公式如下:

$$广告预算=\frac{竞争对手广告费总额}{竞争对手市场占有率}\times 本企业预计市场占有率$$

4.量力支出法

尽管这种方法在市场营销学上还没有正式定义,但不少企业一直在采用。这是根据企业的财力状况做广告,来确定广告预算。也就是说,在其他营销活动的经费被优先分配之后,尚有剩余者再供广告之用。这种方法简单方便,预算不确定,缺乏长远发展计划,有时在竞争激烈或新产品开发市场时,由于费用不足而坐失良机,一般适宜于资金有限的中小企业。但应看到,广告是企业的一种重要促销手段,企业做广告的根本目的在于促进销售。因此,企业做广告预算时要充分考虑企业需要花多少广告费才能完成销售指标。所以,严格说来,量力支出法在某种程度上存在一定的片面性。

(二)广告效果评价

广告效果是广告主通过广告媒体传播信息,给消费者带来的影响程度。这种效果表现在广告注意效果、心理变化效果和唤起购买效果三个方面。

1.广告效果的测定方法

广告效果测定的常用方法,如表 14-7 所示。

表 14-7　广告效果的测定方法

效果	测定内容	测定方法	说明
广告注意	注目率	电话调查法	用电话询问
		问卷调查法	用调查表或走访方式调查
		杂志夹页回收法	通过回收的夹页测定注目率
		客观机械调查法	用安装在电视、收音机中的自动记录装置测定

续表

效果	测定内容	测定方法	说明
心理变化	理解态度记忆动机	面谈法 评价法 联想法 测目法 心理实验法	询问收听、收看广告后的感想 评价广告的优劣 了解通过看某物是否能联想到广告内容 用特制的照相机观察看广告时眼睛运动情况 用专用设备测试人们收看广告时情绪变化
唤起购买	销售情况	销售额调查法 比较法	调查广告播出后销售额的变化 比较广告播出前后销售变化情况

2.广告的传播效果

广告的传播效果,是指看广告的人数和对广告的印象。从广告宣传对象的心理状况来分析,通过广告宣传,能增加认识,强化印象,然后激起购买商品的欲望,促进企业商品销售,这就是广告本身的效果。

传播效果测定的方法主要有:①阅读率、视听率、记忆率测定法;②回忆测试法;③理解度测试法。就第一种方法的计算公式介绍如下:

$$阅读率 = \frac{阅读广告人数}{报刊发行量} \times 100\%$$

$$视听率 = \frac{收看、听广告人数}{电视机、收音机拥有量} \times 100\%$$

$$记忆率 = \frac{记忆广告的人数}{阅读视听广告人数} \times 100\%$$

3.广告的销售效果

广告的传播效果是广告宣传的直接效果,但这在实际生活中难以测定。对企业来说,从广告费的支出看对销售额的影响,虽然很难说是绝对正确,但却非常重要。因为这是企业广告目标的最终标准。

(1)每元广告费增销法。计算公式为

$$R = \frac{S_2 - S_1}{P} \tag{1}$$

$$P = \frac{S_2 - S_1}{R} \tag{2}$$

式中　R——每元广告费增销额;

　　　S_1——增加广告费前平均销售额;

　　　S_2——增加广告费后平均销售额:

　　　P——增加的广告费用。

已知 S_1、S_2 和 P,求 R 时,用公式(1);

已知 S_2、S_1 和 R,求 P 时,用公式(2)。

（2）弹性系数分析法。计算公式如下

$$E = \frac{\Delta S/S}{\Delta A/A}$$

式中　　S——原销售量；

ΔS——增加广告费后的销售增加量；

A——原广告费支出；

ΔA——增加的广告费支出；

E——弹性系数。

当 $E>1$ 时，广告效果好；$E<1$ 时，则效果差。

在进行广告效果分析时，还必须注意：第一，在广告传播效果好，但销售效果不太好的情况下，不能简单否定广告效果，而应从其他方面如产品本身的因素等，进行综合检查。第二，利用某一广告媒体时，由于这一媒体已实现了最大销售量，即使再投入更多广告费，对销售也无济于事，这说明已经达到"饱和水平"。因此，必须注意这一点，以免浪费资金。

六、广告管理

广告管理是指国家、社会和广告业依据有关法规对广告活动的全过程进行监督、检查、控制和指导的活动。加强广告管理，有利于保护消费者利益；促进企业合法竞争；维护市场经济秩序；保护企业权益和保护市场环境。广告管理的方法主要有行政方法、法律方法、自律方法、经济方法和教育方法。我国县级以上人民政府工商行政管理部门是广告的监督管理机关。

我国广告管理是随着改革的不断深化而逐步完善的。1982 年 2 月国务院颁布《广告管理暂行条例》，并于同年 5 月 1 日正式执行，这是我国第一部全国性广告法规，它的颁布与实施，在我国广告管理的进程中具有重要意义。1987 年 10 月 26 日，国务院正式颁布《广告管理条例》，为了贯彻执行《广告管理条例》，国家工商行政管理局于 1988 年 1 月 9 日发布了《广告管理条例施行细则》，它对促进我国广告业的健康发展，起到了一定作用。

为了加强广告管理以及执法力度，规范广告活动，促进广告业的健康发展，保护消费者的合法权益，维护社会经济秩序，发挥广告在社会主义市场经济中的积极作用，1994 年 10 月 27 日第八届全国人民代表大会常务委员会第十次会议通过了《中华人民共和国广告法》，于 1995 年 2 月 1 日正式实施，这是我国广告管理走向法制化轨道的重要标志。

此后，经 2015 年和 2018 年全国十二届、十三届人大常委会通过，最终形成《中华人民共和国广告法》（以下简称《广告法》，2018 年修正）。

（一）《广告法》特点

（1）对广告主、广告经营者、广告发布者做出了明确界定，为我国广告业进一步与国际广告通行做法接轨打下基础；

（2）进一步明确了广告必须履行的社会法律责任；

（3）充分体现了保护消费者合法权益的原则，对于同消费者人身安全极为密切的药品、医疗器械、农药、兽药等商品的广告，规定了发布前的审查制度；

（4）对广告市场准入与广告经营做了明确规范；

（5）加大了广告违法行为的处罚力度。

(二)《广告法》中对商品及服务广告的要求

广告不得有下列情形:①使用或者变相使用中华人民共和国的国旗、国歌、国徽,军旗、军歌、军徽;②使用或者变相使用国家机关、国家机关工作人员的名义或者形象;③使用"国家级""最高级""最佳"等用语;④损害国家的尊严或者利益,泄露国家秘密;⑤妨碍社会安定,损害社会公共利益;⑥危害人身、财产安全,泄露个人隐私;⑦妨碍社会公共秩序或者违背社会良好风尚;⑧含有淫秽、色情、赌博、迷信、恐怖、暴力的内容;⑨含有民族、种族、宗教、性别歧视的内容;⑩妨碍环境、自然资源或者文化遗产保护;⑪法律、行政法规规定禁止的其他情形。

(三)广告监督管理机关及其职能

《广告法》第六条规定:"国务院市场监督管理部门主管全国的广告监督管理工作,国务院有关部门在各自的职责范围内负责广告管理相关工作。县级以上地方市场监督管理部门主管本行政区域的广告监督管理工作,县级以上地方人民政府有关部门在各自的职责范围内负责广告管理相关工作。"

(1)立法和法规解释。国家市场监督管理总局是负责全国广告监督管理工作的决策、指导机关,受国家立法机关和国务院委托起草广告法律、法规,单独或会同有关部门制定广告管理行政规章,制定各类广告发布标准。根据授权负责解释广告行政法规和广告管理行政规章。地方各级工商行政管理局可以依照立法程序和权限的有关规定,受地方立法机关和地方政府委托起草地方性广告管理法规。

(2)广告经营登记。工商行政管理部门依法履行对广告经营资格的审查和批准职能,包括:在专业广告公司注册登记程序中对其从业资格的审查批准,及广告经营范围的核定;核发广告经营许可证;对各类临时性或特殊形式的广告活动的资格审查及广告经营范围的核定。

(3)监督检查。该职能包括对各类广告经营者、广告发布者是否具备从业资格,各类广告活动是否符合国家法律、法规的要求等进行定期的经常性的监督检查,并依法及时纠正。

(4)接受违法广告投诉、查处和复议广告违法案件。

(5)制定广告业发展规划,指导广告业健康发展。该职能包括:研究、制定广告业方针、政策和行业发展规划并组织实施;负责指导广告行业组织的工作。

第四节　营业推广策略

一、营业推广的概念和作用

营业推广又称销售促进或销售推广,是指能够刺激顾客的强烈反应,促进短期购买行为的各项促销措施。营业推广是配合广告和人员推销的市场促销活动。近年来,由于竞争激烈、广告成本上升等因素,新的促销工具不断出现,在企业营销活动中的地位越来越重要。

营业推广有三个基本特点:①具有非规则性和非周期性;②灵活多样性;③短期效益性。作为一种短期的促销方式,营业推广一般具有两个相互矛盾的特征。一是强烈呈现。营业推广的许多方法往往能在消费者的选择前把销售产品强烈地呈现出来,通过这种强烈刺激,迅速消除顾客疑虑、观望的心理和购买惰性,使其迅速购买;二是产品贬低。由于营业推广的很多方法都表现出强烈的吸引氛围,有些做法难免显出企业急于出售产品的意图,如果使用不当,就可能使消费者怀疑产品品质,产生逆反心理。企业在以其他方式促销的同时,短期内需要来消除其惰性,促进商品购买。当然,这种方式的副作用可能造成产品贬低,因而要适可而止,要因地、因商品适度展开营业推广活动。

在我国,随着市场经济体制的逐渐完善,市场竞争将在更大范围和更深层次展开。因此,各种销售促进的工具必将成为许多企业参与市场竞争的有效工具,在企业的促销活动中发挥重要作用。其主要表现在:①有利于扩大企业及产品的知名度;②引起广大消费者注意,并对消费者提供有关信息,促使消费者使用;③促销活动带有奖励,或附赠优待,能够刺激消费者购买;④促销活动往往有明显的邀请赴约的作用,以利于促使消费者参与贸易活动。

企业在应用营业推广方式促销时,一般要做出三项决策:一是确定营业推广的目标;二是选择营业推广的形式;三是营业推广方案的制定、实施与评估。

二、营业推广的目标

营业推广的目标,是增强顾客对商品的认识,培养和扩大顾客的购买欲望,最终增加销量。它主要依据目标市场的购买者和企业的销售目标来确定。因此,营业推广的目标主要有:

(1)以消费者为目标。鼓励老顾客更多地使用本产品,吸引新顾客试用本产品,争夺习惯于购买其他品牌产品的顾客。

(2)以中间商为目标。鼓励中间商大量进货,增加商品储存,特别是季节性产品;激励中间商继续经营本企业产品,提升中间商对本企业产品的忠诚度等。

(3)以推销人员为目标。鼓励推销人员大力推销新产品;促使推销人员开拓新市场;寻找更多潜在顾客;积极推销换季或积压产品等。

三、营业推广方式选择

为了实现营业推广的目标,企业应根据市场类型、推广目标、竞争状况及各种营业推广的成本及效果,做出合理科学的选择。

(一)对消费者的推广方式

直接对消费者的推广方式十分复杂,企业可因时、因地、因人、因物不同而做出适当选择。常用的几种推销工具如下。

1.免费赠送

这是指在顾客购买某种产品时,免费赠送样品给消费者,以刺激消费者需求,从而增加产品销量。赠品的目的是:增加特定区域的销售;介绍新产品;推销过季产品;做市场调查的酬报品;对抗价格竞争;以赠品支援广告,扩大广告效果等。这一类方法,对消费者的刺激和吸引力最大。赠送样品的方式主要有:①直接邮寄;②挨户登门访问赠送;③夹在同类商品包装内;④放在零售商店里,由零售商代为赠送;⑤先送样品试购优待券。送赠品的方式主要有:①随产品附赠;②以赠券、容器或包装调换赠品;③彩券定期开奖,按中奖号码发送赠品。免费赠送主要包括样品、附赠品、赠品印花。免费样品是将产品免费赠送给预期消费者试用和消费的促销方式。在开拓新市场和新产品导入的过程中,免费样品的促销方式可消除顾客接受时的种种障碍,激发消费者的购买欲望。附赠品是消费者在购买时获赠该产品或其他物品的促销方式。免费赠品可以采用加送少量单位的该产品以及在原价基础上加大包装量的方式,也可以采用附赠该企业其他产品的方式。采用赠品印花的方式可以促使消费者持续购买,培养顾客的忠诚度。

2.促销竞赛

促销竞赛是利用人们的竞争心理,通过组织相关竞赛活动达到促销目的的促销方式。促销竞赛包括消费者竞赛、经销商竞赛、销售人员竞赛。消费者竞赛是通过组织消费者参与多种形式的竞赛活动,强化产品的顾客扩散,达到促销目的。开展消费者竞赛的目的主要有:促使消费者购买;打开淡季销路;使消费者"指名购买";介绍商品或包装的改变;引起消费者的兴趣和关心;获得消费者的好感和信赖;以现有产品开拓新顾客等。消费者竞赛常采用如下几种方式:①关于新产品短文竞赛;②为企业或产品"命名"竞赛;③广告语竞赛;④设计商标竞赛;⑤猜谜竞赛;⑥在电视(广播)上提供使用商品经验的竞赛。经销商竞赛一方面可以激发经销商的合作兴趣,使其加大进货和分销力度;另一方面可以密切制造商与经销商的关系,加强彼此协作。销售人员的竞赛有利于增加销售人员个人或团体的销售量,同时也有利于销售人员之间的相互学习和共同提高。

3.折扣优惠

折扣优惠是企业对消费者折扣让利的促销方法。折扣优惠,可使消费者在购买过程中以较低的价格获得更多的产品和利益。具体指给持有人一个证明,证明他在购买某种商品或在本企业购买一定数额的商品时,可以免付一定金额的钱。其赠送对象是:①与企业关系密切的合作者或企业的长期顾客;②社会名流、体育、电视明星等,通过他们提升企业或产品的形象;③投入新产品的目标顾客;④对企业有直接或间接的贡献者。

折扣优惠的方法主要包括折价券、折扣、自助获赠、还款优惠等。折价券是向潜在顾客发送小面额有价证券,持券人凭券购买商品时享受优惠的促销方式。折扣是调低售给消费者的商品价格的促销方式。自助获赠是指顾客将购买某种商品的凭证附上少量货币换取赠品的促销方式。还款优惠是指顾客通过提供购买商品的凭证获取购物的全款或部分款项的促销方式。合作广告是制造商为强化合作伙伴关系,与经销商合作开展广告宣传活动的促销方式。通常制造商提供给经销商的优惠是提供详细的产品技术宣传资料、协助零售商进行店面设计、合作进行广告活动等。

4.组合推广

组合推广即通过一些综合性手段,进行商品促销的方式。它主要包括示范推介、财务激励、联合促销、连锁促销、会员制促销。示范推介是通过对产品的操作示范或组织产品推介活动等形式来进行促销。财务激励是通过消费信贷方式开展的促销活动。联合促销是两个以上的厂商共同开展的促销活动,如航空业与旅游业的联合促销活动。连锁促销是通过连锁方式进行的促销活动。与单个企业的促销活动相比,连锁促销显然具有整体促销的效益。会员制促销是通过会员制或俱乐部的方式,对会员在一定时期进行折扣促销,这有助于吸引顾客享受长期优惠。

此外,还有展销会、工厂开放和商品目录等营销推广方式。展销会是指企业通过交易会、订货会邀请可能顾客前来参观,当场洽谈,并签订交易合同。工厂开放是指为了使消费者能直接了解本企业,可邀请外界人士来厂参观。通过参观给消费者的印象,远胜过电视、广播等促销手段。现代市场营销中的商品目录,已不再依赖文字说明,而是主要靠照片等图形。如果商品目录的编辑和印刷都很成功,则用图片向消费者说明,远比推销员空口讲话更有效果。

(二)对中间商的推广方式

对中间商主要采取的推广方式有:①数量折扣;②经销竞赛;③价格折扣;④承担促销宣传费;⑤对中间商的经营指导;⑥购买时点广告,即 POP 广告(point of purchase advertising),即在消费者购买场所做的各种广告,如户外招牌、海报、橱窗陈列、标价单、招贴等。

四、营业推广方案的制定、实施与评估

(一)营业推广方案的制定

企业在进行营业推广决策时,不仅要确定目标、选择方式,还须制定具体的推广方案。在制定方案时,要考虑奖励规模、奖励对象、发奖途径、奖励期限、总预算等。

(二)营业推广方案的实施与评估

1.营业推广方案的实施

在推广方案实施前,首先,应进行试点效果测试,以确定推广规模是否最佳,推广方式选择是否合适,途径是否有效,鼓励的程度能否达到最高要求,实施的方法效率如何。其次,试点成功后再组织营业推广方案的全面实施。再次,在实施过程中,要实施有效控制,及时反馈信息,发现问题,对原方案进行调整和修改。实施方案包括两个关键的时间因素:①从方案准备到正式公布实施的时间;②推广始末的时间间隔,应该是90%~95%商品卖完的时间。

2.营业推广方案的评估

常采用的评估方法有:①推广前、推广期间和推广后的营业情况进行比较;②进行顾客调查,即调查推广时购买该产品,而事后又转向购买其他品牌商品的顾客数量;③对营业推广的作用、期限等进行细致评估。

第五节　公共关系促销策略

企业的公共关系策略是企业处理与社会公众、组织、政府等方面关系,运用的一些方法、手段和技巧。为了保证企业营销活动的顺利进行和营销目标的实现,企业应重视公共关系促销策略的运用,以处理好各方面的关系。

一、公众关系的定义

公共关系(pubic relations)是指企业为改善与社会公众的关系,增进公众对组织的认知与支持,达到树立良好的组织形象、实现组织与公众的共同利益与目标的管理活动与职能。公共关系初衷是企业或其他组织必须与其周围的各种内、外部公众建立良好关系,社会公众主要包括供应商、中间商、消费者、竞争者、信贷机构、保险机构、政府部门、新闻传媒等。企业形象是其公共关系的核心,一切措施都是围绕着树立良好的企业形象而展开。企业公共关系的最终目的,是促进产品销售、提高市场竞争力。

公共关系的主体可以是组织,也可以是个人,但社会组织、企业组织、非营利组织和政府已成为当今公共关系的主体。市场营销中的社会公众,是指与企业市场营销活动直接或间接相关的个人、群体和组织。他们对企业的市场营销目标和发展,存在着实际的或潜在的利益关系和影响力。其中,主要有顾客关系、中间商关系、政府关系等。企业必须了解社会公众的动态、意见和要求,使企业的营销活动尽可能满足其需求;同时,将企业相关信息告诉他们,使他们能为企业的市场营销提供方便。因此,企业与社会公众关系的建立,主要通过信息交流来实现。

企业与市场公众之间的信息传播次序主要有两种方式,即人际传播和大众传播。人际传播是指人与人之间直接进行的社交活动,如推销员走访用户、座谈会、记者招待会等。其优点是:①面对面交流,给公众留下亲切感;②信息反馈、传播效率高;③可及时调整交流内容,并能

做必要的解释和澄清。但是,人际传播受时间、地点和参加人数限制,传播范围较小。大众传播是指通过传播媒介向社会公众提供信息。传播媒介可分为印刷手段的大众传播和视听手段的大众传播。大众传播比人际传播迅速、广泛,但传播是间接的,缺少立即反馈的反应系统。企业应从实际需要出发,综合运用这两种方法,以求达到最佳的传播交流效果。

二、公共关系的职能

一般而言,公共关系的目标是促使公众了解企业形象,通过企业与公众的双向沟通,改善或转变公众态度。公共关系的职能主要表现在信息监测、舆论宣传、沟通协调与危机处理四个方面。

(一)信息监测

公共关系所需监测的信息范围很广,主要有两大类,即企业形象信息和产品形象信息。企业形象信息包括公众对本企业组织机构的评价,如机构是否健全、办事效率如何等;公众对企业管理水平的评价,如对经营决策和营销管理的评价等;公众对企业人员素质的评价,如对决策者的战略眼光、决策能力、创新精神及员工的专业化水准及敬业精神等评价;公众对企业服务质量的评价,如对服务态度、服务质量及责任感等方面的评价。产品形象信息包括公众特别是用户对产品价格、质量、性能、用途等方面的反应,对于该产品优缺点的评价以及如何改进等建议。

(二)舆论宣传

公共关系作为沟通与促销组合因素之一,在刺激目标受众对企业产品或服务的需求、改善形象、提高知名度和美誉度等方面起着重要作用。企业应重视通过广播、电视、报刊等大众媒体的宣传,或通过策划相关的公共关系活动,来增进公众对企业的正面了解,形成正面评价。对外而言,要积极争取沟通当好"桥梁",一旦出现纠纷,应设法及时沟通,防止矛盾扩大。与广告相比,公关宣传更加真实可信,更易被公众所接受,使公众留下深刻印象,而且费用还微乎其微。

(三)沟通协调

企业是一定外部环境与内部条件综合作用的产物。对内而言,公共关系人员要尽力避免各种摩擦的产生,做好上情下达与下情上达工作,并为各职能部门之间的沟通当好"桥梁",借助情感沟通和心理认同,增强企业的凝聚力。对外而言,要积极争取社会公众对企业的理解和信任。一旦出现矛盾纠纷,应及时沟通,防止事态扩大,尽快消除不良后果。

(四)危机处理

企业环境监测是公共关系部门的重要职能之一。信息监测工作的一个重要任务便是通过合理的工作机制进行危机预警管理。当企业遇到危机事件且使企业形象受损时,公关人员应该及时应变,妥善处理危机。在查清事情原因的前提下,如果是因为公众的误解或他人蓄意陷害,要充分利用大众媒体进行必要解释。公关人员不应该与公众对立,而应以事实说话,帮助公众认清事实,必要时可借助法律手段来保护企业形象。如果是因企业自身过失危害了公众利益,则应实事求是,主动承担责任,并应尽早将处理结果和改进措施公之于众,以获得公众谅解,把恶劣影响降到最低。

三、公共关系的对象

(一)顾客关系策略

在市场经济条件下,顾客需求是企业市场营销活动的中心和出发点,也是企业生存与发展的前提。因此,良好的顾客关系是企业公共关系活动的首要目标。企业一方面要维系、巩固已有顾客,另一方面还要尽可能争取新顾客。

为了建立良好的顾客关系,首先,企业的公共关系人员要明确企业的顾客是谁;其次,进行企业与顾客之间的信息交流,了解顾客对企业产品的态度。顾客对企业产品往往有如下几种态度:①完全满足;②不太满足;③保持沉默;④表现出抱怨;⑤减少产品订购;⑥采用本企业竞争对手的产品。对于形成各种态度的原因,要进行分析,并根据顾客要求,改进工作。同时,应将企业有关信息,如质量、价格、服务、获奖情况等,通过传播手段,及时传播给顾客,使其充分了解、认识企业及产品。企业与顾客信息交流,通常采用口头交流、印刷品发放、视听手段等形式。如美国的宝洁(P&G)日用化学产品为公司首创"顾客免费服务电话"就是处理企业与顾客关系的一种有效策略。

处理与顾客关系时,要特别注意顾客的意见和抱怨。一般来说,企业永远不可能满足所有顾客的要求,有时顾客会写信、打电话,甚至找上门退货或提出抗议。对于正确的,企业应诚恳接受,加以改进;对于不符合事实的,热情接待,耐心解释。总之,不管在什么情况下,对顾客的抱怨,都要做出迅速答复、诚恳说明、及时解决。这样,能较快地使顾客平静下来,防止事态蔓延,尽量缩小影响,维护企业信誉。

(二)中间商关系策略

企业在市场营销活动中,还要与中间商(包括经销商、代理商、批发商、零售商等)发生交易关系,企业大多数产品是由中间商进行销售的。因此,企业与中间商之间必须开诚布公、友好合作,维持长期的互相协作关系。搞好与中间商的关系,有助于争取中间商的合作,而且还可促使中间商积极宣传、维护企业产品的声誉。

处理与中间商的关系,首先,企业必须向中间商提供品质优良、设计新颖、适销对路、价格合理、供货迅速、质地好的商品;其次,提供各种便利和服务;再次,要重视与中间商的信息双向交流。其交流手段可采用:①中间商信息期刊;②宣传小册子;③年度报告;④直接接触,如招待会、意见听取会、联谊会等;⑤产品展览。

(三)供应商关系策略

企业为了维持生产和经营活动的正常运行,就必须通过市场的各种渠道,从供应商那里购买所需要的各种原材料、燃料、动力及零配件、工具和设备。供应商能否及时提供各种商品和原料,直接影响生产和经营活动的正常运转和经济效益。因此,维持良好的供应商关系,对促进企业销售有着很大帮助。

企业与供应商之间,应建立互惠互利、密切合作的关系。企业应做到:①建立健全双方间的信息交流制度,共同负责、互相尊重。②企业应向供应商提供有关资料及要求,以便使供应商按照企业所需进行供应。③交易前应签订供需合同或协议,并明确处理争端的方式。如果出现争执,就有章可循,在友好的气氛中解决争端。④经常收集供应商对企业策略、采购制度的意见和建议,并通过供应商了解社会环境和市场变化。

(四)政府关系策略

政府机构具有领导组织国家经济建设的职能,任何一个企业作为社会经济大系统中的子系统,都必须服从政府对社会经济的统一管理。一个有战略远见的企业家,应该目光远大、反应灵敏、吃透政策、执行法规。在市场经济条件下,国家的管理职能主要以间接宏观调控为手段,以企业服务为中心。企业与政府的关系包括:与税收部门的关系;与工商行政管理部门关系;与公、检、法的关系;与经济管理综合部门的关系等。

要正确处理好企业与政府各部门的关系,应做到如下几点:①企业应遵守国家法令、法规,在法律范围内从事经营活动。②企业应照章纳税,不偷税,不漏税。③不生产出售假冒伪劣商品。④不采取非正当竞争手段。⑤不侵犯消费者权益。⑥从管理部门获取有关信息。⑦向管理部门反映情况,取得他们的指导和帮助。⑧及时了解国家政策的发展动向及经济发展趋势,作为企业决策的参考。

企业在处理好同以上公众(外部)关系的基础上,为了鼓舞士气、增强向心力、吸引力和凝聚力,还应处理好企业内部关系。开展企业内部公共关系活动,目的在于加强团结,提高素质。企业内部公共关系活动应从物质利益和精神需求入手,充分调动企业职工积极性,主要包括:一是满足职工合理的物质利益。追求物质利益是人们从事某种活动的基本动力,企业应在效益提高的基础上,增加职工收入,提高职工生活水平和生活质量。二是满足职工精神需求。通过公共关系活动,建立、疏通各种信息传递渠道,推行民主管理,增强职工的主人翁责任感,可采用收集职工技术革新、合理化建议给予奖励等。同时,做好上情下达,下情上呈,形成一个团结、协作的氛围。企业内部的关系协调,应包括:①领导与职工的关系;②领导之间的关系;③职工之间的关系;④部门之间的关系;⑤上、下级之间的关系;⑥党、群、工、行政之间的关系等。

四、公共关系的实施步骤

公共关系的主要职能是围绕企业形象进行信息搜集、传播、沟通、咨询、建议、协调和引导。作为一个完整的工作过程,公共关系包括四个相互衔接的步骤。

(1)公关调研。调查研究是做好公共关系工作的基础。公关调研的主要内容包括企业现状、公众意见以及社会环境三个方面。

(2)公关计划。企业公共关系的具体目标分为传播信息、转变态度、唤起需求。企业应根据不同时期的公关目标,结合公众对企业认识、信赖的实际状况,制订具体的公关计划。

(3)公关实施。公关计划的实施是整合公关计划与公关方式的具体操作过程,实施过程中要充分考虑企业发展阶段公关目标及重点、公关预算、公关媒介等各种因素,实现有效的传播和交流,从而达到良好的公关效果。

(4)公关评价。公关工作的成效,可从定性与定量两方面评价。传播成效的取得,是一个潜移默化的过程,在一定时期内很难用统计数据衡量。有些公关活动的成效,如理解程度、抱怨者数量、传媒宣传次数、赞助规模与次数等,可以进行数量统计。

五、营销危机及公共关系策略

企业营销危机的出现不可避免,其产生的根本原因是环境突变,使企业的产品销售或信誉遭到了严重威胁。

进入21世纪后,我国企业面临的营销环境发生了巨大变化,市场竞争更加激烈,网络技术的冲击,难以预料的灾难,都有可能导致企业营销出现重大危机。企业营销者的重要任务之一,就是要善于预警危机,并做好转化工作,在危机中寻找发展机会。

(一)营销危机产生的原因

(1)营销决策失误。由于市场调研不科学,导致信息片面,易造成决策失误,给企业营销带来影响,如"巨人"集团当年进入房地产行业。

(2)营销理念错误。企业违背"以消费者需要为中心"的营销理念,缺乏基本的营销伦理,侵害消费者权益,导致出现营销危机。如南京"冠生园"事件,最终导致企业破产被拍卖。

(3)营销策略失误导致营销危机。如过度依赖广告战、价格战,服务差、市场信息反馈不灵、产品质量问题、营销团队出走等,都反映了企业在营销管理方面的缺陷。

(二)预防营销危机的公共关系策略

预防营销危机,关键是要建立营销危机的预警及控制系统,并对症下药,化解营销危机带来的风险。

1.化解危机的策略

(1)引导性策略。即在出现危机时,及时疏通,加以正确引导,防止危机进一步恶化。

(2)缩减性策略。即在出现危机后,为了保存营销资源,以便东山再起,可先退出市场。

(3)转移性策略。主要包括产品用途转移、市场转移和资源转移。

(4)联合性策略。与有优势的企业进行合资、合作或组建策略联盟,有利于形成新的优势,以提高企业的生存能力,增加发展机会。

2.化解营销危机的公共关系策略

(1)正视危机。当危机出现时,通过公开媒介正面迎战危机,通过新闻发布会等方式向公众道歉。

(2)以情动人策略。同消费者进行"情感式沟通",化解对立,使危机朝着有利于企业的方面转化。

(3)及早觉醒,及时补正。即企业面对营销危机,应以敏锐的感觉,及早发现,及时采取措施,向消费者及公众说明真相,以获得公众的理解与原谅。

关键概念

促销　营销沟通　促销组合　人员推销　广告　广告策略　广告管理　营业推广
公共关系　公共关系策略

复习思考题

1.企业促销应坚持哪些原则?

2.促销中的信息传递有几种方式?

3.分析影响企业促销的因素。

4.何谓促销组合? 企业如何进行促销组合策略决策?

5.对比分析促销策略的两种主要方式。

6.人员推销有什么功能?

7.推销人员应具备哪些素质? 如何选择推销员?

8.如何做好推销员的绩效评估?

9.人员推销有哪几种主要策略?

10.什么是广告? 它有什么作用?

11.广告设计的形式有哪几种?

12.如何选择广告媒体?

13.新媒体分为哪几类?

14.如何评价广告效果?

15.在我国如何做好广告的管理?

16. 营业推广的目标有哪几种？如何选择营业推广方式？

17. 企业的公共关系策略有哪几种？

18. 企业怎样处理顾客的抱怨？

案例分析

脑白金广告：最恶俗，最成功

在史玉柱的营销案例中，以"脑白金"的营销最为让人印象深刻，作为中国广告史的异类，脑白金在中国做了10年广告，连年都被评为"十大最差广告之首"，但是就是这款广告，建立了史玉柱商业王国的基础。

说起脑白金，估计连三岁孩童也能唱出来"今年过节不收礼，不收礼呀不收礼，收礼只收脑白金，脑——白——金"。脑白金是一种普通的保健食品，其功效屡遭专家质疑、媒体批评和消费者的非议，品位低下的广告更让人感到难受。然而，就这样一个产品，靠着这样的广告，竟然风靡神州，创造了销售奇迹，成了时尚的礼品，真是令人匪夷所思。

保健品业因其准入门槛低和初期的暴利收益，成为众多公司竞争的战场。据不完全统计，自1990年以来，共有数百家大小公司涉足过保健品业，而其中知名品牌更是不计其数，如飞龙、巨人、三株、红桃K、太阳神、中华鳖精、青春宝……如此多的品牌集中在十年时间里爆发，无序与混乱是不言而喻的事实。"江山代有人才出，各领风骚三五年。"保健品的品牌更替成为常态，这种过度频繁的诞生与死亡，使整个保健品业成为一片血腥的红海。但脑白金能够经过十余年竞争仍然屹立不倒，跟史玉柱的广告策略有着极大关系。

1. 市场启动期：报纸媒体软文启动市场

脑白金的广告策略，追求最有效的途径、最合适的时段、最优化的组合，不求全但求到位。在市场启动期，脑白金基本以报媒为主，选择某城市的1～2家报纸，以每周1～2次的大块新闻软文，集中火力展开猛烈攻势，随后将十余篇的功效软文轮番刊登，并辅以科普资料作证。这样的软文组合，一般一月后就会收到了效果，市场反响强烈。报媒为产品开道，大大唤醒了消费者需求，刺激引导了消费者的购买欲望。

2. 成长及成熟期：电视广告轮番轰炸

脑白金在成长期或成熟期，媒体重心则向电视广告转移。电视广告每天滚动播出，不断强化产品印象，使广大中老年人有更多的机会接触电视，接受产品信息。脑白金电视广告分为三种版本：一为专题片，二为功效片，三为送礼片。三种版本广告相互补充，组合播放，形成了铺天盖地、狂轰滥炸的态势，产生了不同凡响的传播力度。脑白金在产品成熟期，有8部专题片，每天播放的科普片不会重复。一般在黄金时段播放一次，视具体情况而定。脑白金的送礼广告，更趋向于黄金时段，强调组合使用、系列性，但时间上会错开。

营销天才史玉柱的广告策略，一直备受争议。人们都骂他的脑白金广告恶俗，连年被评为"十大最差广告之首"。现在，第二位也被他占据了，是他的另一款保健品——黄金搭档。有讽刺意味的是，就是这样公认的恶俗广告，却把史玉柱缔造成了身价500亿元的商业奇才。恶俗而实效的"史氏广告"背后，到底藏着什么秘密？有学者将其提炼成"史玉柱10条广告法则"，分别是721法则、测试法则、强势落地法则、长效俗法则、公关先行法则、塔基法则、公信力法则、第一法则、沸点法则与聚焦法则。

3.史玉柱的广告经验

(1)很多老人很喜欢脑白金,但是因为太贵他们不愿意自己买,但是子女给买他们就很开心,因此,脑白金是卖给有父母的年轻人的。

(2)打广告的目标是要人记住,广告最怕变来变去,如果一变,以前的广告效果积累就会消失。因此,广告的效果在于积累,脑白金的广告几年不换。

(3)相对于广告本身,广告语更重要,更不能变,广告语很重要,必须要让人记住,病句就很容易让人记住,"今年过节不收礼,收礼只收脑白金"就是一个病句,这个病句用了10年,全中国人都记住了。

(4)九成以上的消费品的企业,其命脉在于营销,营销的命脉在广告。如果公司是营销驱动型的,那么广告就是公司最重要的一项业务,必须一把手来抓。

(5)如果让广告公司做创意,十个创意有十个要瞎。因为做广告,一定是对自己的产品最了解的人,对消费者体会最深刻的人,才能做好。

(6)"最佳"广告,第二年就死掉了,"最差"的广告,10年后还活着。"脑白金"广告就是那个最差的广告,因为播得太多,大家印象太深刻了,而大家心里对广告是抵触的。但是广告效果好坏与对广告的评价本身没有关系。

(7)投放广告要集中投放,要在某一个时间段,充分地占领投放渠道,形成集中优势,要么没有,要么铺天盖地,消费者才能记住你。

(8)投放广告投放的时机很重要,子女回家的时候,端午、中秋、春节,是最重要的时间段。

(9)明星代言没有用,用户只对明星感兴趣,对于明星打的什么广告不感兴趣。

问题讨论:

1.试分析脑白金广告为何越恶俗,越成功。

2.脑白金广告策略有哪些值得国内同行借鉴?

第十五章　市场营销计划、组织、执行与控制

　　营销管理的五要素是：计划、组织、执行、控制和激励。通过本章的学习，能够对企业的环境、目标、战略、营销组织和营销组合诸方面进行独立的、系统的、综合的定期审查，以发现营销机会，找出问题所在，进而保证企业的市场营销战略和策略得以有效实施。

　　企业营销计划是关于某个产品或具体品牌如何进行市场营销活动的安排和要求。制订、实施市场营销计划，评估和控制市场营销活动是企业市场营销组织的重要任务。如何建立企业的市场营销组织，以及选择什么样的市场营销组织则是企业管理的另一个重要任务。

第一节　市场营销计划

　　任何组织的任何工作都始于计划。企业的市场营销工作也不例外，著名的营销学教授菲利普·科特勒就曾说过，战略的正确性比它是否能立即盈利更重要，而战略始于企业的计划工作。营销计划制订为企业如何利用其特有优势提供了一个分析框架。制订和实施营销计划，是市场营销组织的基本任务。计划是对未来事件和环境进行预期并为实现组织目标而选择行动方案的过程。组织的营销计划就是关于某个具体产品或品牌如何进行市场营销的安排和要求。它的重点是产品与市场，是在某个市场实现产品目标的市场营销战略的具体化。所以，市场营销计划是规划、协调市场营销活动的主要依据。

一、市场营销计划的层次性

　　从营销计划所涉及的范围或内容对其进行分类，一般可以分为战略性营销计划和战术性营销计划。

（一）战略性市场营销计划

　　所谓战略性营销计划，就是确定一个组织的主要营销目标，并实施为最终实现这些目标而服务的行动方案，其中包含着对必要营销资源的安排和配置。战略性计划为组织的营销者指明了组织营销的长期方向。所以，战略性营销计划对企业的前途有着重大的影响。而战略性市场营销计划又因为其目标和导向的不同分为市场导向的营销战略计划和竞争导向的营销战略计划。

　　1.市场导向的营销战略计划

　　市场导向的营销战略计划（market-oriented marketing strategic planning）是在组织营销目标、营销技能、营销资源和各种变化市场机会之间建立与保持一种可行的适应性管理过程。它的目标就是塑造和不断调整公司业务与产品，以期获得目标利润与发展。

　　2.竞争导向的营销战略计划

　　竞争导向的营销战略计划是在深刻明确和了解竞争对手的优势与劣势以及行为意图的基

础上,合理配置公司的营销资源,以达到克敌制胜,实现自身营销目标的战略性安排。

(二)战术性市场营销计划

战术性市场营销计划是对战略性市场营销计划的补充和具体化,用来实施企业战略性市场营销计划明确的活动。与战术性市场营销计划不同的是,战术性市场营销计划一般涉及的是短期行为,它关注的是那些企业或组织为实现长期战略性市场营销计划而必须完成的当前的或近期的活动。

战略性决策和战术性决策的失误都会给企业或组织带来巨大损失,尤其是战略决策。例如,联想在 PC 领域经过多年的磨炼,并取得巨大成功之后,于 2001 年开始了所谓的战略转型,提出宏大的发展目标和发展战略,即在原来 PC 领域的基础上大胆地提出了新业务的拓展计划:手持设备、互联网服务、IT 服务等。经过三年的努力,归于失败。2003 年不得不在付出巨大代价下,重归老本行。

二、不同组织阶层的计划工作

市场营销计划是组织内每位营销人员的职责。各组织阶层的经理人员都应安排部分工作时间来做计划工作。但是,不同阶层用于计划工作的时间的相对比例和计划类型一般是不同的。

处在组织最高层的总裁、营销总监等高层的管理人员应比中层和基层管理者投入更多的时间来从事营销计划工作。此外,组织高层人员通常关注的是那些涉及营销的长期性、全局性的计划工作,即战略性市场营销计划。相反,中层管理者,如广告经理、区域市场经理和营销开发经理,则关注的是营运方面的营销计划工作,包括制订并实施本部门或本职责内的战术性营销计划。而基层管理者通常就是制订为完成本部门职责目标的具体营销计划。表 15-1 总结了组织内不同管理层的计划工作类型。

表 15-1　不同管理层的计划工作

管理阶层	各阶层计划工作类型	实例
高层管理部门 董事会 总裁 营销总监	战略性营销计划	涉及整个组织的营销目标 基本营销策略 长期性营销计划 总营销预算
中层管理部门 销售总经理 营销调研经理 市场开发经理 广告部经理	战术性营销计划	季度、半年度、年度营销计划 部门营销预算 部门营销政策程序
基层管理部门 区域销售经理 人事主管 营销部门	营运计划	每日或每周营销的工作计划 基层单位的营销预算 基层的营销制度和程序

三、市场营销计划制订过程

营销计划工作始于公司管理层对公司目标的制订。之后,就是制订完成这些目标的计划。图 15-1 描述了营销计划制订的各个阶段。首先是公司层面要完成的工作,如明确公司使命、确定公司目标以及评价公司资源及经营机会与威胁。作为公司的营销部门来说,重要的是对公司使命、目标以及资源和机会的理解。然后,在此基础上制订公司的营销计划,即制定营销战略、通过营销计划来实施营销战略和获取必要的信息对营销战略及计划实施控制和调整。

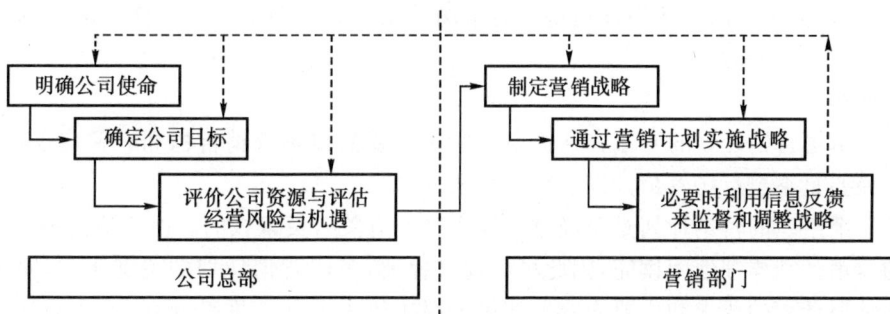

图 15-1 市场营销计划制订过程

(一)明确公司使命

计划工作的第一步就是确定公司的使命,即公司区别于其他公司的基本目的。使命规定了公司的总目标和经营范围,并为以后的营销活动提供了指导方针。使命的更改意味着公司的经营范围和营销管理理念发生了重大变化。

【例如】TCL 公司是我国一家著名的家电制造公司,公司在其网站上刊登的公司使命是:"创建具有国际竞争力的世界级信息家电制造企业"。再如,联想集团在其公司网站上公布的公司使命是:"为客户:联想将提供信息技术、工具和服务,使人们的生活和工作更加简便、高效、丰富多彩;为员工:创造发展空间,提升员工价值,提高工作生活质量;为股东:回报股东长远利益;为社会:服务社会文明进步。"显而易见,联想公司的使命就是要让全世界享用联想提供的全方位的信息产品和服务。在此基础上,联想的远景是"高科技的联想、服务的联想、国际化的联想"。

(二)确定公司目标

企业在确定公司的使命或任务后,还应将其具体化为企业的营销目标,形成一整套目标体系,使每一位管理者都有明确的目标,并将目标数量化,以保证实现。这种制度称之为"目标管理"。

(三)评价公司资源及评估经营风险与机遇

营销计划工作的第三阶段就是对公司的优势与劣势以及环境提供的机遇与挑战做系统的分析和评估,这是计划工作必须考虑的两个重要因素。

公司资源与能力包括生产能力、销售能力、财务状况、技术水平和员工素质等。公司的计划人员应当正确评估公司在这些方面的优势与劣势。这些优势是公司确立公司目标、制订目标实施计划以及利用营销机遇的有利因素。公司面对的外部宏观环境和微观环境都可能对营销机会产生影响。这些机会既可能来源于外部环境,也可能来源于企业内部。

(四)制定营销战略

营销目标是服务于公司总目标的。相反,明确了公司目标以后,营销部门就要在公司目标的指导下制定本职能部门的目标及其战略。

关于营销战略的制定及其内容以及在战略指导下的具体营销计划及其实施,我们在市场营销计划的内容和形式部分有详细的介绍。

四、营销计划的内容和形式

营销计划是指导、协调组织市场营销活动的主要依据。所以,在考察企业内外环境的基础上,制订一份适合本部门的营销计划是开展市场营销活动的前提。一份完整的市场营销计划主要包括以下七个方面。

(一)提要

提要是市场营销计划的开端。在提要里要对主要的市场营销目标和有关建议,简短地给出概述。提要是整个市场营销计划的精神所在。

通常一个组织的营销计划是要经过上级主管或有关人员审核的。由于他们不一定有时间把全部的营销计划详细地阅读完,因此可以通过提要,了解营销计划的关键所在,便于他们迅速了解和掌握计划的要求和主要内容。如果上级主管需要仔细推敲计划,可查阅计划书中的有关部分。所以在形式上,最好在提要的后面,附列整个计划的目标;同时,在提要的有关内容中用括号注明计划书中的具体页码。

(二)背景或现状

这部分提供与市场、产品、竞争、分销以及现实环境有关的背景资料。

1. 宏观环境

阐述可能影响组织营销的宏观环境(政治、经济、社会文化和科技)的有关因素,以及它们的现状与未来的发展趋势,尤其是对关键因素要有清楚的了解和把握。

2. 市场形势

描述市场的基本情况,包括市场现有规模与增长速度。分析过去几年的总量、总额,以及不同地区或细分市场的销售状况;提供消费者或用户目前的需求现状、消费观念和购买行为分析以及未来的发展趋势。

3. 竞争形势

竞争形势主要是针对竞争对手调查的有关结果。其中,包括竞争对手的规模、目标、目前的市场占有率、增长率、主要的竞争战略和策略以及他们在营销组合的各个方面的运作现状和最新动向。

4. 产品情况

产品情况主要包括过去及现在企业产品的销售、价格、利润方面的情况。如果企业同时营销多个产品或品牌,还要对每个产品或品牌的现状和发展趋势做出比较分析,以便展开更有针对性和策略性的营销计划。

5. 分销情况

分销情况主要指各条分销渠道的销售情况,各条渠道的相对重要性及其变化趋势,并预测分销渠道的发展趋势。同时还要说明各个经销商的有关情况以及对他们的有关激励政策和交易条件等。

（三）内部竞争力分析

这部分主要是通过分析企业现状，找出企业目前的主要机会与威胁、优势与弱点，以及面对的主要问题。

（1）通过对企业所面对的机会和威胁的分析，找出目前或未来能够左右企业发展的主要因素，并对这些因素按轻重缓急分析优先顺序，以便企业能将有限的资源放在那些更重要、更紧迫的事情上。

（2）通过优势与弱点的分析，说明企业内部资源与能力的主要特征。对企业优劣势的分析是企业配置资源应对挑战的前提。所谓的优势就是企业用于开发机会、对付威胁所具备的内部因素，弱点是企业因此必须改进、完善的内部条件等。

（3）通过以上问题的分析，要将企业的资源与能力的优劣势与企业所面对的机会与威胁进行匹配，用来确定计划中必须强调和突出的主要方面，帮助企业形成有关市场营销的目标、战略和策略等。

（四）目标

明确问题以后，需要做出与目标有关的选择，为后面战略的制定提供指导。目标包括两大方面，即财务目标和市场营销目标。追求财务的成功是企业存在的根本。

必须强调的是，在设置目标时要注意以下两点：一是目标不能只是概念化的，要尽可能地量化成可以衡量的指标，以便日后进行考核；二是要将近期目标与长远目标结合起来，不能为了追求眼前的增长，而进行竭泽而渔的投资。

（五）战略及策略

目标确定以后，接下来就是要寻找实现目标的途径。同样的目标可以通过不同的途径加以实现，正所谓"条条道路通罗马"。但到底选择哪一种途径则要进行深入分析和权衡比较，通过权衡利弊以后，不仅要找出企业最佳的营销战略，还要对战略进行详细的说明。

一般来讲，企业的市场营销战略主要包括三个方面。

1. 目标市场战略

目标市场战略主要是说明企业及产品或品牌准备进入的细分市场。不同的细分市场在顾客偏好、对企业市场营销行为的反应、盈利潜力等方面是各有特点的，所以企业需要在精心选择的目标市场上，慎重地分配其市场营销资源和能力。

2. 市场营销组合战略

在选定目标市场以后，企业要从产品、价格、渠道以及促销等方面制定一体化的营销组合战略，以实现企业的市场营销目标。市场营销组合的不同安排会导致不同的市场营销组合战略，所以企业要根据市场与企业的实际，辨明主次、从中选优。

3. 市场营销预算

任何一种营销计划都是在一定的预算约束范围内展开的，市场营销预算是要求营销人员在制订和选择营销计划时，要注意计划的经济性。

在制定营销战略过程中，营销部门要与企业其他部门（如生产部门、采购部门和研发部门）沟通、协商，以取得他们的信任和对市场营销战略的支持，这一点十分重要。否则，由于缺乏沟通，常常使得部门之间、计划人员与操作人员之间产生矛盾，导致计划难以实行，从而成为一纸空文。

战略必须具体化，从而形成一整套可实行的策略和战术，即具体的营销计划。也就是说，从什么人,在什么地方,何时做、做什么以及花费多少成本和最后要达到的目标等方面的具体安排。只有这样,战略才可能成为具体的行为,才便于以后的监督和控制。

(六)损益预测

决定了目标及制定战略和战术以后,一般情况下可以编制一份损益预测报告作为执行和控制战略及战术行为的依据。预算书分为收入栏、支出栏和损益栏。收入栏下列销售数量和单价;支出栏下列销售成本、储运成本和营销费用各栏;收入减支出记入损益栏下。

(七)控制

控制是计划的最后一部分,主要说明如何对计划的执行过程、进度进行管理。常用的做法是将目标按月份或季度以及组织或人分解开,并在执行过程中进行监督和控制,掌握各个环节的完成情况,分析未完成任务的原因,以便修正计划的执行行为。需要强调的是,根据计划的弹性原则,市场营销计划的控制部分还要有应对意外事件的应急计划,以增强企业或组织应对突发事件的能力。

第二节　市场营销组织

企业营销计划的实施与营销目标的实现,是借助于一定的组织来实施的,这些组织构成市场营销的组织机构,它是企业为了实现营销目标,对企业的全部营销活动从整体上进行平衡协调的有机结合体。设计高效率的市场营销组织,是企业营销活动有效运行的保证和基础,它是整个营销活动的协调中心和指挥部,对企业营销的成败起重要作用。

一、营销组织机构设置原则

(一)组织与环境相适应原则

营销活动是一个动态的变化过程,企业的组织结构只有和环境相适应,才能提高企业市场适应能力和应变能力,提高竞争能力。随着我国市场经济体制的建立和完善,企业在实现营销观念转变的同时,还必须同时完成营销战略的重大转变和企业内部组织机构的重新设计和重大调整。

(二)目标原则

战略目标是企业营销活动的出发点,营销组织机构的设计和建立,要有利于企业战略目标的实现。坚持目标原则,一方面,要做到营销组织机构与目标的一致,即企业市场营销组织机构的设置和规模,要与所承担的任务与规定达到目标一致起来;另一方面,要使营销组织的目标与企业总目标以及各职能部门目标相互平衡衔接,并协调一致,促使组织机构设置的合理性。

(三)责、权、利统一原则

责、权、利相统一的原则,是任何组织正常运行的前提条件和必备条件。市场营销组织机构的设计和建立,应坚持这一原则,实现三者的有机结合,使其既有压力,又有动力,促使其积极主动完成营销任务。

(四)整体优化、统一指挥原则

企业的营销组织机构,是由若干部门和环节组成的统一有机整体,必须坚持局部服从整体,实行统一领导的原则。同时,要处理协调好局部利益与整体利益、短期效益与长期目标、权力集中与分散的关系。

（五）精简、灵活原则

营销组织机构的设置，要坚持精简高效、灵活的原则。机构庞大，不利于提高决策的效率和加速信息流动，不利于提高企业对市场环境变化的适应能力和应变能力。灵活也就是企业的组织能力应随着环境的变化，做出及时地调整，使营销组织具有一定的收缩能力和扩张能力，以提高营销效率。

（六）效率原则

企业营销组织机构的建立，要求达到运转灵活，高效率。这就要求做到组织机构设置合理，作业流程和管理程序科学化和制度化，做到效率与效益的统一。

（七）合理用人原则

人、机构、程序是构成组织的三大要素。组织的有效运行，关键取决于组织内部的人际关系和人员的素质。这就要求人的选择，要高标准、严要求，为每个人安排最佳位置，以协调组织内部的人事关系，发挥每个人的创造性和积极性，保证组织的高效运转。

二、营销组织机构模式

现代企业的市场营销组织是经过长期演变发展而来的。随着经济环境的变化，企业的市场营销管理组织也在变化。其主要表现在两个方面：一是市场营销部门在企业内部地位的变化；二是营销部门本身机构的变化。

（一）营销部门地位的演化

销售组织机构见图 15 - 2。

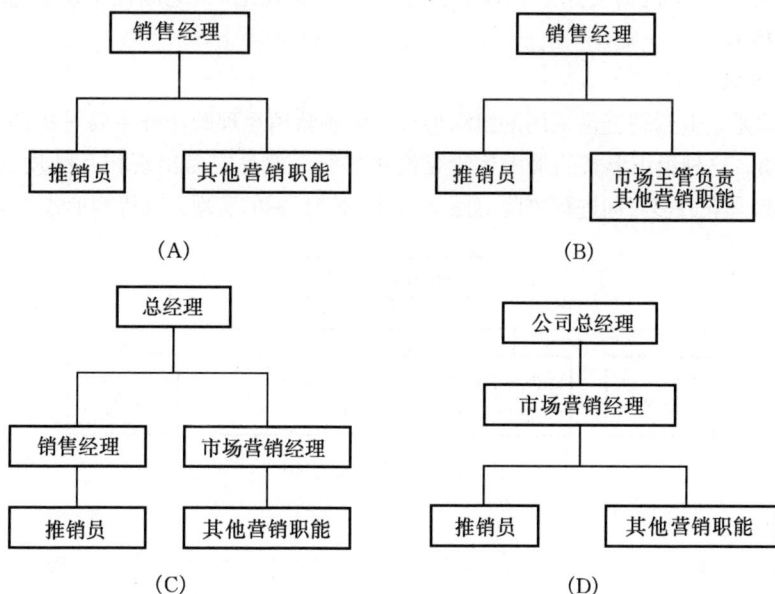

图 15 - 2　销售组织机构

1. 简单的销售部门

在这一阶段，生产是企业经营管理的重点，企业的目标、规划及产品价格主要由生产及财务部门制定，销售经理的主要职能是管理推销员，促使他们推销更多的产品。其机构见图 15 - 2(A)。

2.销售部门兼管其他职能

随着公司业务范围的扩展和规模的扩大,公司必须进行市场调查、广告宣传及顾客服务。此时销售经理可聘任市场主管计划、指挥、控制那些非推销职能。其机构见图 15-2(B)。

3.设立独立的市场营销机构

当公司规模持续扩大,其他市场营销功能对推销工作更重要时,公司应设立一个独立于销售部门的市场营销机构。此时,市场营销和销售在公司中是两个独立和平行的部门。其机构见图 15-2(C)。

4.设立现代市场营销机构

为了解决销售和市场营销机构之间的竞争和矛盾,将二者合为一个部门。其结构见图 15-2(D)。

5.成立现代市场营销公司

当公司的所有成员认为:公司的所有部门都是"为消费者服务","市场营销"不是公司某个部门的名称,即公司确立了"以消费者需求为中心"的现代营销哲学时,市场营销部门才成为真正的"现代市场营销公司"。

现代市场营销公司在组织机构设置时应做到:①设置独立的市场调研部门,以确定消费者的需求是什么,以及公司应提供什么样的产品和服务来满足这些要求。②市场营销部门应参加新产品的开发。③市场营销经理应该具有相当于副总经理的地位和权力,直接向总经理负责,参与公司重大问题决策。④市场营销部门负责公司全部的市场营销职能。

(二)市场营销组织机构模式

企业市场营销组织机构模式或具体形式主要有功能式组织、地区性组织、产品式组织及市场式组织四种模式。

1.功能式组织

功能式组织是企业营销普遍采用的组织形式。市场营销经理的任务主要是协调各专业职能部门的关系和活动。这种组织形式的最大优点是简单易行。但是容易出现相互扯皮、无人负责的现象,需营销副总经理花较多时间进行协调,而影响企业营销目标的实现。其机构形式如图 15-3 所示。

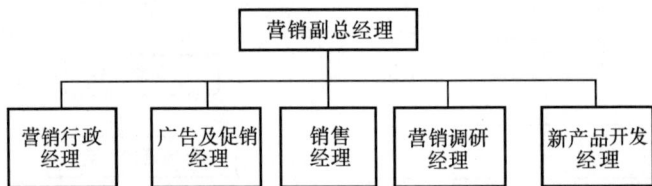

图 15-3　功能式组织

2.地区性组织

如果公司的业务范围遍及全国时,就应按地区设置组织机构。地区经理熟悉该区域市场情况,负责制订公司在该地区的销售计划,并组织实现。其机构形式如图 15-4 所示。

3.产品式组织

实现多角化经营战略的公司,生产众多品牌的产品,如果产品间差异很大、品种繁多,功能式组织就不能适应这种要求,因此就出现了建立产品经理负责制的产品式组织机构形式。产品式机构组织并不代替功能式组织,而是作为一个管理层次存在。其机构形式如图 15-5 所示。

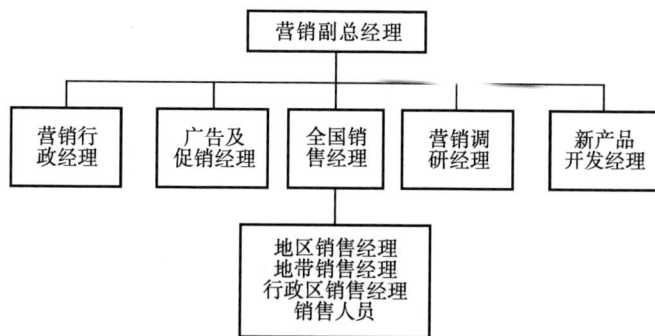

图 15 - 4 地区性组织

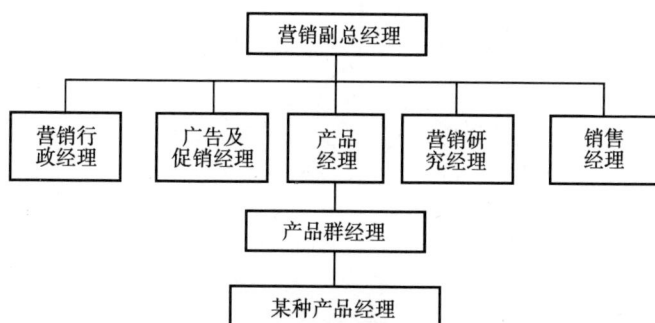

图 15 - 5 产品式组织

产品式管理组织形式于 1927 年由美国宝洁公司首先使用,当时就为了推销"佳美"牌香皂。随后,许多公司在食品、肥皂、化妆品和化学药品等行业,建立了这种组织形式。

产品经理的主要任务为:制订产品推销计划,组织并实施、管理、检查计划执行情况,并采取纠正行为。具体来讲,产品经理的任务有:①制定产品长期的竞争策略;②制订年度销售计划,并做好销售预测;③与广告代理商和商品推销商共同做好广告宣传策划;④激励推销人员和经销商经营本公司产品的积极性;⑤收集有关信息,改良产品,适应市场消费需求;⑥与其他营销部门搞好计划与业务上的沟通与协调。

产品经理组织的优点:①能够为开发某种新产品协调各方力量;②能够对市场上出现的问题做出迅速反应;③能够作为一些厂牌名气小的产品代言人;④是培养年轻主管经理的良好途径,因为产品管理组织形式,能够使产品经理接触公司营销的全部领域,以培养锻炼产品经理的综合能力,提高整体素质,如图 15 - 6 所示。

产品经理组织的缺点:①产品经理虽被称之为"最小的总裁",但无真正的权力,须依赖于如广告、推销、产品开发等部门的合作;②产品经理只是产品的专家,很难成为职能专家;③这种组织系统的费用较高;④产品经理任职时间短,容易被调离,因而营销计划缺乏长期连续性。

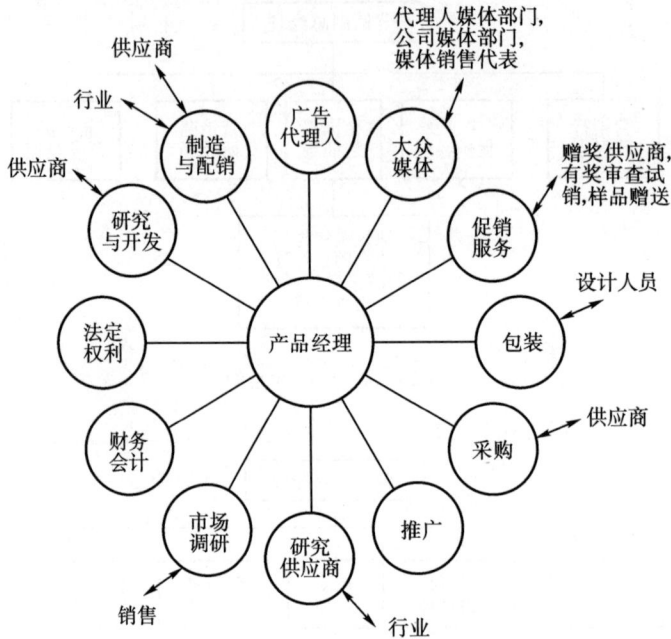

图 15-6　产品经理间相互制约作用

4. 市场式组织

公司如果可以将产品卖给不同的市场,如钢铁公司可以将钢材卖给铁路部门、建筑业、机械加工企业、物资流通企业等,当顾客群细分为存在差异的市场时,公司的市场组织形式就产生了,其结构形式如图 15-7 所示。

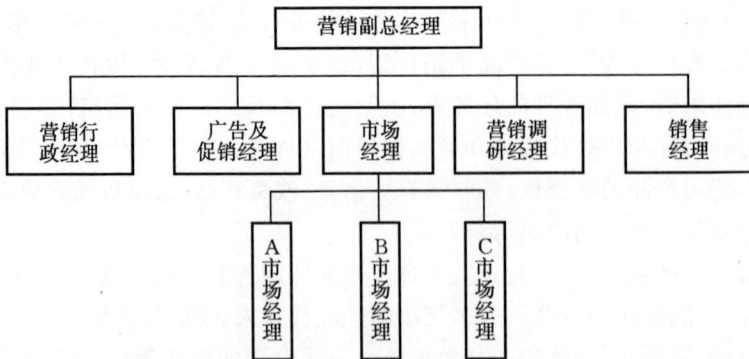

图 15-7　市场式组织

市场经理的主要职责是为所负责的市场制订长期和年度营销计划,进行市场预测,为企业新产品开发提供依据。市场经理追求长远市场占有率的提高,而不是眼前的获利能力。这种组织方式的最大优点是把各种营销活动,通过市场经理被组织起来,以满足不同顾客群(细分市场)的需求,而不是着眼于职能、地区或产品。如一家木材加工厂的家具生产线可以按厂矿、学校、餐馆、零售店等划分市场,组织其营销活动。

5.矩阵式组织

生产多种产品销往多个市场的大公司(跨国公司或集团公司),常常采用矩阵式组织,即"产品/市场"式组织。市场经理负责开发现有市场和潜在市场,着眼市场长期需求,而不是推销某种具体产品;产品经理负责产品销售利润和计划,为产品寻找更广泛的用途。美国杜邦公司就是采用矩阵式组织的典型,其组织机构如图15-8所示。

市场经理

	男装	女装	家庭用布	工业用户
人造纤维				
醋酸纤维				
尼龙				
涤纶				

(产品经理)

图15-8　矩阵(产品/市场)式组织

多角化经营的公司,经营规模进一步扩大,公司就将主要产品分为独立的事业部,每个事业部都有自己的职能部门,包括市场营销部门。此时,总公司的市场营销活动就面临着以下三种模式可供选择:

(1)总公司不设营销部门。在各事业部设立营销机构。

(2)总公司设置精干营销部门。由精干人员负责部分的营销职能,如进行市场机会总体评价、咨询服务、推广营销观念等。

(3)总公司设置强大的营销部门。除从事各种服务外,直接参与事业部的营销规划工作,并控制事业部的营销活动。

6.网络式组织

网络式组织是一种跨公司的组织形式。当一家公司为了寻求弹性和专业性,往往会采取战略联盟的方式来结合数家相关公司,而形成所谓的网络式组织。网络式组织就是在特定事物的职能或工作上实行了专门化的几个组织,以一个组织为中心结合在一起而形成一定网络的一种组织。它可用图15-9表示。

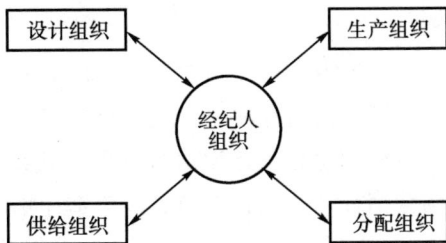

图15-9　网络式组织

网络组织的特征是:①不同的网络成员完成生产和供销工作的不同职能;②经纪人组织的存在,由设置、召集成员组织的经纪人管理网络,这是网络组织的核心;③市场机制,网络组织不是通过系统的计划进行控制,而是通过签订契约的市场机制进行控制。

网络式组织的进一步形态是虚拟组织。虚拟组织是指网络的成员每人就其专长在某一领域发挥其专业性,通常他们只贡献其核心专长。虚拟组织主要因某种独特的市场需求而存在,因此会因为市场需求的出现而快速形成,但也会因市场需求消失而解散。

三、决定市场营销组织的因素

企业选择什么样的市场营销组织,要受多种因素制约,一般来说主要有以下四种因素。

(一)企业规模

企业规模大,营销组织就复杂;规模小,营销组织就简单。

(二)市场区位

市场的地理位置是决定营销人员分工和负责区域的依据。如果市场是由几个较大的细分市场组成,则每一细分市场应任命一位市场经理,销售量大的市场,应设置大的营销组织,配齐部门和人员,保证正常运转。

(三)经营的产品

产品结构和规模也影响企业营销组织形式的选择。面临产业市场的企业,产品通常由推销人员直接销售。如果公司产品类型多,就须设置产品经理;而面对消费者(个人)市场的企业,常采用广告推销,营销部门较简单。

(四)企业类型

不同行业的企业,其市场营销组织形式也不同。如服务行业、银行、商业等,它们的营销重点之一是市场调研;而原材料行业,如木材和农产品加工企业,其营销重点则在储存和运输。

第三节　市场营销执行

营销执行是指将企业制订的市场营销计划转变为实际营销行动的过程,并确保这些行动能以达到营销计划既定目标的方式来进行。

一、营销计划执行中的问题及其原因

企业在实施市场营销战略和市场营销计划过程中,可能面临的主要问题及其原因如下。

(一)计划与实际相互脱离

市场营销计划通常是由上层的专业管理人员制订的,而执行则需要依靠其他市场营销人员。如果这两类人员之间缺乏必要的沟通和协调,就会导致下列问题的出现:市场营销计划的制订者只考虑到了总体的战略目标而忽略了计划执行过程中的细节问题,使计划过于笼统和流于形式,从而难以实施;市场营销计划的制订者与市场营销计划的执行人员之间缺少必要的交流与沟通,导致市场营销计划的执行人员在没有完全理解营销计划战略的情况下盲目地加以执行;脱离实际的战略导致计划人员和执行人员相互对立和不信任。

因此,企业在制订营销计划时,应该由计划的执行人员协助制订者去制订营销计划,从而使得营销计划更加符合实际情况,有利于市场营销计划的执行。

(二)长期目标和短期目标相互矛盾

市场营销战略计划着眼于企业的中长期目标,通常涉及今后三至五年的经营活动。而具体执行这些战略计划的市场营销人员则通常着眼于短期的目标,如销售量、市场占有率或利润率等。因此,市场营销计划通常存在长期目标与短期目标相互矛盾的问题。企业如果能有效地平衡这两种目标,那么市场营销计划的执行人员就不会选择短期行为,而使得其目标与市场营销计划的制订人员相一致。

(三)缺乏具体明确的执行方案

还有一些市场营销战略计划是由于计划人员没有制订明确、具体的执行方案,使得营销计划的执行人员无所适从,导致整个营销计划的失败。

二、营销计划执行的约束力量

企业在执行营销计划时,面临的主要约束力量有三类。

(一)计划执行中的阻力

由于任何一项新的计划执行都意味着对旧体系的否定,必然会受到旧观念、既得利益集团和旧的习惯势力反对,形成变革阻力。为此,执行者必须通过培植新的企业文化氛围,制订切实可行的激励政策,辅之以新的组织形式和必要的人员调配来化解阻力,克服困难。

(二)执行的结果与计划目标产生偏差

当执行中出现偏差时,我们首先要判断其大小。如果偏差不大,执行者可以自行调整;如果偏差较大,就应该请专家进行诊断,找出产生偏差的原因,然后对症下药解决问题。尤其当环境发生较大的变化时,执行者更应该寻求管理专家的帮助,尽可能避免出现大的失误。国际上许多大公司在其历史转折关头都曾寻求过管理咨询公司的帮助,现在国内一些公司也开始采取这一措施。

(三)资源不足

计划执行中出现资源不足,可能是计划不周所至,但大多数是由于执行者的协调能力欠缺,更重要的是执行者的指导思想不正确。他们没有把自己的主要资源配置在起主要作用的矛盾方面,而是平均分配资源,下毛毛雨,撒胡椒粉。结果,由于缺乏科技人才、管理人才和销售人才,限制了企业核心竞争力的提高。其实,企业资源都是不足的,关键就看执行者如何调配资源,突出重点,确保计划目标的实现。

三、营销计划执行的过程

(一)制订企业的行动方案

为了使营销计划得以有效地执行,企业必须制订详细的行动方案,包含具体的时间安排和人员安排。

(二)建立相应的组织结构

为了有效执行企业的营销计划,企业必须调整和建立相应的组织结构。也就是说,企业的组织结构必须同企业战略相一致,必须同企业面临的营销环境相适应。由于现代企业面临的营销环境变化快速,很多企业选择了更加灵活的组织结构,现代企业的组织结构出现了扁平化和虚拟化的发展趋势。灵捷企业和虚拟企业的出现很好地证明了这一点。

(三)开发企业的人力资源

企业所有的市场营销计划都要靠企业的员工来执行。因此,企业必须合理有效地开发企业的人力资源。而其中最主要的是开发企业的人力资本。所谓人力资本,主要是指这样的两类人,一是技术创新者,二是职业经理人。企业的人力资本比人力资源更加重要。开发企业的人力资源则包括了企业人员的考核、选拔、安置、培训和激励等问题。

(四)培育和建设企业的文化

现代企业需要解决的三个基本问题是:企业制度的建设、企业战略的选择和企业文化的塑造。企业文化是指一个企业内部全体人员共同持有和遵循的价值标准、基本信念和行为准则。企业文化对企业经营思想和领导风格、对职工的工作态度和作风均起着决定性的作用。企业文化包括企业环境、价值观念、模范人物、仪式、文化网五个要素。

四、营销执行技能

(一)发现及诊断问题的技能

当营销计划的执行结果达不到预期目标时,战略与执行之间的内在紧密关系会造成一些问题难以诊断,如销售率低究竟是由于战略欠佳还是由于执行不当呢? 此外,还得确定究竟是诊断什么还是应确定采取什么行动的问题。对每个具体的问题,都需要具体的管理技术和解决办法。

(二)评价存在问题的公司层次的技能

市场营销执行中的问题可能发生于公司三个层次:

(1)市场营销职能。即基本的营销功能能否顺利实施,如公司怎样才能从某广告代理商处获得更有创意的广告。

(2)市场营销方案。即把所有的市场营销职能协调地组合在一起,构成整体行动,这一层次出现的问题常常发生在将一项新产品引入另一个新市场时。

(3)实施公司营销战略层次。例如,公司需要所有雇员都用最好的态度和最好的服务对待所有的顾客。

(三)执行计划的技能

为了有效地执行市场营销方案,企业的每一层次(即职能、方案、政策等)都必须善于运用下列四种技能。

1.配置技能

配置技能指市场营销经理在职能、政策和方案三个层次上配置时间、资金和人员的能力。例如,确定究竟花多少钱用于展销会等。

2.调控技能

调控技能包括建立和管理一个对市场营销活动效果进行追踪的控制系统。控制有四种类型:年度计划控制、赢利控制、效率控制和战略控制。

3.组织技能

组织技能常用于发展有效工作的组织中。理解正式和非正式的市场营销组织对于开展有效的市场营销执行活动是非常重要的。

4.互动技能

互动技能指经理影响他人把事情办好的能力。市场营销人员不仅必须有能力推动本企业的人员有效地执行理想的战略,还必须推动企业外的人或企业(如市场调查公司、广告公司、经销商、批发商、代理商等)来实施理想的战略,即使他们的目标与本企业的目标有所不同。

第四节　市场营销控制

在营销计划的执行过程中，并不是所有事情都会如计划所预期的一样发生，难免会出现各种各样的意外事件，所以营销管理人员必须不断地进行营销控制。营销控制就是确保营销活动按营销计划完成，并矫正任何重大偏离的一种监视与修正过程。有效的营销控制是营销活动顺利执行以实现营销目标的保证。

一、营销控制的类型

依据控制点的不同，营销控制一般可分为事前控制、事中控制和事后控制三种类型。

（一）事前控制

所谓的事前控制就是把控制点放在活动开始之前。它是最适当的控制形式，因为事前控制是一种防范问题的控制方式。由于控制是发生在实际活动之前，所以它是未来导向的。同时，因为事前控制的重点是在问题发生之前就已采取管理行动，所以其成本往往较低。

因为事前控制促使管理者事先预防问题的发生，免于事后补救，所以是比较理想的控制方式。不过，事前控制需要能够获得即时和正确的信息，且所要控制的对象也要能够在事先加以控制才行。一般而言，若所牵涉的控制标的之本身失控的成本很大，或是投入的资金很大，则以事前控制为佳。其实，从更广泛的意义上讲，计划工作本身就是一种事前控制。要做好事前控制，对企业的信息工作要求很高。

（二）事中控制

事中控制是指控制发生在整个活动进行当中，也就是在活动进行当中同时实施控制，这样，管理人员就可以在事情还没失控，造成重大损失之前，及时针对问题采取行动。

一般事中控制的形式大多是采取直接监督的形式。不管管理者的管理方式是什么，这种形式对任何营销活动都是必需的。即使最民主的管理者也不可能对下级的工作放任不干预的，只是干预的程度和方式不同而已。例如，营销管理人员直接观察销售人员的行为，同时也在监督销售人员的行为，并在问题发生时立即加以修正。不管营销管理人员如何积极，这事中控制还是存在着明显的滞后性，但这种控制形式还是最小化了损失。

（三）事后控制

事后控制是很多组织最常用的一种控制形式。事后控制就是将控制点放在事情发生之后进行，它主要是依赖活动的回馈来进行调整。这种营销控制方式的主要缺点是，当营销管理人员知道有问题发生时，损失已经产生，因此所能做的弥补很少。但就许多情况而言，事后控制是唯一一种方式。例如，有些营销活动只有进行完以后，才能知道其结果的好坏，因此也只能采取事后控制了。如广告活动，也只有在整个广告活动结束后，才能对整个广告活动的绩效进行检讨与评估，这就是一种事后控制。

二、营销控制程序

一般情况，营销控制是由三个步骤组成的：①衡量实际的营销绩效；②比较绩效标准与实际绩效的差异；③采取修正行动来更正偏离或个性不当的绩效标准。所谓的绩效标准是衡量营销成果的特定营销目标,这些营销目标是在执行营销规划功能时所建立起来的。营销控制的程序如图 15-10 所示。

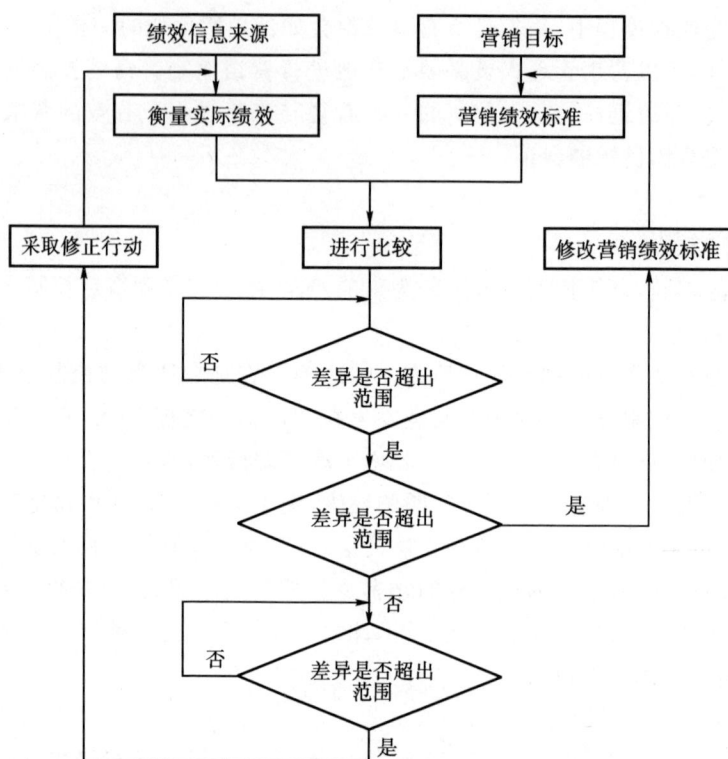

图 15-10 营销控制的程序图

(一)衡量实际的营销绩效

控制的第一个步骤就是衡量实际的营销绩效,包括衡量的方式与衡量的内容。

1. 衡量的方式

衡量的方式是营销管理人员如何取得实际绩效的信息,即如何衡量的问题。取得实际绩效信息的方式,会受实际绩效的内容影响。衡量方式一般来说不外乎有个人观察、统计报告、口头报告、书面报告及电子反馈等五种信息来源,营销人员可同时运用这几种方式来衡量。

个人观察主要是通过营销管理人员的亲身观察,因此其涵盖的范围相当广泛。但个人观察需花费相当多的时间,往往也很主观。而统计报告资料则比较容易且有效地显示变数的关系,不过统计报告大多只能显示几个重要部分,因此经常会忽略其他重要的因素。口头报告取得的方式较为迅速,并可以进行双向沟通,其最大的缺憾在于保存资料的困难。书面报告较为正式且易于备查,不过取得时间最长。电子反馈信息是指利用电子或科技装置来取得相关信息,如 POS 系统、电子监控信息,以及一些通过电子管道所回收的信息。电子反馈方式较为迅速,也不易出错。

2. 衡量的内容

衡量的内容是指衡量什么。在控制程序中,衡量的内容比衡量的方式更为重要。错误的指标将会误导整个战略修正的方向。衡量的内容也决定了组织内员工努力的方向。大致来说,衡量的内容不外乎信息(如市场情报的搜集)、作业(拜访客户的次数)、财务(销售额的高低)或人员(出勤)等项目。

(二)比较绩效标准与实际绩效的差异

管理者通过比较的程序,来决定营销实际的绩效和标准之间的差距。一般而言,要完全无差异的机会并不大,因此营销管理人员会制订一个差异的容忍范围,在此范围内的差异,营销管理人员视为一种偶发的差异,不需要采取修正行动。然而,当差异超出此容忍范围,则会被视为产生差异,必须采取修正行动,因此决定差异的容忍范围是非常重要的。

(三)采取修正行动来更正偏离或个性不当的绩效标准

控制程序的第三个,也是最后的步骤,即采取修正行动。当营销管理人员决定采取修正行动时,他应分辨治标或治本的修正行动。治标行动是可以马上解决问题,并暂时修正偏差;而治本行动是先探讨绩效如何及为何产生偏差,然后再正本清源来修正偏差。有时营销管理人员没有时间采取治本的改善行动,于是采用治标的修正行动来"到处救火"。然而,有效率的营销管理人员会分析产生偏差的原因,从根本上修正产生偏差的行为。

三、营销控制的内容

营销控制包括年度计划控制、营利控制、效率控制和战略控制。年度计划控制主要检查市场营销活动的结果是否达到了年度计划的要求,并在必要时采取调整和纠正措施;盈利控制是为了确认在各产品、地区、最终顾客群和分销渠道等方面的实际获得能力;效率控制的任务,是提高诸如人员推销、广告、促销、分销等工作的效率;战略控制则是审计公司的战略、计划是否有效地抓住了市场机会,是否同市场营销环境相适应。

(一)年度计划控制

年度计划控制的内容,是对销售额、市场占有率、费用率等进行控制。年度计划控制的目的,是确保年度计划所规定的销售、利润和其他目标的实现。控制过程分为四个步骤:确定年度计划中的月份目标或季度目标;监督市场营销计划的实施情况;如果市场营销计划在执行过程中有较大的偏差,则要找出其中的原因;采取必要的补救或调整措施,缩小计划与实际之间的差距。

1.销售分析

销售分析就是衡量并评估实际销售额与计划销售目标之间的差距。具体有两种方法:

(1)销售变异分析。就是评估造成差异的因素,即销售绩效的差异有多少是由价格因素引起的,又有多少是由于销售量的变化引起的。这样,就可以衡量出不同因素对销售绩效差异的相对影响程度。

一般情况,某一项产品的利润变异,无外乎两个方面的原因:一是来自销量的变化;二是来自单位利润的变化。而"来自销售量的变化"又可分为"来自市场规模的变化"和"来自市场占有率的变化",在"来自单位利润的变化"方面又可分为"来自价格的变化"和"来自成本的变化两者"。各种关系如图 15-11 所示。

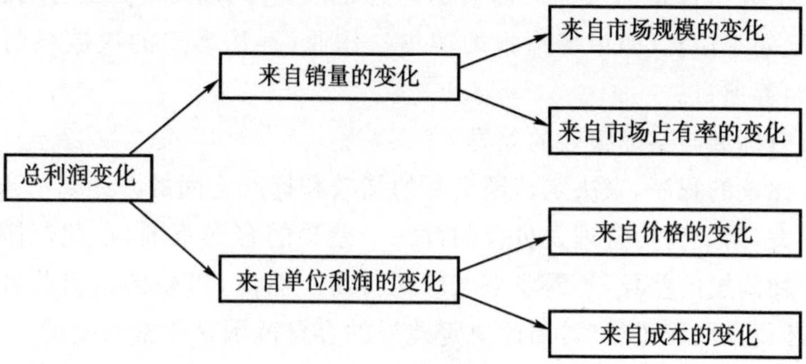

图 15-11　利润变异图

有关变化的数学计算公式如下所示：

总利润变化＝实际利润－预估利润

$$=Q_aE_a-Q_fE_f$$

$$=(Q_aE_a-Q_aE_f)+(Q_aE_f-Q_fE_f)$$

$$=Q_a(E_a-E_f)+E_f(Q_a-Q_f)$$

单位利润的变化　　　　　销量的变化

$$=Q_a[(P_a-C_a)-(P_f-C_f)]+E_f(S_aM_a-S_fM_f)$$

$$=Q_a[(P_a-P_f)-(C_f-C_a)]+E_f(S_fM_a-S_fM_f)+E_f(S_aM_a-S_fM_a)$$

$$=Q_a[(P_a-P_f)-Q_a(C_f-C_a)]+E_fS_f(M_a-M_f)+E_fM_a(S_a-S_f)$$

价格的变化　　　　成本的变化　　　　　市场规模的变化　　　　市场占有率的变化

底标：a——实际值；f——预估值。变数：Q——数量；E——单位利润；P——单位价格；C——单位成本；M——市场规模；S——市场占有率。

（2）市场占有率分析。企业的绝对销售金额或销量并不能表达企业真正的绩效，例如整个市场的成长率是 10%，而企业的成长率是 5%，则企业的销售是在退步中。当然，这也意味着所增加的市场成长金额和数量正被竞争对手所瓜分。为了了解相对于竞争对手的经营状况，营销管理人员可以利用市场占有率分析。

衡量市场占有率的关键在于市场的界定。在不同的市场界定方式下，其市场占有率的差异很大。不过，由于市场的界定又受"相对替代性"的影响，因此我们可以依照相对替代性的高低，将市场分为几类。

①需要替代市场。即将所有满足顾客同一需要的产品均视为同一市场，此种方式打破了传统产业的划分方法。例如，昂贵的手表能够代表消费者的身份和地位，可以满足消费者的自尊需要，所以昂贵的手表和珠宝、名牌服饰、高级轿车等产品就形成了相互竞争，从需要的层次来看，他们属于同一市场。

②同型替代市场。将所有同样类型的产品视为同一市场，一般产品是属于同一产业的划分之内。例如，昂贵的手表和其他手表就是同一市场。

③顾客替代市场。即将所有同样类型且争取同一细分市场顾客的产品视为同一市场。例如，昂贵手表和其他昂贵手表竞争高价位的细分市场。

④战略替代市场。即将所有同样类型并以同样战略来争取同一细分市场顾客的产品视为同一市场。例如,昂贵钟表和其他以相同诉求、相同渠道及相类似的推广手法的昂贵手表,竞争同一高价位的细分市场,这种替代的竞争性最强。

不同的市场界定方式下,企业的市场占有率是不一样的。所以,企业在进行市场细分之前,首先要做的就是如何界定自己的市场,然后才能正确地展开市场占有率的分析。

2.市场营销费用率分析

企业的营销管理人员不仅要分析"产出"的变化,还要分析"营销投入"的变化,即对营销费用率进行分析,即要了解在达到营销目标的前提下,营销费用的支出是否合理。营销费用的分析可以使用绝对额与相对比率两种方法。相对比率方法相对具有更强的合理性,大部分经常采用的基准是销售额。以下是几种常见的比率:

(1)营销费用占销售额的比率;

(2)推广费用占销售额的比率;

(3)人员销售的成本占销售额的比率;

(4)营销研究占销售额的比率;

(5)新产品研发支出占销售额的比率;

(6)营销行政管理费用占销售额的比率。

不过,也可使用详细费用针对某类费用的比率来比较,如:①广告占推广费用的比率;②促销占推广费用的比率;③人员销售的成本占推广费用的比率;④公关支出占推广费用的比率等。

(二)营利控制

除了年度计划控制,企业还要从产品、地区、顾客群、分销渠道以及订单规模等方面,分别衡量它们中的每一项的获利能力。获利能力的大小,对企业进行市场营销组合决策有重要的影响。

1.营利能力分析

营利能力分析就是通过对财务报表和数据的一系列处理,把所获利润分摊到诸如产品、地区、渠道、顾客等各个因素上,从而衡量每个因素对企业最终营利的贡献大小。

2.最佳调整措施的选择

营利能力分析的目的,在于找出妨碍获利的因素,以便采取相应措施,排除或削弱这些不利因素的影响。由于可供选择的调整措施很多,企业必须在全面考虑之后,作出定夺。

(三)营销组合效率控制

销售分析、获利能力分析和市场占有率分析都只能显示公司在某些产品、地区或市场上的绩效状况。若要进一步分析其原因,则要进行营销组合分析。营销组合分析包括以下几个方面。

1.新产品效率

新产品效率包括新产品推出的数目、新产品上市成功的比率、新产品的销售额占全部销售额的百分比。

2.渠道的效率

渠道的效率包括新渠道的增加、渠道的成长性、分销的及时性、渠道的覆盖面等。

3.销售团队的效率

销售团队的效率包括:每位销售人员平均每天进行销售访问的次数;每100次销售访问所

接下的订单百分比;每次销售接洽的时间;每一期间的新顾客开发数目;每次销售访问的平均收益;每一期间所丧失的顾客数目;每次销售访问的平均成本占销售额的百分比等。

4.广告效率

广告效率包括:每一种媒体的每千人目标顾客所花费的广告成本;目标顾客注意到每种媒体的人数比例;消费者对广告内容的接受度;顾客在广告前后的态度改变;广告所引发的顾客对产品的询问次数等。

5.促销效率

促销效率包括:因为促销活动而增加的销售百分比;每单位销售额所花的促销费用;因促销而产生的顾客询问次数等。

(四)战略控制

战略控制的目的是确保企业的目标、政策、战略及措施与市场营销环境相适应。由于营销环境变化无常,原来的目标和战略往往容易滞后。这时,企业需要对营销战略的每个环境进行所谓的"市场营销审计",来定期地有针对性地重新评估企业的战略、计划及其执行情况。

关键概念

市场营销计划　　市场营销组织　　营销控制　　营利控制　　营销组合控制　　战略控制

复习思考题

1.设置市场营销机构应坚持哪些原则?

2.市场营销组织机构模式有哪几种?

3.影响企业市场营销组织机构设立的因素有哪些?

4.简述营销计划执行的过程。

5.简述营销控制的程序。

案例分析

汤姆森的锦囊妙计

莫斯科浓郁的俄罗斯情调是令人向往的,但漫长而寒冷的冬季似乎让游人们裹足不前。每到冬季前往莫斯科度周末的人都很少,汤姆森假日旅游项目经办人决定打破莫斯科的坚冰,他带了一批报界人士去莫斯科度了个示范性的周末,赢得了各大刊物连篇累牍的报道。以此为契机,他们在隆冬季节成功地发起了去莫斯科度一个开销不大的周末旅游项目。

负责汤姆森假日旅游项目的只有3个人,为首的是道格拉斯·古德曼。10年来他坚持不懈地使用公共关系战术,为公司成长为该行业首屈一指的大企业做出了卓越的贡献。经营旅游业成功的关键在于不断推出新的度假活动,对市场开发部门而言,这就意味着今年的活动还在进行,下一年的详细工作计划就要准备妥当。

1983年他们推出的夏季旅游项目有"夏日阳光""湖光山色""亲密友好""马车""别墅和公寓"等。为了让尽可能多的人了解这些项目,公司决定在9月1日发放500万份关于5种不同的度假活动的便览。

3 个月前,他们就进行了周密的筹划和准备,安排好了各项活动的日期,包括:耗资 100 万英镑的广告活动,在伯明翰召开 3 天的推销大会,全体工作人员的集中培训,察看 16 个城市的游览路线,印刷和散发《旅游便览》。

整个 8 月份的公关工作包括:选择 10 个记者招待会场所并预定宴席,准备邀请名单,检查发函清单,决定新闻和特写文章的要点,准备记者招待会用的稿件和 10 种不同的幻灯片,选些全国性和地方性的新闻稿,收集关于新旅游项目的材料,适当安排外语新闻稿,办理录像,彩排节目,用一辆大拖车和一队客车沿途察看 16 个城市的风光,为 5000 家旅游代理商提供详细的录像介绍。公共关系部在推出旅游活动几周后,就要随车队去赢得当地公众。

大多数度假者都很清楚自己出国休假的时间。工厂的休假日是早已排定的,去哪儿度假也是早做打算的。因此经营旅游业务,尽早销售是非常重要的。越是在你的竞争对手推出他们的活动之前尽早落实你的活动越有利。汤姆森公司就习惯于抢先发售《旅游便览》,比如 1981 年 9 月,他们销售《旅游便览》刚一周,就订出了 6 万张票,一些代理处甚至排上了队。

当然,率先推出也有其弊,别的公司可以根据汤姆森的定价制定出竞争性价格,利用便宜的价格来抢夺顾客。对于这一问题,汤姆森公司暗藏了一条锦囊妙计。

9 月 1 日开始发行 1983 年的夏季《旅游便览》。第二天,5 家全国性的报纸、BBC 广播电台、省级报纸和电台,以及旅游出版物,都大张旗鼓地为汤姆森公司进行宣传,博得了度假者的注意。当 9 月下旬其他旅游公司开始推出他们的便览时,汤姆森公司的旅游价格已经出台了,比竞争对手低得出乎人们的意料。公司的应变计划生效了。

收取附加费可能会使消费者稍有不快,但多年来在包价旅游中已被人们接受。英镑疲软引起的海外项目成本上升,迫使旅游公司以最高 10% 的附加费让旅客承担。为了加强竞争力,10 月份时,一家主要的旅游公司在推出旅游项目时保证"不收附加费"。汤姆森公司在几小时内立即作出反应,也承诺不收附加费。

到了 11 月份,旅游业开始不安起来。9 月、10 月、11 月通常是订票稳定的时期,但当年形势不妙,营业额仅达到了上年同期的 70%,公司把希望寄托在圣诞节后的几周,往年这是订票的高峰时节,大约有半数的旅游预售票在此期间卖出。但秋季售票的不良成绩颇让旅游业吃不准圣诞后的售票是否能逃脱经济衰退的影响。等待、猜测,报界在鼓励人们沉住气,等待最后的讨价还价。为了保证最后的成功,汤姆森公司决定主动采取行动,鼓励人们订票,重新争取价格的主动权。汤姆森公司的主要应变计划是:在必要的情况下,重新印刷和发售《旅游便览》,提供更低的价格。这将使公司的假日旅游价格非常有竞争力,会让其他旅游公司措手不及。在严格保密的情况下,设在意大利的印刷公司重印了 320 页的彩色便览,至少有 50 个假日旅游项目减价 10~50 英镑,几乎在便览的每一页上都有新的标价,封面也予以重印,添上了"不收附加费"的保证和减价的声明。便览悄悄地运到伦敦的仓库,只有几个关键的职员了解情况。他们小心翼翼地守护着这个秘密,不让竞争对手有丝毫察觉。

让人们了解重新推出旅游项目的时机终于到了。他们计划在 12 月 6 日一鸣惊人,以全面覆盖式的新闻报道连续报道 3 天,然后才刊出广告。

道格拉斯·古德曼在沙伏伊私下订了套间,以备 12 月 6 日的记者招待会之用。舰队街的主要选稿人在上个周五都接到了参加本周末上午 8 点 30 分的香槟早餐的邀请。旅游出版物的编辑们也应邀参加类似的活动。沙伏伊的招待会开得极其成功,受邀请的人无一缺席。

为了确保第二天全国性和地方性报刊上的报道,他们必须保证当晚的晚报、电台和电视的新闻节目刊登这一消息。为此,对投递稿件、打电话、发送新闻的时间顺序制订了严密的计划,以确保新闻界在视听上给人们造成最大限度的冲击。

公司的新任董事长约翰·麦克奈尔决定接受所有电台和电视台的采访。伦敦广播公司抢先播出了对麦克奈尔的采访,接着是 IRN 报业辛迪加的报道和地方电台对当地汤姆森公司发言人的采访。在隆重推出的时刻,国际电视网作了长篇新闻报道。至此,事情的发展的确是有声有色了! BBC 电视台光临总部办公室,拍摄了供晚上 9 点新闻播放的采访。全国性的报纸想要更多的评论,不同的报纸需要不同角度的评论。《标准晚报》用通栏标题,宣布了这次的隆重推出。

令公关部难以忘怀的是 12 月 7 日,星期二。这天,汤姆森公司取得了前所未有的报纸覆盖率。每家全国性的报纸都刊登了消息,有些甚至还在头版。报道的质量更是令人惊喜,9 家全国性报纸提到汤姆森公司 72 次,若干种省级报纸在头版头条给予了报道。报纸和电台的报道持续了整整一周。《星期日时报》居然用了一整版来介绍这次旅游项目的重新推出。电台电视台在全国假日节目中也发布了消息。竞争对手面对汤姆森公司这手铺天盖地的“杀招”,毫无反击之力。一家旅游公司在圣诞节前没有相应降价,电台采访了该公司的发言人,开门见山地就问他们是否被汤姆森公司这招棋弄得狼狈不堪!

报刊上连篇累牍的报道使汤姆森公司的名声大振,结果大大削减了在全国性报纸上的广告。在 12 月 11 日,也就是重新推出的那一周的周末,公关人员做了专门的调查,测试公司的知名度,发现人们首先想到的就是汤姆森的假日旅游,有强烈地参加该公司假日旅游的意向。旅游刊物用大量的篇幅介绍这次重新推出,旅游代理人热烈欢迎并予以很高的评价。

报刊的报道从 12 月份持续到 1 月份,的确重振了市场。对传播媒介的覆盖率的分析表明,从 9 月份的首次推出到圣诞节,汤姆森公司赢得了 4 家全国性的电视台的电视报道,13 家全国广播电台的报道,45 家全国性报纸的报道,66 个地区性电台的采访或新闻广播,在省级报刊上共发了 350 条新闻,旅游出版物更是连篇累牍,在杂志和国外的报纸上也刊登了不少消息。以广告的费用来算,则新闻覆盖的总值达 11.5 万英镑。但无论是剪报的数字还是计算的理论价值,都不足以反映这次新闻覆盖的质量。

许多旅游专栏作家都赞赏汤姆森的行动,开始鼓励游客早订票,以利用早订票的价格折扣。声望极高的旅游期刊《旅游代理》1 月号载文说:“汤姆森公司瞅准了时机,不给竞争对手在圣诞节前作出反应的时间……实际上汤姆森这一招最大限度地发挥了它的公共关系优势,发起行动的时刻恰到好处。”

1 月份创造了新的订票记录,到 1 月底,汤姆森公司旅游业务急剧回升。汤姆森公司推动了旅游活动,1983 年的夏季旅游呈现良好前景。

问题讨论:

1.结合案例,谈谈市场营销计划制订的过程及其包含的要素。

2.结合案例,请为汤姆森公司制订一份年度旅游营销计划方案。

第十六章　营销理论新发展

第一节　服务营销

一、服务产品的概念及特征

(一)服务产品的概念

近年来,随着全球产品结构的变化及竞争的加剧,经营产品的企业发现越来越难以在实体产品方面实现差异化,开始转向实施服务差异化,事实上,许多企业由于提供卓越的服务而获得了可观的利润。因此,服务及服务营销已经成为理论研究的热点和企业营销竞争的重要手段。关于"服务",也有多种定义,相关组织和学者从不同的角度研究服务。①美国市场营销协会 1960 年最早对服务做了如下的定义:"用于出售或者同产品连在一起进行出售的活动、利益或者满足感。"②雷根的定义为:"直接提供满足(交通、租房)或者与有形商品或其他服务一起提供满足的不可感知活动。"③斯坦通认为:"服务是一种特殊的无形活动,它向顾客或者工业用户提供所需的满足感,它与其他产品销售和其他服务并无必然联系。"④北欧服务营销专家格鲁斯诺进行了开拓性研究,其定义为:"服务是以无形的方式,在顾客与服务职员、有形资源产品或服务之间发生的,可以解决顾客问题的一种或一系列行为。"

除上述四种定义外,对服务还有多种定义,无论怎样定义,其实质都是一致的,即使顾客得到最大满足感的一系列活动。著名营销教授菲利普·科特勒通过区分纯有形产品到纯服务产品,可使我们对服务的定义和概括变得十分清楚。

(1)纯有形产品,即产品中不含任何服务因素,如香皂、牙膏、盐及洗发护肤类产品;

(2)附加服务的有形产品,即有形产品与附加服务的有效结合,通过服务增强对顾客的吸引力,如计算机、复印机、手机等产品;

(3)主要服务产品附带少部分有形产品,如顾客空中旅行主要是购买运输服务,但航空服务也提供食品、饮料、杂志报纸等有形商品;

(4)纯服务产品,即不含任何有形产品的成分,如照顾小孩、家教服务、心理及健康咨询。

依据上述分类,可将服务划分为两大类。第一类,服务产品,即以服务为主满足顾客主要需求的活动,如上述的(3)和(4)产品中的服务。第二类,服务功能,包括(2)产品中的服务,如计算机出售中的安装、培训服务属于顾客服务。这样分类,将服务产品和顾客服务进行区分,有利于我们重点研究"服务产品"的营销策略,具有现实意义。

(二)服务产品的特征

通过大量的研究发现,服务产品具有以下四个最基本的特征。

(1)无形性。无形性,即服务在较大程度上是抽象的和无形的,也就是说没有具体的实物形状可触摸。

(2)差异性。服务没有固定的标准,很难标准化生产,而且变化较大。如"微笑服务",不同的服务员很难做到完全一致,也因各人的心情不同会出现不同的服务水平,同一服务在不同时间也存在差异。

(3)不可分割性。典型服务的生产与消费往往是同时完成的,顾客参与这一过程的始终。

(4)不可存储性。服务是不能储存的。

从企业营销的实际来看,这四个特征并不适用所有的服务,有形产品也存在一定的服务。如家教、咨询服务是完全无形的,而餐厅的服务却同高质量的菜肴相联系。因而,服务存在着一个从高度无形到高度有形的连续闭集,如图 16-1 所示。

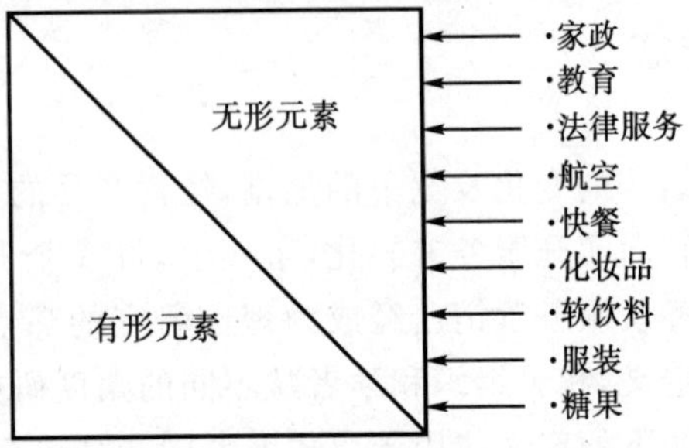

图 16-1　从无形到有形的连续闭集

服务已经成为消费者购买决策的重要影响因素。在服务的四个特性中,对有些商品也是适用的,因此不能仅局限在服务业中,制造业也存在服务。然而,对于每一具体服务来说,服务四个特征的组合是不同的,这将成为企业实施差别化营销战略及获取竞争优势的动力源泉,企业可以通过调整服务特征组合获取竞争优势。服务特征组合如图 16-2 所示。

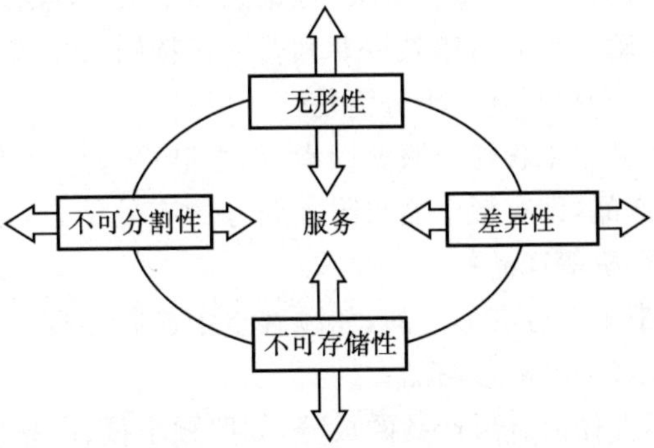

图 16-2　服务特征组合

二、服务营销组合

从服务的意义上重新思考传统的营销组合理论,对于实施有效的服务产品营销策略是非常重要的。传统的营销组合 4P,即产品(product)、价格(price)、分销(place)、促销(promotion),其战略目标是通过市场份额的扩大而增加企业的利润。在 20 世纪 70 年代中期所做的一项市场份额对利润的影响(PIMS)的研究证实了这一点。20 世纪 90 年代以来,随着科技的发展和消费者需求心理的变化,市场竞争日益激烈,市场份额的扩大并非必然带来利润的增加,而顾客的满意和忠诚已经成为影响利润增加的主要因素。企业营销的重点应该转向如何培育忠诚顾客而使其成为企业的长期顾客,如何使顾客购买本企业的相关产品,如何激励顾客向其亲友推荐本企业的产品,因而便产生了 3R,即顾客保留(retention)、相关销售(related sales)和顾客推荐(referrals),在此基础上形成了服务的营销组合,如图 16－3 所示。

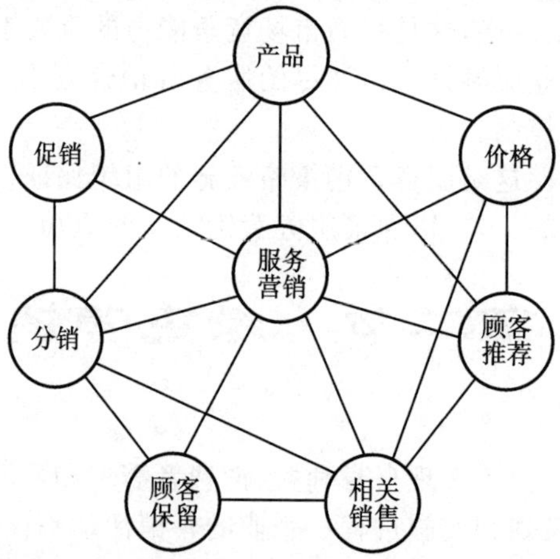

图 16－3　4P＋3R 重新定义的营销组合

　　服务营销组合(4P＋3R),以顾客忠诚度为标志的市场份额质量取代市场份额规模,成为 20 世纪 90 年代企业营销的首要目标。"顾客永远是正确的"这一营销哲学将被"顾客不全是忠诚者"思想所替代。企业营销努力的重点是为顾客提供服务,利用人际传播,削减企业的巨额促销与广告投入,以实现企业的低成本扩张。

三、服务产品营销战略

　　服务产品营销的两种基本战略为低成本竞争战略和高顾客满意度战略。

(一)低成本竞争战略

　　由于价格由市场供求关系决定,企业无法影响价格。企业提升竞争优势和提高利润的最有效途径便是提高效率,降低成本。企业要实现提高利润的目标就必须寻找低成本的劳动力和原材料,采用先进技术,改进产品设计,以降低产品成本,同时保持产品的顾客满意度在最低可接受的水平。

(二)高顾客满意度战略

　　企业通过提高顾客的满意度,获得顾客的忠诚,同时适当控制成本来获取高额利润。采用这一战略的企业,其目标就是最大限度地提高顾客的满意度,从而获得比竞争对手高的溢价,获得忠诚顾客重复购买带来的更多利润。

四、服务产品营销的策略体系

　　服务产品营销,要针对服务的本质及特征,一切营销策略的运用要有利于增强顾客的满意度和品牌的忠诚度。服务营销策略主要包括如下内容。

　　(1)制定有效的服务任务书。该任务书即要回答两类主要问题:"我们应该在什么行业"和"我们在什么行业"。

　　(2)服务市场细分。服务市场细分主要研究服务市场细分的基础及细分的因素,如何选择目标市场。

（3）服务定位和服务差异化。定位包括决定机构应如何在市场内使自己差异化。服务无形性特征决定了定位是创造竞争差异性的主要途径。

（4）服务营销组合。发展了的服务营销组合策略是服务产品营销的主要策略，企业应分别制定适用于服务产品的营销策略，这是提高市场竞争能力的重要手段。

（5）服务营销计划。企业应制订一份详尽的服务营销计划书，并组织有效的实施，同时应加强信息的沟通，做好反馈控制。

（6）建立顾客服务机构。这是服务营销策略实施的组织保证，也是提高服务质量的监督评价机构，因而应加强这方面的工作，以保证服务营销策略的成功。

第二节　绿色营销

一、绿色营销的含义

所谓绿色营销是指企业为了实现自身利益、消费者需求和环境的统一，关于产品和服务的观念、定价、促销和分销的策划和实施过程。企业的营销活动不仅要满足消费者需求并获得利润，而且要符合环境保护的长期要求，正确处理消费者需求、企业利润和环境保护之间的矛盾，做到统筹兼顾、相互协调。

1992 年联合国环境与发展大会召开，标志着世界进入了一个"保护环境、崇尚自然、促进持续发展"的"绿色时代"。绿色浪潮的兴起，对人类的生产方式、营销方式、消费方式和思维方式都将产生重大影响，企业将面临绿色时代的严重挑战。

绿色消费指消费者意识到环境的恶化已经影响到其生活质量和生活方式，要求企业生产及销售对环境无污染的绿色产品，以减轻对环境及人体伤害的消费。目前绿色消费已成为西方国家消费的主要方式。1978 年，西德实施"蓝色天使"计划，对生产和使用过程都符合环保要求，并且对环境及人体均无害的商品授予"蓝色天使"标志；1992 年，"自然服""生态服"已成为欧美、日本等地的流行时装；1989 年我国原农业部提出绿色食品概念，实行绿色食品标志制度，目前全国已批准 200 多种绿色食品。总之，绿色消费已成为一种趋势，它是人类与环境相互协调发展的重大进步。

现代企业的营销活动，必须适应这种消费环境的变化，确立绿色营销的观念，以便在 21 世纪的激烈市场竞争中占有一席地位。

绿色营销与传统营销相比，具有以下特征：

（1）绿色消费是开展绿色营销的前提。消费需求由低层次向高层次发展，是不可逆转的客观规律，绿色消费是较高层次的消费观念。人们的温饱等生理需要基本满足后，便会产生提高生活综合质量的要求，产生对清洁环境与绿色产品的需要。

（2）绿色观念是绿色营销的指导思想。绿色营销以满足需求为中心，为消费者提供能有效防止资源浪费、环境污染及损害健康的产品。绿色营销所追求的是人类的长远利益与可持续发展，重视协调企业经营与自然环境的关系，力求实现人类行为与自然环境的融合发展。

（3）绿色体制是绿色营销的法制保障。绿色营销是着眼于社会层面的新观念，所要实现的是人类社会的协调持续发展。在竞争性的市场上，必须有完善的政治与经济管理体制，制定并实施环境保护与绿色营销的方针、政策，制约各方面的短期行为，维护全社会的长远利益。

（4）绿色科技是绿色营销的物质保证。技术进步是产业变革和进化的决定因素，新兴产业的形成必然要求技术进步；但技术进步如背离绿色观念，其结果有可能加快环境污染的进程。

只有以绿色科技促进绿色产品的发展,促进节约能源和资源可再生、无公害的绿色产品的开发,才是绿色营销的物质保证。

实施绿色营销对企业有着重大的意义:①绿色营销是适应人类保护环境、顺应时代发展的必然选择,是现代市场营销的发展方向之一。②绿色营销是实现环境保护战略的必然要求。企业如果生产符合环境保护的"绿色产品"——对环境无污染、对人体健康无害的产品,就会受到消费者欢迎;反之,则遭抵制。③绿色营销顺应了全球产业结构的调整。绿色产业在西方迅速发展,被称之为"朝阳产业"。绿色产业的产品必然需要大批具有绿色营销观念的人去生产、去推销。

二、绿色营销中的产品开发

(一)控制污染的产品

这就是要开发保护环境、控制污染的产品,如"三废"处理设备、噪音防治设备、节水节能设备,这是一个巨大的、有发展前途的潜在市场。

(二)开发绿色产品

绿色产品是指在产品的生产过程中,使用前后以及选用的材料都对环境不造成威胁。未来的市场,绿色产品将成为消费的主流。绿色产品开发包括如下内容:绿色食品、绿色农业和绿色工业品的开发,如生物农药、生物化肥、绿色冰箱、节能空调、新能源汽车等产品。

(三)包装产品

这就是要研制开发的包装物应对环境、人体健康都无害,如塑料胶袋包装物的更换。

三、绿色营销的研究构架及趋势

(一)绿色营销的研究构架

绿色营销与传统营销既有联系,又有很大的差异性。因此,绿色营销的研究构架主要包括三大因素:一是影响绿色营销的内部因素;二是影响绿色营销的外部因素;三是绿色营销成功的因素。这种模式如图 16-4 所示。

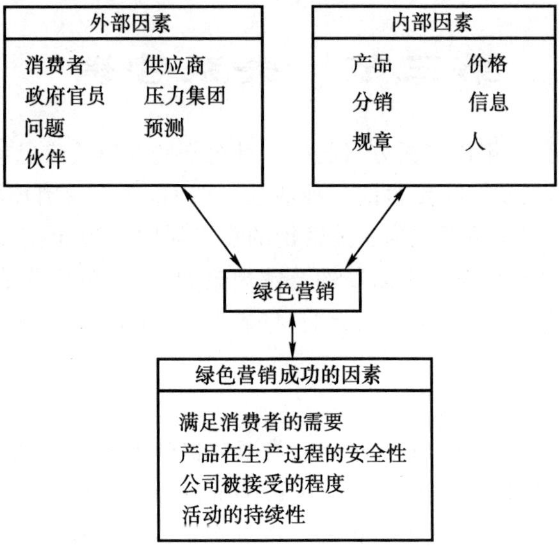

图 16-4　绿色营销研究构架

此构架模式是在全面分析影响企业绿色营销的内部因素、外部因素的基础上,通过实施有效的绿色营销策略(绿色产品策略、绿色分销策略、绿色价格策略、绿色促销策略),以实现企业绿色营销的目标,促使企业的可持续发展。如我国冰箱行业从"普通冰箱→保鲜冰箱→抗菌冰箱"的转变,说明绿色营销将是 21 世纪企业竞争取胜的重要策略。

(二)绿色营销的发展趋势

在市场经济条件下的可持续发展,实质是市场的可持续发展,而绿色营销则是实现市场可持续发展的重要手段和工具。在人类面对环境日益恶化、生态平衡破坏,企业发展面临严峻挑战的背景下,面向 21 世纪的企业营销,必须以绿色营销作为主导的营销观念,这将成为企业营销的一种必然趋势。

绿色营销作为未来企业营销的发展趋势,其主要表现为如下原因:

(1)社会可持续发展的必然要求。保护自然资源、治理环境污染,实施经济的可持续发展,这是我国政府的一项重大政策和战略目标。从宏观上除国家制定有关政策外,从企业微观的角度,要求企业的营销活动同自然环境、社会环境的发展相联系,使企业的营销活动有利于促进环境的保护,企业应从可持续发展的战略高度重视绿色营销。

(2)绿色消费将成为一种消费主流。随着经济发展和消费者收入的增加,消费者迫切要求提高生活的质量,对环境、产品将会提出更高的要求,即要求高质量的生活环境和高质量的消费,如服装要"纯棉"天然的;食品要求无添加剂的;水果、蔬菜要求无化学农药污染的;等等。绿色消费时代的到来,也要求企业实施绿色营销战略。

(3)企业发展的客观需要。是否推行绿色营销,将会成为决定企业在 21 世纪能否获得竞争优势的重要决定因素。因为企业将面临三大挑战:一是宏观环境的挑战,如政府立法、环境保护等;二是消费者要求绿色消费的挑战;三是市场竞争的挑战,绿色营销将成为企业实施差异性营销战略,提高竞争能力的重要手段和途径。

(4)政府宏观政策及立法的调控导向。从国家经济发展战略考虑,合理开发资源,保持人类与环境的协调,将成为较长时期的战略目标,要求企业的营销活动要适应这一新的变化。

第三节 关系营销

关系营销是 20 世纪 90 年代在西方兴起的一种全新的营销战略思想。传统的营销理论是以内部可控因素的调整,实现产品销售的一种活动。然而,随着营销环境的变化,特别是竞争的日益激烈,如何维系顾客关系便成为企业营销的焦点问题。20 世纪 80 年代以来,营销专家开始寻找和建立适应当代企业竞争要求新的营销理论和方法,关系营销在西方作为全新的营销理论应运而生,在营销理论界产生重大影响,将成为 21 世纪主导营销理论发展的新趋势。

一、关系营销及其原则

关系营销(relationship marketing)理论由美国营销学者巴本·杰克逊于 1985 年首先提出。1992 年英国马丁·克里斯托弗(Martin Christopher)等出版了《关系营销——如何将质量、服务和营销融为一体》一书。关系营销的基本点包括两个方面,一方面在宏观上认识到市场营销在更广的范围上产生影响,包括顾客市场、劳动力市场、供应市场、内部市场、相关市场及"影响者"市场(即政府和金融市场);另一方面在微观上认识到企业与顾客相互关系的性质在不断变化,市场营销的核心从"交易"转到了"关系"。

所谓关系营销是识别、建立和巩固企业与顾客及其他利益相关人的关系活动,并通过企业的努力,以成熟的交易及履行承诺的方式,使活动涉及各方面的目标在关系营销中实现。关系营销是在传统营销基础上发展起来的,其进程如图16-5所示。

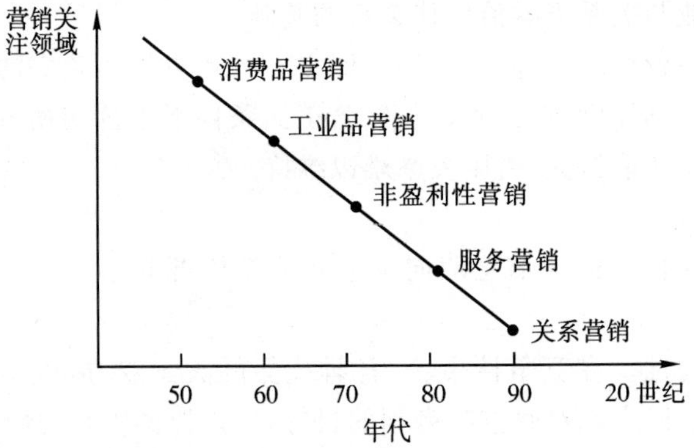

图16-5 关系营销进程

(一)从"交易营销"到"关系营销"

传统营销以"交易"为中心,关系营销强调建立互相"关系"。二者的区别如表16-1所示。

表16-1 交易营销与关系营销的比较

项 目	营销方式	
	交易营销	关系营销
适合的顾客	适合于眼光短浅和低转换成本的顾客	适合于具有长远眼光和高转换成本的顾客
核心概念	交换	建立与顾客之间的长期关系
企业的着眼点	近期利益	长远利益
企业与顾客的关系	不牢靠,如果竞争者可用较低的价格、较高的技术解决顾客的问题,关系可能会终止	比较牢靠,竞争者很难破坏企业与顾客的关系
对价格的看法	是主要的竞争手段	不是主要的竞争手段
企业强调	市场占有率,"一锤子买卖"也干,不一定要使顾客满意	回头客比率,顾客忠诚度,建立长久的关系,顾客满意
营销管理的追求	单项利润最大	追求与对方互利关系的最佳化
市场风险	大	小
了解对方的文化背景	没有必要	非常必要
最终结果	未超出"营销渠道"的概念范围	超出"营销渠道"的概念范畴,可能成为战略伙伴,发展成为营销网络

(二)关系营销原则

关系营销的实质是在营销中与各关系方建立长期稳定的相互依赖的营销关系,以求持续协调发展,因而实施关系营销应坚持如下原则:

（1）主动沟通原则。交易双方都应积极主动沟通信息，加强交流，并形成制度或以合同形式定期或不定期交流，培育感情，增强了解，建立伙伴合作关系。

（2）承诺信任原则。在关系营销中，交易双方都要履行诺言，才能取得对方的信任。承诺的实质是守信，履行承诺是将誓言变为行动，是维护尊重关系方利益的表现，也是获得关系方信任的关键，是建立企业与关系方融洽伙伴关系的基础。

（3）互惠原则。关系营销是一种双赢战略，即交易的双方作为独立的经济主体，在交易中的地位是平等的，依据市场原则，在公开、公平、公正的条件下等价交换，使关系双方都获得应该获取的利益，这样关系才能持久，否则关系难以维持。

（三）关系营销的特征

（1）信息沟通的双向性。倡导信息双向沟通及信息资源共享，可以使企业赢得客户的理解、合作、支持。

（2）战略过程的协同性。在竞争性市场，各具优势的关系双方，应实行联合，发挥各自优势，协同作战，相互配合，以实现对双方都有利的目标，这是协调关系的最高形态。

（3）营销活动的互利性。利益互补是关系营销的基础，也构成了关系长久维持的重要条件。

（4）信息反馈的及时性。关系营销要求建立专门部门，用来追踪各利益相关者态度。这种信息反馈，使关系营销具有动态的应变性，有利于发现新的市场机会。

二、关系营销组合策略

关系营销扩大了营销组合，在传统营销组合 4P 的基础上，新增加了三大要素——人员（people）、程序制度（processes）、客户服务（customer service），形成了关系营销的 7P 组合。如图 16-6 所示。

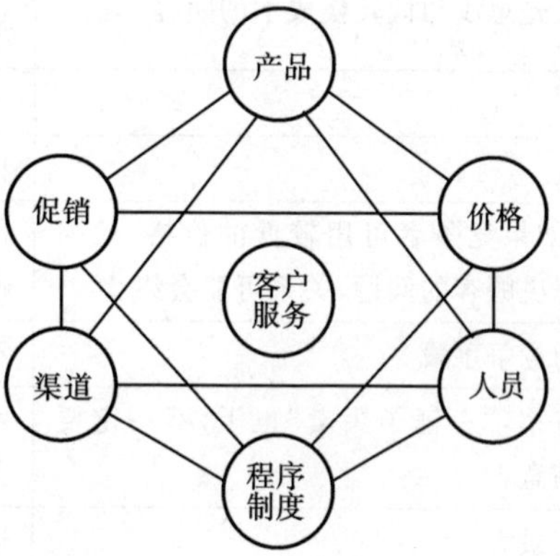

图 16-6　扩大的营销组合

（一）人员

把公司员工作为新营销组合的重要因素，主要是因为员工一方面影响企业营销工作，另一方面又影响着公司与客户的交往。依据公司人员与客户的接触程度及参与的工作内容，公司员工通常分为以下四种。

1. 直接接触者

这是指经常或定期与顾客接触，企业营销活动的高度参与者，如推销员、公关人员、服务人员等，公司应加强对这些人员培训，采取激励措施，增强其服务意识和责任心。

2.间接参与者

这是指不直接参与公司营销活动,但与顾客经常发生交流,如接待人员、信用人员、电话员等,这些人员也应明确公司的营销战略,认识自己在顾客服务方面的地位和作用,掌握顾客服务的基本技能。

3.影响者

这是指在公司营销中与顾客直接接触不多或根本不接触的有关人员,但他们在公司关系营销战略实施中却发挥着重要作用,如研究与开发人员、市场调研人员、装运人员等。对这些人员的要求为:①有良好的素质潜能;②应以顾客服务为导向;③有主动接触了解顾客的愿望。

4.隔离无关者

这是指在公司营销中,基本不和顾客接触的辅助部门的员工,如采购部门、人事部门的人员。他们在很大程度上影响着公司营销战略的实施,这些人员也应了解公司的整体营销战略,明确自己的工作在顾客提供价值活动中的作用。

(二)程序制度

这是指把产品和服务送达顾客手中的活动过程,包括任务、计划、技巧、活动和途径。程序管理是实现质量改进的前提条件。程序管理对服务业更重要,因为服务产品是不能储存的。如银行自动取款机(ATM)的使用,改变了银行的服务方式,通过程序向取款的客户提供专门服务,以便使人员能够向其他客户提供更好的服务,处理复杂的客户需求。

(三)客户服务

把客户服务作为营销组合的一个重要因素,是因为它和传统意义上产品策略构成要素中的服务是有区别的。它主要执行分销和后勤的功能,可信度和配送速度是其重要指标。把顾客服务作为营销重要指标的一项,是因为顾客服务是作为营销组合的一个要素,主要基于如下几点:①顾客期望的变化。顾客对服务要求苛刻,满足"即时制造"对送货服务提出的新要求。②顾客服务重要性增长。随着顾客期望的变化,把顾客服务作为重要的竞争手段,以突出公司竞争的差别化。③关系营销战略的需要。为了保证制定一个给顾客带来附加价值的顾客服务战略,并使之得到实施和控制,应确立顾客服务的中心地位,有必要将顾客服务作为营销组合的重要因素。

三、关系营销策略

关系营销是一项复杂的系统工程,其本质是企业通过对顾客和环境利益的承诺及其兑现以获得顾客的长期惠顾,培育忠诚顾客,推动企业持续发展。从国外应用实践来看,主要有如下两种策略手段。

(一)顾客俱乐部

顾客俱乐部,指借助俱乐部这种组织形式,把顾客纳入企业外围组织系统之中,实现企业与顾客关系的融洽。俱乐部顾客主要包括现有顾客和潜在顾客。俱乐部向会员提供各种特殊服务,如新产品情报、优惠价格、优先销售等。其作用表现为:①加强了与顾客的相互了解,有利于培育顾客对企业的忠诚;②通过沟通反馈,便于了解顾客的真实需求,并预测其发展趋势;③口碑传播效果,通过会员对企业的产品和服务宣传,可信度高,能够获得良好的促销效果。

(二)数据库营销

数据库营销,指企业通过收集和积累有关消费者需求及各方面的信息,通过计算机处理形成企业的顾客数据库,为企业的营销决策提供详细、准确的数据资料。通过建立顾客数据库,在以下方面对企业发挥作用：①帮助企业准确寻找目标顾客群，降低营销成本，提高营销效率；②为企业新产品开发提供信息；③数据库营销能够使企业和顾客经常保持沟通和联系，强化企业和顾客的关系，有利于培育忠诚顾客。

第四节　营销道德

一、营销道德的含义

道德是社会意识形态之一，是一定社会调整人们之间以及个人和社会之间的关系的行为规范的总和。营销道德可以界定为调整企业与所有利益相关者之间的关系的行为规范的总和，是客观经济规律及法制以外制约企业行为的另一要素。道德是由一定社会的经济基础所决定，并为一定社会经济基础服务的，任何道德都具有历史性。营销道德在不同的社会制度下和不同的历史时期，评判标准可能有所差异。在市场经济条件下，法制总是体现各个国家统治阶级的意志，法制与反映人民利益的道德标准有时也并不一致。亚里士多德指出，实现法治的最基本的条件有二：拥有良法和依法而治。良法是前提，无法可依则无法制可言；有法而非良法，非但不能达到法治，反而使"法"沦为助纣为虐的工具。同样的道理，在研究和认定营销道德时，也应有明确的是非、善恶观念。营销道德最根本的准则，应是维护和增进全社会和人民的长远利益。凡有悖于此者，皆属非道德的行为。

2020年3月1日施行的《网络信息内容生态治理规定》明确要求，网络信息内容生产者和服务平台应当采取措施，防范和抵制制作、复制、发布、传播"炒作绯闻、丑闻、劣迹等"不良信息。"网红经济"营销应遵守基本社会道德规范，防止为了"流量"而违背社会道德的恶意炒作。

二、营销道德的有关理论

（一）判断营销道德的基本理论

西方伦理学家提出了判断营销道德的两大理论，即功利论及道义论。

1. 功利论（utilitarian theories）

功利论主要以行为后果来判断行为的道德合理性，如果某一行为的施行能给大多数人带来利益，该行为就是道德的，否则就是不道德的。这种理论最有影响的代表人物是英国的杰米里·边沁（Bentham）和约翰·穆勒。迄今为止，功利论已经形成多种流派，尽管这些流派存在分歧和差异，但它们的共同点是基本的，都是以行为所产生的效果来衡量善恶问题，并依此判断行为的道德性。

功利理论对行为后果的看法，主要有两种典型代表，一种是利己功利主义，它是以人性自私为出发点，但并不意味着在道德生活中因为自身利益去损害他人和集体的利益。因为自身利益有赖于集体和社会利益的增进，一味追求自身利益而不顾他人利益，最终会损害自己的利益。另一种是以穆勒为代表的普遍功利主义，他抛弃了利己主义原则。普遍功利主义认为，行为道德与否取决于行为是否普遍给大多数人带来最大幸福。同时认为，为了整体的最大利益，必要时个体应不惜牺牲个人利益。当代功利者大多倾向于采用普遍功利主义原则来确定行为的道德性。

2. 道义论（deontological theories）

道义论从处理事物的动机来审查是否具有道德，而不是从行动的后果来判断，并且从直觉和经验中归纳出某些人应当遵守的道德责任和义务，以这些义务履行与否来判断行为的道德性。

道义论认为,某些行为是否符合道德不是由行为结果,而是由行为本身内在特性所决定的。也就是说,判断某一行为是否具有道德性,只需要根据本身的特征可以确定,而不一定要根据行为的"善""恶"后果,即符合义务原则的要求时,便是道德的。例如,企业之间签订经济合同,他们必须履行合同义务,否则经营活动便会瘫痪。

道义论还强调行为的动机和行为的善恶的道德价值。例如,有三个企业都进行同一工程的投资(如希望工程),甲企业为了树立企业的良好形象以便今后打开其经营之路;乙企业为了捞取政治资本;丙企业为了履行企业的社会责任。很显然,丙企业投资行为是来自尽义务的动机,因而更具有道德性。

义务论从人们在生活中应承担责任与义务的角度出发,根据一些普遍接受的道德义务规则判断行为的正确性,是有现实意义的。事实上,诚实信用、公正公平、不偷窃、不作恶和知恩图报等品行已经被大多数人视为一种基本的道德义务并付诸行动,而且这些义务准则已经被广泛应用于各个国家法律、公司政策及贸易惯例等方面。

在现实中,通常将功利论与道义论相结合来判断营销行为的道德性。

(二)营销道德标准与约束

1.有关法律和法规

最基本的道德标准已被规定为法律和法规,成为全社会应遵循的规范,也成为企业营销道德的硬约束条件,企业必须遵守这些法律和法规。如消费者权益保护法、价格法、反对不正当竞争的有关规定等。

2.其他道德标准

营销道德不仅指法律范畴,还包括未纳入法律范畴而作为判断营销活动正确与否的道德标准。这些标准既包括与一定的社会文化相适应的行为规范、道德准则,还必须与各个行业的特点相适应。如对于商业行业所制定"百城万店无假货"的有关规范等。

企业经营者在经营活动中应当遵循这两种类型的营销道德。

(三)企业营销道德行为

企业营销活动中道德问题的产生,或是由于经营者个人道德哲学观同企业营销战略、策略、组织环境的矛盾引起;或是由于经营者为实现营利目标同消费者要求获取安全可靠的产品、合理价格、真实广告信息之间的矛盾引起;或是由于企业领导者错误的价值取向迫使经营者违背道德经营,诸如为增加利润及提高产品市场占有率迫使经营者去窃取竞争对手的商业秘密,或有意将伪劣产品推向市场等。

企业的营销道德体现于企业营销活动全过程,包括市场调研、产品和服务的提供及信息传递、价格的制定和信息传递、渠道的选择和运用、广告促销等过程。

提高营销的道德水平必须从以下三个方面着手。第一,社会应尽可能地应用法律来规范违法的、反社会的或反竞争的行为。第二,公司必须采用和发布书面的道德准则,建立公司的道德行为习惯,要求它们的人员有完全的责任心来遵守道德和法律指南。第三,个别的营销者必须在与其顾客和各类利益攸关者进行特定交易中实践"社会自觉"。

三、企业营销道德的评价准则

一个成功的企业能否长期取得顾客及其他利益攸关者的满意,是与其是否采用和执行高标准的企业营销道德准则紧密结合在一起的。世界上最令人羡慕的公司都遵守为人民利益服务的准则,而不仅仅是为了它们自己。为了促进企业的营销道德建设,美国市场营销协会拟定了有关道德准则,规定美国市场营销协会的成员必须遵守道德和职业品德,他们一致赞同下列的道德准则。

(一)营销责任

营销者必须对他们活动的后果负责,并努力确保在他们做出决定、介绍和行为功能上能确认、服务和满足所有相关的公众——顾客、组织和社会。

1. 职业行为准则

营销者的职业行为必须受以下指导:

(1)职业道德的基本原则——不故意损害他人;

(2)遵守所有适用的法律和规章;

(3)准确地介绍他们受过的教育、培训和经历;

(4)积极支持、实践和推广道德准则。

2. 诚实和公正

营销者将遵守和推进营销职业的完整、荣誉和尊严:

(1)诚实地为顾客、委托人、雇员、供应商、分销商和公众服务;

(2)在没有事先通知所有当事人前,不故意参与冲突;

(3)建立公平的收支费用标准,包括对日常的、惯例上的和/或法律上的营销交易报酬或收费。

(二)营销交易过程中各当事人的权利与责任

1. 营销交易过程的参与者的权利

(1)提供的产品和服务是安全的和符合使用期望的;

(2)提供的产品和服务的传播无欺骗性;

(3)有关当事人在履行他们的责任、财务和其他方面是真诚的;

(4)有公正调换和重新修整不合格产品的一整套内部制度。

对上述的内容应该理解,但并不只限于这些。

2. 营销者的责任

(1)在产品开发和管理方面:说明关于产品或服务使用中的实际风险;注明可能影响产品性质或消费者购买决策的产品主要成分;注明额外成本追加的特征。

(2)在促销方面:避免虚假和误导的广告;拒绝高压操纵或误导的销售战术;避免在促销中应用欺骗或操纵。

(3)在分销方面:不要为牟取暴利而操纵产品;不要在营销渠道中使用强迫方法;不对转售者选择所经营的产品施加不适当的影响。

(4)在定价方面:不要参与价格协定;不搞掠夺性定价;告知所有与购买有关的全部价格。

(5)在营销调研方面:禁止在调研伪装下的销售或资金筹措行为;不许歪曲或删改有关调研数据,维护调研成果的完整性;公正地对待外部的客户和供应者。

(三)组织关系

营销者应该知道他们的行为可能在组织关系上影响或冲击其他人的行为。他们在与其他人如员工、供应商或顾客的关系上,不应该要求、鼓励或应用强迫手段以达到不道德目的。

(1)职业关系上涉及特许信息时,采用保密和匿名方法;

(2)对合同和双方协议及时地履行义务和责任;

（3）未经给予报酬或未经原创者或拥有者的同意，不得将他人成果全部或部分占为己有或直接从中获利；

（4）不许操纵和利用形势，不公正地剥夺或损害其他组织，为自己谋取最大利益。

美国市场营销协会的任何成员在被发现违反任何道德准则条款后，他或她的成员资格将被暂停或取消。

第五节　网络营销策略

网络营销是新经济环境下的一种新的营销工具，是随着互联网技术发展而兴起的一种新的营销方式。进入 21 世纪，互联网受到各行各业和全社会的关注。随着全球经济一体化趋势日趋显著，企业网络化、信息化发展进程加速，使得企业网络营销（E-marketing）随着互联网的产生和发展而诞生与成熟。2019 年，全国网上零售额 106324 亿元，比上年增长 16.5%。其中，实物商品网上零售额 85239 亿元，增长 19.5%，占社会消费品零售总额的比重为 20.7%；在实物商品网上零售额中，吃、穿和用类商品分别增长 30.9%、15.4% 和 19.8%。随着移动互联网进一步普及应用，网上购物的空间很大，企业网络营销的潜力巨大。

所谓网络营销是指建立在互联网基础之上，借助于互联网来更有效地满足顾客的需求和欲望，从而实现企业营销目标的一种手段。网络营销具有跨时空、多媒体、交互式、拟人化、成长性、整合性、超前性、高效性、经济性和技术性的特点。企业要想成功地利用网络进行营销，必须采取科学的网络营销策略，以获取竞争优势。

一、网络营销产品策略

（一）适合网络营销的产品特性

一般而言，适合网络营销的产品通常具有以下特性：

（1）产品特点。产品是否有高科技或与电脑、网络相关，是否是无形化产品，是否适合于网络传送。

（2）产品质量。由于网上店铺里的商品只是产品的一些图片和详细介绍说明，消费者在购买前最多只能通过网络工具来模拟尝试产品，无法真正实实在在感受产品，因此，网络上的商品必须要保持稳定的质量，才能增加消费者的信心。

（3）产品式样。网络营销是面向跨空间的全球市场的一种营销形式，其所营销的产品要符合销售对象国家或地区的风俗习惯、宗教信仰等文化因素。

（4）产品品牌。在网络营销中，要在浩如烟海的信息中吸引浏览者的"眼球"，必须要有明确的、醒目的品牌。另外，在当今社会，品牌就是产品质量的保证，当网络上的商品质量不一致时，品牌就显得更加重要了。

（5）产品包装。网络营销的特点要求对不同种类的产品要进行不同的包装。例如，通过网络传送的软件、游戏、信息等无形产品可以不要任何包装，而其他的有形产品则需符合专业快递配送要求的包装。

（6）产品的目标市场。适合于网络营销的产品的目标市场也具有其特殊性：一是该目标市场以网络用户为主体；二是这类目标市场一般具有广大的地理覆盖范围。

（7）产品的经营成本核算。通过网络进行销售的成本若低于传统营销手段的销售成本，则这类产品适合于网络营销。

(二)网络营销的品牌开发和经营管理

1. 网络营销品牌的开发

(1)按照品牌经营的原则,网络营销中的品牌开发必须建立在市场调研,了解消费者需求的基础上,有的放矢,只有这样才能从根本上降低网络营销中品牌开发的风险和成本。

(2)网络营销中的品牌必须而且只能有一个独立的、鲜明的品牌形象。这个形象要与产品的本质属性相一致,而且必须始终保持不变。

(3)网络营销中的品牌应当使原有的品牌的内涵得到扩充。在网络营销中,品牌的内涵已经延伸到售后服务、产品分销、与产品相关的信息与服务方面。

【案例】加拿大亨氏公司为了建立亨氏产品的品牌,除了设立了800免费客户服务热线,还通过在本公司站点(http：//www.heinzbaby.com)中提供给用户丰富的婴幼儿营养学的知识、营养配餐、父母须知等信息,开展网络营养知识的传播与营销。通过这样的沟通方式,使用户在学习为人父母、照顾婴幼儿常识的同时,也建立了对亨氏品牌的忠诚度。这样,人们对亨氏品牌的理解就不仅仅局限于婴儿的营养产品方面,而且还包含了丰富的营养学知识的内涵。

(4)网站的交互能力是维系品牌忠诚度的基础。一方面,客户可以通过在线方式直接将意见、建议反馈给经营者;另一方面,经营者可以通过对客户意见的及时答复获得客户的好感和信任,从而增强客户对品牌的忠诚度。

(5)借鉴传统手段宣传网络品牌。新兴的电子商务网络,在利用网络广告进行品牌宣传的同时,也需要注意使用电视、杂志、报纸、户外等传统广告形式树立品牌形象,以使那些还没有接入互联网的用户在上网之前就接受他们宣传的品牌,同时也增强那些上网的用户在离线状态下对品牌的认知程度。

(6)传统企业进入网络环境后,为了在网络营销中取得竞争优势,必须制定一些特殊的品牌策略,必须使用户认识到在一个新的网站,他们同样可以得到一个具有影响力的公司的产品与服务。

2. 网络营销的品牌经营管理

品牌的经营管理是一项复杂的系统工程,在网络营销环境下更是如此,因此,企业在网络营销中的品牌经营管理方面,一定要明确以下观念:

(1)品牌是有个性的,品牌需要有实力的支撑,需要企业文化承载。

(2)品牌是一项长期投资,谁也不能在短时间内用钱砸出个实效品牌来。企业必须建立长期品牌策略,短视的品牌战略很可能将电子商务企业送上断头台。

(3)品牌是有忠诚度的,但这种忠诚度是建立在更方便、更友好、更具有个性化的服务上。只有与受众积极沟通、建立互动,为网民创造价值,才有可能创立真正的网络营销品牌。

3. 网络营销品牌的保护

在网络营销品牌的保护方面,常常遇到如下问题:

(1)一个公司可能在一个国家拥有该商标权,另一个公司则可能在另一个国家拥有该商标权,但互联网是国际性的,只允许在世界范围内有一个独立的域名,范围的不同导致了困难。

(2)由于互联网的全球性,那些原本在不同行业使用同样商标而能合法共存的公司,也不能使用相同的名称作为域名。

（3）域名对商标权的侵犯在网络上是相当严重的。

针对以上问题，从事网络营销的企业应该具体研究在实践方面出现的问题，及时采取对策，以使自己能有效地在网络营销活动中保护好企业最重要的无形资产——品牌。

二、网络营销价格策略

（一）低于进价销售

这种定价方式在传统营销里将是不可思议的事情，但是，在网络营销中是一种常用策略。由于采取此种定价方式能吸引很多消费者，供货商乐于在"网上商场"中做广告以多销商品。由于网上经营的高度自动化和网上商场的虚拟性，网上销售的经营成本极低，只要销售到一定规模，靠广告收入就足以抵消开支，甚至有所盈余。

（二）差别定价策略

在传统营销中，一种产品一般只能有一个价格。而在网络营销中，由于厂家与每一顾客的交易价格可以是不透明的，这样可以实现对不同的人定不同的价格，即差别定价，从而把每一分能挣的钱都挣到成为可能。

（三）高价策略

一般来讲，网络营销的商品的价格是低于传统营销的。不过，有时也有部分商品出现例外情况，这主要是指一些独特的商品或对价格不敏感的商品，如艺术品等。另外，由于传统营销的顾客群相对较小，价格相对来说不好上去，而网络营销却可能面向全球的买主销售，价格提升的空间较大。

（四）竞价策略

传统营销方式中的拍卖一般对商品的特点是有所要求的，而在网络营销中，日用品也普遍能采用拍卖的方式销售。厂家可以只规定一个底价，然后让消费者竞价。厂家所花费用极低，甚至免费，除销售单件商品外，也可以销售多件商品。

（五）集体砍价

集体砍价是网络营销中出现的一个新业务。随着每一个新的竞标者加入，原定价格就会下跌一格，竞买的人越多，价格越低，呈连续单调递减曲线。简单地说，就是参加竞买的人越多，商品的价格就会越低。这种由于购买人数的增加而使价格不断下降的趋势，正是典型的网络需求趋势。

总之，虽然网络营销中普遍采取低价策略，但这并不是唯一的定价方式，企业应根据自己的实际情况和竞争对手情况选择适合自己的价格策略。

三、网络营销渠道策略

从总体上来说，网络营销渠道可以分为两种，即网络直销和网络间接销售。

（一）网络直销的优点

（1）能够促成产需双方直接见面。

（2）营销人员可以利用网络工具，随时根据用户愿望和需要，开展各种形式的促销活动，迅速扩大产品的市场份额。

（3）网络直销对买卖双方都会产生直接的经济效益。

（4）网络直销使企业能够及时了解用户对产品的意见、要求和建议，从而使企业针对这些意见、要求和建议向顾客提供技术服务,解决疑难问题,提高产品质量,改善企业经营管理。

(二)网络间接销售的优点

(1)时间效用。通过网络间接销售,能够解决商品产需在时间上不一致的矛盾,保证了消费者的需求。

(2)地点效用。即通过网络间接销售,能够解决商品产需在空间上不一致的矛盾。

(3)所有权效用。即网络间接销售能够实现商品所有权的转移。

(三)双道法——企业网络营销渠道的最佳策略

在西方众多企业的网络营销活动中,双道法是最常见的方法,是企业网络营销渠道的最佳策略。所谓双道法,是指企业同时使用网络直销和网络间接销售渠道,以达到销售量最大的目的。特别是在当今买方市场的条件下,通过两条渠道销售产品比通过一条渠道更容易实现"市场渗透"。

四、网络营销促销策略

(一)确定网络营销促销对象

网络营销促销对象是针对可能在网络虚拟市场上产生购买行为的消费者群体提出来的。由于网络参与者的一些有异于其他的特定人群的特性,所以这一群体包括产品的使用者、产品购买的决策者、产品购买的影响者以及与产品购买影响者相关的人。

(二)制定网络营销促销目标

促销的目标直接关系企业整体产品营销计划的成功与否。根据不同的促销目的,可以应用不同的促销手段:为抢占竞争对手的市场份额和增加短期销售,可以利用消费者促销手段;为了能使网络市场给予新产品更多的关注,可以使用贸易促销手段;等等。

(三)选择网络营销促销手段

对于不同的促销手段,应该根据产品的生命周期和市场状况来进行选择。在产品的投入期应扩大影响,选择扩散性宣传;在产品进入衰退期则应有针对性地宣传,以便维持最后的份额,降低成本来进行产品转型;在产品的成长期,应侧重于网络广告促销,宣传产品的新性能、新特点;在产品的成熟期,则应加强自身站点的建设,树立企业形象,巩固已有市场。

(四)设计网络营销促销内容

促销内容应当根据购买者目前所处的购买决策过程的不同阶段和产品所处的经济寿命周期的不同阶段来决定。在新产品刚刚投入市场的开始阶段,是消费者对该种产品还非常生疏的阶段,促销活动的内容应侧重于宣传产品的特点,引起消费者的注意。当产品在市场上已有了一定的影响力后,促销活动的内容则需要偏重于唤起消费者的购买欲望;同时,还需要创造品牌的知名度。当产品进入成熟阶段后,市场竞争变得十分激烈,促销活动除了针对产品本身的宣传外,还需要对企业形象做大量的宣传工作,树立消费者对企业产品的信心。在产品的衰退阶段,促销活动的重点在于密切与消费者之间的感情沟通,通过各种让利促销,延长产品的寿命周期。

(五)制定网络营销促销的预算方案

在制定网络营销促销的预算方案过程中,应注意以下问题:

首先,必须明确网络营销促销的方法及组合的办法。选择不同的信息服务商,宣传的价格可能悬殊极大。所以,企业应当认真比较各站点的服务质量和服务价格,从中筛选出适合于本企业、质量与价格也相匹配的信息服务站点,然后,围绕这些目标再来策划投入内容的多少。

其次,需要明确希望影响的是哪个群体,哪个阶层,是国外的还是国内的。企业促销人员应当熟知自己产品的销售对象和销售范围,根据自己的产品选择适当的促销形式。

(六)评价网络营销促销效果

网络营销促销的实施到了这一阶段,必须对已经执行的促销内容进行评价,衡量一下促销的实际效果是否达到了预期的促销目标。同时,还应注意促销对象、促销内容、促销组合等方面与促销目标的因果关系的分析,从中对整个促销工作做出正确的判断。

五、从 4P 到 4C 的营销策略

以上所述的产品(product)策略、价格(price)策略、渠道(place)策略、促销(promotion)策略(称为 4P)都是传统的营销策略在网络时代的具体应用。而在网络环境下,许多实际情况已经发生了改变,这种改变首先是地域和范围的概念没有了;其次是宣传和销售渠道统一到了网上;再次是在剔除了商业成本后,产品的价格将大幅度的降低;等等。另外在网络中,一些其他的新的问题被纳入营销策略需要考虑的范畴。例如,如何做好主页和建立电子商务系统以方便消费者表达购买欲望和需求(consumer's wants and needs),如何使消费者能够很方便地购买商品(convenient to buy)以及享受到送货和售后服务,如何满足消费者购买欲望和满足这种欲望所需的成本(cost to satisfy wants and needs),如何使生产者和消费者建立方便、快捷和友好的沟通(communication)。由于这几个问题的英文打头字母都是"c",所以被形象地称为基于 4C 的网络营销模式。

1. 消费者的需求及欲望

网络的出现为企业进行市场调研提供了一个全新的通道。借助于互联网,企业可以随时了解到全球消费者的需要及其对于产品的看法和要求。这有利于企业随时把握住消费者的需求动态,开发出"量身定造"的产品去满足他们的需求。

2. 消费者获取满足的成本

由于网络通信成本低廉的特点,企业可以以较低的成本去了解顾客的需求,并且以较低的花费向消费者传递产品信息,较之传统营销而言,网络营销在同样满足消费者需求的情况下,享有成本较低的优势。这有利于企业降低产品的价格,提高产品的性能价格比。

3. 用户购买的方便性

在网络上,消费者足不出户就可以挑选自己所需要的产品,无须四处奔波。在选定产品之后,数字化的产品,如软件、程序、电子书报等,可以经由网络直接送达用户的电脑,而实物产品一般也可由公司派专人送货上门,因此用户购买的方便性大大提高。

4. 与用户沟通

互联网为企业与用户提供了一个全新的沟通渠道,企业与用户不但可以通过电子邮件进行彼此之间的交流,网上论坛也为企业提供了一个了解用户的通道。此外,与传统媒体相比,互联网的交互性特点有利于企业与用户的沟通进一步深入,互联网的特性更使这种沟通具有即时性与成本低廉的特点。

综上所述,在当今消费者导向的时代,营销管理上的 4P(产品、价格、渠道、促销)应与 4C(顾客、成本、方便、沟通)进行充分的结合。而网络营销的特征正符合顾客主导、成本低廉、使用方便、充分沟通的 4C 要求,因此,随着科技的发展以及电脑的普及化,我们可以预期它在 21 世纪的商业与企业活动中将是最重要的一项营销工具。

第六节　数字化营销

一、数字化营销与营销的关系

　　数字化营销指的是使用数字传播渠道来推广产品和服务的实践活动,数字化营销是营销的一部分,构成了营销的创新性传播渠道,为营销提供新的技术能力,并进一步从各个层面上塑造营销。数字营销分为广义和狭义两部分,广义的数字化营销是指借助于互联网络、电脑通信技术和数字交互式媒体来实现营销目标的一种营销方式。数字营销将尽可能地利用先进的计算机网络技术,以最有效、最省钱地谋求新的市场的开拓和新的消费者的挖掘。狭义的数字化营销就是所谓的网络营销,网络营销强调的是价值传播渠道,也就是数字营销的第一个层面,营销覆盖包含网络营销在内的广泛渠道,如报纸、杂志、广播、电视、电话、广告牌、海报、传单、CD、网络、电子邮件、手机应用等就属于数字营销的范畴。

　　数字化营销不仅是一种技术手段的革命,而且包含了更深层的观念革命。它是目标营销、直接营销、分散营销、客户导向营销、双向互动营销、远程或全球营销、虚拟营销、无纸化交易、客户参与式营销的综合。数字化营销赋予营销组合以新的内涵,其功能主要有信息交换、网上购买、网上出版、电子货币、网上广告、企业公关等,是数字经济时代企业的主要营销方式和发展趋势。例如,美国营销人员仅 2013 年一年在线广告投入就约为 370 亿元美元,比 2012 年增长 15%,这些投入产生了超过 2310 亿美元的在线销售额。

　　数字化营销具有如下特点:①从大众传播到个性化营销;②从单向沟通到双向互动;③社会化;④数据思维;⑤数字商务;⑥技术力量驱动的崛起。

二、营销、互联网和数字时代

　　如今全球很多商业活动都通过连接顾客和企业的数字网络来完成。近年来,人们随时随地可以与信息、品牌及其他人进行数字化连接。数字时代彻底改变了顾客对便捷、速度、价格、产品信息、服务和品牌互动的理解,为营销人员提供了一种全新的创造顾客价值、顾客参与、建立顾客关系的方式。因此,从传统营销向数字化营销转变必须实现以下方面的重要转变,如表 16-2 所示。

表 16-2　传统营销向数字化营销转变

传统营销	数字化营销
技术作为推动者	技术作为驱动者
以销售为中心	以顾客为中心
物理资产	知识资产
垂直式整合	虚拟集成
单一职能	跨职能
计划过程	敏捷性反应和学习
企业导向战略	网络导向战略
规模报酬递减	规模报酬递增

　　资料来源:WIND Y J, MAHAJAN V. Digital marketing: global strategies from the world's leading experts[M]. New York: John Wiley & Sons, 2001: 5.

三、互联网思维与数字营销战略

(一)企业互联网化的发展过程

互联网思维包含用户思维、简约思维、极致思维、迭代思维、流量思维、社会化思维、大数据思维、平台思维与跨界思维。企业的互联网化发展过程,通常分成四个阶段:①传播与传递客户价值层面的互联网化,这也是狭义层面的网络营销,通过互联网工具实现品牌展示、产品宣传功能;②渠道层面的互联网化,即狭义的电子商务,通过互联网实现产品销售;③供应链层面的互联网化,通过 C2B 模式,消费者参与到产品设计和研发环节;④互联网思维重新架构企业,组织、流程、经营理念的全面互联化。

数字营销不等同于互联网思维,但两者在思维方式上有许多重合之处,在企业互联网化的过程中互相助力。互联网思维中的用户思维、简约思维、迭代思维、社会化思维、大数据思维等几乎所有的思维方式与数字营销的核心思维模式是一致的,诞生于互联网的数字营销,其实质是互联网思维在企业营销层面的具体体现。

(二)互联网在企业营销的深化应用

互联网在企业深化应用主要有四个层面。①价值传递互联网化:就是狭义的数字营销;②渠道互联网化:与数字营销的交集非常多,电商平台的选择,自有电商网站的设计与搭建,电商网站用户行为的分析与优化,基于电商平台的营销,跨越多电商平台的整合营销等诸多方面均与数字营销分不开,事实上在有些公司的组织架构里,负责电商的正是数字营销团队;③面向 C2B 模式转型中的数字营销:C2B 模式中与用户最重要的接口是基于网站、App、微信等数字界面,数字营销研究的核心正是如何通过数字界面为用户传播价值与创造价值;④重新架构组织与文化:数字营销也扮演很重要的角色,数字营销团队应该具有创新的前瞻性的视角,站在组织变革的前沿乃至引导组织变革。

四、社会化营销

社会化营销的本质是通过人与人之间的影响力来进行营销,着重了解消费者与消费者之间是如何互动的,消费者与品牌之间是如何互动的,消费者如何通过自己的社会化行为再进一步去影响更多的消费者。社会化营销最重要的因素之一就是互动,其关键在于社会化媒体,又称社交媒体。

(一)社会化媒体

社会化媒体(social media)是消费者之间、消费者与企业之间相互分享文字、图片和音频、视频信息的一种工具。通过社会化媒体,企业能够在网络上公开发声,建立网络形象,刻意、经济、有效地强化其他传播活动的效果。它可以通过消费者的电脑、智能手机、平板、联网电视以及其他数字设备,借助网站、社交媒体、手机 App 和广告、在线视频、电子邮件、博客等数字营销工具,随时随地吸引消费者。

(二)泛自媒体营销

在此由数字营销之父余德进先生提出的泛自媒体营销模式来解析。泛自媒体营销主要是指属性归于自己的官方网站、minisite、企业微博、微信公众平台、微视等一系列相关的媒介营销,在自己掌握的"账号"渠道上传播自己的信息,从而获得外界对自己的一个关注及认可的行为。它以一种私人化、平民化、普泛化、自主化的传播者视角,加上电子信息化的营销手段,向特定的目标受众传递规范性的营销内容。

(三)移动营销

随着移动互联网的快速发展,中国市场越来越呈现自己的特殊性,如大多数国家用Facebook,用Whats App,我们用微信;许多国家用Twitter,我们用微博;我们还有手机QQ、手机贴吧等各种本土性的应用。根据美国移动营销协会的定义,移动营销是指"公司或者组织通过任何移动设备或者网络来和用户进行互动,以及沟通的一整套做法"。百度百科对其的定义是"面向移动终端设备(手机或者平板电脑)用户,在移动终端上直接向分众目标定向和精确地传递个性化即时信息,通过与消费者信息互动达到市场营销目标的行为"。综合两个定义来看,对移动营销的定义强调的都是基于移动设备来进行的一系列营销行为。简单来讲,移动营销是营销的渠道之一,是营销在移动设备这个载体上的具体呈现。但移动营销也是数字营销的一部分。移动营销中经常使用到的方法从技术层面来说主要有移动应用、移动网站、移动广告,从具体营销手段层面来说又有直接移动营销、依托移动的传统营销及数字营销、依托移动的产品及服务等。

知识链接

营销前沿引导——21世纪全球营销的五大趋势

21世纪的公司应该考虑如何重新创造一种营销和适用资金的模式。谁的营销技术合理,谁就能成功。而成功的关键就是有针对性地集中向顾客提供信息服务。

(1)大量销售的势头已经结束,而且对于大多数购物者来说,他们已经不喜欢总购买一家的产品。现在的买方能够通过因特网得到更多更好的信息。

(2)靠大量广告的时代也要结束。大量的广告现在所起的作用开始越来越小,广告的效益一天天少了。现在我们已经进入了产品个性化的时代,每一天都必须了解那些特殊的需要。

(3)在大街上开小商店销售的时代已告结束,网上销售的方式将会到来。音乐、家电产品、书籍、服装等都会通过网上销售,而且是24小时全天销售。现在世界许多城市已经开始这种销售活动。

(4)忠实顾客的年代已经一去不复返。有些公司花费大笔资金进行短期促销活动,但是这种促销活动不会再吸引来更多的忠实顾客。今天如果您再依赖促销、再促销,已经不能增加产品的价值,也创不了新的品牌。

(5)人力空间世界已经告终。过去人们总爱问:您的生意怎样? 回答说:我现在已经有100名雇员。似乎员工的多少代表企业的发展好坏。这种时代也已经结束,现在已经不需要如此大的人力空间。我们现在可以把企业搬到世界的任何一个地方进行生产。现在可以进口俄罗斯的水泥,然后卖到墨西哥去,而墨西哥就是生产水泥的国家。

——资料来源:参考消息,2004-07-19.

关键概念

服务　关系营销　数据库营销　营销道德　网络营销　数字化营销　移动营销
社会化媒体

复习思考题

1. 什么叫服务？服务产品有哪些特征？
2. 服务营销组合和传统营销组合有什么差异？
3. 服务产品营销战略有哪几种？
4. 什么叫绿色营销？企业怎样进行绿色营销？
5. 分析交易营销与关系营销的异同。
6. 企业如何应用关系营销组合策略？
7. 关系营销策略有哪两种主要手段？
8. 试说明企业营销道德评价的理论依据和评价方法。
9. 与传统营销相比，网络营销有哪些优点？
10. 举例说明网络营销的 5 个层次。
11. 简述网络营销的交易过程。
12. 适合网络营销的产品通常具有哪些特征？
13. 企业如何应用社会化营销进行产品销售？
14. 简述互联网在企业营销的深化应用。

案例分析

"第一"岂能自封？

1993 年 7 月 22 日，香港《大公报》在一版用整版篇幅刊登一则广告，在"石破天惊"四字下用大字标出："安徽省公证处公正宣布：'黄山'第一，'中华'第二，'红塔山'第三"。在说明书右侧，刊登了盖有安徽省公证处公章的公证书。

同一期间，安徽《蚌埠日报》在星期天用 4 个整版刊登出"特大号外"，刊出"'黄山'第一，'中华'第二，'红塔山'第三"等语。继之，《海南日报》《海南经济报》《安徽日报》、湖南人民广播电台、安徽电视台及广播电台等十几家新闻单位，都先后报道了此事。

然而，此事仅属蚌埠卷烟厂为打开销路实施的"广告战略"。同年 6 月 8 日，该厂在合肥市安徽饭店举行特制黄山牌香烟新闻发布会，省内 300 多名各界人士参会。会上，厂方邀请了商业、新闻、烟草部门的三个专家组对"黄山""中华""红塔山"三种香烟进行"闭卷式品吸评级"，还特邀安徽省公证处在现场监督。

问题在于：评级的专家组没有被授权和证明其具有全国性产品评比的专家资格；评吸的烟中，"黄山"烟是精选上好烟叶，连机器也洗过几遍，特意监制的"小灶"烟；"专家"中有不少是蚌埠厂的关系户，虽曰"闭卷式品吸"，然老烟民对风味独特的"中华""红塔山"一吸便知，余下自属"黄山"无疑。事后，安徽省公证处发表声明：公证处仅对当日三种烟的评分作公证，而烟的评比还涉及理化指标及外观等诸多因素，不可用评分推断名次；因无评级权力，故该次品吸不为评级；厂方以公证处名义作宣传，是违背公证处意愿的侵权行为；烟厂自做主办单位，又自己提供样品予以评级，是不公平、不合法的评比。

众所周知，"黄山"烟虽也属省内名烟，但和享誉国内外的"中华""红塔山"相比，无疑还有较大差距。"中华"烟历史悠久，质量稳定；"红塔山"产销量全国第一，品牌价值在国内名列前茅。蚌埠烟厂的上述行径既是不正当竞争,也是不道德的。"黄山第一"风波骤起,引起社会各界关注,若干报刊披露了这起不正当竞争的广告事件。蚌埠卷烟厂认识到事态的严重性,主动去信向上海卷烟厂、玉溪卷烟厂表示歉意,以求谅解。

——资料来源:刘实,邓益志.反不正当竞争法案例精选精析[M].北京:法律出版社,1999:117-122.

问题讨论:

1.蚌埠卷烟厂当年的错误行为与现代营销道德有哪些相悖之处?

2."黄山第一"的后果对蚌埠卷烟厂的影响如何? 应怎样挽回影响?

参考文献

[1]贾生鑫.中国社会主义市场学[M].西安:陕西人民出版社,1988.

[2]郝渊晓.物资市场学[M].北京:中国物资出版社,1991.

[3]郝渊晓,马源平.市场营销学[M].北京:中国物资出版社,1996.

[4]马健平,郝渊晓.交通运输市场营销学[M].北京:中国商业出版社,1997.

[5]杨鑫.市场营销学[M].西安:陕西人民出版社,1993.

[6]周建民.市场营销学[M].兰州:甘肃人民出版社,1995.

[7]邓胜梁,许绍李,张庚淼.市场营销管理:理论与策略[M].上海:上海人民出版社,1997.

[8]何永祺,傅汉章.市场学原理[M].广州:中山大学出版社,1997.

[9]甘碧群,盛和鸣.市场学通论[M].武汉:武汉大学出版社,1996.

[10]跨世纪的中国市场营销[C].昆明:云南民族出版社,1996.

[11]中国市场的特点与营销战略[C].昆明:云南民族出版社,1997.

[12]中国市场营销方略[C].大连:大连海事大学出版社,1998.

[13]MBA必修课程编译组.市场营销[M].北京:中国国际广播出版社,1998.

[14]KOTLER P.市场营销管理:分析、规划、执行与控制[M].何永祺,译.6版.北京:科学技术文献出版社,1991.

[15]KOTLER P. Marketing Management:Analysis,Planning,Imlementation,and Control[M].9th ed. New Jersey:Prentice Hall Internationallnc,1997.

[16]佩恩.服务营销[M].郑微,译.北京:中信出版社,1998.

[17]付路阳.关系营销[M].北京:企业管理出版社,1996.

[18]北京三木广告公司.营销整合传播[M].北京:工商出版社,1997.

[19]郑学益,高博原.思考的懒蚂蚁[M].北京:中国财政经济出版社,2004.

[20]杨东龙.营销沟通[M].北京:中国经济出版社,2003.

[21]科特勒.谈营销[M].高登第,译.杭州:浙江人民出版社,2002.

[22]科特勒.营销新论[M].高登第,译.北京:中信出版社,2002.

[23]闫涛蔚,郝渊晓.电子商务营销[M].北京:人民邮电出版社,2003.

[24]卢泰宏.行销中国[M].成都:四川人民出版社,2002.

[25]布里顿,拉萨利.体验[M].王成,译.北京:中信出版社,2003.

[26]吴健安.市场营销学[M].北京:高等教育出版社,2000.

[27]万后芬,汤定娜,杨智.市场营销教程[M].北京:高等教育出版社,2003.

[28]李先国.营销管理[M].大连:东北财经大学出版社,2002.

[29]郭国庆.市场营销学[M].武汉:武汉人学出版社,2000.

[30]郭国庆.市场营销学通论[M].北京:中国人民大学出版社,2003.

[31]仇向洋,朱志坚.营销管理[M].北京:石油工业出版社,2003.

[32]CZINKOTA M,RONKAINEN I.国际市场营销[M].陈视平,译.6版.北京:电子工业出版社,2004.

[33]KOTLER P,ARMSTRONG G.市场营销原理[M].赵平,王霞,译.9版.北京:清华大学出版社,2003.

[34]科特勒.营销管理[M].9版.北京:中国人民大学出版社,2001.

[35]波特.竞争战略[M].陈小悦,译.北京:华夏出版社,1997.

[36]科特勒.营销管理·千年版[M].北京:中国人民大学出版社,2001.

[37]樊而峻.市场营销:理论与实务[M].北京:中国商业出版社,2000.

[38]刘宝成.现代营销学[M].北京:对外经济贸易大学出版社,2004.

[39]林建煌.营销管理[M].上海:复旦大学出版社,2003.

[40]孔伟成,陈水芬.网络营销学[M].重庆:重庆大学出版社,2004.

[41]特劳特.什么是战略[M].火华强,译.北京:中国财政经济出版社,2004.

[42]董千里.物流市场营销学[M].北京:电子工业出版社,2005.

[43]科特勒.水平营销[M].北京:中信出版社,2005.

[44]刘子安.中国市场营销[M].北京:对外经济贸易大学出版社,2006.

[45]舒尔茨,凯奇.全球整合营销传播IGMC[M].北京:中国财政经济出版社,2004.

[46]多兰,米克.营销战略[M].北京:中国人民大学出版社,2003.

[47]郝渊晓,张鸿.市场营销管理学[M].4版.西安:陕西人民出版社,2004.

[48]迈克丹尼尔.营销学精要[M].5版.北京:电子工业出版社,2007.

[49]科特勒.市场营销原理[M].亚洲版.北京:机械工业出版社,2006.

[50]吕一林.市场营销学[M].北京:科学出版社,2005.

[51]郝渊晓,张鸿.市场营销学[M].2版.西安:西安交通大学出版社,2013.

[52]张鸿.市场营销学[M].北京:科学出版社,2009.

[53]费明胜,郝渊晓.市场营销学[M].广州:华南理工大学出版社,2005.

[54]王德章,周游.市场营销学[M].北京:高等教育出版社,2005.

[55]吕一林,李蕾.现代市场营销学[M].北京:清华大学出版社,2007.

[56]聂元昆.商务谈判学[M].北京:高等教育出版社,2009.

[57]科特勒.营销管理[M].16版.北京:中国人民大学出版社,2016.

[58]科特勒.市场营销原理[M].亚洲版第3版.北京:机械工业出版社,2014.

[59]秦陇一.市场营销学[M].北京:清华大学出版社,2014.

[60]倪自银.新编市场营销学[M].2版.北京:电子工业出版社,2013.

[61]杨洪涛.市场营销:超越竞争,为顾客创造价值[M].2版.北京:机械工业出版社,2015.

[62]吴键安,钟育赣.市场营销学[M].北京:清华大学出版社,2015.

[63]符国群.消费者行为学[M].3版.北京:高等教育出版社,2015.

[64]郝渊晓,费明胜.市场营销学[M].2版.广州:中山大学出版社,2017.

[65]科特勒.市场营销学[M].12版.北京:中国人民大学出版社,2017.

[66]王永贵.市场营销[M].北京:中国人民大学出版社,2019.

[67]郭国庆.市场营销学通论[M].8版.北京:中国人民大学出版社,2020.

第二版后记

为了适应新经济环境下我国企业营销实践和培养能力强、素质高的营销人才的需要，由西安交通大学出版社策划，我们组织高校长期从事市场营销学教学和研究的有关人员，编写了这本《市场营销学》教材，以满足高等院校经济与管理各专业教学的需要，同时为工商企业进行营销人才培训提供一本实用的培训教材。

本书由我国营销学学科创始人之一、中国高等院校市场学研究会首任会长、西安交通大学贾生鑫教授担任主审；西安交通大学经济与金融学院郝渊晓教授、西安邮电学院经济与贸易系主任张鸿教授、陕西科技大学营销系主任张巍副教授、西安外国语大学商学院院长李雪茹教授担任主编；陕西师范大学国际商学院李华敏副教授、中国地质大学(武汉)经济管理学院熊艳博士、西北政法大学经济管理学院赵云君副教授、西安交通大学经济与金融学院杨江萍、西安交通大学城市学院郭关科、西北工业大学管理学院郭福全担任副主编。各章编写分工如下：郝渊晓第一章；张巍第二、六章；张鸿第三章；李雪茹第四章；李华敏第五章；赵云君第七章；杨江萍第八章；郭官科第九章；郭福全第十章；西安邮电学院欧晓华第十一章；西北政法大学经济管理学院贺新宇第十二章；西安外国语大学赵晓罡第十三章；熊艳第十四章；郑州航空工业管理学院邹晓燕第十五章；西安财经学院薛颖、西安交通大学王茜第十六章。在分工编写的基础上，由郝渊晓教授、张鸿教授进行了全书的总纂定稿。

本书编写中，西安交通大学、陕西科技大学、西安外国语大学、西安邮电学院、陕西师范大学、中国地质大学、西北政法大学、西安理工大学、郑州航空工业管理学院给予了大力支持，上海海事大学李连寿教授、广东金融学院周建民教授、浙江财经学院靳明教授、云南大学胡其辉教授、广州大学秦陇一教授、重庆工商大学靳俊喜教授、山东大学威海分校闫涛蔚教授、五邑大学费明胜教授等提供了重要的指导，在此表示感谢。西安交通大学出版社责任编辑魏照民先生付出了艰辛的劳动，在此表示诚挚的谢意。

本书在编写过程中，参考了国内外近年出版的最新教材和发表的营销学研究论文的相关内容，在附录中作了说明，但不是全部，特向各位学者表示感谢。由于时间仓促，本书定还存在许多不尽如人意的地方，我们真诚地希望各位同行专家及读者提出批评、建议，以便再版时修改，提高本书的质量，满足读者的需要。

郝渊晓

2013 年 1 月于西安

第三版后记

　　全球市场营销环境变化剧烈,我国面临百年未有之大变局,未来存在更多的不确定性,我国企业要提高应变能力,需要不断学习和掌握营销新理论、新方法、新工具。营销理论的研究也需要转变观念,学习吸收、借鉴营销新理论,研究我国企业营销实践的成功案例,总结和提炼科学的营销理念和方法,创建新时代具有中国特色的营销理论体系,为我国经济发展提供支撑。

　　党的十九大的胜利召开,标志着我国进入了中国特色社会主义新时代,习近平新时代中国特色社会主义思想,将是我国经济社会全面发展的长期指导思想,也是市场营销学研究与教学的重要指导思想。在新的历史时期,我们以满足人民群众对美好生活的需要为学科研究对象,对 2013 年出版的《市场营销学》(第二版)进行了修订和完善,以求反映市场营销学理论的新发展,满足高等学校营销学教学的需要,同时指导我国企业的营销实践。

　　本次教材修订版(第三版)被列为西安交通大学"十四五"重点规划教材,我们深感责任重大。我们尽力反映营销学理论的新发展,在原有教材结构和内容方面,做了如下修订:

　　(1)增加了营销新概念、新理论,如反映数字经济时代的新概念、新业态。

　　(2)更新了大部分案例,特别是展示我国企业营销的成功案例。

　　(3)对营销学的研究对象,依据我国社会主要矛盾的变化,进行了新的界定。

　　(4)反映了现代科技在营销实践中的应用。如:增加了新零售、大数据营销等;第三章环境分析增加了"大数据环境下的我国企业面临的市场机会与挑战";第十六章增加了"数字化营销"一节;等等。

　　(5)对一些数据、资料进行了更新。

　　《市场营销学(第三版)》的编写和修订,由我国市场营销学学科创始人之一、中国高等院校市场学研究会首任会长、西安交通大学教授贾生鑫担任主审,西安交通大学经济与金融学院郝渊晓教授、西安石油大学副教授王张明博士、西安邮电大学西部数字经济研究院院长张鸿教授担任主编,郑州航空工业管理学院邹晓燕讲师、西安财经大学信息学院薛颖副教授、西安外事学院商学院徐德洪副教授、西安交通大经济与金融学院高宇博士、西安明德理工学院余露露担任副主编。各章编写和修订分工如下:郝渊晓第一章;高宇第二、六章;邹晓燕第三、四章;徐德洪第五章;薛颖第六、七、八章;张鸿第八章;杨江萍第九章;王张明第十、十一、十二、十三章;余露露第十四、十五、十六章。最后由主编郝渊晓进行总纂,贾生鑫、郝渊晓、张鸿审定并定稿。

　　本教材的编写及修订,西安交通大学、西安邮电大学、西北工业大学、郑州航空工业管理学院、西安石油大学、西安财经大学、西安明德理工学院给予了大力支持;西安交通大学经济与金融学院院长孙早教授及宋林教授、杨秀云教授、李双燕副教授给予了指导;中国人民大学商学院李先国教授、西安外事学院商学院院长杜跃平教授、上海海事大学李连寿教授、中央财经大学刘双舟教授、华侨大学杨洪涛教授、五邑大学费明胜教授、广东金融学院周建民教授、浙江财经大学靳明教授、云南大学胡其辉教授、广州大学秦陇一教授、重庆工商大学靳俊喜教授、云南财经大学聂元昆教授等提出了重要的指导建议,在此表示衷心感谢。西安交通大学出版社编辑魏照民为本书的顺利出版付出了艰辛的劳动,在此一并表示诚挚的谢意。

本书这次修订过程中,参考了国内外近年出版的最新教材和发表的营销学研究论文的相关成果,在附录中作了标注,但没有一一列出,特向各位学者、专家表示感谢。由于时间仓促,本次修订肯定不够完善,甚至存在谬误,我们真诚希望各位同行专家及读者提出批评建议,以便修订再版时吸收采用,以提高本书的质量,更好地满足读者的需要。

郝渊晓
2020 年 10 月于西安交通大学经济与金融学院